中国信托业市场报告

（2019 — 2020）

ANNUAL REPORT ON THE DEVELOPMENT OF CHINA'S TRUST MARKET (2019-2020)

用益金融信托研究院◎编著

中国财富出版社有限公司

图书在版编目（CIP）数据

中国信托业市场报告.2019—2020 / 用益金融信托研究院编著.—北京：中国财富出版社有限公司，2021.2

ISBN 978 - 7 - 5047 - 6730 - 1

Ⅰ.①中…　Ⅱ.①用…　Ⅲ.①信托业 - 研究报告 - 中国 - 2019—2020　Ⅳ.①F832.49

中国版本图书馆 CIP 数据核字（2021）第 031559 号

策划编辑　杜　亮		**责任编辑**　张冬梅　郭　莹		
责任印制　尚立业		**责任校对**　卓闪闪		**责任发行**　白　昕

出版发行　中国财富出版社有限公司

社　　址	北京市丰台区南四环西路 188 号 5 区 20 楼		**邮政编码**	100070
电　　话	010 - 52227588 转 2098（发行部）		010 - 52227588 转 321（总编室）	
	010 - 52227588 转 100（读者服务部）		010 - 52227588 转 305（质检部）	
网　　址	http：//www.cfpress.com.cn		**排　　版**	宝蕾元
经　　销	新华书店		**印　　刷**	北京九州迅驰传媒文化有限公司
书　　号	ISBN 978 - 7 - 5047 - 6730 - 1/F · 3274			
开　　本	880mm×1230mm　1/16		**版　　次**	2021 年 4 月第 1 版
印　　张	27.25		**印　　次**	2021 年 4 月第 1 次印刷
字　　数	663 千字		**定　　价**	128.00 元

编　委　会

前　　言

本报告是"中国信托业市场报告"系列丛书的第五本，这是用益金融信托研究院多年坚守对行业观察与研究的成果，本报告同时凝聚了热爱思考的信托同人对信托行业发展的观察、思考与心得。2019 年，宏观经济形势充满挑战，信托公司经营环境发生剧变，信托资产总规模收缩，但行业经营提质增效，业务结构进一步转型升级，信托公司资产管理能力和风险应对能力不断优化。2019 年，在金融监管部门的引导下，信托行业顺应经济社会发展的新形势，承担起金融供给侧结构性改革的使命，以信托回归本源为方向、服务实体经济为宗旨，大力弘扬信托文化，继续发挥信托制度在国民经济中的重要作用。

本报告能够进一步加深社会各界和投资者对信托业的了解，全面提升信托业整体形象，增进各信托公司之间的了解和交流，是一部不可多得的学术研究报告和业务参考书。本报告所用的数据严格依据各信托公司年报等公开资料，或在披露数据基础上计算得出。本报告对各公司所披露年报中数据资料的真实性、口径方法的适用性及内容指标的完整性原则上不做主观评判。

本报告由经营篇、转型篇、实务篇、信托机构篇及用益－信托公司 2019—2020 年度综合实力排名五部分构成，与以往的报告相比，内容更加翔实，为读者全面呈现信托业在 2019 年的发展之路及各家信托公司的综合实力情况。具体而言，第一部分从经营业绩、信托资产、固有资产、风险管理及机构管理五个方面，对 2019 年 68 家信托公司整体经营情况进行全景解读。第二部分以信托业转型为主题，探讨信托产品打破刚性兑付及实行净值化管理、信托公司转型资产证券化业务、发展家族信托，以及新冠肺炎疫情过后大健康产业会不会成为信托业的下一个风口等热点话题。第三部分以信托公司实务为切入点，重点介绍信托公司参与消费金融的合规法律难点、《中华人民共和国民法典》对信托业务的影响、并购信托的交易结构与操作模式，以及信托参与经营性物业贷款的模式及风险防范。第四部分主要通过提取信托公司关键数据，将 2017—2019 年 68 家信托公司运行状况展示给读者。第五部分为用益－信托公司 2019—2020 年度综合实力排名，包括综合实力评价体系介绍及 68 家信托公司 2019—2020 年度单项及综合实力排名情况。

本报告力求全面、真实、准确地反映行业全貌，但由于本报告时效性极强，编纂时间紧张，所涉及数据十分庞杂繁复，2019 年披露的年报中指标体系和数据口径与往年比较又有明显变化，在数据采集过程中难免有疏漏之处，故所有原始数据最终均以各信托公司公布的年报及年报摘要原文为准。我们愿与各方同人一起为信托业的发展贡献力量与智慧，共同见证中国信托业的成长。

目　　录

第一部分　经营篇

一、2019 年信托公司经营分析之一：经营业绩

回顾过去的 2019 年，信托公司受到了国内外经济金融形势和监管政策的多重影响，资产规模持续下降，经营业绩平稳发展，业务结构不断优化。从整体盈利情况来看，信托行业整体创收和盈利水平有所提高，但行业利润持续下滑；信托行业整体收入结构无显著变化，但行业收入和利润集中度进一步提高，行业分化加剧。

（一）主要经营指标

1. 营业收入：同比回升，固有业务增速快于信托业务

2019 年信托行业整体营业收入同比回升，且与以往相比再创新高。从已披露年报的 68 家信托公司数据来看，2019 年全行业实现营业收入为 1157.43 亿元，较 2018 年的 1035.98 亿元增加 121.45 亿元，其主要原因是固有业务收入与信托业务收入均呈现明显上涨。营业收入行业均值为 17.02 亿元，超过该平均数的公司有 27 家。2014—2019 年信托行业整体营业收入水平维持在 900 亿元到 1200 亿元，其中，2019 年与 2014 年相比显著增长，与 2017 年相比则小幅增长（见图 1-1）。

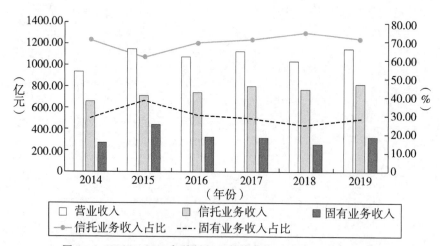

图 1-1 2014—2019 年信托行业整体营收（含收入结构）走势
资料来源：信托公司年报，用益金融信托研究院整理、制作。

固有业务收入增长速度快于信托业务收入增长速度。从营业收入结构来看，2019 年信托业务收入有所增加，同比增长 6.99%；固有业务收入亦有所增加，同比增长 25.94%，固有

业务收入增长速度明显快于信托业务收入增长速度。从信托业务收入和固有业务收入分别占总营业收入的比重来看，2019 年信托业务收入占比小幅下降至 71.83%，固有业务收入占比相应增加至 28.17%，信托业务收入仍为主要营业收入来源。信托业务收入占比和固有业务收入占比一减一增，一方面反映出信托公司充分把握业务发展机会，经营更加灵活，另一方面是信托公司在监管的引导下积极"瘦身健体"、稳健发展的表现。

从具体公司看，2019 年信托业务收入最高的为中信信托，其中突破 40 亿元的信托公司分别为中信信托和中融信托，较 2018 年增加 1 家。2019 年自营业务收入最高的为江苏信托（20.82 亿元），另外还有 6 家公司自营业务收入超过 10 亿元。

2. 净利润：同比下滑，行业分化加剧

行业净利润同比下滑。2019 年 68 家信托公司共计实现净利润 530.38 亿元，较 2018 年下降 4.01%。68 家信托公司净利润平均值为 7.80 亿元，较 2018 年同比下降 4.01%，表现出 2019 年信托公司盈利能力有所减弱。但与 2014 年相比，信托行业净利润总体有所提升（见图 1 - 2）。

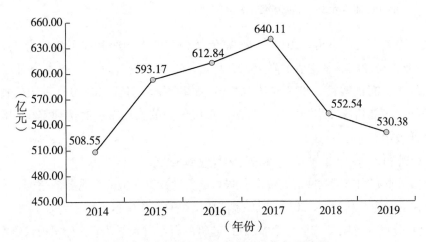

图 1 - 2　2014—2019 年信托行业净利润走势

资料来源：信托公司年报，用益金融信托研究院整理、制作。

行业净利润集中度呈现上升趋势，行业分化进一步加剧。2019 年净利润排名前五的信托公司分别是中信信托、华能信托、华润信托、重庆信托和平安信托（见表 1 - 1）。2019 年这五家信托公司的净利润规模均超过了 25 亿元。另外，光大兴陇信托的净利润由 2018 年的 11.17 亿元大幅增加至 2019 年的 20.78 亿元，增幅达 86.03%。排名前十的信托公司净利润总额为 252.75 亿元，占全行业的 47.65%，占比较 2018 年上涨了 5.74 个百分点。由此可以看出，信托行业内部分化趋势明显，业绩差异日趋扩大。在宏观经济增速放缓及资管行业竞争激烈的情况下，国联信托、中粮信托和山西信托净利润同比增长仍超过了 100%。

表 1-1	2018—2019 年净利润排名前十的信托公司				单位：亿元,%	
排名	2019 年			2018 年		
	信托公司	净利润	占比	信托公司	净利润	占比
1	中信信托	34.01	6.41	中信信托	36.60	6.62
2	华能信托	31.58	5.95	平安信托	31.74	5.74
3	华润信托	28.87	5.44	重庆信托	25.84	4.68
4	重庆信托	27.38	5.16	华能信托	24.08	4.36
5	平安信托	26.52	5.00	华润信托	21.41	3.87
6	江苏信托	24.19	4.56	外贸信托	19.46	3.52
7	五矿信托	21.05	3.97	江苏信托	18.57	3.36
8	光大兴陇信托	20.78	3.92	中航信托	18.48	3.34
9	中航信托	19.39	3.66	建信信托	18.17	3.29
10	建信信托	18.98	3.58	五矿信托	17.20	3.11
	合计	252.75	47.65	合计	231.55	41.91

资料来源：信托公司年报，用益金融信托研究院整理、制作。

行业人均净利润逐步下滑。2019 年 68 家信托公司的人均净利润平均值为 287.88 万元，较 2018 年行业人均净利润平均值下降 16.25 万元。68 家信托公司中，36 家公司与 2018 年相比实现了人均净利润正增长。2019 年人均净利润指标排名前五的公司是重庆信托、江苏信托、国联信托、华能信托和华润信托。其中，重庆信托的人均净利润达到 1760.48 万元，远高于其他信托公司。

3. 资本利润率：行业整体资本利润率继续回落

行业整体资本利润率继续回落。资本利润率是衡量资本回报的最重要的指标，它反映信托公司投入信托资本的获利能力。2019 年 68 家信托公司的平均资本利润率为 8.74%，较 2018 年下降 1.15 个百分点（见图 1-3）。这说明在严监管的行业背景下，信托公司投入资本的获利空间在逐步缩小，倒逼信托公司通过转型升级提高业务水平和产品质量来吸引投资者。

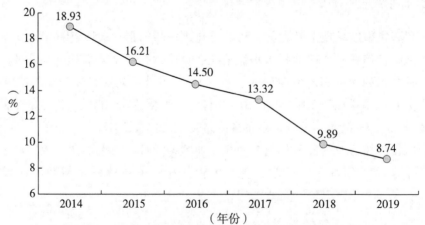

图 1-3 2014—2019 年信托行业资本利润率变化走势

资料来源：信托公司年报，用益金融信托研究院整理、制作。

实现较高资本利润率的信托公司数量有所减少。2019 年长城信托的资本利润率高达22.37%，排名第一（见表 1 - 2）。2019 年资本利润率超过 15% 的信托公司有 10 家，比 2018年减少 1 家。长城信托、万向信托、光大兴陇信托、国联信托和爱建信托资本利润率位列2019 年度行业前五名。

表 1 - 2　　　　　　　　　　2018—2019 年资本利润率排名前十的信托公司　　　　　　　　　单位：%

排名	2019 年		2018 年	
	信托公司	资本利润率	信托公司	资本利润率
1	长城信托	22.37	长城信托	30.92
2	万向信托	21.24	中海信托	28.92
3	光大兴陇信托	21.11	爱建信托	20.30
4	国联信托	18.41	万向信托	18.82
5	爱建信托	17.77	外贸信托	18.07
6	华能信托	16.42	华能信托	17.56
7	西藏信托	16.31	中航信托	17.16
8	五矿信托	16.01	中铁信托	16.11
9	中航信托	15.76	光大兴陇信托	15.96
10	国投泰康信托	15.13	中信信托	15.69

资料来源：信托公司年报，用益金融信托研究院整理、制作。

（二）其他效益指标

1. 成本收入比：呈现下滑趋势，行业整体成本控制能力增强

本书通过成本收入比指标来衡量信托公司的成本控制能力、运营效率和盈利能力，通过"业务及管理费/营业总收入"进行计算。根据披露年报的 68 家信托公司的数据，2019 年行业成本收入比为 25.09%，比 2018 年小幅下滑了 0.35 个百分点，说明 2019 年 68 家信托公司整体在成本控制或获取收入方面的能力有所增强（见图 1 - 4）。

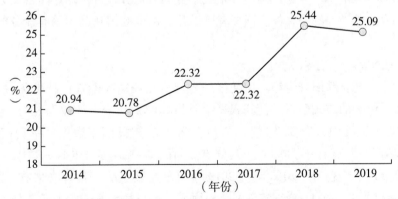

图 1 - 4　2014—2019 年信托行业成本收入比变化走势

资料来源：信托公司年报，用益金融信托研究院整理、制作。

2019 年成本收入比较低的五家公司分别是重庆信托、国联信托、江苏信托、山东国信和中铁信托。该比率越低，说明信托公司收入的成本支出越低，信托公司获取收入的能力相对越强。因此，2019 年获取收入能力最强的信托公司是重庆信托。除此之外，华融信托、长安信托、西藏信托和国联信托 2019 年的成本收入比较 2018 年大幅下降，可以反映出这几家公司在成本控制或获取收入方面的能力有比较明显的提升。

2. 固有业务投入产出率：同比回升，固有业务盈利能力增强

固有业务投入产出率同比回升。2019 年信托行业 68 家信托公司固有业务投入产出率的均值为 5.45%，较 2018 年增长 0.73 个百分点（见图 1 - 5）。2019 年 68 家信托公司的固有业务杠杆率超过行业均值的有 32 家，较 2018 年增加 4 家，可以看出 2019 年行业整体固有业务投入产出水平同比呈上升趋势，但整体固有业务投入产出杠杆率仍偏低。

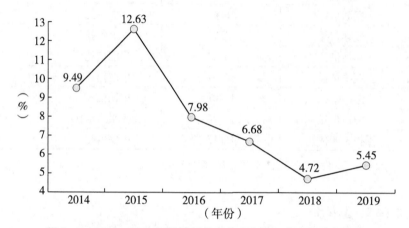

图 1 - 5　2014—2019 年信托行业固有业务投入产出率变化走势
资料来源：信托公司年报，用益金融信托研究院整理、制作。

除 2015 年固有业务投入产出率出现跨越式上涨外，其余年份固有业务投入产出率均处于较低水平，但 2019 年固有业务投入产出率出现了止跌回升的趋势。这与 2019 年信托行业整体固有业务收入回升有关，固有业务收入从 2018 年度的 258.93 亿元上涨至 2019 年度的 326.09 亿元，同比增长 25.94%。2019 年信托行业固有业务投入产出率呈现回升趋势，表明信托公司在固有业务方面的项目投入回报有所提升，也说明信托公司固有业务的盈利能力有所增强。

3. 信托报酬率：止跌回升

信托报酬率呈现止跌回升走势。信托报酬是指信托公司在办理信托事务后取得的佣金，一般会以收取手续费的方式获得。信托报酬率是指单位信托资产的盈利能力。在 68 家信托公司 2019 年度的年报中，有 52 家信托公司披露了信托报酬率数据，平均信托报酬率为 0.56%，较 2018 年小幅上升了 0.04 个百分点。如图 1 - 6 所示，2014—2019 年信托行业信托报酬率总体呈现下降趋势，2016 年和 2019 年出现逆转趋势，预计未来有可能继续保持。据 2019 年度年报数据，在上述 52 家信托公司中，信托报酬率高于行业平均值的共有 17 家，较 2018 年增加了 3 家，占比提升至 32.69%。

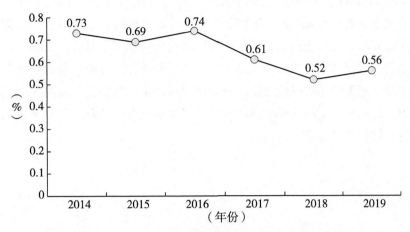

图1-6 2014—2019年信托行业信托报酬率变化走势
资料来源：信托公司年报，用益金融信托研究院整理、制作。

　　对比68家信托公司年报数据发现，主动管理型信托资产规模在信托资产中占比较高的公司往往年化信托报酬率也较高。如果主动管理型信托资产占比高，信托报酬自然会高；如果被动管理型信托资产占比高，信托报酬就不一定会高。因此，信托公司会优化业务结构，扩大主动管理规模，使信托报酬率大幅提升，从而带动营收增长。信托报酬率是衡量一家信托公司实力的重要指标。从年化信托报酬率排名前十的公司来看，杭州工商信托和东莞信托的信托报酬率均在2.00%以上。2018年信托报酬率排在前两名的公司是东莞信托和杭州工商信托，说明这两家公司的信托资产的盈利能力明显较强（表1-3）。

表1-3　　　　　　　　　2018—2019年年化信托报酬率排名前十的信托公司　　　　　　　　　单位:%

排名	2019年		2018年	
	信托公司	信托报酬率	信托公司	信托报酬率
1	杭州工商信托	2.51	东莞信托	2.33
2	东莞信托	2.22	杭州工商信托	1.71
3	华信信托	1.89	长城信托	1.66
4	长城信托	1.49	华信信托	1.52
5	爱建信托	1.10	中国民生信托	1.09
6	重庆信托	1.01	华宸信托	1.08
7	百瑞信托	0.97	重庆信托	1.03
8	中国民生信托	0.81	百瑞信托	1.01
9	浙金信托	0.74	国联信托	0.73
10	中航信托	0.72	安信信托	0.65
	行业均值	0.56	行业均值	0.52

资料来源：信托公司年报，用益金融信托研究院整理、制作。

　　2019 年信托行业平均年化信托报酬率较 2018 年呈现小幅上升，体现了在《关于规范金融机构资产管理业务的指导意见》（以下简称资管新规）严监管的背景下，对期限错配、多层嵌套等的整改要求，在资金端限制了银行理财对接信托通道等模式，信托公司回归主动管理，反映主动管理规模的集合信托占比提升，信托行业正在向健康发展的路线努力转型。实际运作中，主动管理型信托取得的报酬一般较高，被动管理型信托的报酬率偏低。从信托公司的业务转型情况来看，主动管理型信托占比已经出现上升的迹象，预计信托报酬率走势在未来仍能保持止跌回升的局面。

二、2019 年信托公司经营分析之二：信托资产

2019 年延续了 2018 年的严监管态势，信托行业转型道阻且长。2019 年信托资产规模整体略有下降，但降幅较上年缩小；新增信托资产规模已实现小幅增长，但行业分化程度更加显著；信托行业主动管理能力增强，对工商企业、房地产和基础产业等实体经济的支持力度提升，信托业务"提质增效"取得一定成效。本书根据已发布 2019 年年度报告的 68 家信托公司的经营数据，对 2019 年信托资产的变化做了进一步的分析。

（一）资产存量

1. 信托资产：规模下滑但降幅缩小，头部公司优势明显

2017—2019 年，信托资产规模继续保持下滑趋势，但降幅缩小。如图 1 - 7 所示，截至 2019 年年底，68 家信托公司的信托资产余额合计 21.58 万亿元，同比下降 5.06%。信托资产规模下滑在趋缓，2019 年信托资产余额比 2018 年减少了 1.15 万亿元，下滑幅度较小。2019 年信托行业在通道规模压降和房地产业务受限的大背景下，信托资产规模压降对信托公司的影响已经减弱，部分信托公司在展业上略显激进。但值得关注的是，2020 年 5 月《信托公司资金信托管理暂行办法（征求意见稿）》（以下简称资金信托新规）对非标准化债权类资产的比例等也提出了严格的限制，预计未来信托资产规模还将大概率持续下降。

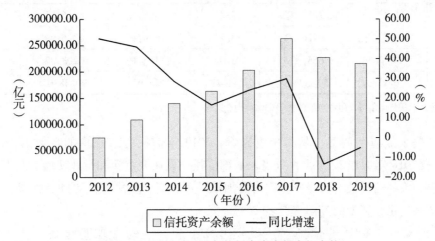

图 1 - 7　2012—2019 年信托资产余额变化走势

资料来源：信托公司年报，用益金融信托研究院整理、制作。

2019 年在 68 家信托公司中，有 49 家公司管理的信托资产规模出现下滑，19 家信托公司管理的信托资产规模上升。其中，下降速度在 10% 以内的公司有 21 家，10% ~ 20% 的公司有 13 家，20% ~ 50% 的公司有 15 家；增速在 20% 以内的公司有 13 家，20% ~ 50% 的公司有 6 家。

在 2019 年信托资产规模排名前十的信托公司中，除五矿信托和光大兴陇信托新进入前十外，有 8 家信托公司保持了前十的位置。总体来看，头部信托公司的地位稳固。其中，信托资产减少超 1000 亿元的信托公司有 1 家，是交银国际信托（减少 1086.72 亿元），另有 3 家信托公司的信托资产增加超过 1000 亿元，分别是五矿信托（2855.79 亿元）、光大兴陇信托（1633.47 亿元）和中融信托（1107.87 亿元）。从降幅来看，有 6 家信托公司的信托资产规模下滑，降幅最大的是交银国际信托，同比下滑 12.48%，其他 5 家公司降幅均在 10% 以内。还有 4 家公司的信托资产规模实现逆势增长，最为突出的是五矿信托，2019 年其信托资产增加 2855.79 亿元，同比增长 47.64%，在 68 家信托公司中排名第一（见表 1-4）。与 2018 年同期相比，前十名信托公司整体的转型已经实现初步探底，部分信托公司甚至实现大幅增长。

表 1-4　　　　　2018—2019 年信托资产规模排名前十的信托公司　　　　单位：亿元,%

排名	2019 年			2018 年		
	信托公司	信托资产余额	规模占比	信托公司	信托资产余额	规模占比
1	中信信托	15741.56	7.29	中信信托	16521.97	7.32
2	建信信托	13912.32	6.45	建信信托	14039.39	6.22
3	华润信托	9548.86	4.42	华润信托	9549.19	4.23
4	五矿信托	8849.76	4.10	交银国际信托	8705.22	3.85
5	中融信托	7654.52	3.55	上海信托	7686.85	3.40
6	交银国际信托	7618.50	3.53	兴业信托	7289.48	3.23
7	光大兴陇信托	7372.86	3.42	华能信托	7278.97	3.22
8	华能信托	7250.47	3.36	中融信托	6546.65	2.90
9	上海信托	6926.52	3.21	中航信托	6326.99	2.80
10	中航信托	6657.92	3.08	渤海信托	6203.32	2.75
	合计	91533.29	42.41	合计	90148.03	39.92

资料来源：信托公司年报，用益金融信托研究院整理、制作。

行业"马太效应"明显。从集中度来看，2019 年信托资产规模的行业集中度达到了 42.41%，较 2018 年增加 2.49 个百分点。头部信托公司在严监管和行业转型的双重压力下优势更加明显，头部信托公司自身资金实力更加雄厚，在资金募集方面更加有优势，且在业务布局上更加多样化，转型的方向也更多。

2. 资产构成：融资类信托资产规模占比上升，主动管理型信托发力

（1）按功能：融资类信托资产规模占比上升，事务管理类信托资产规模占比持续下滑。

融资类信托资产规模占比大幅增加，事务管理类信托资产规模占比大幅下滑，投资类信

托资产规模占比与上年持平。2019 年年报数据显示，68 家信托公司管理的融资类信托资产余额为 6.87 万亿元，较 2018 年年末增加 1.13 万亿元，同比增长 19.69%，规模占比为 32.24%，较 2018 年年末上升 6.60 个百分点；投资类信托资产余额为 5.43 万亿元，同比下滑 4.16%，规模占比为 25.48%，较 2018 年年末增加 0.17 个百分点；事务管理类信托资产余额为 9.01 万亿元，较 2018 年年末减少 1.97 万亿元，同比下滑 17.94%，规模占比为 42.28%，较 2018 年年末下降 6.77 个百分点（如图 1-8 所示）。

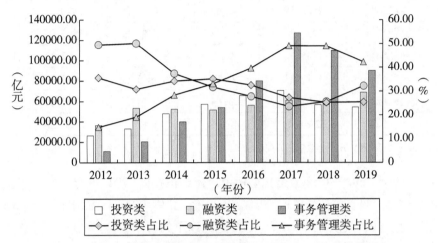

图 1-8 2012—2019 年信托资产规模及占比变化（按信托功能分类）
资料来源：信托公司年报，用益金融信托研究院整理、制作。

从规模占比变化趋势来看，事务管理类信托资产规模占比大幅下滑，融资类信托资产规模占比大幅上升。事务管理类信托资产规模占比大幅下滑与监管层推进降杠杆、去通道有较为直接的关系；而融资类信托依旧是目前信托行业的核心业务，信托公司在主动管理能力上发力，2019 年融资类业务增幅可观。

如表 1-5 所示，2019 年 68 家信托公司中，渤海信托以 5010.67 亿元在融资类信托资产规模排名中居首位。融资类信托资产余额在 3000 亿元以上的有 5 家，其中渤海信托、五矿信托和上海信托融资类信托资产余额更是超过 4000 亿元，1000 亿 ~ 3000 亿元的有 18 家，500 亿 ~ 1000 亿元的有 17 家，500 亿元以下的有 28 家。从融资类信托资产规模占比的情况来看，2019 年占比超过 50% 的有 14 家，较 2018 年的 11 家增加了 3 家，占比在 30% ~ 50% 的有 22 家，占比在 30% 以下的有 32 家。排名前十的信托公司的融资类信托资产余额合计 32048.51 亿元，同比增加 23.21%，规模占比较 2018 年有所上升。

表 1-5　　　　2018—2019 年融资类信托资产规模排名前十的信托公司　　　　单位：亿元，%

排名	2019 年			2018 年		
	信托公司	信托资产余额	规模占比	信托公司	信托资产余额	规模占比
1	渤海信托	5010.67	83.99	上海信托	5544.56	72.13
2	五矿信托	5009.13	56.60	渤海信托	4983.68	80.34

续 表

排名	2019 年			2018 年		
	信托公司	信托资产余额	规模占比	信托公司	信托资产余额	规模占比
3	上海信托	4751.77	68.60	兴业信托	2935.70	40.27
4	中信信托	3676.27	23.35	交银国际信托	2023.55	23.25
5	光大兴陇信托	3006.19	40.77	中信信托	1904.13	11.52
6	中融信托	2501.58	32.68	五矿信托	1870.27	31.20
7	兴业信托	2280.21	40.48	平安信托	1867.02	34.95
8	中航信托	1985.92	29.83	华能信托	1697.11	23.32
9	江苏信托	1919.23	52.19	江苏信托	1633.25	40.10
10	交银国际信托	1907.54	25.04	中融信托	1552.67	23.72
	合计	32048.51	46.63	合计	26011.94	44.62

资料来源：信托公司年报，用益金融信托研究院整理、制作。

如表 1-6 所示，2019 年 68 家信托公司中，建信信托以 5202.39 亿元在投资类信托资产规模排名中居首位。投资类信托资产余额在 3000 亿元以上的有 3 家，1000 亿~3000 亿元的有 14 家，500 亿~1000 亿元的有 16 家，500 亿元以下的有 35 家。投资类信托资产规模占比普遍有所下滑，占比超过 50% 的仅有 5 家，较 2018 年的 8 家减少了 3 家。投资类信托以证券投资和股权投资为主，受到监管压降规模的影响较小，但受限于信托公司的投研能力和专业人才储备以及业务模式转型等问题，投资类信托未能有大的发展。但从目前的监管形势来看，标品类信托成为行业转型的重要方向之一，投资类信托预期会有大的发展。

表 1-6   2018—2019 年投资类信托资产规模排名前十的信托公司   单位：亿元,%

排名	2019 年			2018 年		
	信托公司	信托资产余额	规模占比	信托公司	信托资产余额	规模占比
1	建信信托	5202.39	37.39	建信信托	6277.81	44.72
2	中信信托	3582.35	22.76	华润信托	3705.01	38.80
3	中融信托	3422.24	44.71	中信信托	3633.62	21.99
4	华润信托	2999.70	31.41	外贸信托	2804.69	62.46
5	中航信托	2702.88	40.60	中融信托	2724.37	41.61
6	外贸信托	2582.11	57.93	华宝信托	2642.44	49.41
7	华宝信托	2375.30	48.55	江苏信托	2440.06	59.90
8	上海信托	2174.75	31.40	中航信托	2352.64	37.18
9	光大兴陇信托	1775.57	24.08	上海信托	2142.29	27.87
10	江苏信托	1758.01	47.81	中诚信托	1774.56	56.66
	合计	28575.28	52.60	合计	30497.48	53.04

资料来源：信托公司年报，用益金融信托研究院整理、制作。

如表 1－7 所示，2019 年 68 家信托公司中，中信信托以 8482.94 亿元在事务管理类信托资产规模排名中居首位。其中，事务管理类信托资产余额在 5000 亿元以上的有 4 家，分别是中信信托、建信信托、华润信托和交银国际信托，3000 亿～5000 亿元的有 2 家，1000 亿～3000 亿元的有 22 家，500 亿～1000 亿元的有 17 家，500 亿元以下的有 23 家。从规模占比来看，事务管理类信托资产规模占比超过 50% 的有 29 家，较 2018 年的 34 家减少了 5 家，占比为 30%～50% 的有 15 家，占比在 30% 以下的有 24 家。目前，事务管理类信托成为监管的重点，去通道化的进程尚未结束，事务管理类信托短期内还是会继续被压降。从公司排名来看，排名前十的信托公司变化不大，新进的信托公司仅有英大信托和光大兴陇信托两家。另外，排名前十的信托公司的事务管理类信托资产余额合计 47175.37 亿元，同比减少 9.56%；但行业集中度有所上升，前十名信托公司资产规模合计占比达到 52.34%，较 2018 年增加了4.83 个百分点。

表 1－7　　　　　2018—2019 年事务管理类信托资产规模排名前十的信托公司　　　　单位：亿元，%

排名	2019 年			2018 年		
	信托公司	信托资产余额	规模占比	信托公司	信托资产余额	规模占比
1	中信信托	8482.94	53.89	中信信托	10984.22	66.48
2	建信信托	7603.65	54.65	建信信托	7093.43	50.53
3	华润信托	6180.05	64.72	交银国际信托	6596.44	75.78
4	交银国际信托	5626.67	73.86	华润信托	5526.62	57.88
5	华能信托	4771.65	65.81	华能信托	4600.06	63.20
6	英大信托	3641.37	91.46	国民信托	3785.07	98.17
7	新时代信托	2929.08	90.84	中铁信托	3642.25	85.38
8	长安信托	2722.35	58.46	长安信托	3532.15	67.86
9	中铁信托	2626.51	61.74	新时代信托	3272.88	92.68
10	光大兴陇信托	2591.10	35.14	五矿信托	3128.23	52.19
	合计	47175.37	52.34	合计	52161.35	47.51

资料来源：信托公司年报，用益金融信托研究院整理、制作。

目前来看，事务管理类信托中通道业务依旧会是监管层的重点清理对象，短期内事务管理类信托资产规模预计保持目前的下行趋势。但事务管理类信托的业务内涵并非仅仅是通道业务，还包括服务信托、家族信托等信托行业的本源业务。在监管的压力和市场需求的双重作用之下，信托公司将会向服务信托等本源业务进行转型，事务管理类信托或许能够迎来转机。

（2）按资金来源：集合类信托逆势增长，单一类信托持续下滑。

虽然 2019 年信托资产余额整体有所下滑，但集合类信托成为增长亮点。据统计，截至2019 年年底，集合类信托资产余额为 9.91 万亿元，同比增加 8.23%，规模占比为 45.89%，同比增加 5.63 个百分点；单一类信托资产余额为 8.00 万亿元，同比减少 18.54%，规模占比为 37.08%，同比减少 6.14 个百分点；财产权类信托资产余额为 3.67 万亿元，同比减少 2.13%，规模占比为 17.02%，同比增加 0.51 个百分点（见图 1—9）。与以被动管理为主的单一类信托相比，集合类信托产品多为主动管理型业务，在某种意义上来说较为符合监管的风向。

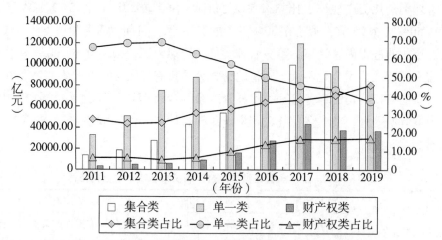

图 1—9 2011—2019 年信托资产规模及占比变化（按资金来源分类）
资料来源：信托公司年报，用益金融信托研究院整理、制作。

信托行业主动管理能力继续提升，集合类信托或成为信托业务的重要支撑。从集合类信托资产规模来看，中信信托依旧稳居第一位，余额为 7977.77 亿元；长安信托升入前十，华润信托暂时跌出前十（见表 1—8）。从规模占比来看，集合类信托资产规模占比超过 50% 的信托公司有 28 家，比上年增加了 7 家，仅 3 家占比在 10% 以下，占比为 10%～30% 的有 19 家，占比为 30%～50% 的有 18 家。集合类信托资产规模占比最高和最低的分别为杭州工商信托（93.01%）和英大信托（3.70%）。在排名前十的信托公司中，外贸信托、平安信托和长安信托的集合类信托资产规模下滑，其余 7 家信托公司实现增长，其中五矿信托增长最多（3087.47 亿元）。从规模占比来看，除建信信托外，其他信托公司的集合类信托资产规模占比均超过 50%。从信托资产的集中度来看，前十名信托公司的集合类信托资产规模合计占比达到 47.62%，较 2018 年上升 5.72 个百分点。

表 1—8　　　　　**2018—2019 年集合类信托资产规模排名前十的信托公司**　　　　　单位：亿元,%

排名	2019 年			2018 年		
	信托公司	信托资产余额	规模占比	信托公司	信托资产余额	规模占比
1	中信信托	7977.77	50.68	中信信托	6478.38	39.21
2	五矿信托	6877.55	77.71	交银国际信托	4889.39	56.17
3	中融信托	6126.53	80.04	中融信托	4526.73	69.15
4	交银国际信托	4890.23	64.19	五矿信托	3790.08	63.23
5	中航信托	4437.13	66.64	中航信托	3752.29	59.31

排名	2019 年			2018 年		
	信托公司	信托资产余额	规模占比	信托公司	信托资产余额	规模占比
6	光大兴陇信托	4327.05	58.69	平安信托	3276.91	61.35
7	建信信托	4157.70	29.88	外贸信托	3254.84	72.48
8	外贸信托	3138.49	70.41	建信信托	2882.97	20.53
9	平安信托	2687.80	60.73	光大兴陇信托	2782.44	48.48
10	长安信托	2551.80	54.80	华润信托	2715.07	28.43
	合计	47172.06	47.62	合计	38349.10	41.90

资料来源：信托公司年报，用益金融信托研究院整理、制作。

单一类信托受压缩通道业务影响，存量规模持续下滑。据统计，2019 年，68 家信托公司中仅有 9 家的单一类信托资产实现了增长，严监管对于单一类信托的影响是巨大的。从资产规模来看，居首位的中信信托单一类信托资产余额为 5742.80 亿元，较上年减少 1126.41 亿元，同比减少 16.40%；单一类信托资产规模减少最多的是建信信托，较上年减少 2358.59 亿元，同比减少 37.25%。从规模占比来看，单一类信托资产规模占比下降的有 51 家，上升的有 17 家。其中，单一类信托资产规模占比最高的是长城信托，占比为 86.30%；占比下滑最多的是天津信托，同比减少 31.27 个百分点。从信托公司来看，前十名信托公司的单一类信托资产的规模以及占比都有压降的情况，且仅有光大兴陇信托一家为新进的公司。单一类信托的压降是全行业性质的，与严监管有较为直接的关系（见表 1-9）。

表 1-9　　　2018—2019 年单一类信托资产规模排名前十的信托公司　　　单位：亿元，%

排名	2019 年			2018 年		
	信托公司	信托资产余额	规模占比	信托公司	信托资产余额	规模占比
1	中信信托	5742.80	36.48	中信信托	6869.21	41.58
2	渤海信托	4159.16	69.71	建信信托	6331.66	45.10
3	华润信托	4058.85	42.51	渤海信托	4577.50	73.79
4	建信信托	3973.07	28.56	兴业信托	4156.38	57.02
5	华宝信托	3540.09	72.36	华润信托	4144.54	43.40
6	上海信托	2782.27	40.17	华宝信托	3938.21	73.64
7	兴业信托	2711.18	48.13	交银国际信托	3754.48	43.13
8	交银国际信托	2709.39	35.56	江苏信托	3372.72	82.80
9	光大兴陇信托	2564.65	34.79	国民信托	3355.26	87.02
10	江苏信托	2563.10	69.70	上海信托	3276.44	42.62
	合计	34804.56	43.48	合计	43776.40	44.55

资料来源：信托公司年报，用益金融信托研究院整理、制作。

财产权类信托表现平稳，资产规模及占比相对较少。据统计，截至 2019 年年末，财产权类信托资产余额最多的为建信信托，达到 5781.55 亿元，同比增加 19.83%，资产规模占比为 41.56%；财产权类信托资产规模占比最高的依旧是英大信托，占比达到 79.36%，资产余额为 3159.43 亿元（见表 1–10）。在排名前十的信托公司中，有 7 家信托公司的财产权类信托资产规模实现了增长，3 家下滑。其中值得注意的是天津信托，2019 年财产权类信托资产规模增幅达到 169.70%。财产权类信托作为非资金形态的信托，为信托本源业务之一，发展潜力巨大。

表 1–10　　　　　2018—2019 年财产权类信托资产规模排名前十的信托公司　　　　单位：亿元，%

排名	2019 年			2018 年		
	信托公司	信托资产余额	规模占比	信托公司	信托资产余额	规模占比
1	建信信托	5781.55	41.56	建信信托	4824.77	34.37
2	华能信托	3211.68	44.30	中信信托	3174.38	19.21
3	英大信托	3159.43	79.36	华能信托	2868.40	39.41
4	华润信托	2979.89	31.21	华润信托	2689.58	28.17
5	中信信托	2020.99	12.84	英大信托	2531.89	79.38
6	上海信托	1830.23	26.42	上海信托	1782.77	23.19
7	兴业信托	1218.14	21.63	西藏信托	1406.21	43.69
8	中铁信托	1185.31	27.86	中海信托	1391.20	37.59
9	中海信托	1109.12	36.21	兴业信托	1306.89	17.93
10	天津信托	1075.41	49.63	中铁信托	924.10	21.66
	合计	23571.75	64.15	合计	22900.20	60.99

资料来源：信托公司年报，用益金融信托研究院整理、制作。

（3）按管理类型：主动管理型信托资产规模及占比上升，业务转型初见成效。

主动管理型信托资产规模及占比上升，业务转型初见成效。2019 年 68 家信托公司主动管理型信托资产余额为 9.37 万亿元，较 2018 年增加 2.08 万亿元，同比增长 28.56%，规模占比达到 43.42%，同比增加 11.44 个百分点；被动管理型信托资产余额为 12.21 万亿元，较上年减少 3.29 万亿元，同比下降 21.24%，规模占比为 56.58%（见图 1–10）。主动管理型信托资产的大幅增长，在一定程度上表明了信托行业的转型已初见成效，清理通道业务等被动管理型的信托资产是 2019 年信托公司的工作重点。但值得注意的是，并非主动管理型信托的所有产品均符合当前监管环境下的发展趋势，信托行业的转型仍然有很长的路要走。

年报数据显示，2019 年 68 家信托公司中，主动管理型信托资产规模增长的有 50 家，下滑的有 18 家。其中，增长最多的是五矿信托，2019 年新增 3634.48 亿元，较上年增长 126.83%；增幅最大的为国民信托，2019 年同比增长 198.46%。从规模占比来看，68 家信托公司中主动管理型信托资产规模占比低于 10% 的有 4 家，占比为 10%～30% 的有 13 家，占比为 30%～50% 的有 29 家，占比在 50% 以上的有 22 家。主动管理型信托资产规模占比最

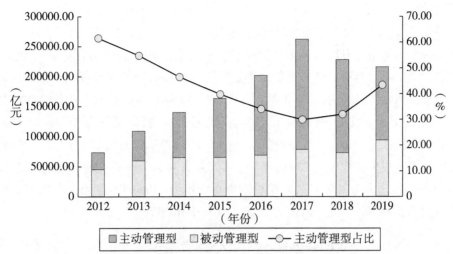

图 1-10　2012—2019 年信托资产规模及占比变化（按管理类型分类）
资料来源：信托公司年报，用益金融信托研究院整理、制作。

高和最低的分别为杭州工商信托（92.36%）和英大信托（3.40%），与集合类信托资产规模有一定程度的关联性（见表 1-11）。

表 1-11　　　　2018—2019 年主动管理型信托资产规模排名前十的信托公司　　　单位：亿元,%

排名	2019 年			2018 年		
	信托公司	信托资产余额	规模占比	信托公司	信托资产余额	规模占比
1	中信信托	7258.62	46.11	中信信托	5537.75	33.52
2	五矿信托	6500.22	73.45	中融信托	4291.03	65.55
3	中融信托	5829.02	76.15	华润信托	4022.57	42.12
4	中航信托	4688.80	70.42	中航信托	3655.87	57.78
5	光大兴陇信托	4406.83	59.77	平安信托	2866.99	53.68
6	华润信托	3368.81	35.28	五矿信托	2865.74	47.81
7	建信信托	3244.60	23.32	华宝信托	2482.18	46.41
8	外贸信托	3060.21	68.65	建信信托	2467.13	17.57
9	平安信托	2574.77	58.17	华能信托	2362.91	32.46
10	华能信托	2478.82	34.19	光大兴陇信托	2136.75	37.23
	合计	43410.70	46.34	合计	32688.92	44.34

资料来源：信托公司年报，用益金融信托研究院整理、制作。

主动管理型信托资产规模排名前五的分别是中信信托、五矿信托、中融信托、中航信托和光大兴陇信托，主动管理型信托资产余额均超过 4000 亿元，其中五矿信托和光大兴陇信托增长尤为明显；而从主动管理型信托资产规模占比来看，杭州工商信托、中国民生信托、百瑞信托、东莞信托和安信信托位居前五，其中杭州工商信托的规模占比超过 90%。从集中度来看，前十名信托公司的主动管理型信托资产规模合计占比达到 46.34%，较 2018 年上升

2.00 个百分点。

（4）按资金运用方式：贷款及应收款占比上升。

贷款及应收款类信托资产规模占比居首位。信托资产按照资金运用方式分为货币资产、贷款及应收款、交易性金融资产、可供出售金融资产、持有至到期投资、长期股权投资和其他投资七大类。据68家信托公司年报数据，截至2019年年末，贷款及应收款类信托资产规模为86021.39亿元，占比为39.82%，稳居首位；其他投资类规模为33369.24亿元，占比为15.45%，位居第二；可供出售金融资产类规模为32594.10亿元，占比为15.09%，位居第三；持有至到期投资类规模为21486.57亿元，占比为9.95%；交易性金融资产类规模为19867.39亿元，占比为9.20%；长期股权投资类规模为16604.94亿元，占比为7.69%；货币资产类规模为5314.02亿元，占比为2.46%（见表1-12）。

表1-12　　　　　　　　2014—2019年信托资产资金运用方式分布　　　　　　　单位：亿元，%

年份	货币资产		贷款及应收款		交易性金融资产		可供出售金融资产	
	规模	占比	规模	占比	规模	占比	规模	占比
2019	5314.02	2.46	86021.39	39.82	19867.39	9.20	32594.10	15.09
2018	6797.19	3.01	87853.60	38.90	21214.56	9.39	36678.78	16.24
2017	8912.54	3.41	94061.62	36.01	30145.09	11.54	42846.04	16.40
2016	10643.91	5.26	66823.10	33.00	26862.92	13.27	33288.33	16.44
2015	11036.80	6.83	56474.58	34.97	24523.37	15.18	22130.35	13.70
2014	10544.11	7.52	56063.65	40.01	16346.23	11.66	13820.69	9.86

年份	持有至到期投资		长期股权投资		其他投资	
	规模	占比	规模	占比	规模	占比
2019	21486.57	9.95	16604.94	7.69	33369.24	15.45
2018	22148.98	9.81	18508.11	8.19	32646.14	14.45
2017	28563.60	10.93	19523.64	7.47	37510.23	14.36
2016	21080.53	10.41	14003.90	6.92	29871.70	14.75
2015	17124.83	10.60	10916.16	6.76	19050.89	11.80
2014	14986.06	10.69	10838.71	7.73	16124.13	11.51

资料来源：信托公司年报，用益金融信托研究院整理、制作。

从各类资金运用方式的信托资产规模占比的变化趋势来看，可得出以下结论：

其一，货币资产类占比持续下行。截至2019年年末，货币资产类信托资产规模为5314.02亿元，同比减少21.82%，占比为2.46%，较2018年减少0.55个百分点。从2014—2019年的信托资产资金运用方式的分布变化来看，货币资产类的信托资产规模占比不断下滑，从2014年的7.52%下滑至2019年的2.46%。

其二，贷款及应收款类占比增加。从绝对规模来看，2019年贷款及应收款类的信托资产规模较上年小幅下滑 2.09%，但从规模占比来看，其规模占比为 39.82%，较上年的 38.90% 小幅增加 0.92 个百分点。贷款及应收款是信托资产最为主要的运用方式，以债权债务关系为企业进行融资仍是信托公司的核心业务。

其三，长期股权投资类占比略有下滑。2019 年长期股权投资类的信托资产规模占比为 7.69%，较 2018 年减少 0.50 个百分点。目前来看，信托公司仍钟情于期限较短且收益固定的项目，在以长期股权形式进行投资方面还未有大的进步。另外，2018 年长期股权投资类的信托资产规模占比比 2017 年有较为明显的上升，2019 年却出现下滑，部分原因可能是监管层对于"明股实债"形式的信托资产的收紧和清理。

其四，金融资产类占比总体下滑。金融资产类信托资产包含交易性金融资产、可供出售金融资产和持有至到期投资三种形式的信托资产，主要反映的是信托资金在资本市场上的参与程度。2015 年的"牛市"之后，证券市场整体进入调整的周期，而实体经济不振同样为资本市场带来了较大的不确定性，进一步影响了信托资金在资本市场上的发力。

（5）按资金投向：信托资金脱虚向实，投向金融机构的占比大幅走低。

在 2019 年严监管的大背景下，基础产业、房地产和实业（工商企业）仍是信托资金的主要投向，投向实业（工商企业）的信托资金占比最大。自 2017 年起，投向房地产和基础产业的信托资金占比均有所上升。投向金融机构的信托资金受监管压降通道业务的影响，2019 年规模占比大幅下滑。根据 2019 年 68 家信托公司的年报数据，投向实业（工商企业）的信托资金规模为 60618.44 亿元，占比为 28.06%，保持第一位；投向其他领域的信托资金规模为 39364.76 亿元，占比为 18.22%；投向金融机构的信托资金规模为 32993.41 亿元，占比为 15.27%；投向基础产业的信托资金规模为 31948.32 亿元，占比为 14.79%；投向房地产的信托资金规模为 28518.97 亿元，占比为 13.20%（见表 1-13）。

表 1-13　　　　2014—2019 年信托资金投向分布（资金规模占比）　　　　单位：%

年份	基础产业	房地产	证券市场	实业（工商企业）	金融机构	其他
2019	14.79	13.20	10.45	28.06	15.27	18.22
2018	13.93	12.16	10.81	25.96	19.21	17.93
2017	13.64	9.14	13.43	25.67	20.70	17.42
2016	15.34	7.50	15.73	23.86	21.70	15.87
2015	17.60	8.15	19.14	22.16	20.16	12.78
2014	21.69	9.46	14.61	23.52	17.81	12.91

资料来源：信托公司年报，用益金融信托研究院整理、制作。

从 2019 年投向各领域的信托资金规模占比的变化情况来看，可得出以下结论：

其一，自 2015 年以来，投向实业（工商企业）的信托资金占比持续上升。2019 年年末，投向实业（工商企业）的信托资金规模为 60618.44 亿元，同比增加 2.76%，规模占比为 28.06%，同比增加 2.10 个百分点。实业（工商企业）多年来一直是信托资产的第一大配置领域，其规模占比从 2015 年年末的 22.16% 上升至 2019 年年末的 28.06%，进一步巩固了实体经济在信托资产配置方面的重要地位。信托资金脱虚向实、服务实体经济是监管层的重要政策导向，但 2018 年以来经济增速放缓，中小企业融资难的问题凸显，信托资金选择高资质的交易对手，对中小企业的融资帮助有限。

其二，投向基础产业的信托资金占比上升。2019 年年末，投向基础产业的信托资金规模为 31948.32 亿元，同比增加 0.97%，规模占比为 14.79%，同比增加 0.86 个百分点。投向基础产业的信托资金规模受政策和宏观经济的影响较大，政策红利是 2019 年基础产业信托资产规模占比上行的重要推动力。从中央对于经济形势的判断以及在基础设施建设上"补短板"的政策来看，在经济增速放缓和外部不确定性增加的大背景下，对于平台公司的融资政策将维持较友好的状态，短期化解隐性债务风险主要还是靠借新还旧和债务置换，基础产业的投资机会较多，有利于信托资金进入。

其三，投向房地产的信托资金占比上升。2019 年年末，投向房地产领域的信托资金规模为 28518.97 亿元，同比增加 3.22%，规模占比为 13.20%，同比增加 1.04 个百分点。投向房地产的信托资金在 2019 年被监管收紧，虽然资金规模有所增长，但监管对于房地产领域信托额度的管控持续，未来是否会松动还要取决于国家对于房地产市场形势的总体判断和调控基调。在调控持续导致房地产市场下行风险加大的背景下，未来区域分化和行业分化将进一步加剧，信托公司需要严把交易对手关，优选项目资产。

其四，投向金融机构的信托资金占比大幅下滑。2019 年年末，投向金融机构的信托资金规模为 32993.41 亿元，同比减少 24.39%，规模占比为 15.27%，同比减少 3.94 个百分点。投向金融机构的信托资金降幅在各投向领域中居首位。为防止资金在金融系统内"空转"和"套利"，投向金融机构的信托资金是监管层重点关注的对象，资管新规出台后，信托公司对相关资产的清理持续进行，预期未来投向金融机构的信托资金占比将继续下滑。

其五，投向证券市场的信托资金占比小幅下滑。2019 年年末，投向证券市场的信托资金规模为 22573.12 亿元，同比减少 8.13%，规模占比为 10.45%，同比减少 0.36 个百分点。信托公司在证券市场上的资产配置多集中于债券市场，而 2019 年我国债券市场行情平淡，信托资金参与债券投资的机会有限。2019 年资本市场处于制度红利期，2020 年推进创业板注册制改革，定增新规也将实施，新三板市场制度改革正在加快推进，未来资本市场的融资功能将获得实质性提升，资本市场在居民资产配置中的重要性也将逐步显现。

从表 1-14 所示的各信托公司的业务布局来看，各家信托公司因自身资源特点不同，所以业务风格不尽相同。头部信托公司在业务领域的布局更显均衡，其资金实力雄厚，能够在多个领域进行业务拓展。而中小信托公司的业务较为集中在一个至两个领域中，对自身的定位更加专业化。从信托资产规模排名在后十位的信托公司来看，信托公司的信托资金集中于一个至两个领域的现象较为普遍。如华宸信托和杭州工商信托在房地产领域的资金规模占比分别达到 78.48% 和 75.98%，山西信托和吉林信托在实业（工商企业）领域的占比分别达到 81.46% 和 64.64%。

表 1-14　　　　2014—2019 年 68 家信托公司信托资金投向分布（资金规模占比）　　　　单位:%

序号	信托公司	基础产业	房地产	证券市场	实业（工商企业）	金融机构	其他
1	爱建信托	18.19	30.64	3.74	30.30	9.21	7.92
2	安信信托	4.35	28.60	0.00	53.66	0.00	13.39
3	百瑞信托	21.52	21.92	0.19	38.61	6.51	11.26
4	北方信托	14.02	10.30	16.58	27.96	2.12	29.01
5	北京信托	17.80	35.23	11.77	16.40	16.51	2.31
6	渤海信托	12.62	11.23	2.79	56.71	11.73	4.92
7	大业信托	13.25	24.45	1.64	20.74	14.10	25.83
8	东莞信托	0.95	13.60	3.61	43.03	0.07	38.75
9	光大兴陇信托	28.42	11.98	9.60	32.00	6.25	11.76
10	国联信托	18.80	0.18	0.59	9.70	0.55	70.19
11	国民信托	11.90	7.13	2.00	67.11	6.36	5.52
12	国通信托	18.07	22.26	2.02	30.63	10.63	16.39
13	国投泰康信托	22.36	16.80	7.28	17.02	18.38	18.17
14	国元信托	47.93	2.23	0.28	23.87	21.96	3.73
15	杭州工商信托	1.30	75.98	2.29	3.70	4.87	11.86
16	财信信托	34.15	4.48	2.76	34.90	12.71	11.01
17	华澳信托	34.42	16.20	0.79	34.26	3.43	10.89
18	华宝信托	20.61	6.71	30.15	9.36	5.36	27.81
19	华宸信托	0.00	78.48	0.00	4.68	0.00	16.84
20	华能信托	4.40	7.43	0.89	16.68	10.62	59.98
21	华融信托	17.20	22.82	11.48	29.47	16.44	2.60
22	华润信托	3.11	5.45	39.43	23.18	6.66	22.17
23	华鑫信托	18.73	10.93	9.52	47.30	7.34	6.19
24	华信信托	14.42	29.68	0.38	14.67	24.60	16.25
25	吉林信托	2.04	6.70	0.13	64.64	20.69	5.79
26	建信信托	3.63	2.08	19.30	3.51	22.77	48.72
27	江苏信托	21.94	8.80	41.58	16.41	10.52	0.76
28	交银国际信托	27.95	8.22	10.56	16.22	23.48	13.58
29	金谷信托	9.23	17.10	2.87	13.65	4.57	52.57
30	昆仑信托	12.93	7.87	0.80	28.47	25.61	24.32
31	陆家嘴信托	35.18	30.81	0.48	16.45	3.32	13.75
32	中国民生信托	5.52	11.45	6.02	40.20	33.49	3.32
33	平安信托	8.19	29.71	13.00	31.01	17.13	0.96

序号	信托公司	基础产业	房地产	证券市场	实业（工商企业）	金融机构	其他
34	厦门国际信托	14.40	10.84	1.48	43.51	12.68	17.09
35	山东国信	16.10	30.58	7.12	27.16	9.82	9.22
36	山西信托	1.90	4.86	0.80	81.46	5.62	5.37
37	陕国投	29.44	8.09	18.23	17.56	10.36	16.33
38	上海信托	33.85	6.01	6.15	18.78	28.98	6.24
39	四川信托	3.50	14.82	6.03	22.34	22.64	30.67
40	苏州信托	12.16	2.80	1.80	42.87	10.81	29.55
41	天津信托	3.78	3.57	0.47	82.24	2.87	7.07
42	外贸信托	1.16	6.95	51.77	1.84	17.92	20.36
43	万向信托	14.15	50.78	0.88	18.14	12.20	3.85
44	五矿信托	11.07	11.81	1.28	14.29	17.76	43.80
45	西部信托	9.55	11.28	2.46	70.22	6.28	0.21
46	西藏信托	4.10	5.46	5.04	38.51	32.21	14.68
47	新华信托	20.28	20.71	3.46	37.53	15.22	2.80
48	新时代信托	0.00	0.12	0.00	94.76	0.52	4.60
49	兴业信托	6.22	24.39	13.33	34.09	21.44	0.53
50	英大信托	72.46	1.01	0.00	11.10	3.40	12.03
51	粤财信托	0.80	6.70	28.20	40.51	13.92	9.86
52	云南信托	9.72	6.61	10.29	32.03	0.43	40.91
53	长安信托	14.22	19.57	7.02	40.89	3.05	15.25
54	长城信托	4.77	48.32	1.34	37.46	0.00	8.10
55	浙金信托	15.17	28.02	1.15	22.34	30.83	2.49
56	中诚信托	3.32	29.20	7.88	43.93	8.94	6.72
57	中海信托	15.40	1.48	34.88	11.61	35.89	0.75
58	中航信托	11.93	17.25	8.30	27.71	11.96	22.85
59	中建投信托	12.61	46.71	4.05	6.38	10.78	19.47
60	雪松国际信托	16.18	7.43	2.10	57.39	0.43	16.47
61	中粮信托	13.71	4.72	0.64	42.99	23.75	14.19
62	中融信托	8.43	17.65	3.71	38.97	29.71	1.53
63	中泰信托	12.11	18.00	4.42	52.40	5.57	7.50
64	中铁信托	2.90	15.02	0.03	23.76	15.44	42.85
65	中信信托	19.19	17.27	4.97	22.63	23.90	12.04
66	中原信托	20.85	24.74	0.15	34.00	6.63	13.64
67	重庆信托	5.06	11.17	4.84	42.90	24.39	11.64
68	紫金信托	18.77	6.08	5.48	40.81	27.92	0.93

资料来源：信托公司年报，用益金融信托研究院整理、制作。

3. 管理成效：信托资产管理绩效改善

（1）信托利润：信托利润情况改善，信托利润率上行并突破6%。

2019年68家信托公司共为投资者实现信托利润13087.44亿元，同比增加40.70%。信托利润的大幅增长与信托公司强化主动管理能力、发展融资类产品有较大关系。从近五年的信托利润及信托利润率情况来看，行业信托利润规模整体处于震荡中，投资压力较大。截至2019年年末，68家信托公司的信托利润全部为正，与2018年4家信托公司的信托利润为负相比情况有所改善。其中，信托利润居首位的是中信信托（977.01亿元），而信托利润最低的为华宸信托（1.90亿元）；信托利润在100亿元以下的信托公司共25家，100亿~300亿元的有29家，300亿~600亿元的有11家，600亿元以上的有3家。头部信托公司凭借庞大的信托资产规模为投资者获得投资收益。从信托利润率和人均信托利润来看，2019年68家信托公司的行业信托利润率为6.06%，较2018年的4.07%增加了1.99个百分点；人均信托利润为5332.75万元，同比增加27.40%（见图1-11）。

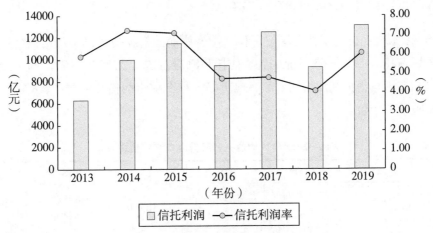

图1-11 2013—2019年信托利润情况

资料来源：信托公司年报，用益金融信托研究院整理、制作。

信托公司间信托利润率的差距有所缩减，中小信托公司的信托利润率表现更好。截至2019年年末，68家信托公司中，信托利润率高于行业平均水平6.06%的公司有40家。信托利润率最高和最低的信托公司分别是外贸信托（9.69%）和爱建信托（2.17%）。信托利润率在8%以上的有9家，6%~8%的有31家，6%以下的有28家。信托利润率排名前十的信托公司在信托资产规模上并不占优势，排名第一的外贸信托，其信托资产规模仅排在第十五位，信托利润率排名前十的信托公司中，有4家的信托利润不足100亿元（见表1-15）。值得注意的是，2018年信托利润率为负的4家信托公司（外贸信托、华鑫信托、云南信托和陕国投），其信托利润率在2019年全部转正，且均在7%以上。

表 1 – 15　　　　　　　　2018—2019 年信托利润率排名前十的信托公司　　　　　单位：亿元,%

排名	2019 年			2018 年		
	信托公司	信托利润	信托利润率	信托公司	信托利润	信托利润率
1	外贸信托	431.82	9.69	华宸信托	2.24	10.19
2	长城信托	16.92	9.48	浙金信托	86.71	8.02
3	华宸信托	1.90	8.88	长城信托	22.02	7.95
4	粤财信托	246.39	8.84	中泰信托	22.02	7.66
5	万向信托	112.14	8.38	万向信托	122.00	7.57
6	北京信托	165.31	8.27	山西信托	32.27	7.13
7	杭州工商信托	41.38	8.27	国元信托	137.03	6.93
8	湖南信托	88.28	8.25	中原信托	123.75	6.89
9	西藏信托	162.06	8.21	华能信托	489.98	6.73
10	陕国投	228.21	7.90	杭州工商信托	35.22	6.72

资料来源：信托公司年报，用益金融信托研究院整理、制作。

2019 年 68 家信托公司中，人均信托利润排名靠前的信托公司以头部信托公司为主。其中，交银国际信托以 18543.63 万元的人均信托利润居首位（见表 1 – 16）。与 2018 年相比，头部信托公司在人均信托利润指标上的表现更好，排名前十的信托公司中，8 家的信托资产规模排在行业前二十位。

表 1 – 16　　　　　　　　2018—2019 年人均信托利润排名前十的信托公司

排名	2019 年			2018 年		
	信托公司	信托利润 （亿元）	人均信托利润 （万元）	信托公司	信托利润 （亿元）	人均信托利润 （万元）
1	交银国际信托	437.63	18543.63	交银国际信托	427.38	18662.91
2	华润信托	685.69	18236.35	江苏信托	256.97	17362.94
3	建信信托	730.39	17266.83	渤海信托	402.37	16696.06
4	江苏信托	289.95	15588.45	建信信托	623.04	16309.86
5	西藏信托	162.06	15434.74	西藏信托	166.75	16033.43
6	中信信托	977.01	13026.83	华能信托	489.98	13959.45
7	粤财信托	246.39	12766.52	中铁信托	215.25	8968.95
8	华能信托	457.54	12535.47	中信信托	597.67	8750.72
9	渤海信托	279.76	10247.65	国元信托	137.03	8458.89
10	上海信托	366.22	9201.57	中航信托	337.46	8332.23

资料来源：信托公司年报，用益金融信托研究院整理、制作。

（2）年度清算收益反弹，实收金额下滑明显。

2019年信托资产的综合清算收益率反弹。2019年68家信托公司共计清算项目16097个，实收金额82627.52亿元，同比下滑9.67%；平均综合清算收益率为6.12%，较上年增加0.87个百分点（见图1-12）。其中，已清算集合类信托项目规模占比为41.95%，已清算单一类信托项目规模占比为40.29%，已清算财产管理类信托项目规模占比为17.77%。与2018年相比，已清算集合类信托项目规模占比增加6.73个百分点，已清算单一类信托项目规模占比减少4.13个百分点。从机构来看，2019年68家信托公司中清算规模最大的是中信信托，达到6882.70亿元，较2018年增加13.84%；综合清算收益率为5.76%，较2018年减少0.53个百分点。

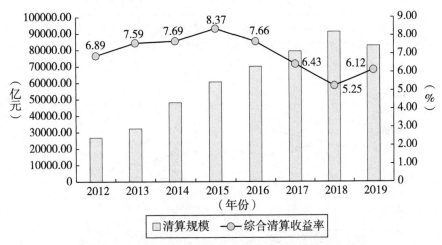

图1-12 2012—2019年清算规模及综合清算收益率走势

资料来源：信托公司年报，用益金融信托研究院整理、制作。

据年报数据，2019年集合类、单一类、财产管理类清算项目的加权综合收益率集体出现回升，已清算集合类信托项目的综合收益率为5.87%，较2018年增加1.14个百分点；已清算单一类信托项目的综合收益率为6.55%，较2018年增加0.70个百分点；已清算财产管理类信托项目的综合收益率为4.46%，较2018年增加0.13个百分点（见图1-13）。

据年报数据，2019年已清算主动管理类信托项目的综合收益率为5.89%，较2018年增加0.94个百分点；已清算被动管理类信托项目的综合收益率为5.26%，较2018年下滑0.03个百分点（见图1-14）。

（3）信托资产减值准备规模飙升。

据年报数据，2019年68家信托公司中，进行资产减值准备提取的信托公司共13家，较2018年增加2家，其中中航信托有9785.12万元的减值损失转回；2019年68家信托公司共计提取信托资产减值准备244.89亿元，同比增加2.98倍。从信托资产减值准备的提取情况来看，无论是提取的信托公司的数量还是减值准备的规模，2019年较2018年都有增长（见图1-15）。这与2019年监管层要求信托公司对信托资产进行自查，逐步引导风险资产暴露有一定关联，信托公司也在暴露风险与打破刚兑的过程中逐渐适应。

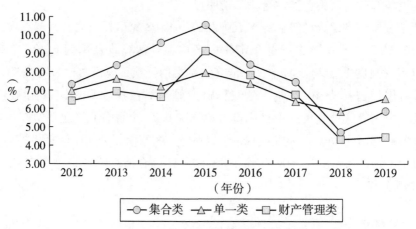

图 1 - 13 2012—2019 年加权综合清算收益率变化（按资金来源）

资料来源：信托公司年报，用益金融信托研究院整理、制作。

图 1 - 14 2012—2019 年加权综合清算收益率变化（按管理类型）

资料来源：信托公司年报，用益金融信托研究院整理、制作。

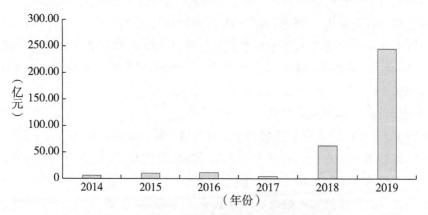

图 1 - 15 2014—2019 年信托资产减值准备规模

资料来源：信托公司年报，用益金融信托研究院整理、制作。

（4）信托风险资产大幅攀升，行业主动引导风险暴露。

中国信托业协会披露的数据显示，2019年年末信托行业风险资产规模为5770.47亿元，较2018年年末增加3548.58亿元，增幅为159.71%；信托资产风险率大幅上升至2.68%，较2018年的0.98%增加了1.70个百分点（见图1-16）。2019年，信托业风险项目和风险资产规模显著增加的最主要原因是监管部门加大了风险排查的力度和频率，之前被隐匿的风险得到了更充分的暴露。2019年4月、8月和12月，中国银行保险监督管理委员会（以下简称中国银保监会）信托部三次启动行业全面风险排查工作，第三次风险排查最为严格。另外，据中国信托业协会数据，集合类信托风险资产规模占全部风险资产规模的比重为59.82%。

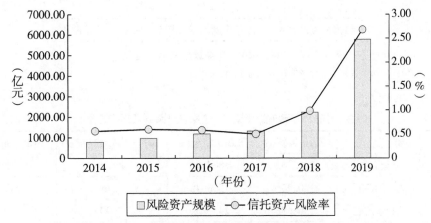

图1-16　2014—2019年信托风险资产规模及信托资产风险率
资料来源：中国信托业协会，用益金融信托研究院整理、制作。

（二）年度增量

1. 年度新增信托资产规模小幅增加

2019年，新增信托资产规模止跌回升。年报数据显示，2019年68家信托公司新增信托资产规模为82650.60亿元，同比增长3.05%。在经历了2018年的大幅下挫之后，2019年新增信托资产规模实现了增长（见图1-17）。从资金来源看，集合类信托产品是2019年新增信托资产中增长最为显著的部分；从管理模式看，主动管理型信托产品的增长更为显著，信托公司正主动地转变过去作为资金通道的角色，在严监管环境下的业务转型初见成效。

年报数据显示，2019年信托资产余额降速趋缓，新增信托资产规模止跌回升。2019年全行业信托资产新增存量比为38.26%，较2018年的35.45%增加2.81个百分点（见表1-17）。从新增存量比来看，在严监管的大环境下，信托公司在展业上依旧存在较大的压力。目前行业整体的业务转型并未出现质的飞跃，信托公司的核心业务如房地产类信托等受监管的影响业绩出现滑坡，"去通道、降杠杆"持续，但资管新规重点关注的非标资金池等项目的清理进程缓慢，加上资管新规过渡期即将结束，短期内对相关项目的清理有较大压力。

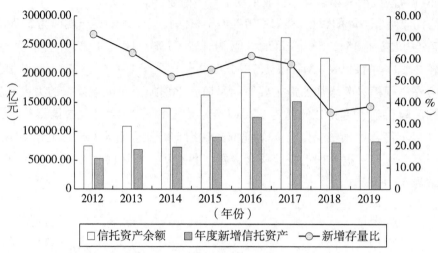

图 1-17 2012—2019 年新增信托资产变化走势

资料来源：信托公司年报，用益金融信托研究院整理、制作。

表 1-17　　68 家信托公司新增信托资产、信托资产余额及新增存量比　　单位：亿元，%

序号	信托公司	2019 年新增	2019 年余额	2019 年新增存量比	2018 年新增存量比
1	爱建信托	1022.61	1830.94	55.85	45.44
2	安信信托	30.25	1940.48	1.56	43.57
3	百瑞信托	1365.38	2433.51	56.11	60.81
4	北方信托	203.58	1694.26	12.02	19.11
5	北京信托	402.24	1997.84	20.13	21.43
6	渤海信托	2809.70	5966.03	47.10	45.36
7	大业信托	143.70	751.11	19.13	25.45
8	东莞信托	334.18	736.89	45.35	58.96
9	光大兴陇信托	4796.59	7506.17	63.90	61.95
10	国联信托	73.25	733.14	9.99	6.15
11	国民信托	351.12	2230.73	15.74	43.35
12	国通信托	1016.14	2068.40	49.13	95.35
13	国投泰康信托	571.45	2002.30	28.54	25.08
14	国元信托	806.98	1779.60	45.35	31.41
15	杭州工商信托	210.19	500.57	41.99	42.07
16	财信信托	828.60	1069.92	77.44	83.24
17	华澳信托	531.71	1322.03	40.22	39.41
18	华宝信托	427.11	4892.29	8.73	13.61
19	华宸信托	13.20	21.38	61.74	11.46

续 表

序号	信托公司	2019年新增	2019年余额	2019年新增存量比	2018年新增存量比
20	华能信托	4754.07	7250.47	65.57	49.05
21	华融信托	467.91	1424.61	32.84	27.39
22	华润信托	3618.33	9548.86	37.89	20.17
23	华鑫信托	1233.94	2620.76	47.08	31.84
24	华信信托	138.37	615.80	22.47	28.75
25	吉林信托	230.54	649.00	35.52	51.37
26	建信信托	3632.37	13912.32	26.11	31.93
27	江苏信托	1046.56	3677.23	28.46	8.93
28	交银国际信托	1863.66	7618.50	24.46	29.24
29	金谷信托	605.16	1002.91	60.34	63.67
30	昆仑信托	475.43	2678.18	17.75	7.81
31	陆家嘴信托	1450.56	2334.76	62.13	42.76
32	中国民生信托	2432.56	1964.06	123.85	141.28
33	平安信托	1262.99	4426.08	28.54	22.07
34	厦门国际信托	1243.64	2010.28	61.86	44.57
35	山东国信	1020.76	2645.81	38.58	36.46
36	山西信托	225.32	383.28	58.79	69.96
37	陕国投	994.43	2887.13	34.44	26.94
38	上海信托	1972.06	6926.52	28.47	19.57
39	四川信托	982.80	2334.18	42.10	51.34
40	苏州信托	517.46	950.24	54.46	34.77
41	天津信托	1553.18	2167.06	71.67	37.17
42	外贸信托	2000.46	4457.65	44.88	28.73
43	万向信托	794.35	1337.99	59.37	47.57
44	五矿信托	5228.14	8849.76	59.08	40.59
45	西部信托	1504.53	3186.67	47.21	66.51
46	西藏信托	256.71	1973.70	13.01	17.50
47	新华信托	425.56	1453.44	29.28	42.13
48	新时代信托	469.36	3224.43	14.56	49.30
49	兴业信托	1442.48	5632.91	25.61	24.61
50	英大信托	293.85	3981.24	7.38	68.44
51	粤财信托	1120.21	2787.94	40.18	59.89
52	云南信托	1006.51	2008.49	50.11	34.33

序号	信托公司	2019年新增	2019年余额	2019年新增存量比	2018年新增存量比
53	长安信托	1192.57	4656.80	25.61	28.60
54	长城信托	0.01	178.55	0.01	0.18
55	浙金信托	346.65	889.99	38.95	33.58
56	中诚信托	703.57	2493.55	28.22	25.67
57	中海信托	386.61	3063.43	12.62	40.05
58	中航信托	3029.61	6657.92	45.50	36.36
59	中建投信托	1381.32	1800.96	76.70	64.66
60	雪松国际信托	168.84	944.27	17.88	24.73
61	中粮信托	661.55	1572.75	42.06	72.61
62	中融信托	2264.43	7654.52	29.58	26.22
63	中泰信托	119.28	324.05	36.81	47.52
64	中铁信托	2538.90	4254.14	59.68	95.90
65	中信信托	5205.23	15741.56	33.07	54.12
66	中原信托	703.74	1788.90	39.34	87.61
67	重庆信托	1196.69	2124.96	56.32	46.99
68	紫金信托	549.33	1430.65	38.40	67.84

资料来源：信托公司年报，用益金融信托研究院整理、制作。

2019年68家信托公司中，新增实收信托规模超过4000亿元的公司有4家（五矿信托、中信信托、光大兴陇信托和华能信托），3000亿~4000亿元的有3家（建信信托、华润信托和中航信托），1000亿~3000亿元的有24家，1000亿元以下的有37家。从机构来看，2019年新增实收信托规模超过4000亿元的公司数量较上年有所增加，第一梯队的五矿信托、中信信托、光大兴陇信托、华能信托4家公司中，五矿信托和中信信托增长更为迅猛。2019年新增存量比超过行业均值的公司共有36家，较2018年增加7家，说明多数信托公司的新增业务在经历了2018年的阵痛之后开始恢复展业。另外，2019年新增存量比超过100%的信托公司仅有1家，为中国民生信托，其新增信托资产超过存量信托资产规模。

2. 增量构成：集合类信托为主要增长来源，主动管理成为关键

（1）按资金来源：集合类新增信托资产规模及占比上升。

单一类和财产权类新增信托资产规模及占比下滑，集合类新增信托资产规模及占比上升（见图1-18）。2019年年末，68家信托公司新增信托资产82650.60亿元，其中单一类信托资产18416.12亿元，同比减少23.45%，规模占比为22.28%，较2018年年末下降7.71个百分点；集合类信托资产44434.41亿元，同比增加25.40%，规模占比为53.76%，较2018年年末提高了9.58个百分点；财产权类信托资产19800.07亿元，同比减少4.40%，规模占比为23.96%，较2018年年末减少1.87个百分点。从绝对规模来看，2019年新增信托资产中，集合类新增信托资产规模实现较大幅度增长，单一类和财产权类新增信托资产规模继续

下滑。从规模占比来看，新增信托资产中集合类的占比持续上升，且在 2019 年超过 50%，单一类的占比持续下滑，财产权类的占比在 2019 年有所下滑。

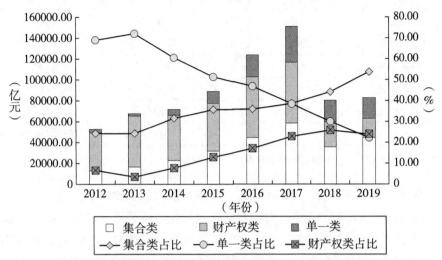

图 1 – 18 2012—2019 年新增信托资产变化走势（按资金来源）

资料来源：信托公司年报，用益金融信托研究院整理、制作。

据年报数据，2019 年 68 家信托公司中集合类新增信托资产规模最大者为五矿信托，合计 4283.12 亿元，占该公司全年新增信托资产的 81.92%。从规模来看，2019 年集合类新增信托资产在 3000 亿元以上的有 3 家，分别是五矿信托、中信信托和光大兴陇信托，1000 亿~3000 亿元的有 7 家，500 亿~1000 亿元的有 19 家，500 亿元以下的有 39 家。其中，有 3 家信托公司 2019 年没有集合类新增信托资产。排名前十的信托公司中，除交银国际信托和华能信托外，其他信托公司在集合类新增信托资产规模上有不同程度的增长，其中中融信托和五矿信托的增幅均超过 100%，分别为 277.47% 和 134.23%。从规模占比来看，排名前十的信托公司中，占比超过 50% 的有 9 家，超过 80% 的有 3 家，说明集合类信托作为资金来源的重要程度上升。从集中度来看，2019 年排名前十的信托公司的集合类新增信托资产合计规模占比为 51.40%，较上年增加 1.47 个百分点，头部信托公司在集合类信托的募集上有一定的优势（见表 1 – 18）。

表 1 – 18 2018—2019 年集合类新增信托资产规模排名前十的信托公司 单位：亿元，%

排名	2019 年			2018 年		
	信托公司	集合类新增信托资产	规模占比	信托公司	集合类新增信托资产	规模占比
1	五矿信托	4283.12	81.92	光大兴陇信托	2464.72	68.52
2	中信信托	3813.69	73.27	交银国际信托	2356.39	92.57
3	光大兴陇信托	3347.59	69.79	中国民生信托	2249.36	87.78
4	中国民生信托	2263.89	93.07	中信信托	2217.30	58.15
5	中航信托	2126.83	70.20	华能信托	2009.70	56.28

排名	2019 年			2018 年		
	信托公司	集合类新增信托资产	规模占比	信托公司	集合类新增信托资产	规模占比
6	中融信托	1757.12	77.60	五矿信托	1828.59	75.17
7	交银国际信托	1530.26	82.11	中航信托	1643.73	71.45
8	外贸信托	1354.66	67.72	四川信托	1031.16	62.09
9	华能信托	1341.74	28.22	国通信托	947.43	40.00
10	百瑞信托	1020.31	74.73	百瑞信托	945.79	81.53
	合计	22839.21	51.40	合计	17694.17	49.93

资料来源：信托公司年报，用益金融信托研究院整理、制作。

（2）按管理方式：主动管理型新增信托资产规模及占比大幅增加。

主动管理型新增信托资产规模及占比上升，信托业务转型卓有成效。据年报数据，2019
年，68 家信托公司新增信托资产中主动管理型资产为 50934.52 亿元，较 2018 年增加
18748.05 亿元，同比增加 58.25%；规模占比为 61.63%，较 2018 年增加 21.50 个百分点。
新增信托资产中被动管理型资产为 31716.08 亿元，较 2018 年减少了 16514.57 亿元，同比减
少 34.24%；规模占比为 38.37%。从图1-19来看，新增信托资产中主动管理型信托资产占
比在 2017 年达到最低点，之后连续两年大幅上行。2018 年资管新规出台以来，监管层对于
通道业务的治理卓有成效，信托公司向主动管理转型，新增信托业务中主动管理型成为
主流。

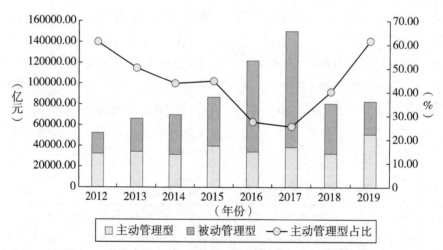

图1-19 2012—2019 年新增信托资产变化走势（按管理方式）
资料来源：信托公司年报，用益金融信托研究院整理、制作。

据年报数据，2019 年 68 家信托公司中主动管理型新增信托资产规模最大者为五矿信托，
合计 5120.47 亿元，规模占比达到 97.94%（见表1-19）。从规模来看，2019 年主动管理型

新增信托资产在 3000 亿元以上的有 3 家，分别是五矿信托、光大兴陇信托和中信信托，1000 亿~3000 亿元的有 12 家，500 亿~1000 亿元的有 18 家，500 亿元以下的有 35 家。其中，有 2 家信托公司（华宸信托和长城信托）2019 年没有主动管理型新增信托资产。从增幅来看，部分信托公司，如山西信托、国民信托、外贸信托等的主动管理型新增信托资产增幅惊人。增幅超过 100% 的有 22 家，增幅为 50%~100% 的有 11 家，增幅在 50% 以下的有 16 家。此外，负增长的信托公司为 18 家（杭州工商信托 2018 年未披露相关数据，故无法计算）。

表 1-19   2018—2019 年主动管理型新增信托资产规模排名前十的信托公司   单位：亿元,%

排名	2019 年			2018 年		
	信托公司	主动管理型新增信托资产	占比	信托公司	主动管理型新增信托资产	占比
1	五矿信托	5120.47	97.94	中国民生信托	2501.39	97.61
2	光大兴陇信托	3678.62	76.69	华能信托	2386.67	66.84
3	中信信托	3612.97	69.41	中信信托	2181.35	57.21
4	中航信托	2524.21	83.32	光大兴陇信托	2111.08	58.69
5	中国民生信托	2425.76	99.72	五矿信托	1897.77	78.01
6	渤海信托	2042.26	72.69	中航信托	1852.74	80.53
7	华能信托	1943.89	40.89	百瑞信托	989.40	85.29
8	中融信托	1562.47	69.00	平安信托	936.65	79.45
9	百瑞信托	1335.61	97.82	西部信托	916.76	42.97
10	中铁信托	1278.86	50.37	中建投信托	875.90	79.97
	合计	25525.12	50.11	合计	16649.71	46.99

资料来源：信托公司年报，用益金融信托研究院整理、制作。

2019 年排名前十的信托公司中，除中国民生信托和华能信托外，其他信托公司在主动管理型新增信托资产规模上有不同程度的增长，其中中融信托、中铁信托和五矿信托的增幅均超过 100%，分别为 275.37%、232.72% 和 169.82%。从规模占比来看，排名前十的信托公司中，主动管理型新增信托资产规模占比超过 50% 的有 9 家，超过 90% 的有 3 家。从集中度来看，2019 年排名前十的信托公司的主动管理型新增信托资产合计规模占比为 50.11%，较 2018 年增加 3.12 个百分点。头部信托公司在主动管理型业务的展业中具有较大的优势。

（三）信托关联交易

1. 信托与关联方交易：期末余额下滑，集中度上升

2019 年年末，信托与关联方之间的关联交易期末余额为 16397.06 亿元，较 2018 年的 16783.82 亿元减少 386.76 亿元，同比下滑 2.30%。信托与关联方之间的关联交易在信托公司年报披露的四大类关联交易中规模占比达到 63.71%，是信托行业最为主要的关联交易方式。2012—2017 年，信托与关联方之间的关联交易规模保持较快增长，而在 2018—2019 年，该类关联交易的规模开始出现下滑，这可能与监管层对信托公司股东及其关联方的关联交易的严格限制有

比较大的关系（见图1-20）。

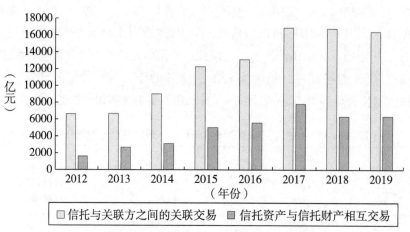

图 1-20 2012—2019 年信托资产关联交易变化

资料来源：信托公司年报，用益金融信托研究院整理、制作。

信托与关联方交易的信托资产集中度高，且 2019 年进一步提升。与 2018 年类似，2019年信托与关联方交易主要集中于三家信托公司：建信信托（7685.40 亿元）、英大信托（3610.40 亿元）和兴业信托（2273.82 亿元）。三家信托公司的该类关联交易的规模占比达到 82.76%，较 2018 年增加 0.93 个百分点。这三家信托公司该类关联交易余额高，多半与其强大的股东背景有关，在依托股东资源开展相关业务的过程中产生了大量的关联交易。

2. 不同信托财产关联交易：期末余额下滑，集中度上升

2019 年年末，不同信托财产关联交易期末余额为 6344.68 亿元，较 2018 年年末的6335.99 亿元增加 8.69 亿元，同比增加 0.14%。不同信托财产关联交易在信托公司年报披露的四大类关联交易中规模占比为 24.65%，在信托资产的关联交易中占据着较为重要的地位。

不同信托财产关联交易的集中度也比较高。2019 年共有 50 家信托公司公布了该类关联交易的期末余额。从集中度来看，排名前十的信托公司的该类关联交易的期末余额为 4169.32 亿元，较 2018 年的 3968.41 亿元增加 200.91 亿元，同比增长 5.06%，占行业总额的比重为65.71%，较 2018 年的 62.63% 增加 3.08 个百分点。

三、2019 年信托公司经营分析之三：固有资产

2019 年，信托公司固有总资产和净资产规模继续增长，但增速有所放缓，公司间差距继续扩大。另外，由于监管部门加大了风险排查的力度和频率，信托业务风险充分暴露，使信托业固有不良资产规模和不良率逐步攀升，但行业整体风险可控。固有资产作为信托公司风险缓释的重要工具，在信托项目出现风险时，可给予一定的流动性支持，在风险项目处置时，可通过固有资金代持或向第三方代持出具回购承诺等方式争取更多时间和机会。

（一）资产管理

1. 固有总资产：规模增速放缓，公司间差距持续扩大

2019 年，信托公司固有资产规模继续保持增长。固有资产不仅是信托公司重要的利润来源，也是信托公司推动战略业务布局、促进信托业务转型创新的重要着力点。截至 2019 年年末，68 家信托公司总资产达 7644.19 亿元，较 2018 年增加了 450.60 亿元，同比增长 6.26%，相比于 2018 年行业 9.35%的增速继续下滑，但下滑幅度有所减小。从公司层面来看，2019 年年底，68 家信托公司平均固有资产为 112.41 亿元，较 2018 年年底的 105.79 亿元增加了 6.62 亿元，比 2017 年年底增加了 15.68 亿元（见图 1－21）。资本实力的持续增强为信托行业长期稳健发展奠定了坚实的基础。

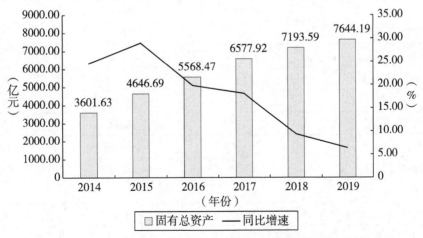

图 1－21 2014—2019 年 68 家信托公司固有总资产规模及增速变化走势

资料来源：信托公司年报，用益金融信托研究院整理、制作。

信托公司固有资产增长主要来自三个方面：股东资金投入、公司自身利润留存以及负债增长。2019年，信托公司资产增长的来源结构发生了较大变化，利润留存取代股东资金投入成为资产增长的最主要来源。

从信托业内部来看，信托公司之间的固有资产规模差距又开始加大，固有资产规模增长差异化明显。从表1-20可以看出，固有资产规模增长差异化体现在以下三个方面。

其一，信托公司固有资产规模向更高水平集中。2019年，行业的固有资产均值与中位数均有所提升，均值仍旧高于中位数，并且均值与中位数的差距加大。从数据来看，固有资产均值从2017年的96.73亿元上升到2019年的112.41亿元，增加了15.68亿元，增幅为16.21%；而行业中位数从2017年的79.15亿元上升到2019年的92.71亿元，增加了13.56亿元，增幅达到17.13%。中位数据上移意味着排行靠后的公司的固有资产增长幅度得到了显著提升，也意味着更多之前观望的信托公司已经开始加速行动增大自身的固有资产规模。

其二，信托公司之间固有资产规模的绝对差距加大。从个体差异来看，行业固有资产最大值从2017年的281.34亿元上升到2019年的320.54亿元，增幅为13.93%；与此同时，固有资产最小值从2017年的11.79亿元上升到2019年的12.84亿元，增幅为8.90%；个体差异从2017年的269.75亿元增加到2019年的307.70亿元。从标准差来看，行业固有资产规模的标准差从2017年的63.24亿元增加到2019年的73.58亿元，围绕均值的分化程度加强。从离散系数来看，离散系数从2018年的62.60%上升到2019年的65.46%，变动幅度较大，说明行业固有资产规模内部差距在加大，固有资产整体呈现差异化。

其三，信托公司固有资产的行业集中度上升。头部信托公司整体资本实力仍较强，集中度出现拐点，再度上升：CR5指标从2018年的18.01%上升到2019年的18.72%；CR10指标从2018年的32.26%上升到2019年的32.74%。头部信托公司整体资本实力较强，行业集中度上升。

表1-20　　　　　　　　2017—2019年信托公司固有资产分布

	2019 年	2018 年	2017 年
公司数量（家）	68	68	68
最大值（亿元）	320.54	297.85	281.34
均值（亿元）	112.41	105.79	96.73
中位数（亿元）	92.71	89.86	79.15
最小值（亿元）	12.84	12.16	11.79
个体差异（亿元）	307.70	285.69	269.75
标准差（亿元）	73.58	66.23	63.24
离散系数（%）	65.46	62.60	65.37
CR5（%）	18.72	18.01	19.36
CR10（%）	32.74	32.26	33.40

数据来源：信托公司年报，用益金融信托研究院整理、制作。

2. 固有净资产：规模持续增加，增速放缓

截至 2019 年年末，68 家信托公司固有净资产达 6264.64 亿元，较 2018 年的 5733.95 亿元增加了 530.69 亿元，继 2018 年之后再创历史新高。与此同时，信托行业的净资产增长率下降，2019 年小幅下滑至 9.26%（见图 1-22）。净资产增速放缓一方面是受到信托营业收入增长的影响；另一方面与部分信托公司增资相关。资金信托新规要求信托公司管理的全部集合资金信托计划投资于同一融资人及其关联方的非标准化债权类资产的合计金额不得超过信托公司净资产的 30%，信托公司净资产有望迎来进一步增长。

总体而言，2014 年以来，信托行业净资产规模呈现逐步上升的趋势，从 2014 年的 3197.24 亿元增长到 2019 年的 6264.64 亿元，增长了 95.94%，年复合增长率为 11.86%。各年度的净资产增长率整体呈现下降趋势，净资产增长率的下滑与净资产基数逐年增大相关。

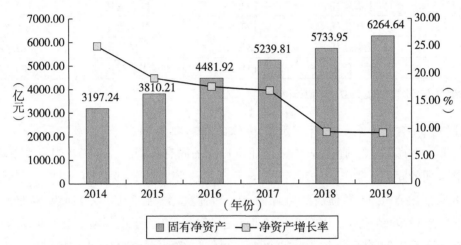

图 1-22　2014—2019 年固有净资产规模及增长率变化走势
资料来源：信托公司年报，用益金融信托研究院整理、制作。

从各信托公司 2019 年的固有净资产情况来看，有 6 家信托公司固有净资产超过 200 亿元，而 2018 年只有 3 家。排名前 15 位的信托公司整体变化不大，但名次有所变化。外贸信托和建信信托由于增资，固有净资产分别从 2018 年的第 13 位、第 11 位上升至 2019 年的第 9 位、第 7 位。昆仑信托由于股东分配利润，固有净资产增幅较小，排名从 2018 年的第 12 位下降至 2019 年的第 14 位。而华信信托由于资产减值过大，在 2019 年固有净资产排名中跌出前 15 名（见表 1-21）。

表 1-21　2018—2019 年固有净资产排名前 15 的信托公司　　　　　　　单位：亿元

排名	2019 年		2018 年	
	信托公司	固有净资产	信托公司	固有净资产
1	中信信托	296.83	中信信托	242.73
2	重庆信托	248.57	重庆信托	224.72
3	平安信托	233.04	平安信托	207.13

排名	2019 年		2018 年	
	信托公司	固有净资产	信托公司	固有净资产
4	华润信托	221.02	华润信托	196.99
5	江苏信托	204.86	华能信托	184.51
6	华能信托	204.31	江苏信托	177.91
7	建信信托	197.77	中融信托	172.08
8	中融信托	183.15	中诚信托	168.24
9	外贸信托	177.17	兴业信托	157.70
10	中诚信托	176.41	上海信托	136.04
11	兴业信托	166.88	建信信托	128.77
12	上海信托	152.28	昆仑信托	128.33
13	五矿信托	138.54	外贸信托	125.89
14	昆仑信托	132.02	五矿信托	123.62
15	渤海信托	131.34	华信信托	120.57

数据来源：信托公司年报，用益金融信托研究院整理、制作。

3. 固有资产负债率：有所下滑，总体维持较低水平

近年来，伴随着行业的快速发展，信托全行业的固有总资产、净资产规模均不断提升。68 家信托公司的固有总资产从 2014 年的 3601.63 亿元增长到 2019 年的 7644.19 亿元。与此同时，68 家信托公司固有负债从 2014 年的 404.39 亿元增长到 2018 年的 1459.64 亿元，2019 年小幅下滑至 1379.55 亿元。固有资产负债率在 2014—2017 年也不断上升，2018 年有所回落，2019 年下降 2.24 个百分点，至 18.05%，可能与部分信托公司加大使用信托业保障基金有关。尽管信托行业的整体负债水平不断上升，但相比银行、证券、保险等其他金融子行业来说还是稳定在低位（见图 1-23）。

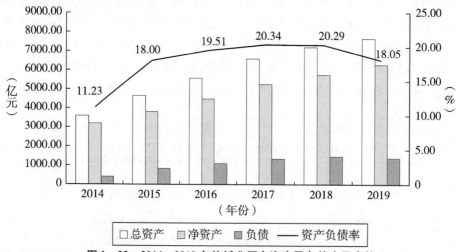

图 1-23 2014—2019 年信托业固有资产及负债水平走势

资料来源：信托公司年报，用益金融信托研究院整理、制作。

从已经披露的 68 家信托公司的固有资产负债率来看，40% 以上的有 3 家，2018 年同期为 2 家；20%~40% 的有 21 家，2018 年同期为 29 家；10%~20% 的有 27 家，2018 年同期为 25 家；10% 以下的有 17 家，2018 年同期为 12 家。

表 1-22 显示了 2018—2019 年固有资产负债率排在前 15 位的信托公司情况，整体来看，2019 年排名前 15 的信托公司与 2018 年差异较大，部分信托公司的固有资产负债率变化显著。

表 1-22　　　　　　　　2018—2019 年固有资产负债率排名前 15 的信托公司　　　　　　单位:%

排名	2019 年		2018 年	
	信托公司	固有资产负债率	信托公司	固有资产负债率
1	安信信托	55.83	吉林信托	45.66
2	华融信托	49.01	华融信托	43.17
3	吉林信托	40.15	安信信托	38.98
4	中铁信托	36.31	中铁信托	34.81
5	山东国信	32.68	爱建信托	34.47
6	北京信托	31.57	长城信托	33.33
7	天津信托	28.99	国通信托	33.11
8	长安信托	27.58	华澳信托	32.99
9	爱建信托	26.50	大业信托	31.90
10	国通信托	25.72	天津信托	31.43
11	厦门国际信托	25.68	浙金信托	30.66
12	长城信托	25.42	山东国信	29.91
13	财信信托	24.03	中国民生信托	29.52
14	五矿信托	23.99	陆家嘴信托	29.22
15	金谷信托	23.64	国民信托	29.20

数据来源:信托公司年报,用益金融信托研究院整理、制作。

4. 固有资产不良率:不良资产规模和不良率攀升

信托公司固有资产中不良资产规模和不良率攀升。截至 2019 年年末，68 家信托公司固有不良资产合计 368.39 亿元，平均每家信托公司的固有不良资产为 5.42 亿元，其中有 20 家信托公司没有不良资产，安信信托不良资产规模最大，为 79.50 亿元。2018 年年末，68 家信托公司固有不良资产规模合计 170.48 亿元，平均每家信托公司不良资产为 2.51 亿元，其中有 23 家信托公司没有不良资产。对比 2018 年年末数据，2019 年信托公司固有不良资产规模翻番（见图 1-24）。2019 年信托业固有资产不良率为 5.76%，相比 2018 年的 2.95% 高近 1 倍，剔除安信信托（2019 年为 82.41%，2018 年为 9.01%）后，2019 年信托业固有资产不良率为 4.58%，仍显著高于 2018 年的 2.92%。

具体来看，2019 年行业固有资产不良率标准差从 2018 年的 55.53% 攀升到 13.17%，固

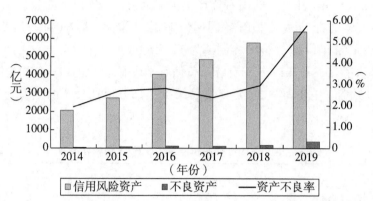

图 1-24 2014—2019 年信用风险资产、固有不良资产规模及固有资产不良率变化走势

资料来源：信托公司年报，用益金融信托研究院整理、制作。

有不良率在中间水平的公司呈现集中趋势；从集中度和极值来看，固有不良资产规模 CR5 集中度从 38.89% 上升到 42.09%，固有不良资产规模 CR10 集中度从 63.13% 下降到 59.78%，最大固有资产不良率从 32.67% 上升到 82.41%，说明固有资产不良率较高的信托公司在 2019 年固有资产风险状况有所恶化，固有风险业务处置效果有待改善（见表 1-23）。

表 1-23 2017—2019 年信托公司固有资产不良率分布

	2019 年	2018 年	2017 年
披露公司数量（家）	68	68	68
最大值（%）	82.41	32.67	14.57
均值（%）	7.86	3.44	2.63
中位数（%）	1.96	0.67	0.25
标准差（%）	13.17	5.53	3.83
固有不良资产规模 CR5（%）	42.09	38.89	48.03
固有不良资产规模 CR10（%）	59.78	63.13	70.09
不良率为 0 的公司数量（家）	20	23	26
不良率为 0 的公司占比（%）	29.41	33.82	38.24

数据来源：信托公司年报，用益金融信托研究院整理、制作。

5. 资产减值准备：资产减值损失计提规模持续增加

从图 1-25 可知，2014 年，信托全行业的资产减值损失为 51.89 亿元，而 2015 年，信托全行业的资产减值损失大幅攀升至 114.27 亿元，主要在于 2015 年资本市场繁荣，导致信托固有业务收入大幅增加，部分公司倾向于一次性处理多年积累的减值，使 2015 年资产减值损失大幅增加，但对营业收入的影响不大。到了 2016 年，信托全行业的资产减值损失锐减，总额下降至 43.69 亿元。2017 年与 2016 年基本持平，资产减值损失为 42.69 亿元。2018 年，信托全行业资产减值损失（含信用减值损失）出现大幅上涨，同比涨幅达到

77.23%，总额为75.66亿元。2019年，全行业资产减值损失继续攀升，总额达103.48亿元，增幅为36.77%。近两年来资产减值损失的大幅上升与信托行业风险暴露加大有关，信托风险管控依旧面临较大压力。

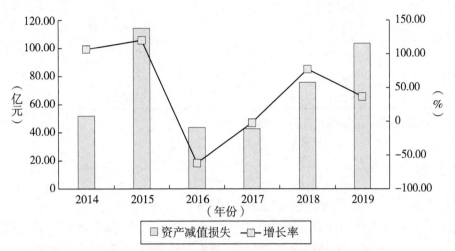

图1-25 2014—2019年信托行业资产减值损失变化走势

资料来源：信托公司年报，用益金融信托研究院整理、制作。

从表1-24可知，2019年排名在前15位的信托公司资产减值损失计提总额大于2018年，最高的安信信托资产减值损失计提规模达43.62亿元，远高于2018年同期的20.91亿元。总体上看，2019年列出资产减值损失数据的公司有50家，其中45家公司为正值，5家为负值，即发生减值损失冲回。

表1-24　　　　　　　　　2018—2019年固有资产减值损失排名前15的信托公司　　　　　　单位：万元

排名	2019 年		2018 年	
	信托公司	固有资产减值损失	信托公司	固有资产减值损失
1	安信信托	436166.85	安信信托	209126.14
2	长安信托	124682.36	中江信托	75546.98
3	华信信托	72393.34	中铁信托	71740.55
4	四川信托	65988.34	长安信托	67896.74
5	渤海信托	57779.16	大业信托	42606.03
6	中建投信托	53212.37	兴业信托	39084.34
7	中信信托	45300.43	中粮信托	34321.90
8	中诚信托	42138.24	中原信托	32442.23
9	财信信托	37378.56	国民信托	31022.35
10	华澳信托	34314.07	新华信托	29822.71

排名	2019 年		2018 年	
	信托公司	固有资产减值损失	信托公司	固有资产减值损失
11	华融信托	26595.30	渤海信托	27064.78
12	国民信托	22630.05	中国民生信托	26033.44
13	大业信托	19974.64	中诚信托	24884.81
14	中原信托	17832.06	陕国投	23974.35
15	华宝信托	15093.18	华宸信托	18029.60

数据来源：信托公司年报，用益金融信托研究院整理、制作。

（二）资产分类

1. 资产运用方式：固有资产配置变化显著

从已披露的固有资产运用方式来看，2019 年 68 家信托公司固有资产总规模达 7644.19 亿元，较 2018 年同期增长 6.36%，各类资产配置情况较 2018 年发生了不同程度的变化（见表 1－25）。其中，货币资产规模较 2018 年增加 5.76 亿元，在总资产占比中减少 0.43 个百分点；贷款及应收款规模较 2018 年减少 90.53 亿元，占比同比下降 1.87 个百分点；交易性金融资产规模较 2018 年增加 1132.10 亿元，占比同比增加 14.35 个百分点；可供出售金融资产规模较 2018 年减少 827.23 亿元，占比同比下降 13.32 个百分点；持有至到期投资规模较 2018 年减少 28.29 亿元，占比同比下降 0.51 个百分点；长期股权投资规模较 2018 年增加 92.77 亿元，占比同比增加 0.48 个百分点；其他投资规模较 2018 年增加 158.73 亿元，占比同比增加 1.29 个百分点。

表 1－25　　　2018—2019 年信托公司固有资产配置规模及占比情况　　　单位：亿元,%

资产运用方式	2019 年		2018 年	
	规模	占比	规模	占比
货币资产	628.66	8.29	622.90	8.72
贷款及应收款	730.86	9.64	821.39	11.51
交易性金融资产	1834.62	24.19	702.52	9.84
可供出售金融资产	2113.33	27.87	2940.56	41.19
持有至到期投资	130.72	1.72	159.01	2.23
长期股权投资	1000.54	13.19	907.77	12.71
其他投资	1144.10	15.09	985.37	13.80
固有资产合计	7582.83	100.00	7139.52	100.00

注：山东国信 2019 年未披露固有资产配置情况，故选取 67 家信托公司做分析。

数据来源：信托公司年报，用益金融信托研究院整理、制作。

总体而言，2019年67家信托公司固有资产配置比例最大的依旧是可供出售金融资产（27.87%），交易性金融资产占比上升至次位（24.19%），其他项排名分别为其他投资（15.09%）、长期股权投资（13.19%）、贷款及应收款（9.64%）、货币资产（8.29%）及持有至到期投资（1.72%）。

由图1-26可知，可供出售金融资产占比2014—2016年逐年上升，2015—2018年占比一直维持在40%以上，2017年开始占比逐年下滑，2019年占比较2018年下滑13.32个百分点。2019年与2018年相比，货币资产、贷款及应收款以及持有至到期投资在总资产规模中的占比均呈现不同程度的下滑。货币资产占比自2016年以来不断下行，从2015年的15.33%下降至2019年的8.29%。贷款及应收款占比震荡下行。长期股权投资占比相对较稳定，基本在13%上下小幅波动。交易性金融资产及其他投资占比呈现震荡上升趋势，尤其是交易性金融资产规模占比从2018年的9.84%攀升至2019年的24.19%。上述现象的原因可能是各家信托公司正在进行固有业务调整，以强化流动性管理为基础，积极通过收回到期贷款、处置部分资产等方式盘活固有存量资产，同时减少非流动性资产配置，确保固有资金流动性，为公司信托业务转型提供支持。

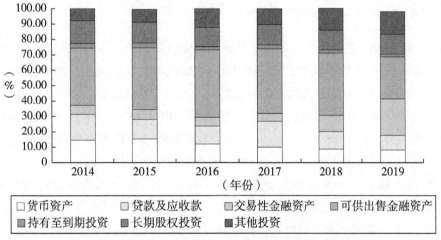

图1-26 2014—2019年信托公司固有资产配置比例变化走势

资料来源：信托公司年报，用益金融信托研究院整理、制作。

2. 投资领域：未发生结构性变化，整体保持稳定

信托公司固有资产的投向分布主要包括基础产业、房地产、证券市场、实业、金融机构和其他六大类。从表1-26可知，从整体来看，相比2018年，2019年信托公司固有资产投向并未发生结构性变化，整体保持稳定。其中，金融机构和其他资产投向依旧是固有资产配置的主要方向，位居前两位，二者在固有资产中的总占比达70%以上，但较2018年下降0.43个百分点。排在第三位的是证券市场投资，占比由2018年的10.45%下降至2019年的9.32%。排在第四位的是实业投资，占比从2018年的7.23%上升至2019年的7.61%。排在第五位的是房地产领域投资，占比由2018年的6.57%上升至2019年的6.62%。排在第六位

的是基础产业投资，占比从 2018 年的 2.28% 上升至 2019 年的 3.41%。从规模上来看，除证券市场外，其他各领域的投资金额均较 2018 年有不同程度的上涨，其中金融机构投资金额增加最多，增加 312.44 亿元。

表 1 - 26　　　　　2018—2019 年信托公司固有资产投向规模及占比情况　　　　单位：亿元，%

投向分布	2019 年		2018 年	
	规模	占比	规模	占比
基础产业	252.92	3.41	158.38	2.28
房地产	490.29	6.62	455.46	6.57
证券市场	690.97	9.32	724.90	10.45
实业	563.72	7.61	501.73	7.23
金融机构	3537.87	47.74	3225.43	46.51
其他	1874.37	25.29	1869.38	26.95
固有资产合计	7410.14	100.00	6935.28	100.00

注：安信信托及山东国信 2019 年未披露固有资产配置情况，故选取 66 家信托公司做分析。

数据来源：信托公司年报，用益金融信托研究院整理、制作。

从图 1 - 27 可知，整体来看，投向金融机构的资金占比始终维持在高位，而房地产、基础产业和实业的投资占比相对较低。其中，投向金融机构的资金占比从 2018 年的 46.51% 小幅上升至 2019 年的 47.74%；其他资产领域投资占比一直维持在 25% 左右；证券市场投资占比存在一定的波动性，2015 年占比为 6 年间的峰值，但从 2016 年开始，证券市场投资占比呈现持续下滑趋势，到 2019 年，该指标已经跌至 9.32%，与资本市场行情高度相关；房地产和实业领域投资占比变化不大，房地产领域的投资占比变化区间为 4.84% ~ 7.46%，2016 年是 6 年间占比最低的一年，随后这一比率小幅上升，实业投资占比区间为 4.16% ~ 7.61%，自 2016 年开始，工商企业领域投资占比缓慢回升，从 2015 年的 4.16% 逐步上升至 2019 年的 7.61%；基础产业领域投资占比最低，基本在 2.00% 左右，2017 年开始逐年小幅回升。

（三）关联交易

1. 固有资产与关联方交易：规模有所下降

2019 年，68 家信托公司的固有资产与关联方交易期末总额为 411.14 亿元，较 2018 年的 486.11 亿元减少 74.97 亿元。2019 年度信托固有资产与关联方借方发生总额为 2179.85 亿元，贷方发生总额为 988.71 亿元。已披露的信息显示，平安信托是固有资产与关联方交易 2019 年年末余额最多的信托公司，为 66.77 亿元（见表 1 - 27）；兴业信托固有资产与关联方交易 2019 年年末依旧为负值。

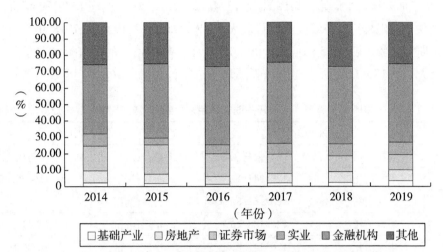

图1-27 2014—2019年信托公司固有资产配置领域比例变化走势

资料来源：信托公司年报，用益金融信托研究院整理、制作。

表1-27 2018—2019年固有资产与关联方交易期末余额排名前15的信托公司 单位：万元

排名	2019 年		2018 年	
	信托公司	固有资产与关联方交易	信托公司	固有资产与关联方交易
1	平安信托	667728.36	中融信托	986098.29
2	华融信托	483894.23	平安信托	676654.97
3	重庆信托	449492.00	中信信托	631760.59
4	中融信托	440295.09	华信信托	553384.41
5	华信信托	389557.63	重庆信托	468085.00
6	英大信托	293703.50	华融信托	333898.59
7	中诚信托	263353.97	中诚信托	263044.59
8	华润信托	227624.19	建信信托	237355.27
9	北京信托	204980.00	北京信托	181998.00
10	五矿信托	104377.80	英大信托	152986.23
11	交银国际信托	88570.05	华润信托	103425.83
12	建信信托	82615.16	长安信托	93751.25
13	国投泰康信托	81329.81	国投泰康信托	76086.06
14	长安信托	80622.57	上海信托	63823.27
15	华澳信托	55000.00	金谷信托	52465.20

数据来源：信托公司年报，用益金融信托研究院整理、制作。

2. 固有资产与信托关联交易：规模快速增长

2019年，68家信托公司的固有资产与信托关联交易期末总额为2582.79亿元，而这一指标在 2018 年是 2100.24 亿元，2017 年是 1774.82 亿元，2016 年是 1378.96 亿元，固有资产与信托关联交易规模呈现持续上涨趋势。表 1-28 显示了 2019 年和 2018 年固有资产与信托关联交易期末余额排名前 15 的信托公司。2019 年，华能信托的固有资产与信托关联交易期末余额最大，达 176.12 亿元，重庆信托退居第二位，余额达 166.30 亿元。

表 1-28 　　2018—2019 年固有资产与信托关联交易期末余额排名前 15 位的信托公司　　单位：万元

排名	2019 年		2018 年	
	信托公司	固有资产与信托关联交易	信托公司	固有资产与信托关联交易
1	华能信托	1761242.12	重庆信托	1594308.00
2	重庆信托	1662961.86	五矿信托	1289619.40
3	外贸信托	1269188.16	华融信托	1271143.87
4	华融信托	1265441.85	中航信托	907811.49
5	中航信托	1056960.65	外贸信托	863597.40
6	上海信托	904443.27	中国民生信托	804370.00
7	建信信托	895673.56	上海信托	798134.38
8	五矿信托	850479.32	交银国际信托	715265.46
9	中国民生信托	815104.31	爱建信托	687228.33
10	华润信托	780375.38	昆仑信托	676805.23
11	爱建信托	745829.58	山东国信	671238.00
12	昆仑信托	692572.48	兴业信托	598924.24
13	兴业信托	681765.55	华润信托	558253.60
14	交银国际信托	673278.38	东莞信托	502011.57
15	中原信托	639648.89	中原信托	490628.24

数据来源：信托公司年报，用益金融信托研究院整理、制作。

四、2019 年信托公司经营分析之四：风险管理

净资本监管是信托行业实行风险监管的重要手段，其目的是确保信托公司固有资产充足并保持必要的流动性，从而抵御各项业务不可预期的损失。总体而言，2019 年，除安信信托外，67 家信托公司净资本监管指标都满足要求，但信托公司之间差异较大，净资本/风险资本指标值低的信托公司需要通过增资的方式扩充净资产，以便为业务开展提供充足的支持。在经济增速放缓及强监管环境下，2019 年 67 家信托公司中一共有 22 家有新增的信托业务风险诉讼事件，较 2018 年有所增加。

（一）净资本管理情况

1. 净资本：行业净资本规模持续增长

根据 68 家信托公司披露的公司年报，从 2014—2018 年信托公司净资本的增长速度来看，信托公司净资本增速正在逐步放缓（见图 1 - 28）。从披露的净资本数据来看，2019 年 68 家信托公司净资本全部大于 2 亿元，均符合监管要求。一共有 16 家信托公司净资本较 2018 年有所下降，68 家信托公司净资本总额为 4899.86 亿元，较 2018 年增长 9.02%，增速较 2018 年上升 0.80%。在资金信托新规下，信托公司面临转型压力，信托行业重资产重资本趋势正在进一步增强。从影响信托公司净资本的因素来看，2019 年 68 家信托公司净利润总额为 530.38 亿元，较 2018 年下降 4.01 个百分点。2019 年有 8 家信托公司完成增资，合计增加注册资本 178.95 亿元，增资较 2018 年减少 43.17 亿元。

充足的净资本一定程度上反映出信托公司更强的偿付能力，有利于规避风险事件来临时的流动性风险。具体来看，重庆信托 2019 年净资本为 214.23 亿元，较 2018 年增长 12.31%，继续排名第一。2019 年净资本规模排名前十的信托公司的净资本为 1795.39 亿元，规模占比为 36.83%，较 2018 年上升 4.12 个百分点；排名在后十位的信托公司的净资本为 174.84 亿元，不到头部信托公司一家的规模，规模占比为 3.59%，信托行业净资本规模剪刀差进一步拉大。另外，净资本规模排名前八的信托公司的规模占比为 28.78%，较 2018 年上升 1.06 百分点；净资本规模排名前四的信托公司的规模占比为 15.81%，较 2018 年上升 0.43 个百分点，头部信托公司净资本实力进一步增强（见表 1 - 29）。

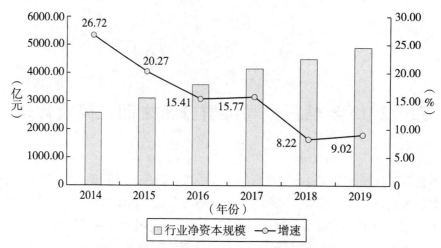

图1-28 2014—2019年信托公司净资本变化走势

资料来源：信托公司年报，用益金融信托研究院整理、制作。

表1-29 2018—2019年信托公司净资本规模相关指标 单位：亿元，%

指标	2019年	2018年	变化
CR4占比	15.81	15.38	0.43
CR8占比	28.78	27.72	1.06
CR10占比	36.83	32.71	4.12
规模最大值	214.23	190.75	12.31
规模最小值	7.43	5.93	25.30
规模平均值	72.77	66.10	10.09

资料来源：信托公司年报，用益金融信托研究院整理、制作。

2. 风险资本：行业整体抗风险能力有待提升

伴随着经济转型，2014年以来信托风险项目数量和风险资本规模呈现上升趋势，信托行业风险资本持续增长。68家信托公司年报数据显示，2019年68家信托公司风险资本规模为2689.59亿元，较2018年增加10.98%，增速同比加快7.27个百分点（见图1-29）。2019年信托行业延续了强监管态势，资管新规颁布以来，信托公司转型压力加大，在持续地去通道类业务、去杠杆以及压降融资类信托规模的作用下，信托公司信托资产规模继续下降，2019年年末，信托资产余额为21.58万亿元，同比下降5.06个百分点。与信托资产余额下降的情况相反，2019年信托公司固有资产余额为7644.19亿元，同比增长6.36%。受信托资产余额下降的影响，从20家披露信托业务、固有业务风险资本的信托公司情况来看，信托业务风险资本规模为503.59亿元，占比为64.55%，较2018年下降0.29个百分点；固有业务风险资本规模为276.01亿元，占比为35.38%，较2018年上升0.31个百分点，信托行业风险处于可控范围内（见表1-30）。

图 1 – 29　2014—2019 年信托公司风险资本变化走势

资料来源：信托公司年报，用益金融信托研究院整理、制作。

表 1 – 30		2019 年 20 家信托公司风险资本分布结构情况				单位：亿元,%	
信托公司	风险资本	固有业务风险资本		信托业务风险资本		其他业务风险资本	
		规模	占比	规模	占比	规模	占比
中融信托	97.40	15.63	16.04%	81.78	83.96%	—	—
光大兴陇信托	74.08	6.23	8.41%	67.85	91.59%	—	—
平安信托	84.97	35.77	42.10%	49.19	57.90%	—	—
外贸信托	62.79	30.39	48.41%	32.39	51.59%	—	—
陕国投	46.82	14.45	30.87%	32.36	69.13%	—	—
昆仑信托	51.62	22.76	44.10%	28.86	55.91%	—	—
百瑞信托	42.88	14.26	33.25%	28.62	66.75%	—	—
华润信托	52.84	26.90	50.91%	25.94	49.09%	—	—
安信信托	50.58	27.03	53.44%	23.55	46.56%	—	—
粤财信托	32.95	8.90	27.01%	23.47	71.23%	0.58	1.76%
北京信托	41.32	18.47	44.70%	22.85	55.30%	—	—
四川信托	31.95	12.71	39.78%	19.24	60.22%	—	—
中铁信托	30.32	11.79	38.90%	18.52	61.10%	—	—
紫金信托	19.86	6.54	32.93%	13.32	67.07%	—	—
北方信托	17.69	5.65	31.92%	12.04	68.08%	—	—
东莞信托	19.98	10.48	52.44%	9.50	47.56%	—	—
浙金信托	11.19	3.84	34.30%	7.35	65.70%	—	—
国民信托	8.14	2.82	34.64%	5.32	65.36%	—	—
长城信托	1.58	0.28	17.70%	1.30	82.30%	—	—
华宸信托	1.24	1.11	89.52%	0.14	11.29%	—	—
合计	780.20	276.01	35.38%	503.59	64.55%	0.58	0.07%

资料来源：信托公司年报，用益金融信托研究院整理、制作。

具体来看，2019 年大部分信托公司风险资本增长速度明显快于 2018 年，29 家信托公司风险资本规模较 2018 年有所下降，增速在 50% 以上的有 6 家，增速在 20% 以上的有 17 家，其中渤海信托增速最快，较 2018 年增长 78.54%。从集中度来看，前四名信托公司的风险资本规模占比为 15.70%，较 2018 年上升 2.00 个百分点；前八名信托公司的风险资本规模占比为 28.72%，较 2018 年上升 2.64 个百分点；前十名信托公司的风险资本规模占比为 34.98%，较 2018 年上升 3.55 个百分点；而后十名信托公司的风险资本规模为 84.03 亿元，仅占 3.14%。头部信托公司往往有着更高的社会认可度，在规模不断扩大的同时，风险资本也在不断累积（见表 1–31）。

表 1–31　　　　　2018—2019 年信托公司风险资本规模相关指标　　　　　单位：亿元,%

指标	2019 年	2018 年	变化
CR4	15.70	13.70	2.00
CR8	28.72	26.08	2.64
CR10	34.98	31.43	3.55
规模最大值	118.35	89.21	32.66
规模最小值	1.24	1.14	8.77

资料来源：信托公司年报，用益金融信托研究院整理、制作。

3. 净资本/净资产、净资本/风险资本：两项指标值均有所下降

根据信托公司年报数据，2019 年信托行业净资产增速为 9.92%，净资本增速为 9.02%，风险资本增速为 10.98%。根据比值关系，两个风控指标值相比 2018 年均有所下降，信托行业风险覆盖能力有轻微下降。68 家信托公司中有 67 家的该两项指标值均符合监管要求，虽然行业总体指标值在下降，但是多数信托公司的这两项指标值均有大幅提升，说明在严监管下，信托公司风险持续暴露，信托公司抵御风险的能力进一步加强。

在净资本/净资产指标方面，2019 年 68 家信托公司的行业合计净资本/合计净资产为 78.21%，较 2018 年下降 0.17 个百分点，该指标值连续 4 年下降，信托行业固有资产风险水平持续上升，主要源于信托公司固有资产规模的不断扩大。其中，净资本/净资产指标值最高的为交银国际信托，为 91.44%，最低的仅为 22.13%。从指标分布情况来看，比值在 90% 以上的有 4 家，80%～90% 的有 35 家，70%～80% 的有 15 家。

在净资本/风险资本指标方面，2019 年由于监管部门加强了风险排查力度，信托行业风险资本规模增幅较大。年报数据显示，2019 年 68 家信托公司的行业合计净资本/合计风险资本为 182.18%，较 2018 年下降 3.28 个百分点，信托公司应对危机事件的资金覆盖能力小幅下降。其中，比值最高的为长城信托，为 638.64%，最低的为 33.67%。从指标分布情况来看，比值在 300% 以上的有 8 家，200%～300% 的有 27 家，与 2018 年相比有所提升（见图 1–30，表 1–32）。

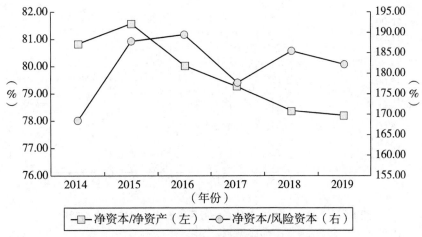

图 1 - 30　2014—2019 年信托公司风控指标走势
资料来源：信托公司年报，用益金融信托研究院整理、制作。

表 1 - 32　　　　　　　　　**2019 年两项风控指标排名前五的信托公司**　　　　单位：%

排名	信托公司	净资本/净资产	信托公司	净资本/风险资本
1	交银国际信托	91.44	长城信托	638.64
2	国民信托	91.28	华宸信托	598.51
3	财信信托	91.24	华信信托	509.51
4	光大信托	90.67	中泰信托	490.84
5	国联信托	89.01	英大信托	468.00
行业均值		78.25		213.09
行业合计		78.21		182.18

资料来源：信托公司年报，用益金融信托研究院整理、制作。

（二）信托风险准备情况

1. 一般风险资本金：计提额度大幅下降

2019 年年报显示，共有 65 家信托公司披露了一般风险资本金的情况，与 2018 年披露该信息的信托公司保持一致。65 家公司共计提一般风险资本金 8.25 亿元，较 2018 年减少 3.44 亿元，同比下降约 29%，也是自 2017 年以来第二次大幅下降（见图 1 - 31）。值得一提的是，2019 年冲回一般风险准备的信托公司有 10 家，冲回一般风险资本金 2.29 亿元，较 2018 年无明显差异。

2019 年一般风险资本金提取率（占当年净利润的比例）为 1.56%，同比降低 0.56 个百分点，降至 2014 年以来的最低点。2014—2019 年，一般风险资本金计提额与提取率趋势基本保持一致，2016 年出现波谷，2017 年有所回升，随后直线下降。但提取率的波动幅度较计提额的更大，主要是受净利润波动的影响（见图 1 - 32）。

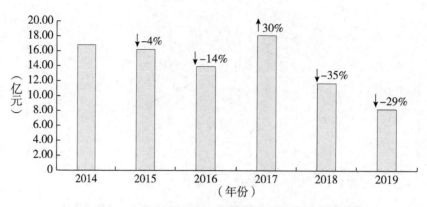

图 1-31 2014—2019 年信托一般风险资本金计提额增长情况

资料来源：信托公司年报，用益金融信托研究院整理、制作。

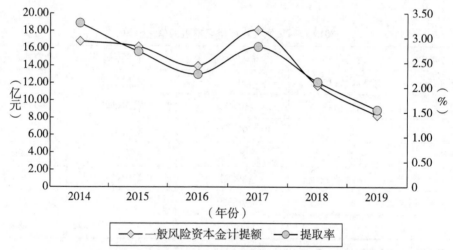

图 1-32 2014—2019 年信托一般风险资本金计提额与提取率走势

资料来源：信托公司年报，用益金融信托研究院整理、制作。

2. 信托赔偿准备金：首次跌至 30.00 亿元线下

2019 年共有 66 家信托公司在年报中披露了信托赔偿准备金情况，披露该信息的 66 家信托公司与 2018 年保持一致。2019 年 66 家信托公司的信托赔偿准备金计提额合计 28.76 亿元，较 2018 年减少 3.71 亿元，跌幅约为 11%。此次是自 2014 年以来第二次大幅下降，使得整个行业信托赔偿准备金计提额再次跌至 30.00 亿元线下（见图 1-33）。

2019 年信托赔偿准备金提取率（占当年净利润的比例）为 5.42%，同比下降 0.45 个百分点，也是自 2016 年以来首次出现下降。2015—2019 年，赔偿准备金提取率均高于 5.00%的规定值，且整体呈现波动式增长趋势。相比之下，赔偿准备金计提额的波动幅度明显小于提取率的波动幅度，反映出信托公司对于行业的风险预期过于乐观（见图 1-34）。

2019 年 68 家信托公司的信托赔偿准备金余额合计 292.66 亿元，较 2018 年增长 13.78%。2019 年行业信托赔偿准备金累计提取率（信托赔偿准备金余额占注册资本的比

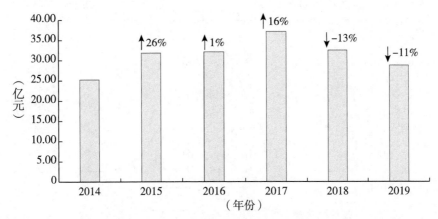

图 1-33　2014—2019 年信托赔偿准备金计提额增长情况

资料来源：信托公司年报，用益金融信托研究院整理、制作。

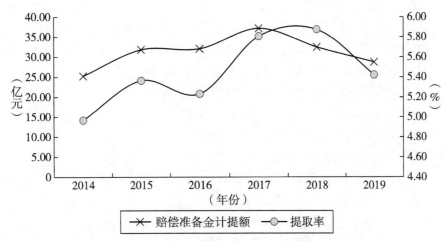

图 1-34　2014—2019 年信托赔偿准备金计提额与提取率走势

资料来源：信托公司年报，用益金融信托研究院整理、制作。

例）为 10.35%，较 2018 年提高 0.33 个百分点，但距规定的 20% 的标准依旧存在差距。

2019 年 68 家信托公司中，信托赔偿准备金累计提取率呈右偏拖尾分布（见图 1-35），反映出该指标在行业中出现明显分化现象。该指标最高的是北京信托（45.45%），仅约 1/10 的信托公司（6 家）大于 20%（见图 1-36）。信托赔偿准备金累计提取率为 10%~20% 的信托公司有 30 家，5%~10% 的有 22 家，小于 5% 的有 9 家。

3. 信托风险赔偿率：增速有所放缓

2019 年 68 家信托公司行业信托风险准备金存量（一般风险资本金期末余额与信托赔偿准备金期末余额之和）合计 413.61 亿元，较 2018 年增加 35.32 亿元，增幅约为 9%。2014—2019 年行业信托风险准备金存量逐年稳步增长，增幅逐年下降（见图 1-37）。

2019 年信托行业风险赔偿率（信托风险准备金存量占风险资产的比例）为 7.17%，较 2018 年下降 9.86 个百分点，降至近 6 年来的最低点。2014—2019 年行业风险赔偿率从保持

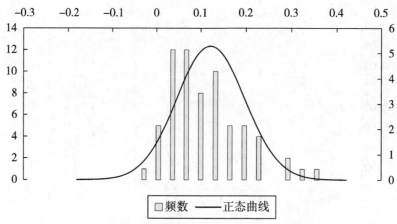

图1-35 2019年信托公司赔偿准备金累计提取率分布

资料来源：信托公司年报，用益金融信托研究院整理、制作。

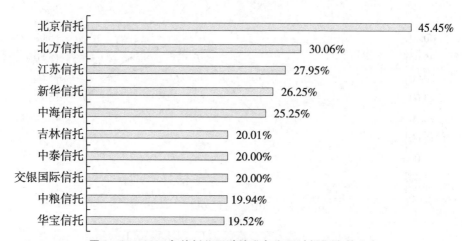

图1-36 2019年信托公司赔偿准备金累计提取率前十名

资料来源：信托公司年报，用益金融信托研究院整理、制作。

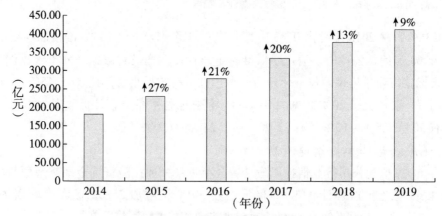

图1-37 2014—2019年信托风险准备金存量增长情况

资料来源：信托公司年报，用益金融信托研究院整理、制作。

平稳到直线下降（见图1－38），主要在于近2年行业频繁爆雷，风险资产大幅增加，而对应的风险准备金并未随着风险资产的大幅波动作出相应调整，反映出行业在自适应能力和抗压能力上的欠缺。在政策对行业风险的监管从严的趋势下，信托公司应迅速采取措施优化自身的风险覆盖率。

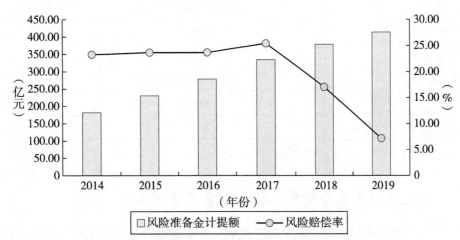

图1－38 2014—2019年信托风险准备金计提额与风险赔偿率走势

资料来源：信托公司年报，用益金融信托研究院整理、制作。

（三）信托业务风险诉讼增多

2019年在强监管下，资金池、非标类信托被严格限制，同时新冠肺炎疫情的暴发，使信托公司正常经营出现问题，许多交易对手经营困难，资金链断裂，同时也导致了许多地产城投、基建信托项目展开困难，多个信托项目兑付困难。项目到期需要兑付，但是案件诉讼过程一般要经历几年甚至更久，信托公司追回兑付款需要一段时间，多数信托公司要么与投资者协商延期兑付，要么动用自有资产完成兑付。

风险诉讼事件的数量与处理方法在一定程度上反映了信托行业的现状以及信托公司的合规风控能力。2019年在披露相关信息的67家信托公司中一共有22家有新增的信托业务风险诉讼事件，较2018年增加8家。一共有15家信托公司披露了相关金额，涉及诉讼金额共计108.88亿元，较2018年增加78.53%。具体来看，长安信托2019年信托业务风险诉讼事件新增数量最多，共8件，涉及诉讼金额34.65亿元（见表1－33）。

表1－33　　　　　　　　　2019年信托公司风险诉讼情况　　　　　　　　单位：件，亿元

信托公司	事件数量	诉讼金额	信托公司	事件数量	诉讼金额
长安信托	8	34.65	中建投信托	6	17.10
吉林信托	6		东莞信托	3	3.61
云南信托	6	11.63	昆仑信托	3	14.50

续 表

信托公司	事件数量	诉讼金额	信托公司	事件数量	诉讼金额
中粮信托	3	9.43	华宸信托	1	1.50
财信信托	2	2.27	江苏信托	1	0.23
金谷信托	2		厦门国际信托	1	
新华信托	2	1.00	山西信托	1	4.74
中泰信托	2		苏州信托	1	1.50
光大兴陇信托	1		新时代信托	1	0.55
国联信托	1	3.27	兴业信托	1	
国通信托	1		紫金信托	1	2.90

资料来源：信托公司年报，用益金融信托研究院整理、制作。

（四）信托业保障基金提取：信息披露严重不足

《信托业保障基金管理办法》第十四条规定，保障基金现行认购执行下列统一标准，条件成熟后再依据信托公司风险状况实行差别认购标准：①信托公司按净资产余额的1%认购；②资金信托按新发行金额的1%认购；③新设立的财产信托按信托公司收取报酬的5%计算，由信托公司认购。

2019年信托公司年报数据中，只有3家信托公司披露了信托业保障基金的提取情况，信息披露严重不足，主要原因在于信托业保障基金的提取非由中国银保监会直接监管，属行业内部风险防御机制，对信托公司披露该项指标并没有约束力。

五、2019 年信托公司经营分析之五：机构管理

自资管新规发布以来，金融严监管强监管下的信托行业受到了巨大影响，去通道、禁资金池等要求让信托公司不得不面临转型的挑战，2019 年一整年信托公司都处于资管新规的过渡期，在逐渐适应后，信托公司开始慢慢恢复，人才选择的战略顺应变化逐渐完善，吸纳人才的速度也随之加快。各家信托公司的战略规划制定、创新业务尝试以及对应的组织架构调整，是当下信托行业转型与发展的重要参考。

（一）人员及构成

1. 员工总数：2019 年员工数量增加，增幅显著上升

68 家信托公司年报数据显示，截至 2019 年年底，信托从业人员达到 22523 人，较 2018 年年末的 20204 人增加 2319 人，增幅为 11.48%，显著高于 2018 年的 0.31%，创 2015 年以来的新高。2014 年以来，信托从业人员总数一直在不断增长，虽然 2018 年受金融严监管影响增长幅度很小并创近几年的历史新低，但经过一年的调整，2019 年增幅回升。年增幅差异仍然明显，在 2014 年达到 15.62% 后，之后 4 年的增幅都未突破 10.00%，这跟经济环境变化和信托公司面临转型挑战有密切的关系（见图 1-39）。

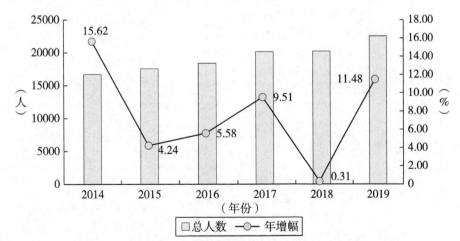

图 1-39 2014—2019 年信托从业人员总数及年增幅走势

资料来源：信托公司年报，用益金融信托研究院整理、制作。

总体来看，截至 2019 年年末，68 家信托公司中有 53 家的人员数量增加，较 2018 年增加 6 家

（见表 1–34）；12 家信托公司人员数量减少，较 2018 年减少 3 家（见表 1–35）；3 家信托公司人员数量无变化，较 2018 年减少 3 家。其中，雪松国际信托、光大兴陇信托和东莞信托增幅最大，增幅分别为 170.03%、92.46% 和 67.62%；而 2018 年增幅最大的信托公司为安信信托，增幅为 65.37%，远低于 2019 年的最大增幅。2019 年北方信托、华润信托和云南信托这 3 家信托公司的人员数量无变化。

2019 年各公司用人变化出现巨大差异。53 家信托公司共增加员工 2609 人，其中排名前十的信托公司增员 1758 人，占增加总人数的 67.38%，较 2018 年占比增加 3.55%。

从增量等级来看，增量在 10 以内的信托公司数量最多，属于正常人员变化。爱建信托、光大兴陇信托、五矿信托在 2018 年和 2019 年增员都超过了 100 人，说明这 3 家信托公司的组织架构发生了巨大的变化，导致人员变动频繁。

表 1–34　　　　　　　　　　　　2018—2019 年信托公司增员情况

人数增量（人）	2019 年			2018 年		
	信托公司数量（家）	信托公司	占比（%）	信托公司数量（家）	信托公司	占比（%）
≥100	6	爱建信托、东莞信托、光大兴陇信托、五矿信托、长安信托、雪松国际信托	8.82	7	爱建信托、安信信托、北方信托、光大兴陇信托、陕国投、万向信托、五矿信托	10.29
51~99	6	中国民生信托、平安信托、四川信托、西部信托、中粮信托、中信信托	8.82	4	中国民生信托、外贸信托、云南信托、长安信托	5.88
31~50	9	安信信托、渤海信托、建信信托、江苏信托、陆家嘴信托、陕国投、外贸信托、万向信托、中铁信托	13.24	8	东莞信托、国通信托、财信信托、华澳信托、西部信托、粤财信托、中航信托、中信信托	11.76
21~30	3	北京信托、粤财信托、中建投信托	4.41	4	昆仑信托、山东国信、中建投信托、雪松国际信托	5.88
11~20	13	国投泰康信托、华澳信托、华宸信托、华能信托、吉林信托、苏州信托、新时代信托、兴业信托、英大信托、中诚信托、中海信托、中航信托、紫金信托	19.12	7	华润信托、建信信托、交银国际信托、陆家嘴信托、苏州信托、中粮信托、紫金信托	10.29

续 表

人数增量（人）	2019 年			2018 年		
	信托公司数量（家）	信托公司	占比（％）	信托公司数量（家）	信托公司	占比（％）
1～10	16	国联信托、国民信托、国通信托、国元信托、杭州工商信托、财信信托、华鑫信托、交银国际信托、金谷信托、昆仑信托、山东国信、山西信托、上海信托、天津信托、西藏信托、重庆信托	23.53	17	北京信托、国投泰康信托、国联信托、国元信托、杭州工商信托、华能信托、江苏信托、金谷信托、厦门国际信托、山西信托、天津信托、西藏信托、兴业信托、英大信托、中诚信托、中海信托、中铁信托	25.00

资料来源：信托公司年报，用益金融信托研究院整理、制作。

2019 年有 12 家信托公司员工数量减少，比 2018 年减少 3 家，总减员数为 290 人，较 2018 年减少 1470 人。其中，有 8 家公司减员在 20 人以内，属于公司内部的正常调整。但有个别公司如中融信托 2018 年和 2019 年的减员人数高居榜首，原因是外部环境不稳定和内部组织架构发生重大调整，2018 年和 2019 年分别减员 1170 人和 105 人。

表 1－35　　　　　　　　2018—2019 年信托公司减员情况

人数减量（人）	2019 年			2018 年		
	信托公司数量（家）	信托公司	占比（％）	信托公司数量（家）	信托公司	占比（％）
≥100	1	中融信托	1.47	2	平安信托、中融信托	2.94
51～99	1	华融信托	1.47	1	浙金信托	1.47
31～50	1	浙金信托	1.47	2	华融信托、中泰信托	2.94
21～30	1	中泰信托	1.47	0		
11～20	1	长城信托	1.47	5	百瑞信托、国民信托、华信信托、四川信托、新华信托	7.35
1～10	7	百瑞信托、大业信托、华宝信托、厦门国际信托、新华信托、中原信托、华信信托	10.29	5	渤海信托、华宝信托、华鑫信托、吉林信托、长城信托	7.35

资料来源：信托公司年报，用益金融信托研究院整理、制作。

总体来说，2019年员工总数发生巨大变化，且各信托公司因受外部经济环境、内部组织架构调整或人员战略方针的影响，人员变化产生巨大差异，大部分公司的人员变化属于正常人事调整，小部分公司受内外部因素影响明显。

2. 员工构成

（1）按年龄分：信托从业人员年轻化趋势凸显。

自2014年起，信托行业影响力不断增强，资产规模不断扩张，人员数量也随之增长，且年轻化趋势逐渐凸显。2019年，66家信托公司在年报中公布了员工年龄结构数据。其中30岁以下员工4689人，占比为21.83%，较2018年减少315人，占比减少3.95%；30~39岁员工12289人，占比为57.22%，较2018年增加2146人，占比增加4.36%；40岁及以上员工4499人，占比为20.95%，较2018年增加465人，占比增加0.01%。

从图1-40所示的2014—2019年信托从业人员年龄结构分布走势可以看出，30~39岁员工占比逐年增长，在2018年突破50%，2019年创历史新高，因为30~39岁员工年龄不大且有一定的工作经验，成为信托行业主流人群；30岁以下的员工在快速减少并在2019年接近20%，创2014年以来新低；而40岁及以上员工人数趋于平稳，占比在20%附近小幅波动，他们有丰富的行业经验且稳定性强，流动性小，所以变化不大。

这种变化形成的原因一方面是近年来行业的从业门槛提高，如学历要求和经验要求等，导致员工平均入职年龄提高；另一方面是随着员工学历的提高和经验的增加，就业选择范围更广，人员流动性也因此增大。

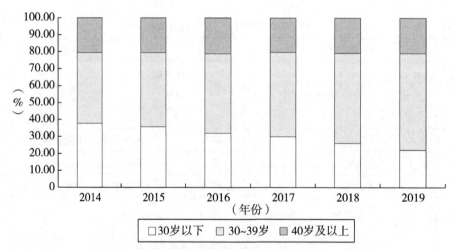

图1-40　2014—2019年信托从业人员年龄结构分布走势
资料来源：信托公司年报，用益金融信托研究院整理、制作。

从2019年信托公司年报数据可以看出，40岁以下的员工占比高的信托公司多位于一线城市或其周边，人员流动性大，年轻化明显，如浙金信托；而40岁及以上员工占比高的公司多为老牌信托公司，人员稳定性强，如华宸信托。

总的来说，2019年66家信托公司人员年轻化趋势达到峰值，差异化明显，尤其是30岁以下和 30～39 岁这两个年龄段的员工占比两级化严重，大部分信托公司对 30～39 岁这一年龄段的人才需求逐年增加。

（2）按学历分：信托从业人员高学历占比逐年增长。

随着近几年信托从业人员人数的不断增长，信托公司对员工的学历要求也不断升高，高学历员工逐年增加。2019 年，博士研究生学历人数为 432 人，较 2018 年增加 23 人，占信托行业总人数的 1.92%；硕士研究生学历人数为 11685 人，较 2018 年增加 1170 人，占比为 51.88%；本科学历人数为 9367 人，较 2018 年增加 1055 人，占比为 41.59%；专科及其他学历人数为 918 人，较 2018 年增加 98 人，占比为 4.08%（见图 1－41）。由此看出，硕士研究生学历人员已经成为信托行业主力军，占据主流位置。

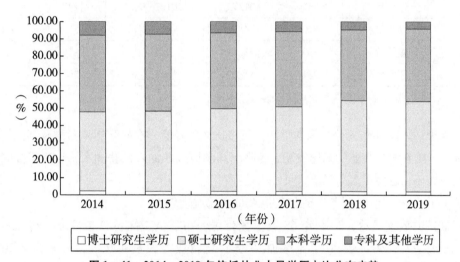

图 1－41　2014—2019 年信托从业人员学历占比分布走势
资料来源：信托公司年报，用益金融信托研究院整理、制作。

从 2014—2019 年信托从业人员学历占比分布走势可知，硕士研究生学历人员自 2014 年起就在行业中占据较大比例，且与本科学历、专科及其他学历人员占比的差距逐年拉大，在 2018 年占比突破 50%，2019 年达到 51.88%。本科学历人数总体下降，虽然 2019 年有小幅度回升，但从趋势上可以看出，硕士研究生学历及以上的高学历人员已经成为信托公司选择人才的主要目标。专科及其他学历的信托从业人员占比在不断下降，可以说，随着信托行业的发展，信托公司对人力资本的投资也在增加，对从业人员的专业能力需求不断增加，导致高学历人员占比增长。

结合各公司的人员学历变化来看，硕博学历人员占比超过行业平均数的公司有 33 家，较 2018 年减少 2 家，其中百瑞信托高居榜首，占比为 81.87%，其次为北京信托，占比为 76.21%，第三名为中原信托，占比为 74.02%（见表 1－36）。而排在最后的分别为新时代信托、雪松国际信托和安信信托，占比分别为 16.47%、19.61% 和 30.26%。只有建信信托和中信信托无论是按人数排还是按占比排都位于行业前十，可见这两家信托公司对员工的学历要求较高。

表 1-36　　　　　2019 年硕博学历人数及占比分别排名前十的信托公司情况　　　　单位：人，%

排名	按人数排			按占比排		
	信托公司	人数	占比	信托公司	人数	占比
1	光大兴陇信托	585	61.90	百瑞信托	158	81.87
2	中信信托	535	71.33	北京信托	221	76.21
3	长安信托	451	51.72	中原信托	188	74.02
4	陕国投	386	60.41	英大信托	132	73.33
5	五矿信托	364	65.00	建信信托	309	73.05
6	中融信托	351	50.21	山东国信	167	72.93
7	外贸信托	342	61.73	中诚信托	247	72.22
8	兴业信托	320	54.51	中信信托	535	71.33
9	建信信托	309	73.05	上海信托	278	69.85
10	中国民生信托	281	51.09	华润信托	261	69.41

资料来源：信托公司年报，用益金融信托研究院整理、制作。

总的来说，2019 年信托公司硕博学历员工占比达到峰值，本科学历、专科及其他学历的人员占比减少，随着信托行业的高速发展，为吸引高学历人才加入，薪酬水平也逐年提高，形成了一个良性循环，也使更多高学历人员加入信托行业。

（3）按岗位分：信托业务人员和其他人员占比波动较大。

年报披露的数据显示，2019 年 68 家信托公司公布了员工岗位分布情况。其中，董监高 661 人，占比为 2.93%，较 2018 年增加 23 人；自营业务人员 496 人，占比为 2.20%，较 2018 年减少 12 人；信托业务人员 12487 人，占比为 55.44%，较 2018 年增加 924 人；其他人员 8873 人，占比为 39.40%，较 2018 年增加 1355 人。

从 2014—2019 年信托从业人员岗位分布走势可以看出，各岗位人员占比基本维持在稳定的状态，其中信托业务人员和其他人员占比波动相对明显。信托业务人员占比在 55% 上下、其他人员在 38% 上下震荡（见图 1-42）。2019 年各岗位的信托从业人员占比都有不同程度的小幅下滑，由此可见虽然资管新规过渡期已超过一年，但信托行业的重要转型仍在布局中。

数据显示，68 家信托公司的董监高人数均值为 10 人，达到均值的信托公司有 26 家，最多的有 24 人，最少的只有 4 人。信托公司业务人员包括信托业务人员和自营业务人员。其中，信托业务人员占比高于均值 55.44% 的有 33 家，人数高于均值 184 人的有 21 家。根据表 1-37，中融信托的业务人员数量及占比均居于前两位，其次是中信信托，人数和占比分别排名第三和第二，这与信托公司的规模和员工数量也有密切关系。一般来说，信托公司业务人员的人数在一定程度上决定了信托公司的业务能力，人数越多，业务能力越强。

图 1-42　2014—2019 年信托从业人员岗位分布走势

资料来源：信托公司年报，用益金融信托研究院整理、制作。

表 1-37　　　　　　　2019 年年末业务人员数量和占比分别排名前十的信托公司　　　　　　单位：人, %

排名	按人数排			按占比排		
	信托公司	人数	占比	信托公司	人数	占比
1	光大兴陇信托	743	78.62	中融信托	669	95.71
2	中融信托	669	95.71	中信信托	665	88.67
3	中信信托	665	88.67	北京信托	247	85.17
4	四川信托	562	70.96	长城信托	72	81.82
5	外贸信托	387	69.86	光大兴陇信托	743	78.62
6	长安信托	375	43.00	粤财信托	147	76.17
7	五矿信托	372	66.43	华信信托	111	74.50
8	平安信托	326	70.41	交银国际信托	172	72.88
9	建信信托	291	68.79	昆仑信托	197	71.64
10	安信信托	289	62.02	四川信托	562	70.96

资料来源：信托公司年报，用益金融信托研究院整理、制作。

　　总的来说，信托公司的董监高人员和自营业务人员变化小，流动性最低，受外部环境和内部组织架构调整的影响不大，而信托业务人员和其他中后台人员的变动相对较大，因为他们受外部环境（比如相关的监管政策颁布）和外部市场变化的影响较为明显，人员流动性较强。

（二）公司治理

1. 注册资本：增资热潮衰退

注册资本是公司实力的体现。注册资本雄厚的信托公司，抵御风险的能力明显较强，同时也有利于公司扩大信托业务的规模。信托行业经历了大规模的增资热潮，在当前监管趋严的大背景下，增资不仅可以提高信托公司抵御风险的能力，满足净资本管理的监管要求，也有利于促进业务全面发展，提升综合竞争力。但自2018年起，信托增资开始退潮。可以说，多数信托公司的注册资本已趋于饱和状态，增资需求不高。

截至2019年年末，68家信托公司的注册资本合计2842.08亿元，较2018年年底增加178.95亿元，增幅为6.72%；2019年共有8家信托公司进行了增资，增资总额为178.95亿元。从图1-43中不难看出，增资总额与往年相比均有较大幅度的下滑。究其原因，近年来信托公司集中充实资本金，资本金已具一定规模，并无继续增加动力，进一步而言，通道业务压缩、房地产业务受限，也使全年信托业务规模增速放缓，削弱了信托公司增资意愿。

图1-43 2015—2019年信托公司新增注册资本变化走势

资料来源：信托公司年报，用益金融信托研究院整理、制作。

在增资的8家信托公司中，外贸信托注册资本增加52.59亿元，位于行业之首；西藏信托的增幅最大，达到200.00%；兴业信托未分配利润转增股本50亿元，增资之后跻身"百亿俱乐部"，成为注册资本百亿元及以上的七家信托公司之一（见表1-38）。截至2019年年末，注册资本上百亿元的信托公司分别为重庆信托（150.00亿元）、平安信托（130.00亿元）、中融信托（120.00亿元）、中信信托（112.76亿元）、华润信托（110.00亿元）、昆仑信托（102.00亿元）、兴业信托（100.00亿元）。

表1-38　　　　　　　　　　2019年信托公司新增注册资本情况　　　　　　　单位：亿元，%

排名	信托公司	注册资本	新增注册资本	增幅	增资来源
1	外贸信托	80.00	52.59	191.86	股东投入，利润分配转增股本，资本公积转增股本
2	兴业信托	100.00	50.00	100.00	未分配利润转增股本
3	山东国信	46.59	20.71	80.02	资本公积转增股本

续 表

排名	信托公司	注册资本	新增注册资本	增幅	增资来源
4	西藏信托	30.00	20.00	200.00	股东投入
5	中信信托	112.76	12.76	12.76	股东投入
6	华宝信托	47.44	10.00	26.71	股东投入
7	建信信托	24.67	9.40	61.56	股东投入
8	中原信托	40.00	3.50	9.59	未分配利润转增股本

资料来源：信托公司年报，用益金融信托研究院整理、制作。

从信托公司注册资本的正态曲线分布可以看出，近一半信托公司的注册资本集中在32亿~52亿元，注册资本的中位数已达35.35亿元（见图1-44）。《信托公司条例（征求意见稿）》对公司最低注册资本有明确要求，即信托公司注册资本最低限额为10亿元或等值的可自由兑换货币，注册资本为实缴货币资本。如果按此计算的话，截至2019年，仍有3家信托公司注册资本低于10.00亿元，分别为华宸信托（8.00亿元）、中泰信托（5.17亿元）和长城信托（3.00亿元）。

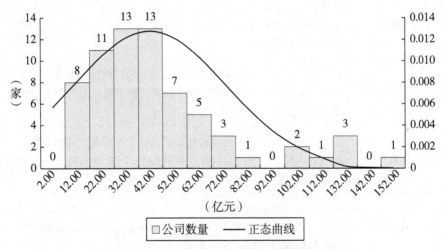

图1-44 信托公司注册资本正态曲线分布
资料来源：信托公司年报，用益金融信托研究院整理、制作。

2019年，中国经济环境复杂多变，全球经济复苏步伐放缓，严监管下信托公司的展业思路发生变化。在严监管的背景下，信托公司不再一味通过扩大业务规模的方式增加营业收入，而是将关注重点转为如何提高主动管理能力，包括找准公司战略定位、增强在资产端和资金端的议价能力等。

2. 股东构成：股权频繁变动，2家信托公司控股股权易主

（1）股权变更。

2019年信托公司年报及公开资料显示，2019年以来，信托公司股权频繁变动，共有14家信托公司发生股权变更，其中，外贸信托因增资而引起股权变化，陕国投由于减少其所持有的股权份额引起相应的股权变化，其他信托公司则因转让股权引起股权变更（见表1－39）。从信托公司股权转让的情况上看，除雪松国际信托和英大信托外，其他信托公司股权变更均不涉及控股股权的转让。这在一定程度上说明绝大多数信托公司的实际控制人对于信托公司的牌照价值等方面的认可。信托公司股权变更有多种因素：股东通过整合自身或者关联的资源，助推信托公司更好地发展；某些信托公司实际控制人经营发展遇到困难需要退出变现信托股权；部分信托公司大股东持股较多，会选择对外释放一些股份，以此吸引一批优秀投资者；一些股权过于集中的信托公司会有混改或引战需求等，信托公司国资持股比例很大，未来还有较大空间进行混改。

表1－39 　　　　　　　　　　　2019 年信托公司股权变更情况

变更日期	信托公司	股权变更详情
2019 年 1 月	中原信托	1 月 7 日，河南盛润控股集团有限公司发布公告称，将向河南投资集团有限公司转让持有的中原信托有限公司 12.53616% 的股权
2019 年 1 月	兴业信托	1 月 31 日，兴业国际信托有限公司发布公告，厦门国贸集团股份有限公司受让澳大利亚国民银行持有的该公司 8.4167% 的股权
2019 年 4 月	雪松国际信托	4 月 22 日，雪松控股受让中江信托 71.3005% 的股权完成工商注册变更登记，中江信托正式由"明天系"变为"雪松系"；2019 年 6 月 25 日更名为雪松国际信托
2019 年 4 月	北方信托	4 月 25 日，中国银保监会天津监管局公告，同意津联集团旗下数家公司将所持有的北方国际信托股份有限公司的股份转让给天津渤海文化产业投资有限公司
2019 年 5 月	山东国信	5 月 22 日，中国银保监会山东监管局公告，青岛全球财富中心开发建设有限公司不符合信托公司出资人资格条件，不批准其持有山东省国际信托股份有限公司 5%（含）以上股权，并责令限期整改
2019 年 6 月	紫金信托	6 月 14 日，江苏金智科技股份有限公司公告，将持有的紫金信托 6000 万元出资（占紫金信托股权比例 2.45%）转让给南京新工投资集团有限责任公司，转让对价为 1.24 亿元
2019 年 7 月	光大兴陇信托	7 月 25 日，甘肃省国有资产投资集团有限公司将其持有的光大兴陇信托 20.56% 的股权转让给甘肃金融控股集团有限公司
2019 年 8 月	天津信托	8 月 2 日，天津信托有限责任公司以通讯表决方式召开 2019 年股东会第七次临时会议，审议通过了《关于安邦保险集团股份有限公司和安邦人寿保险股份有限公司拟转让所持有的天津信托有限责任公司 5.26% 股权，同意放弃行使优先购买权的决议》
2019 年 8 月	西部信托	8 月 22 日，依据中国银保监会陕西监管局关于西部信托有限公司股东股权变更的批复，公司原第三位股东重庆中侨置业有限公司持有出资比例为 2.46% 的股权变更登记至原第八位股东单位陕西延长石油（集团）有限责任公司名下

续 表

变更日期	信托公司	股权变更详情
2019 年 8 月	中诚信托	8 月 27 日，中国银保监会北京监管局批准了中诚信托股权变更，河南农投金控股份有限公司获得 5.0882% 股权
2019 年 9 月	华润信托	9 月 27 日，华润信托原第二大股东深圳市人民政府国有资产监督管理委员会将所持 49% 的股权转让至深圳市投资控股有限公司，华润信托 51% 的股份仍由华润股份有限公司持有
2019 年 10 月	外贸信托	10 月 15 日，中国银保监会北京监管局核准外贸信托增资及股权调整事宜。增资完成后，外贸信托的股权结构也发生改变，其中中化资本有限公司的持股比例由 96.97% 增至 97.26%，中化集团财务有限责任公司的持股比例则减少至 2.74%
2019 年 11 月	陕国投	11 月 5 日，陕西煤业化工集团有限责任公司的减持计划实施完毕，陕西煤业化工集团有限责任公司持有 1370585727 股，占公司总股本的 34.58%；陕西省高速公路建设集团公司持有 857135697 股，占公司总股本的 21.62%
2019 年 12 月	英大信托	12 月 9 日，中国银保监会同意国网英大国际控股集团有限公司、中国电力财务有限公司、济南市能源投资有限责任公司和国网上海市电力公司将其持有的英大信托合计 73.49% 的股权转让给上海置信电气股份有限公司

资料来源：信托公司年报，用益金融信托研究院整理、制作。

（2）控股股东：国有资本背景信托公司强大，非国有资本信托公司势单。

信托业作为中国金融业的四大支柱之一，地位举足轻重。信托牌照作为唯一——张横跨货币市场、资本市场、实业市场的金融牌照，极具价值。根据 2019 年信托公司年报以及公开信息数据，按信托公司控股股东背景的不同，可以将 68 家信托公司大体分为：国资（中央企业除外）背景、政府背景、中央企业背景、金融机构（包括中央金融机构、其他金融机构）背景、非国资（民营企业）及混合所有制企业背景（见表 1 - 40）。

表 1 - 40　　　　　　　2019 年信托公司背景分类情况　　　　　　　单位：家，%

背景	公司名称	数量	占比
国资及政府	北方信托、北京信托、东莞信托、国联信托、国通信托、国元信托、杭州工商信托、财信信托、华宸信托、吉林信托、江苏信托、陆家嘴信托、厦门国际信托、山东国信、山西信托、陕国投、苏州信托、天津信托、西部信托、西藏信托、粤财信托、浙金信托、中原信托、紫金信托、长安信托、中泰信托	26	38.24
中央企业	百瑞信托、国投泰康信托、华宝信托、华能信托、华润信托、华鑫信托、昆仑信托、外贸信托、五矿信托、英大信托、中海信托、中航信托、中粮信托、中铁信托、中融信托	15	22.06

续　表

背景	公司名称	数量	占比
金融机构	大业信托、光大兴陇信托、华融信托、建信信托、交银国际信托、金谷信托、长城信托、中诚信托、中建投信托、中信信托、上海信托、兴业信托、平安信托	13	19.12
非国资及混合所有制企业	爱建信托、安信信托、渤海信托、国民信托、华澳信托、华信信托、中国民生信托、四川信托、万向信托、新华信托、新时代信托、云南信托、雪松国际信托、重庆信托	14	20.59

资料来源：信托公司年报，用益金融信托研究院整理、制作。

2019 年拥有国资及政府背景的信托公司共 26 家，占信托公司总数的 38.24%，国有资本的力量依旧渗透于经济领域的方方面面。而拥有国资背景的信托公司有优质的高端客户群体、完善的法人治理结构、高素质的专业管理团队、雄厚的产品研发实力、有效的风险管理体系和公司品牌。拥有国资背景的信托公司凭借其强大的国有资本和资金实力，在信托公司几经整顿、并购重组时成为被并购方及监管方的首选，在行业中始终占据着重要地位。

拥有中央企业背景的信托公司共 15 家，占信托公司总数的 22.06%。在 15 家中央企业背景的信托公司中，除中融信托外，其余 14 家信托公司的控股股东股权占比均超过 50%，表明中央企业对信托行业的影响深远。中央企业在某一行业实力雄厚，规模庞大，资源充足。所谓大树底下好乘凉，背靠中央企业的信托公司不管是在人才吸纳还是在开展信托业务上都有天然的优势。

拥有金融机构背景的信托公司共 13 家，占信托公司总数的 19.12%，其中有 4 家资产管理公司控股的信托公司，4 家银行控股的信托公司，2 家保险公司控股的信托公司。信托公司凭借横跨多个市场的优势与各大资产管理公司、银行、保险以及其他金融机构强强联合，在资金端和资产端以及客户源方面有明显优势，拥有金融机构背景的信托公司具有巨大的发展前景。

非国资及混合所有制企业背景的信托公司共 14 家，占信托公司总数的 20.59%。相较于其他信托公司而言，非国资及混合所有制企业背景的信托公司进军信托行业准入门槛较高。非国资及混合所有制企业纵然实力强大，但在信托业务拓展方面与国资等背景的信托公司相比依然存在劣势，能够进军信托行业的非国资及混合所有制企业都具备较强的综合实力。

不同背景的信托公司各具特色，各有优势。具有强大的国资背景的信托公司的融资渠道更为广阔，具有金融机构背景的信托公司拥有丰富的客户资源，而具有非国资及混合所有制企业背景的信托公司机制灵活，业务通常也能充分反映市场需求。信托公司按照其各自定位的不同，相互竞争，齐头并进，推动着信托行业不断发展。

（3）股权高度集中，部分公司大股东"独揽大权"。

截至 2019 年，68 家信托公司中，第一大股东股权占比大于 66.67%，能对信托公司绝对控股的共有 36 家，占 52.94%；第一大股东股权占比为 51.00%~66.67%、能够成为信托公

司控股股东的共有 13 家，占 19.12%；第一大股东股权占比小于 51.00% 的信托公司仅 19
家，仅占 27.94%（见表 1-41）。以上数据表明当前信托公司股权结构高度集中，有相当一
部分信托公司的第一大股东"独揽大权"。由于很多信托公司都是以大型国有控股集团或地
方政府出资为背景，这种独特的股本结构决定了信托公司股权结构的高度集中。信托公司股
权结构高度集中，不利于信托公司治理结构的科学化，由于缺少对控股股东的制衡能力，存
在控股股东凭借控股地位侵占公司资源的风险可能。信托公司应完善股东治理结构，不断引
进新的战略投资者，实现股权结构多元化，改变大股东独大的局面。

表 1-41　　　　　　　2019 年信托公司第一大股东股权占比情况　　　　　　单位：家,%

股权占比区间	数量	占比
>66.67%	36	52.94
51.00% ~66.67%	13	19.12
<51.00%	19	27.94

资料来源：信托公司年报，用益金融信托研究院整理、制作。

3. 高管：信托公司高管变动潮起，内部调动成主因

2019 年，整个信托行业深度调整，行业压降规模，主动转型。在监管趋严、风险事件频
发的影响下，信托公司出现"掌门人"变动潮。从 2019 年全年发布的监管政策来看，上半
年信托业监管工作的主旋律集中在管战略和管风险方面，其中以"23 号文"[①] 为典型，对房
地产信托业务的监管短时间内达到了一个高峰；下半年，在对相关业务继续保持高压监管的
同时，信托业监管的基础环境建设也开启了，除信托受益权账户系统的建设外，对信托公司
股权管理的相关政策也陆续出台。

"将帅"齐换，履新者以内部调动居多。2019 年全国 68 家信托公司中，共有 29 家换帅，
占比超过 40%，合计有 34 位新高管走马上任（见表 1-42）。其中，有近一半高管变动的原
因是企业内部变动，由此可见，信托公司新高管多为"自家人"。其中，安信信托、东莞信
托、华宸信托、中国民生信托、西部信托 5 家公司的董事长、总经理（总裁）双双更换。

表 1-42　　　　　　　　　　2019 年信托公司高管变动情况

信托公司	变动职位	现任	选任日期	背景
安信信托	董事长（代行）	邵明安	2019 年 5 月	信托
	总裁	王荣武	2019 年 5 月	信托
北方信托	总经理	韩立新	2019 年 7 月	信托
北京信托	董事长	周瑞明	2019 年 11 月	信托

---

① 指财政部印发的《关于规范金融企业对地方政府和国有企业投融资行为有关问题的通知》（财金〔2018〕23 号）。

信托公司	变动职位	现任	选任日期	背景
东莞信托	董事长	黄晓雯	2019 年 7 月	信托
	董事、总经理	陈英	2019 年 7 月	信托
光大兴陇信托	董事长	闫桂军	2019 年 3 月	银行
国民信托	董事长、总经理（代行）	肖鹰	2019 年 2 月	信托
杭州工商信托	总裁	江龙	2019 年 3 月	信托
财信信托	董事、总裁	朱昌寿	2019 年 3 月	信托
华澳信托	董事长、总裁（代行）	吴瑞忠	2019 年 8 月	银行
华宝信托	董事长	朱永红	2019 年 2 月	其他
华宸信托	董事长	田跃勇	2019 年 6 月	银行
	执行董事、总经理	晋军	2019 年 6 月	信托
华能信托	总经理	孙磊	2019 年 2 月	信托
华融信托	董事长	白俊杰	2019 年 11 月	其他
吉林信托	总经理	张洪东	2019 年 10 月	银行
建信信托	总裁	孙庆文	2019 年 3 月	银行
交银国际信托	总裁	李依贫	2019 年 2 月	信托
金谷信托	总经理（代理）	武泽平	2019 年 8 月	信托
中国民生信托	董事长	张博	2019 年 10 月	信托
	总裁	田吉申	2019 年 10 月	信托
平安信托	董事长	姚贵平	2019 年 8 月	银行
厦门国际信托	总经理	胡荣炜	2019 年 11 月	信托
山西信托	总经理	雷淑俊	2019 年 12 月	信托
天津信托	总经理（代行 6 个月）	赵毅	2019 年 6 月	信托
五矿信托	董事长	刘国威	2019 年 11 月	其他
西部信托	董事长	徐谦	2019 年 3 月	信托
	总经理	贾旭	2019 年 3 月	信托
英大信托	总经理	吴骏	2019 年 4 月	证券
云南信托	董事长	甘煜	2019 年 4 月	银行
浙金信托	总经理	戴俊	2019 年 8 月	信托
中航信托	总经理	周祺	2019 年 11 月	信托
中泰信托	总裁（代行）	吴庆斌	2019 年 6 月	信托

　　高管频换，期限届满成主因。从信托公司高管离职的原因来看，主要包括到了退休年龄、期限届满或股东方面内部任命、工作调整等。例如，杭州工商信托原总裁丁建萍因个人原因辞去总裁等职务，江龙代为行使总裁职权，2019 年 3 月 27 日，中国银保监会浙江监管

局出具《关于江龙任职资格的批复》，公司聘任江龙为总裁；安信信托原董事长王少钦任职期限届满离任，经换届选举，邵明安代为履行董事长职责；掌舵西部信托多年的徐朝晖，在担任西部证券董事长之后不再兼任西部信托董事长，西部信托原总经理徐谦接任董事长、党委书记，而原副总经理贾旭升任总经理。

总体来看，信托公司高管密集换帅，与信托业转型的大背景息息相关，2019年的严监管形势无疑给信托公司的经营造成不小压力。一方面，新董事长上任后，在延续已有格局的基础上，会重新确定信托公司的发展路线，推动改革和创新，推动信托公司的新发展；另一方面，信托业严监管趋势持续，加强风险管理、依法合规经营成为越来越多信托公司的诉求，部分信托公司可能希望通过换帅、加强高管团队建设，努力推动公司顺利转型，应对外部不确定环境。

经历多年的高速发展，信托行业也累积了一些问题，在行业发展平缓期加强监管、严格执法，也是为了推动信托行业走向成熟和规范化。2019年，信托业发展处于增速回落、结构调整的关键时期，处于由高速增长向高质量发展阶段转换的关键时期。未来严监管会成为常态，随着信托公司对合规的重视，信托公司管理层会有更多的合规建设，公司经营会更加规范。

（三）机构设置

1. 业务部门

（1）增设各类独立创新业务部门，普惠金融、标品信托、产业金融蓬勃发展。

2019年金融供给侧改革持续深化，信托公司为加强主动管理能力、培养业务发展新动能，在组织架构上做出了较大调整。2019年68家信托公司年报显示，48家公司已设立独立创新业务部门，其中20家公司在2019年新设立创新业务相关部门，助力公司信托业务转型（见表1-43）。

表1-43　　　　　　　　信托公司创新业务部门设立情况

序号	公司名称	2019年以前设立的部门	2019年新设立的部门
1	爱建信托		普惠金融事业部
2	百瑞信托	产业金融部、家族与慈善办公室	普惠金融部、标品信托部
3	渤海信托	产业投资部、小微金融事业部、产业金融部	
4	东莞信托	普惠金融事业部	
5	光大兴陇信托	普惠金融部	产业创新金融事业部、数量金融与产业投资事业部
6	国民信托		普惠金融事业部
7	国通信托	普惠金融部	产业金融部
8	国投泰康信托	创新业务总部	

序号	公司名称	2019 年以前设立的部门	2019 年新设立的部门
9	国元信托	创新业务部	
10	财信信托		创新业务总部
11	华宝信托	创新业务部、产融业务部、家族信托事业部	
12	华宸信托	信托业务创新部	绿色信托业务部、家族信托业务部、互联网业务创新中心
13	华融信托		产业金融与不动产管理总部、家族与慈善信托部
14	华鑫信托	普惠金融部	产业投资一部、产业投资二部
15	建信信托		股权投资事业部
16	江苏信托	消费信托部	服务信托部、保险与证券信托部
17	交银国际信托	家族财富管理部	
18	金谷信托	创新业务部、新兴产业事业部	
19	昆仑信托	股权投资部	
20	陆家嘴信托	产业金融总部	
21	中国民生信托	消费金融部、产业基金部、家族信托总部	
22	平安信托	私募股权事业部	特殊资产事业部
23	厦门国际信托	家族信托办公室	
24	山东国信	家族信托业务部	
25	陕国投	普惠金融事业部、北京创新业务部、深圳股权信托部、重庆创新业务部	
26	上海信托	股权信托总部、信睿家族管理办公室、慈善信托部、互联网信托部	
27	四川信托	创新业务部、服务信托部、产业金融部	
28	苏州信托	产业金融部	家族办公室
29	天津信托	标品信托部	
30	外贸信托	小微金融事业部、生态金融事业部、产业金融事业部	
31	万向信托	慈善信托部、家族办公室	
32	五矿信托	国际业务部、产业金融部、创新业务部	标品信托管理部、家族办公室
33	新时代信托	创新业务部	

续 表

序号	公司名称	2019 年以前设立的部门	2019 年新设立的部门
34	兴业信托	家族信托办公室、国际业务部、企业金融业务部	
35	英大信托	发展与研究管理部（家族财富管理办公室）	电网事业部、清洁能源事业部、供应链金融事业部
36	粤财信托	绿色金融部、普惠金融部、家族办公室	
37	云南信托	创新业务部、普惠金融部	
38	长安信托	家族信托事业部、慈善信托部	
39	浙金信托	家族办公室	
40	中诚信托	标品信托事业部	小微金融事业部
41	中海信托		产业金融总部
42	中航信托		家族（准）信托事业部
43	中建投信托		创新业务中心（资产证券化业务部、地产基金业务部、债券投资业务部）
44	中粮信托		农业金融事业部、特殊资产事业部、家族办公室事业部、消费金融事业部
45	中融信托	信托创新部、家族办公室、产业金融部、消费金融部、另类金融部、股权投资部	
46	中铁信托	产业投资部	
47	中信信托	创新业务部	国际业务部
48	紫金信托	产业金融总部、普惠金融事业部、创新发展部	

资料来源：信托公司年报，用益金融信托研究院整理、制作。

除家族信托、慈善信托等已经较为成熟的创新业务外，信托公司近年来在普惠金融、产业金融等方面也有较多尝试。截至 2019 年年底，已有 12 家信托公司设立产业金融相关部门，其中 3 家是 2019 年新设的；有 12 家信托公司已设立普惠金融相关部门，其中有 4 家是 2019 年新设的。

同时，有多家公司进行了绿色金融、股权投资、保险信托、互联网金融、特殊资产业务等方面的尝试。例如，华宸信托新设绿色信托业务部、互联网业务创新中心；英大信托新设电网事业部、清洁能源事业部、供应链金融事业部；平安信托、中粮信托新设特殊资产事业部，这方面业务在国内信托行业比较少见，目前各公司仍在摸索当中。

（2）超半数信托机构已开展家族信托业务，成立家族信托办公室成为趋势。

随着中国经济的不断发展，个人财富水平不断提升，高净值人群不断壮大，家族信托的特性使其成为服务高净值人群的重要业务手段，越来越多的高净值人士将家族信托作为资产配置的重要工具。2019 年 68 家信托公司年报显示，截至 2019 年年底，约 36 家信托公司实质性地开展了家族信托业务，其中 20 家已经拥有独立的家族信托业务部门，6 家于 2019 年新设立家族信托业务部门（见表 1 - 44）。

表 1 - 44　　　　　　　　　信托公司家族信托业务部门设立情况

序号	公司名称	2019 年以前设立的部门	2019 年新设立的部门
1	百瑞信托	家族与慈善办公室	
2	华宝信托	家族信托事业部	
3	华宸信托		家族信托业务部
4	华融信托		家族与慈善信托部
5	交银国际信托	家族财富管理部	
6	中国民生信托	家族信托总部	
7	厦门国际信托	家族信托办公室	
8	山东国信	家族信托业务部	
9	上海信托	信睿家族管理办公室	
10	五矿信托		家族办公室
11	兴业信托	家族信托办公室	
12	英大信托	发展与研究管理部（家族财富管理办公室）	
13	粤财信托	家族办公室	
14	长安信托	家族信托事业部	
15	浙金信托	家族办公室	
16	中航信托		家族（准）信托事业部
17	中粮信托		家族办公室事业部
18	中融信托	家族办公室	
19	万向信托	家族办公室	
20	苏州信托		家族办公室

资料来源：信托公司年报、信托公司官网，用益金融信托研究院整理、制作。

在推动业务转型与创新的道路上，信托公司越来越多地将目光放在财富传承业务上，并已经取得了较为显著的成果。例如，光大兴陇信托于 2019 年年底落地业内最大单家族信托，融资规模高达 20 亿元；上海信托将家族信托放入战略规划中，截至 2019 年年底，公司家族信托业务存续数量近 400 单，规模超过 50 亿元；中航信托 2019 年新成立家族（准）信托事业部，注册鲲鹏家族办公室，年内净增家族信托 141 户，净增业务规模 21.3 亿元；中信信托将家族信托业务拓展至海外，于 2019 年年底完成首单信托公司境外家族信托业务，实现行业零的突破。

除设置家族信托办公室以外，不少信托公司还通过打造各自的家族信托品牌拓展家族信托业务。品牌作为企业价值的体现，成为高净值人群选择服务机构的一项重要指标，在较早开设家族信托业务的机构当中，大多都已建立专属的家族信托品牌，例如中航信托的"鲲鹏"、中信信托的"传世"、外贸信托的"五行财富"、上海信托的"信睿"、山东国信的

"德善齐家"等。2019 年，平安信托升级"鸿承世家"家族信托品牌，率先推出家族信托多产品线，提供多项资产配置定制方案，并实现了保险与家族信托业务的融合，以迎合当下高净值人群的需求。

成立家族信托办公室，有助于信托公司为高净值客户提供更精准、专业的服务，从多个维度帮助客户制订更全面的财富管理计划，提升自身的财富管理能力，信托公司也可由此树立良好的品牌形象。从已披露的数据来看，近几年家族信托办公室如雨后春笋般涌现，侧面反映了我国市场对于财富传承业务的需求正在激增，同时，信托公司利用自身特性发展家族信托业务也成为助力信托行业转型的重要工具。

（3）多机构设资产证券化部，促进提升主动管理能力。

在国内监管政策引导，非标业务被动收缩的背景下，资产证券化业务成为信托公司提升主动管理能力的重要手段，在 2019 年信托公司年报中被频繁提及。据统计，约 23 家信托公司已开展资产证券化业务，3 家公司新设立资产证券化业务部。截至 2019 年年底，已有 5 家公司拥有独立的资产证券化业务部门，分别为渤海信托、华融信托、上海信托、云南信托和中建投信托（见表 1 - 45），表明信托公司的资产证券化业务正在逐步规范、成熟。2019 年，多家公司在资产证券化业务上取得了不俗的成绩。例如，渤海信托探索推出了"双 SPV[①]"公募资产证券化等新型业务模式，对底层资产的主动管理能力进一步加强；上海信托 ABS[②]业务频繁获奖，2019 年荣获中央国债登记结算有限责任公司颁发的 2019 年度"优秀 ABS 发行人"奖项，公司多年发展资产证券化业务的成果得到肯定；中建投信托 2019 年年底资产证券化业务存续规模已达 447 亿元，同比增长 44%。

表 1 - 45　　　　　　　　　信托公司资产证券化业务部门设立情况

序号	公司名称	2019 年以前设立的部门	2019 年新设立的部门
1	渤海信托		资产证券化部
2	华融信托		资产证券化管理总部
3	上海信托	资产证券化总部	
4	云南信托	资产证券化业务部	
5	中建投信托		创新业务中心（资产证券化业务部、地产基金业务部、债券投资业务部）

资料来源：信托公司年报、信托公司官网，用益金融信托研究院整理、制作。

2. 职能部门

（1）完善合规风控，注重保护投资者权益，加强创新研发。

2019 年 67 家信托公司（不含雪松国际信托）年报显示，28 家公司对内部职能部门进行了调整，主要体现在对合规风控、资产保全、消费者权益保护以及创新研发等相关部门的调

---

① SPV：Special Purpose Vehicle，即特殊目的实体。
② ABS：Asset Backed Securitization，以项目所属的资产为支撑的证券化融资方式。

整，为公司建立了更完善的事前、事中、投后管理机制（见表1-46）。

据统计，2019年有5家公司增设了合规风控相关部门；有7家公司为更好地保障项目处置过程中的投资者权益，增设资产保全、消费者权益保护等相关部门；5家公司增设了创新研发相关部门以支撑公司创新业务发展。

表1-46　　　　　　　　　2019年信托公司职能部门增删情况

序号	公司名称	删减职能部门	增设职能部门
1	中航信托		合规管理部
2	建信信托		业务评审及管理部
3	兴业信托		业务审批中心、创新与战略规划部
4	百瑞信托		项目评审一部、项目评审二部
5	云南信托	产品支持部	风险管理部、法律合规部
6	国民信托		内控合规部
7	中泰信托	合规管理部、法律事务部、标准化业务部托管中心、研究发展中心	法律合规部
8	兴业信托	业务审批中心、风险与合规部、创新研究部	风险管理部
9	光大兴陇信托	审批部	独立审批综合办公室、独立审批团队
10	杭州工商信托		法律事务部、公共关系部
11	中信信托	登记管理部、运营管理部	信托运营部
12	国联信托	信托事务管理部	运营管理部、资产管理部
13	中国民生信托	研发管理总部	资产运营总部
14	华润信托	创新发展部、信息技术部	资金管理部
15	华宸信托	计划财务部、综合管理部	信托事务管理部、财务核算部、董事会办公室（研究发展部）、监事会办公室（审计部）、信息科技部
16	长安信托	信托股权投资管理部、运营管理部、信托托管部	信托财务部、消费者权益保护办公室
17	中海信托		运营管理部、资产保全与创新研究部
18	外贸信托	投资发展部	资产保全部、登记管理部
19	山西信托		资产保全一部、资产保全二部
20	财信信托		资产保全部
21	华信信托	研发创新部	金融消费者权益保护部
22	中诚信托		综合保障部
23	北京信托	纪检监察办公室	客户服务部、稽核审计部

续　表

序号	公司名称	删减职能部门	增设职能部门
24	四川信托		金融科技部、纪委监察室
25	厦门国际信托		董事会办公室
26	天津信托		战略管理与创新中心
27	西藏信托		纪检监察室
28	国通信托		研究所

资料来源：信托公司年报、信托公司官网，用益金融信托研究院整理、制作。

（2）超75%的公司设置独立研究部门，行业研发能力逐步增强。

2019年，信托公司持续调整组织架构以满足业务转型的需要，各类业务高速发展的背后离不开公司自身研发能力的支撑。2019年68家信托公司年报显示，截至2019年年底，已有54家公司设置了研究部门以支持业务发展，设立方式多样，与创新业务、战略规划研究相结合的情况最为常见。

2019年，天津信托、兴业信托、华宸信托、中海信托、国通信托调整研究部门，其中，国通信托增设独立研究所以提升公司研发能力，天津信托、兴业信托对公司研究部门进行调整，将创新战略规划研究纳入公司研究部门职能，华宸信托在董事会办公室下设研究发展部。

部分公司尚未设立独立研究部门，而是将研究部门与其他部门相结合。据统计，有9家公司将研究部门与创新业务部门结合；11家公司将研究部门与战略规划研究部门结合；3家公司将研究部门与创新及战略规划研究部门结合；另有多家公司将研究部门与其他部门结合，例如，英大信托将研究部门与家族财富管理办公室结合，中海信托将研究部门与资产保全及创新业务结合。

绝大多数信托公司关注研究工作，据统计，有22家公司设立了独立研究部门，另有6家公司为培养高层次人才、助力公司创新业务发展设立了博士后科研工作站。例如，百瑞信托依托研发中心在业内较早建立了博士后科研工作站，引进人才以支撑公司发展，公司研发能力在行业内处于较高水平；陕国投以博士后科研工作站为引领平台，引进优秀博士后人才，为公司业务创新加大投入；华宝信托早在2013年就设立了博士后科研工作站，为公司创新研发工作保驾护航（见表1-47）。

表1-47　　　　　　　　　　　信托公司研究部门设立情况

研究部门类型	2019年前设立研究部门的公司	2019年新设立研究部门的公司
与创新业务结合	西部信托（创新研究部）	
	大业信托（创新研发部）	
	东莞信托（创新发展部）	
	渤海信托（创新发展部）	
	华鑫信托（创新发展部）	
	交银国际信托（研究发展部）	
	万向信托（创新研究部）	
	中航信托（研发与产品创新部）	
	中融信托（创新研发部）	

研究部门类型	2019 年前设立研究部门的公司	2019 年新设立研究部门的公司
与战略规划研究结合	中诚信托（战略研究所）	
	杭州工商信托（战略规划与研究发展部）	
	光大兴陇信托（发展研究与战略管理部）	
	北方信托（战略研究所）	
	华融信托（战略与企划部）	
	吉林信托（战略发展部）	
	金谷信托（战略发展部）	
	陆家嘴信托（战略研究中心）	
	上海信托（战略发展总部）	
	苏州信托（战略发展部）	
	外贸信托（战略管理部）	
与创新及战略规划研究结合	长城信托（战略创新部）	天津信托（战略管理与创新中心）
		兴业信托（创新与战略规划部）
与其他部门结合	英大信托〔发展与研究管理部（家族财富管理办公室）〕	华宸信托〔董事会办公室（研究发展部）〕
		中海信托（资产保全与创新研究部）
独立研究部门	紫金信托（研究发展部）	国通信托（研究所）
	爱建信托（研究发展部）	
	国联信托（研究发展部）	
	国投泰康信托（研究发展部）	
	国元信托（研究发展部）	
	财信信托（研究发展部）	
	建信信托（研究部）	
	江苏信托（研究发展部）	
	昆仑信托（发展研究部）	
	厦门国际信托（研究发展中心）	
	山东国信（研发中心）	
	山西信托（研究发展部）	
	五矿信托（研究发展部）	
	新时代信托（发展研究部）	
	粤财信托（战略发展部）	
	云南信托（研究发展部）	
	长安信托（发展研究部）	
	浙金信托（研究发展部）	
	中铁信托（研究发展部）	
	中原信托（研究发展部）	
	重庆信托（研究发展中心）	

研究部门类型	2019 年前设立研究部门的公司	2019 年新设立研究部门的公司
博士后科研工作站	中铁信托	
	百瑞信托	
	陕国投	
	北京信托	
	华宝信托	
	中建投信托	

资料来源：信托公司年报、信托公司官网，用益金融信托研究院整理、制作。

（3）重视声誉风险，设立品牌营销部门，多渠道、多方式提升品牌形象。

良好的品牌形象有助于推动信托公司开展各项业务，并帮助其在某些业务领域取得优势。根据我国信托监管的法律法规，信托公司不得对信托业务进行公开宣传，因此，品牌形象建设就变得尤其重要。2019 年，各信托公司通过多种途径进行品牌宣传，其中最为重要的三种途径为公司官网、微信公众号、与主流媒体合作，不少公司通过在公司官网及微信公众号上发布公司正面形象新闻、参与主流财经媒体举办的相关奖项评比活动来提高知名度，以塑造良好的品牌形象。

根据 2019 年 68 家信托公司年报及公司官网信息，有 32 家公司在年报中提到公司对于声誉风险、舆情的把控以及品牌形象提升的重视，5 家公司设立了专门的品牌营销相关部门，致力于维护、提升品牌形象，例如，外贸信托设立品牌营销部，并定期通过微信公众号宣传外贸信托"五行财富"品牌，为公司品牌形象建设做出努力（见表 1 - 48）。

表 1 - 48　　　　　　　　　　信托公司品牌营销部门设立情况

序号	公司名称	2019 年以前设立的部门	2019 年新设立的部门
1	爱建信托	市场管理部	
2	安信信托	品牌市场部	
3	杭州工商信托		公共关系部
4	外贸信托	品牌营销部	
5	雪松国际信托	品牌管理部	

资料来源：信托公司年报、信托公司官网，用益金融信托研究院整理、制作。

3. 信托公司财富中心现状

招商银行与贝恩公司联合发布的《2019 中国私人财富报告》显示：2018 年，中国个人可投资金融资产在 1000 万元以上的高净值人群规模为 197 万人，全国个人持有的可投资资产总体规模达到 190 万亿元，中国私人财富市场增速较往年放缓，但仍具增长潜力，预计到 2019 年年底突破 200 万亿元大关。在新经济、新动能的推动下，以企业中、高级管理层与专业人士为代表的新富群体涌现，成为高净值人群的中坚力量。在经历资本市场的洗礼后，高净值人群的投资心态和行为发生明显转变，对于财富管理机构的专业能力要求更高。各金融机构通过成立私人银行、财富管理部、财富中心等方式拓展零售市场，挖掘新的融资途径。信托公司也在财富市场拓展浪潮中纷纷布局，大力推进财富中心建设，提升资金端竞争力。

（1）财富中心数量继续增加。

截至 2019 年年末，有 67 家信托公司成立了财富中心，不同地区的财富中心数量合计为 539 家，而 2018 年年末只有 362 家，2017 年为 204 家（见图 1 - 45）。相比 2018 年，2019 年信托公司财富中心数量增加，但增速略有放缓。

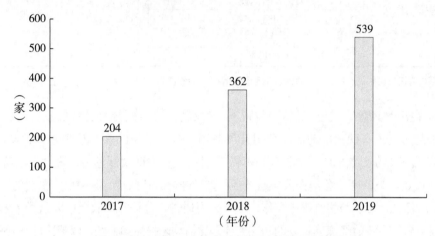

图 1 - 45　2017—2019 年信托公司财富中心数量

资料来源：信托公司年报，用益金融信托研究院整理、制作。

信托公司财富中心的组织架构主要包括前台营销部门、中后台部门、特定部门。这些部门的员工的职责主要有：战略规划及制度建设、营销管理、客户开发与维护、运营操作、客户服务、培训及品牌宣传等。《中国信托业发展报告（2018—2019）》数据显示，信托公司财富中心员工实际人数均值在 10 人以上，一线城市均值甚至高达 20 人。按每个财富中心约配备 10 人计算，539 家财富中心配备的人员合计约 5390 人。

（2）超 9 成财富中心位于一、二线城市。

在这 67 家信托公司中，设立财富中心数量超过 10 个的信托公司有 15 家，其中，中融信托财富中心数量为 47 个，居首位，其次为中航信托 29 个、中国民生信托 26 个、长安信托 23 个、四川信托 23 个（见表 1 - 49）。从财富中心的分布来看，以一、二线城市为主，大城市高净值人群集中，绝对数量较大，而且大城市人群对多种类型理财产品的认可度更高，便于财富中心开展工作、获取客户。

表 1 - 49　　　　　　　　　　2019 年 67 家信托公司财富中心分布情况　　　　　　　　　　单位：个

信托公司	数量	分布城市	信托公司	数量	分布城市
中融信托	47	北京/兰州/西安 3/成都 2/昆明/广州 3/佛山/珠海/深圳 3/东莞/惠州/厦门/福州/温州/义乌/杭州 3/宁波/上海 2/苏州/南京 4/无锡/大连/天津/沈阳/合肥/武汉/长沙/常州/绍兴/泉州/郑州/济南/台州/嘉兴	中航信托	29	北京 4/九江/景德镇/宁波/济南/青岛/西安/重庆/珠海/东莞/福建/广州/杭州/成都 2/南昌 2/无锡/苏州/南京/深圳 2/上海 2/中山/绍兴

续　表

信托公司	数量	分布城市	信托公司	数量	分布城市
中国民生信托	26	北京 2/南京/深圳/上海 3/武汉/重庆/济南/成都 2/杭州 2/天津/广州/大连/厦门/苏州/福州/郑州/宁波/绍兴/佛山/长沙/南昌	安信信托	16	上海 2/广州/重庆/北京/深圳/长沙/昆明/南京/哈尔滨/杭州/济南/成都/郑州/西安/无锡
长安信托	23	北京/台州/大连/青岛/太原/烟台/石家庄/南京/南通/宁波/秦皇岛/厦门/无锡/苏州/上海/杭州/深圳/东莞/广州/武汉/重庆/成都/西安	中建投信托	16	北京/南京/上海 2/宁波/绍兴/苏州/杭州 3/深圳 2/广州/成都/萧山/无锡
四川信托	23	成都/北京/哈尔滨/上海/深圳/重庆/无锡/大连/苏州/杭州/济南/西安/天津/太原/沈阳/宁波/绍兴/广州/厦门/郑州/南京/东莞/宜兴	陕国投	15	深圳/北京/上海/杭州/大连/成都/青岛/郑州/苏州/西安/广州/武汉/南京/合肥/厦门
爱建信托	21	上海 9/北京/广州/深圳/苏州/无锡/杭州 2/南京/绍兴/厦门/成都/西安	建信信托	15	北京/天津/上海/杭州/沈阳/合肥/福州/济南/武汉/广州/深圳/重庆/成都/西安/香港
雪松国际信托	19	南昌/广州/深圳/上海/北京/杭州/长沙/武汉/西安/榆林/成都/南京/佛山/郑州/大连/中山/无锡/重庆/青岛	山东国信	14	济南 2/青岛/烟台/北京/上海/深圳/广州/重庆/厦门/南京/合肥/郑州/西安
五矿信托	18	西宁/郑州/太原/大连/青岛/济南/厦门/福州/西安/南京/天津/重庆/成都/广州/深圳/杭州/上海/苏州	新时代信托	10	北京/上海/西安/呼和浩特/哈尔滨/沈阳/包头/大连/青岛/太原
国通信托	17	北京/上海/广州/郑州/青岛/重庆/苏州/杭州/宁波/深圳/长沙/南京/西安/成都/无锡/济南/石家庄	中铁信托	9	成都 4/北京/上海/深圳/重庆/武汉
光大兴陇信托	16	北京/天津/青岛/郑州/南京/上海/杭州/宁波/福州/广州/深圳/武汉/西安/重庆/成都/海南	上海信托	9	上海 3/北京/深圳/南京/江阴/杭州/香港

续　表

信托公司	数量	分布城市	信托公司	数量	分布城市
中信信托	9	北京/上海/广州/深圳/杭州/福州/厦门/西安/成都	长城信托	5	北京/乌鲁木齐/上海/长沙/深圳
重庆信托	9	北京/上海/广州/重庆/西安/南京/杭州/成都/青岛	西藏信托	5	北京/上海/成都/拉萨/深圳
昆仑信托	8	宁波/北京/大庆/沈阳/西安/成都/杭州/上海	兴业信托	5	北京/上海/深圳/福州/成都
西部信托	7	西安/杭州/上海/福州/厦门/武汉/宁波	浙金信托	5	杭州/北京/上海/宁波/福州
华信信托	7	大连/北京/上海/深圳/沈阳/成都/南京	江苏信托	4	北京/上海/深圳/成都
东莞信托	7	东莞/北京/上海/广州/深圳/中山/武汉	国民信托	4	北京/南京/深圳/上海
交银国际信托	6	武汉/上海/北京/成都/广州/郑州	华澳信托	4	北京/上海/深圳/重庆
粤财信托	6	广州/深圳/上海/杭州/成都/北京	中原信托	4	北京/上海/洛阳/郑州
华润信托	6	北京/上海/广州/成都/深圳/杭州	华融信托	4	深圳/上海/重庆/北京
紫金信托	6	南京/苏州/常州/无锡/扬州/合肥	大业信托	4	广州/北京/上海/武汉
陆家嘴信托	6	上海/青岛/无锡/南京/杭州/宁波	吉林信托	4	北京/上海/深圳/长春
北方信托	6	天津/北京/上海/深圳/成都/武汉	渤海信托	4	北京/上海/深圳/石家庄
中粮信托	6	北京/上海/济南/深圳/武汉/成都	百瑞信托	3	北京/上海/深圳
华宝信托	6	北京/杭州/成都/深圳/武汉/上海	厦门国际信托	3	广州/成都/厦门
外贸信托	6	北京/上海/深圳/成都/太原/重庆	国投泰康信托	3	北京/上海/深圳
中诚信托	5	北京/上海/杭州/成都/深圳	杭州工商信托	3	杭州/上海/北京

信托公司	数量	分布城市	信托公司	数量	分布城市
云南信托	3	昆明/上海/北京	中泰信托	1	上海
华鑫信托	2	北京/上海	北京信托	1	北京
国元信托	2	北京/合肥	国联信托	1	无锡
华能信托	2	贵阳/北京	山西信托	1	太原
财信信托	2	上海/长沙	苏州信托	1	苏州
中海信托	2	北京/上海	新华信托	1	重庆
华宸信托	2	呼和浩特/北京	天津信托	1	天津
英大信托	2	上海/北京	金谷信托	1	北京
万向信托	1	杭州			

资料来源：信托公司年报，用益金融信托研究院整理、制作。

信托公司财富中心所在城市的分布情况如表 1-50 所示。

表 1-50　　　　　　　2019 年 67 家信托公司财富中心主要分布城市及数量

城市	数量	城市	数量	城市	数量
上海	68	青岛	11	石家庄	3
北京	58	济南	11	常州	2
深圳	42	福州	9	珠海	2
成都	37	大连	9	中山	2
杭州	33	天津	8	台州	2
广州	25	长沙	7	烟台	2
南京	23	沈阳	6	温州	1
西安	20	合肥	6	泉州	1
重庆	17	太原	6	长春	1
武汉	15	绍兴	6	贵阳	1
苏州	13	东莞	5	惠州	1
郑州	12	南昌	4	嘉兴	1
宁波	12	佛山	3	南通	1
无锡	12	昆明	3	兰州	1
厦门	12	哈尔滨	3		

资料来源：信托公司年报，用益金融信托研究院整理、制作。

从上述财富中心的地域分布来看，约 96% 的财富中心位于一、二线城市，剩余约 4% 中多数位于信托公司注册地。不难发现，北上广深四个一线城市财富中心的数量相对较多，合计 193 个，占财富中心总数的 35.81%。新一线城市①也成为财富中心主要的驻扎地，合计

---

①　依据第一财经·新一线城市研究所发布的《2020 城市商业魅力排行榜》，15 个新一线城市为：成都、重庆、杭州、武汉、西安、天津、苏州、南京、郑州、长沙、东莞、沈阳、青岛、合肥、佛山。

216 个，占财富中心总数的 40.07%（见图 1-46），成都、杭州、南京、西安、重庆、武汉、苏州、郑州、青岛的财富中心数量超过 10 个。此外，二线城市宁波、无锡、厦门亦有超 10 个财富中心。

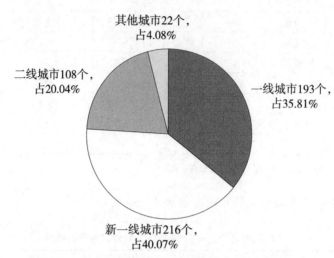

图 1-46　2019 年信托公司财富中心城市分布情况

资料来源：信托公司年报，用益金融信托研究院整理、制作。

但并非在排行榜中排名靠前的城市拥有更多的信托公司财富中心，信托公司财富中心的分布或与城市的商业魅力、枢纽性、活跃度、生活方式多样性、未来可塑性等有关。作为一线城市的广州，财富中心数量显著落后于北上深三座城市，而成都、杭州等新一线城市在财富中心数量方面的表现非常亮眼；此外，宁波、无锡等一些二线城市的财富中心数量也高于一些新一线城市。这些表现好的城市大都有商业资源集聚度高、城市规模与经济增速快、对人才的吸引力大等特点。

第二部分 转型篇

一、关于信托产品打破刚兑、实行净值化管理的思考与建议

2018 年 4 月，中国人民银行、中国银保监会、中国证监会、国家外汇管理局联合发布《关于规范金融机构资产管理业务的指导意见》，对资管产品实行净值化管理提出了严格要求。对于信托业而言，如何合理、科学地进行产品净值化管理将是一项复杂且庞大的系统性工程，值得透彻分析、深入研究。下面从概念、行业意义、思路方式及对策建议等方面进行探索性研究。

（一）净值化产品的定义、特征及估算方法

1. 定义及特征

净值化管理主要是指发行方在发行相关资管产品时履行"受人之托、代人理财"的职责和义务，不再明确"保本保收益"的预期收益率，对产品净值进行核算披露，投资人根据产品运作情况享受收益或承担损失，核心目的是遵循风险收益曲线原则，进一步完善资产定价机制，通过公允计价的方式，对产品所投的基础资产进行估值，及时、准确地向投资者传递产品的风险和收益变化情况，使其更好地调整投资和交易行为，实现"卖者尽责、买者自负"的发展理念，有效打破"刚性兑付"的魔咒。

净值化产品的主要特征如表 2-1 所示。

表 2-1　　　　　　　　　　净值化产品的主要特征

产品类型	净值化产品	预期收益率型产品
是否保本	不保本	一般隐含保本承诺
收益兑付	不设定预期收益，按照资产净值扣除相关费用后全部为客户收益，客户风险自担，收益自享	大多设定预期收益，在扣除相关费用后，客户按照预期收益率获得兑付收益，剩余部分由管理人作为浮动管理费收取
流动性	期限设置较为灵活，申购赎回相对便利	一般设有固定的投资期限，未到期无法申购赎回
资产配置	配置净值跟随市场情况波动的市场化资产	配置有明确预期收益率的资产
估值方法	主要采用公允价值估算，部分采取摊余成本法估算	一般采用成本法或摊余成本法估算

产品类型	净值化产品	预期收益率型产品
信息披露	信息披露相关要求较高，披露频次与产品的开放周期较为匹配	运行期间并无持续披露的要求与义务

资料来源：根据公开资料整理。

2. 估算方法

整体来看，对资管产品投资的各项金融资产和负债按照企业会计准则进行会计核算是估算净值的基础。目前，包括资管新规在内的相关监管制度尚未对信托产品如何进行净值化估算作出明确规定。对此，我们可以参照公募基金对于净值的相关规定，将信托产品的净值理解为"信托计划总资产与总负债的差额除以计划总份额"，其中总资产是指信托计划投资的银行存款、股票、债券、非标债权、股权、金融衍生品等标的资产，总负债则是指对应的应付管理费、业绩报酬、托管费、交易费用等相关费用。

信托产品实行净值化管理，核心目的是及时反映基础资产的收益和风险，具体估值方法的选择十分重要。资管新规要求金融资产坚持公允价值计量原则，鼓励使用市值计量，符合一定条件的，则可按照企业会计准则以摊余成本法进行计量。

（1）公允价值计量。

根据《企业会计准则第 39 号——公允价值计量》，公允价值是指市场参与者在计量日发生的有序交易中，出售一项资产所能收到或者转移一项负债所需支付的价格，即脱手价格。其中，有序交易是指在计量日前一段时期内该资产或负债具有惯常市场活动的交易，不包括被迫清算和抛售。在实际操作中，应当采用在当前情况下适用并且有足够可利用数据和其他信息支持的估值技术，包括市场法、收益法和成本法等在内的一种或多种方法计量公允价值。具体来看，市场法主要是指利用相同或类似的资产、负债或有关组合的价格及其他相关市场交易信息进行估值的技术，一般应用于具有活跃市场的情况；收益法主要是指将未来金额转换成单一现值的估值技术，包括现金流量折现法、多期超额收益折现法以及期权定价模型等；成本法主要是指反映重置相关资产或服务能力所需金额的估值技术，通常使用重置成本法。

（2）摊余成本法计量。

财政部于 2016 年 2 月 15 日印发的《企业会计准则第 22 号——金融工具确认和计量》中最先提出了"摊余成本"的相关概念，并以数量计算的方式给出了金融资产（负债）的定义。金融资产（负债）的摊余成本主要是指该金融资产（负债）的初始确认金额经下列调整后的结果：①扣除已偿还的本金；②加上或减去采用实际利率法将该初始确认金额与到期日金额之间的差额进行摊销形成的累计摊销额；③扣除已计提的损失准备（仅适用于金融资产），即"摊余成本＝初始确认金额－已收回或偿还的本金±累计摊销额－已计提的损失准备"。摊余成本实际上相当于持有至到期投资的账面价值，是某个时点上未来现金流量当期的折现值。实际应用中，持有至到期投资、贷款、应收款项和可供出售金融资产等均适用摊余成本法进行核算。

综上，公允价值计量主要适用于存在活跃交易市场的金融资产，摊余成本法计量倾向于反映持有资产的时间价值，并未充分考虑市场风险、价格波动等因素，更适用于收取合同现金流及持有至到期的资产。需要指出的是，摊余成本法的基本原则是根据基础资产的到期收益率进行分期净值化，是基于底层债权性资产的现金流进行时间上的分拆，无法实时动态化地反映资产的风险变化情况。

（二）信托产品实行净值化管理的重要意义

目前，国内信托公司主要发挥了债权融资功能，客户结构相对单一，追求高收益且对风险容忍度低是共性特征，这导致资金信托计划大多以预期收益型产品为主，普遍存在刚性兑付问题。客观来说，在投资者自担风险意识普遍不足的状态下，相对较高的收益率、保本保收益的刚性兑付等"光环"是信托业吸引投资者的有效手段，支撑了行业在一定时期内的快速发展。但刚性兑付违背了"自负盈亏、自担风险"的信托原则，扭曲了资产管理业务所包含的法律关系的实质，并不符合市场发展规律，容易导致管理人潜在风险的积累，提高引发系统性金融风险的概率，增加金融机构乃至实体经济面临严重伤害的可能性，日益成为信托业难以承受的"达摩克利斯之剑"。资管新规的宗旨之一是通过实现资管产品的净值化管理，推动资管行业打破刚兑，真正回归"受人之托、代人理财"的业务本质，对于包括信托公司在内的整个资管行业意义十分重大。

1. 回归信托本质，化解行业压力

"卖者尽责、买者自负"是信托业的基本通识，意指在信托公司履职尽责的前提下，信托产品发生的价值损失应由投资者自行承担，信托机构和投资者之间并非法定的债权债务关系。在现有的信托业"一法三规"中，明确规定信托公司偿付责任的是《信托公司集合资金信托计划管理办法》第十四条，"信托公司因违背本信托合同、处理信托事务不当而造成信托财产损失的，由信托公司以固有财产赔偿；不足赔偿时，由投资者自担"，信托公司对于非己方责任造成的损失，并没有赔付责任，即没有刚性兑付的义务。但从具体市场行为来看，为了维持信托公司自身信誉、迎合投资者关于理财产品的选择习惯，信托公司多采用类信贷模式发行产品，产品以固定收益类为主、设置预期收益率，存在刚性兑付风险，将信托公司与投资者之间的信托法律关系、权益性投资关系转化为债权债务关系，在项目出现风险时信托公司难以厘清责任，扭曲了金融市场风险与收益的对等关系，加剧了道德风险。这种现象长期存在于金融行业各个资管市场产品之中，看似保障了投资者的利益，实则已成为严重影响金融市场定价、阻碍行业正常发展的问题。它的存在使原本应该由投资者面对的信用风险、市场风险等风险信号得不到及时释放，反而集中到了产品的发行平台、运营平台等金融机构，加快了存量风险的积累，容易引起更大范围内的系统性风险，严重破坏金融秩序，不利于经济持续稳健发展。

通过开发净值型信托产品，不设预期收益率，以公布净值为准，侧重资产配置，允许净值始终处在波动状态，发行者履行了"受人之托、代人理财"的职责，投资者实现了"风险

自担、收益尽享"，能够有效化解信托公司面临的刚性兑付压力，防止风险积聚，使信托公司回归业务本源，加快向专业化资产管理机构转型。

2. 积极顺应发展趋势，主动提升管理能力

在日趋复杂多变的环境下，依靠利差收入的传统的被动式融资类业务已无法持续发展，提升主动管理能力、发展管理收费型业务已成为信托业真正有意义、有价值的发展方向，既是充分发挥信托公司多市场、跨领域、财产独立、风险隔离、灵活敏锐等优势的有效举措，亦是承担更重大的受托责任、获得更丰厚的信托报酬、实现更高质量发展的重要保障。

与预期收益型产品的本金收益存在刚性兑付，不同管理人之间的主动管理能力水平差异无法有效体现不同，实行净值化管理后，管理人的真实管理能力和水平可以及时有效地直接反映在产品净值的波动变化中，既有助于投资者更好地进行对比分析和投资决策，更是对管理人本身的一种隐性约束，有助于避免同行之间为争抢项目而进行同质化低价值的恶性竞争，促使管理人致力于提高主动管理能力，更好地履行受托人的专业职责。此外，产品净值化管理的实施，有利于管理人创新收入模式，管理费收入可与产品净值直接挂钩，除收取正常管理费外，还可约定对超额收益部分提取业绩报酬，有助于激发管理人进一步提高主动管理能力的积极性，实现投资者与管理人的互利共赢，创造更多的社会财富与价值。同时，净值化的产品可以及时客观地反映投融资市场的真实风险与收益，实现金融市场与实体经济之间的良性互动，提高社会资金的使用效率，提高金融资本服务实体行业现实需求的精准度。

3. 丰富产品类别，提升整体流动性

与目前资金信托产品大多投向单一非标融资项目，存在期限较为固定、缺乏流动性且风险相对高度集中等缺点不同，净值化的信托产品则具备以下优势。

一是基础资产类型丰富，不再局限于非标信贷类资产，可以有效组合，投资于符合条件的利率债、信用债、货币市场基金、专项资产管理产品、银行理财产品、优质资产证券化产品等更多资产标的，有助于完善信托产品结构，增强市场化的吸引力和竞争力。

二是具备高流动性。定期的信息披露、开放认购及赎回，有助于提高信托产品的透明度，减少市场上的信息不对称，便于投资者把握投资时机，提高信托产品转让交易的便利性，增强整个信托产品市场的活跃度，实现各种风险在投资者之间的合理转移与有效分散，缓解过度的市场扭曲，营造健康的经济发展环境。

（三）对当前主要信托产品如何实行净值化管理的初步分析

资管新规明确指出，资产管理产品按照投资性质的不同，分为固定收益类产品、权益类产品、商品及金融衍生品类产品和混合类产品。固定收益类产品投资于存款、债券等债权类资产的比例不低于80%，权益类产品投资于股票、未上市企业股权等权益类资产的比例不低于80%，商品及金融衍生品类产品投资于商品及金融衍生品类资产的比例不低于80%，混合类产品投资于债权类资产、权益类资产、商品及金融衍生品类资产且任一资产的投资比例未达到前三类产品标准。

鉴于资管新规对金融资管行业实行净值化管理的要求，与之相对应，结合信托业发展实

际，我们可将信托产品大致划分为固定收益类信托产品、权益类信托产品和混合类信托产品，并参考公募、私募等机构的做法，就净值化管理的具体思路进行探索分析。

1. 固定收益类信托产品

按照资管新规相关要求，债权性质的融资类信托产品可被划为固定收益类信托产品。按照具体投资标的的不同，又可进一步分为标准化、非标准化固定收益类信托产品。

对于标准化固定收益类信托产品，其对应的底层资产大都可在银行间市场、证券交易所等公开交易场所自由交易，满足集中登记、独立托管、公允定价、信息披露等条件，可以参考公募基金的相关做法，采取市值法进行净值化管理。

对于非标准化固定收益类信托产品，包括信托贷款、交易性金融资产投资、应收账款投资、买入返售等，其对应的底层资产大都存在缺乏活跃交易市场、流动机制不完善、信息披露不充分等问题，导致公允价值的取得不具有及时性、可靠性。对此，可参考货币基金的相关做法，采取"摊余成本＋影子定价"的方法进行净值化管理，在通过摊余成本法确定信托产品估值价格的同时，利用影子定价严格执行偏离度调整策略。

2. 权益类信托产品

权益类信托产品主要包括投资于二级市场的证券投资类信托产品和投资于非上市企业、项目的股权类信托产品。

对于证券投资类信托产品，目前基本上都已实现了净值化管理。

对于股权类信托产品，可参考借鉴《私募投资基金非上市股权投资估值指引（试行）》等指导要求及私募基金的具体操作流程，选择最近融资价格法、市场乘数法、净资产法等方法进行净值化管理。

3. 混合类信托产品

对于混合类信托产品，主要根据所投资的各类底层资产的具体类别，分别采取相应的方法进行估值，然后合理加总、及时披露。

（四）关于进一步推进信托产品净值化管理的对策建议

从信托资金的主要投向来看，证券投资类信托产品主要投资于股票、债券等标准化资产，已经基本实现了净值化管理，但占比更大的投资于非标资产的信托产品因其涉及底层资产的种类多、流动性差、市场化公允价值缺失等多重因素，在净值化估值方面始终存在诸多现实困难，尚未得到有效解决。下一步，监管机构及信托公司都应立足实际、积极探索、主动作为，加快从理念到实践的转变，积极推进信托产品净值化管理相关工作的有序开展。

1. 监管机构方面

"他山之石，可以攻玉。"公募基金之所以能够对产品进行有效的净值化管理，虽然与自身的行业属性具有较大关系，但在很大程度上得益于中国证监会、中国证券投资基金业协会等监管机构的有力支撑。目前，针对净值化管理已经制定并形成了包括《中国证监会关于证券投资基金估值业务的指导意见》《证券投资基金会计核算业务指引》《中国基金估值标准2018》在内的较为成熟且成体系的制度办法，对估值的基本要求、原则、机制、方法等进行了明确的规定，为相关金融机构具体工作的有序开展提供了可靠依据。对此，信托业相关监管机构同样具有较为广阔的进一步发挥主动管理职能的空间。

第一，中国银保监会等监管部门应以资管新规为基本准则，参考中国证监会、中国证券投资基金业协会等机构制定实施的相关制度办法，完善顶层设计、明确监管方向、把握政策边界、坚持问题导向、平衡发展与合规底线，制定关于信托净值化管理的具体制度办法，对不同类型的信托产品实行净值化改造管理的原则要求、估值机制、会计核算、披露制度、责任边界、期限设置、推进顺序等进行明确规定、细化安排和标准指引，为具体工作的有序开展提供更加可靠的法定依据，提高监管工作的实操性、落地性。同时，可适度加快探索建立信托非标资产标准化估值的平台，尝试批准成立专业的第三方合作机构，有效履行文化建设、理念普及、合格投资者认定及教育、产品评级、资金保管、模型开发、估值核算、净值审核和信息披露等相关职能，提高信托产品净值化管理的有效性、稳定性。

第二，应加快建立信托受益权的交易流转市场及配套制度。目前中国信托登记有限责任公司已成立，信托产品登记平台初具雏形，积累了大量底层资产交易数据，为信托产品估值核算等提供了重要基础。但客观来看，信托受益权转让仍以受托公司内部撮合为主，缺乏连续的公开市场交易以及具有参考意义的定价基准，导致产品流动性较差、潜在风险无法有效分散等问题。对此，监管机构应适度加快推进信托受益权集中流转平台及相关制度的建设，逐步形成更加公开透明、规范活跃的二级交易市场，在有效增强信托产品流动性的同时不断提供更加市场化的信息披露、公允定价、风险缓释手段，有序解决现实存在的问题与困难，切实助力信托产品的净值化改造。

2. 信托公司方面

"天行健，君子以自强不息。"秉承信托精神，发挥制度优势，强化受托责任，巩固主业地位，培育打造更加专业化的"受人之托、代人理财"的资管能力，已成为当前及未来信托公司顺应环境变化、树立竞争优势的主要途径。与之相对应，信托产品实现净值化管理也不是收益形式的简单变化，而是一项涉及文化、理念、角色、职责、运营、风控等多方面核心内容和能力的系统性升级和整合再造工程，创新化、专业化、标准化等要求较高，需要充分借鉴公募基金等同业机构的成功经验和先进方法，在产品开发、投研支撑、风险管控、前中后台体系等方面下足功夫、做好功课。

一是加强产品净值化的综合支撑能力。应主动转变业务发展理念，由债权思维向投行思维转变，由利差收费型盈利模式转向管理收费型盈利模式，建立更加系统化的政策、流程、管理及投研架构，引进培养专业化运营人才和投资团队，提升专业化的产品研发能力，完善涉及策略、行业、市场、客户、产品等多层面的大类资产投资组合研究框架，重点围绕信托财产的资金管理、配置方向、估值核算、收益分配、风险管控、市场销售等领域构建一套成熟的涵盖资产端和负债端的匹配体系，不断提升合作机构在筛选、管理、评估等方面的主动能力，积极探索发展 FOF（Fund of Funds，基金中的基金）、TOF（Trust of Funds，基金中的信托）、资产证券化、财产权信托业务等满足不同风险偏好、流动性偏好的，更加贴近市场需求的产品模式，逐步加强股票、债券及金融衍生品等标准化产品的综合配置能力，提升组合分散风险能力，追求资产配置效益最大化。

二是加快信息科技系统的升级再造。产品净值化管理过程会涉及估值核算、资金运作、合规营销、收益计提、信息披露等多方面的海量数据，需要构建专业模型进行更加高效精准的运算处理，如果单纯依靠人力操作不仅效率低下，还容易发生各类潜在的无序风险事故。总体来看，净值化管理对自动化信息服务系统的依赖度越来越高，也提出了更高的标准与要求。对此，信托公司需要深入融合人工智能、大数据、云计算等新一代信息技术，加快建设自动化信息服务交易平台，逐步实现信托产品净值化运营管理的智能化。参考公募基金净值化管理的相关做法，信托公司下一步应重点提升信息系统的以下功能：①估值披露，能够支持运营管理部门对产品进行准确估值，及时披露产品期限、结构、净值、费用等实时及历史数据，确保结果可信、过程透明，方便投资者进行查询与分析；②风险提示，对于存在潜在风险的产品能够主动发出即时预警，使投资者理解产品的风险收益状况，便于对自身权益情况形成合理预期，实现收益预期和风险承受的精准匹配，增强客户对资产及收益的综合保护能力；③智能投顾，提供系统化的基础分析功能，通过市场分析、产品比较、净值排序等方式，为投资者进行相关决策提供更加科学的参考依据、更加具有针对性的服务方案。

三是推进风险管控体系的健全完善。伴随行业进入严监管时代，信托公司的忠实、谨慎、尽责等义务将更加明确，责任边界亦会愈发清晰。与之相对应，在净值化信托产品的设计、销售及管理等过程中，需要强化主动风控、合规管理意识，逐步摆脱信贷文化以及刚性兑付思维，建立涵盖事前防范、事中控制、事后监督和纠正的全方位、立体式的风险管控体系，进一步提升针对特定风险、特定产品的化解管控能力，可从以下三个方面入手：①严格履行尽职责任，持续构建完善涉及前台与中后台、投资与交易、固有财产与信托财产等方面的职责明确、有效分离的风险管控机制，不断提升从业人员的职业道德和业务能力，及时修订完善信托合约条款内容，重点围绕容易发生纠纷的环节做好约定和解释，有效保证委托人、受益人的合法权利和利益；②不断升级完善内部管理体制，进一步提升专业化、精细化的运营管理能力，在交易管控、资产核算、财产清算、合规经营、信息披露、监管报批等关键环节持续提供更加科学、高效、全面的服务支持；③建立产品流动性监测和预警机制，增强对客户交易记录等相关资料的测算分析能力，制定更加完备及时的流动性监测体系，强化对信托项目的定期和不定期跟踪评估，提升对产品集中赎回等突发事件的预警和应对能力，争取将流动性风险降到最低。

此外，净值化管理的实施在短期内将会导致信托产品相对优势的减弱，引发投资者的不信任，增加发行募集的难度。对此，信托公司应勿忘初心、保持耐心、坚定信心，不为一时的短期效应所左右，进一步树立诚实信用、勤勉尽责的发展理念，完善产品销售渠道，健全激励约束机制，增强服务创新意识，确保将合适的产品推荐给合适的客户，探索更加多元化的收益分配方式，妥善处理好客户拓展、业绩增长与品牌声誉之间的平衡关系。

二、如何看信托公司转型资产证券化业务

对于信托公司而言，因为监管压降房地产额度、融资类额度以及对非标债权资产占比的要求，转型压力特别大。很多信托公司都在思考转型的方向，资产证券化业务被纳入转型的方向之一，关于信托公司开展资产证券化业务的讨论也越来越多，那么，资产证券化业务到底能否成为信托公司业务转型的方向之一呢？

（一）理论分析：信托公司在资产证券化方面的优势

我国的资产证券化业务分为三类：信贷资产证券化（CLO）、交易所发行的企业资产证券化（ABS）、交易商协会发行的资产支持票据（ABN），具体如表2-2所示。

表2-2　　　　　　　　　　　我国资产证券化业务分类

分类	CLO	ABS	ABN
原始权益人	银行	企业	企业
发行机构	信托公司	券商/基金子公司/信托公司（仅2家）	信托公司
交易场所	银行间市场	交易所	银行间市场
基础资产	个人住房抵押贷款、企业贷款、汽车消费贷款、消费信贷、信用卡资产、金融租赁资产	债权、收益权、权利凭证、不动产相关权利、信托受益权	

在这三种资产证券化业务中，CLO和ABN一般是由信托公司作为发起机构，ABS则仅有2家信托公司（华能贵诚信托、中信信托）可以作为管理人发起。信托公司在资产证券化业务中可以扮演两个角色：一是管理人，二是SPV（见表2-3）。

管理人一般负责项目的承揽、承做、承销、联系中介机构等全流程工作，而SPV则仅负责其中的破产隔离、收益特定化等环节，较为简单，收益也相对较低。破产隔离比较好理解。收益特定化是指，有些基础资产因不符合资产证券化的要求，比如存在未来收益权尚未实现、现金流不够稳定等问题，需要先通过信托公司发放一笔信托贷款，以具有稳定现金流的信托受益权作为基础资产进行资产证券化。除此之外，在很多资产证券化项目中，信托公司能够作为权利人解决资产的抵质押问题，而资管计划管理人无法做到这一点。

表 2 - 3 信托公司在资产证券化业务中的角色

角色分类	管理人	SPV
负责的工作	承揽、承做、承销、联系中介机构等全流程工作	破产隔离、收益特定化、办理抵质押
收益水平	0.2%	0.05%
计入额度	事务类信托、财产权信托	事务类信托

很多人都没有注意到，目前信托公司还有另一个优势。在债券承销方面，监管规定信托公司应计提的风险资本如表 2 - 4 所示。而中国证监会在《关于证券公司风险资本准备计算标准的规定》中，要求券商按照如下规定计提风险资本：证券公司经营证券承销业务的，应当分别按包销再融资项目股票、IPO（Initial Public Offerings，首次公开募股）项目股票、公司债券、政府债券金额的 30%、15%、8%、4% 计算承销业务风险资本准备。可以看出，信托公司承销公司债券所计提的风险资本低于券商的计提水平。

表 2 - 4 信托公司风险资本计提要求

承销（包销）业务	风险系数
承销公司债券业务规模	5%
承销政府债券业务规模	3%

从信托公司在交易结构中扮演的角色、市场跨度以及风险资本计提要求上来看，信托公司具有券商、基金子公司所不具备的天然优势。从理论上来讲，信托公司开展资产证券化业务应比其他公司更有优势。尤其在消费金融资产证券化领域，信托公司的重要性更加突出，因为小贷公司及消费金融公司的杠杆率受到了监管的严格限制，且小贷公司即使发行 ABS 也无法出表，因此信托公司可以说在消费金融领域是一枝独秀。

中国银保监会主席指出，2020 年下半年，金融管理部门要紧扣"六稳""六保"要求，把稳企业、保就业和服务民营、小微企业更好地结合起来，推动综合融资成本明显下降；要大力支持直接融资，促进融资结构优化；引导信托、理财和保险公司等机构树立价值投资理念，做真正的专业投资、价值投资，成为促进资本市场发展、维护资本市场稳定的中坚力量。资产证券化作为直接融资的一种形式，在复杂的经济形势下，属于政策鼓励的领域。

（二）业务实际分析

图 2 - 1 至图 2 - 3 分别为 2015—2020 年 8 月的 CLO、ABS、ABN 发行情况，从图中的数据可以看出，我国的资产证券化业务发展迅速，规模近几年来大幅度增长。2019 年资产证券化产品的发行总规模约为 2.36 万亿元，相当于信托全行业受托规模的十分之一。那么，这个市场是否足够支撑信托公司进行转型呢？

在 CLO 业务中，一般是银行作为主导方，认购资产支持证券的资金方也基本都是发行银行找的，信托公司仅仅是 SPV 的角色，是纯通道。因此，信托公司在这类业务中很难发挥主动管理的作用，也很难从这类业务中获取较高的收入。如果按照万分之五（0.05%）的报酬率、1 万亿元的发行规模估算，CLO 业务能为信托公司贡献的收入为 5 亿元。

在 ABS 业务中，目前只有华能贵诚信托和中信信托具有交易所的管理人资质，其他信托公司尚未能取得管理人资质，大部分信托公司都是作为基础资产端的 SPV，扮演的仍然是纯通道的角色，而且很多 ABS 的项目中不需要信托公司作为交易结构中的一环。在 ABS 业务中，目前是券商占绝对的主导地位，根据 Wind 统计数据，按照发行规模计算，仅华能贵诚信托进入了前 50 名，排在第 36 位，发行总额为 33.78 亿元，而排在首位的平安证券发行总额为 937.89 亿元。因此，信托公司转型 ABS 业务，首先需要突破的是管理人资质问题，目前来看，短期内信托公司能够批量申请成为管理人的可能性较低，因此仍然只能扮演基础资产端 SPV 的角色。按照万分之五（0.05%）的报酬率、1 万亿元的发行规模估算，ABS 业务能为信托公司贡献的收入为 5 亿元。一般 ABS 管理人承做加承销的收费水平为 0.2% 左右，如果能够解决管理人资质的问题，在不考虑其他问题的情况下，ABS 业务能为信托公司带来的收入总规模在 20 亿元左右。

在 ABN 业务中，信托公司承担了更重要的角色，《非金融企业资产支持票据指引》中规定，资产支持票据，是指非金融企业（以下称发起机构）为实现融资目的，采用结构化方式，通过发行载体发行的，由基础资产所产生的现金流作为收益支持的，按约定以还本付息等方式支付收益的证券化融资工具。发行载体可以为特定目的信托、特定目的公司或交易商协会认可的其他特定目的载体（以下统称特定目的载体），也可以为发起机构。承做方面，每家信托公司都可以担任 SPT（特定目的信托）。但是在承销方面，目前仅有 12 家信托公司取得了 ABN 业务的承销资格。同 ABS 业务一样，如果不提供承销等其他关键环节的服务，信托公司仍然难免沦为纯通道。目前 ABN 业务的规模相对较小，预计 2020 年的规模在 3000 亿元左右。如果按照万分之五到千分之二（0.05% ~ 0.2%）的报酬率估算，ABN 业务能为信托公司贡献的收入为 1.5 亿 ~6 亿元。

综上所述，按照目前的行业情况，资产证券化业务能给信托公司带来的收入在 30 亿元左右，市场规模并不够大。现阶段来看，资产证券化业务仍然难以成为信托公司转型的主要方向之一。

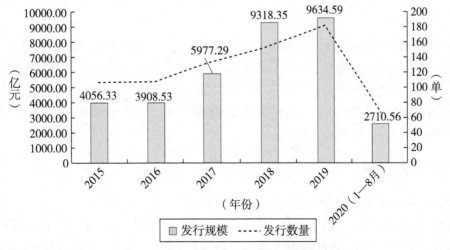

图 2-1　2015—2020 年 8 月 CLO 发行情况

资料来源：Wind。

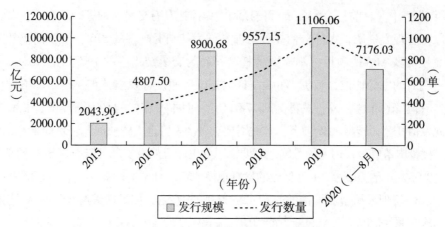

图 2 – 2 2015—2020 年 8 月 ABS 发行情况

资料来源：Wind。

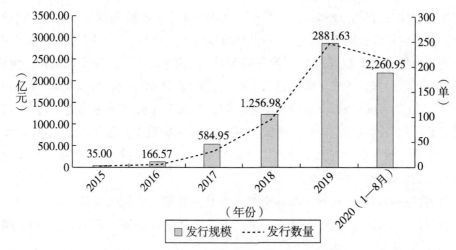

图 2 – 3 2015—2020 年 8 月 ABN 发行情况

资料来源：Wind。

但是，信托公司应该放弃这个业务吗？显然不是，上面的分析是孤立的、静态的，资产证券化业务的市场体量会随着时间的推移继续增长，业务模式也会因为政策监管的影响发生改变，当资产证券化业务与现有的非标业务产生联动后，产生的联动效应将是难以估量的。我们应该把眼光放得更长远些，不要局限在现有的业务模式上而轻言放弃，毕竟信托公司本来就有着各种制度及政策上的优势。

（三）几点建议

1. 积极切入现有的资产证券化业务

信托公司应该积极切入现有的资产证券化业务，并且将重心放在 ABS 和 ABN 两类业务上；应该积极申请交易所管理人资格和 ABN 业务承销资质；同时，应该组建专业的资产证券化团队，向券商的团队看齐。资产证券化业务不像投研业务那样具有较高的护城河，信托公司可以较快地形成自己的战斗力。目前，华能贵诚信托、建信信托、天津信托、五矿信托、光大兴陇信托在这方面做得比较好，已经形成了较大的业务体量。此外，信托公司应该构建专业的机构销售团队，目前信托公司的销售团队大多是面向个人的，面向机构的销售能力薄弱，因此很难胜任资产证券化业务承销的工作。信托公司的目标应该是为发行人提供全流程的服务。虽然现有的资产证券化业务并不能为信托公司带来可观的收入，但是可以通过现有的业务来锻炼团队，夯实公司资产证券化业务的基础，提高市场知名度，为以后的转型提前做好准备。

2. 积极探索非标与标的联动

由于融资类额度和非标占比的限制，信托公司目前的展业受到很大的影响，大家都在探索，在满足监管要求的情况下如何实现业务收入的稳定或者增长，有关"非标转标"的讨论越来越多。

信托公司现有融资类项目大多为房地产项目、工商企业贷款项目，房地产项目多为前融拿地、项目开发，转换成标准化资产的难度较大，通过改变现有项目交易结构来突破监管的可能性较低。现阶段信托公司比较适合开展的资产证券化业务有 REITs（不动产投资信托基金）和类 REITs，以及消费金融类项目等。

2020 年 4 月，中国证监会、国家发展和改革委员会联合发布了《关于推进基础设施领域不动产投资信托基金（REITs）试点相关工作的通知》；8 月，中国证监会发布了《公开募集基础设施证券投资基金指引（试行）》。在监管的引导下，基础设施类的资产证券化项目迎来了发展机遇。信托公司应该积极把握这一机遇，利用政信项目积累的资源和优势，积极介入地方政府的基础设施建设项目。

信托公司还可以利用房地产项目的优势，延伸业务链条，从住宅延伸至商业地产，从前融拿地、项目开发延伸至项目的后期管理，再利用资产证券化的方式实现融资类额度的退出，最终以资产支持证券管理人的身份管理项目，在不占用融资类额度、非标债权额度的情况下实现信托收入。

在普惠金融业务领域，信托公司可以先以融资类额度形成基础资产，再通过信贷资产转让或者信托受益权转让的方式进行资产证券化，从而实现较小规模的融资类额度，形成较大规模的基础资产，通过交易结构的设计，将非标债权资产源源不断地转化为标准化的 ABS 资产。

目前，监管对于资产证券化信托项目的分类还有待明确，对于信托公司作为资产支持证券管理人的信托计划，要么计入事务管理类信托额度，要么计入财产权类信托额度，但是未来信托公司提供的是主动管理的全流程服务，是否需要再设置一个相应的科目来进行统计是值得商榷的。

3. 以投资者的身份参与资产证券化

随着资产证券化体量的增加，参与投资的市场主体也越来越丰富。信托公司除了作为资产证券化的管理人之外，还可以以投资者的身份参与其中。很多优质的资产证券化项目的夹层及次级都是很好的投资对象，一些信托公司已经开始尝试发行主动管理类产品来投资此类项目。建议信托公司依托资产证券化的天然优势，发挥承做、承销、投资的联动效应，以精细化运作的方式开辟新的收入来源。

三、发展家族信托不应盲目乐观

在科学技术领域，有一个词叫"科技成果转化"，是指对科学研究与技术开发所产生的具有实用价值的科技成果进行的后续试验、开发、应用、推广，直至形成新产品、新工艺、新材料，发展新产业等活动。科技成果转化存在转化周期和转化率。同理，新型的信托业务，不论其潜力是否巨大，也存在转化周期和转化率，抛开转化周期和转化率谈信托业务创新好比在修建空中楼阁。

近几年来，信托公司的实务界和理论界都对家族信托抱有浓厚的兴趣和极大的热情，认为家族信托是信托回归本源的关键环节，也是信托业务转型、实现可持续发展的核心业务。

因此，不仅各家信托公司开始试水家族信托，理论界对于家族信托的宣传普及、业务培训和专著出版也进行得如火如荼。西方的家族信托历经数百年方才发展到今天的状态，中国虽有后发优势，但是凡事过犹不及，我们需要冷静地审视当前家族信托面临的形势，而不是简单地"蹭热点""蹭热度"。《左传》有云："禹、汤罪己，其兴也勃焉。"当前理论界往往对客观条件的限制说得多，对自身意识能力的培养和提高说得少，这样是不利于家族信托长远发展的，要知道打铁还须自身硬。

人们对于家族信托抱有极大热情的理由：①家族信托是信托公司的本源业务，也受到政策的鼓励；②高净值客户逐年增加，其多样化的需求使得家族信托产品成为必要；③老龄化社会的形成使得财富传承需求进一步扩大；④有一定比例的高净值客户在考虑使用家族信托。

从理论上看，高净值客户的数量不可谓不多，但是这其中有多少是有效客户？有效客户中又有多少会转化为真实的客户呢？这值得推敲一番。

（一）不能或者没有意愿设立家族信托的高净值客户较多

中国建设银行与波士顿咨询公司发布的报告《中国私人银行2019——守正创新　匠心致远》中指出，截至2018年年底，中国个人可投资金融资产总额为147万亿元，个人可投资金融资产在600万元以上的高净值人群规模达到167万人。

而招商银行与贝恩公司联合发布的《2019中国私人财富报告》指出，2018年，中国的高净值人群（可投资金融资产在1000万元以上）规模达到197万人，其中超高净值人群（可投资金融资产在1亿元以上）规模约为17万人，可投资金融资产在5000万元以上的人群规模约为32万人。从财富规模看，2018年中国高净值人群共持有61万亿元的可投资金融资产，其中超高净值人群持有约 25 万亿元，高净值人群人均持有约 3096 万元。

对比以上两份报告，第一份报告对高净值人群设置的门槛较低，人群规模反而更小，说明高净值人群的实际人数存在争议。这两份报告都是权威机构出具的，其研究方法是可靠的，排除统计口径的差异，我们大致可以确定，中国的高净值人群规模为 150 万~200 万人。

由于招商银行与贝恩公司的报告数据较为丰富，其统计的高净值人群数量也较多，本文以这份报告的数据为基础进行分析。

如图 2 - 4 所示，2018 年的超高净值人群规模为 17 万人，持有约 25 万亿元可投资金融资产。而其他高净值人群规模为 180 万人，持有约 36 万亿元可投资金融资产。

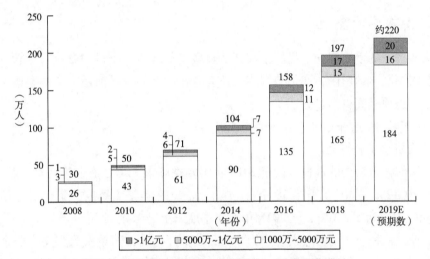

图 2 - 4　贝恩公司高净值人群收入 - 财富分布模型

持有可投资金融资产为 5000 万 ~1 亿元的人群规模为 15 万人，如果保守估计这部分人的人均资产为 6000 万 ~7000 万元，那么这部分资产约为 10 万亿元。高净值人群中持有可投资金融资产在 5000 万元以下的 165 万人的总资产约为 26 万亿元，人均约为 1576 万元（见图 2 -5）。高净值人群内部的分化也极为严重。

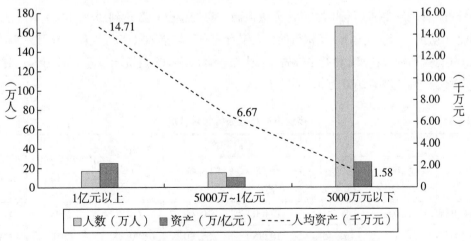

图 2 - 5　不同级别高净值客户人数、总资产和平均资产

根据信托公司开展家族信托业务的经验，由于设立家族信托的门槛为1000万元，一般来说，可投资金融资产在5000万元上下的客户才会有较强的意愿设立家族信托。也就是说，这165万人是没有或者有较弱意愿设立家族信托的。

而如果依据中国建设银行与波士顿咨询公司发布的报告中的数据，可投资金融资产高于600万元的客户仅有167万人，那么有资格、有意愿设立家族信托的高净值客户人数会更少。

根据两份报告对有资格且有意愿设立家族信托的高净值客户人数进行估计，大约为35万人。而且，这部分客户的资产还可能被其他金融产品（包括信托公司发行的集合资金信托计划）和金融机构分流。

（二）潜在客户会被分流

设立家族信托的潜在客户，仍然会被其他金融产品或者金融机构分流。尽管一些分流渠道受到许多限制因素的影响，或是与家族信托有合作的空间，目前还不会对家族信托产生太大影响，但是仍须提高警惕。

1. 集合资金信托计划、银行的分流效应

（1）集合资金信托计划。

根据中国信托业协会的数据，截至2018年第4季度末，集合资金信托规模为9.11万亿元，占比为40.12%，同比上升2.38个百分点。而2019年第1季度，集合资金信托规模为9.49万亿元，占比为42.10%，较2018年第4季度末上升1.98个百分点。

笔者估计，信托公司的自然人客户为20万~30万人次，而单次购买集合资金信托计划超过1000万元的为2万~3万人次。一般来说，信托公司对于高净值客户都会给予一定的利率优惠，如果这部分客户仅以资产增值为目的，考虑设立家族信托的可能性较小。而购买300万~500万元额度集合资金信托计划的客户中，也有不少属于高净值客户，投资集合资金信托计划也会使一部分人无法设立家族信托。

（2）银行和银行理财子公司。

根据各商业银行年报，上市的商业银行私人银行客户大约有60万户。从私人银行客户的户均金融资产来看，招商银行的客户含金量最高，户均金融资产达到2826.14万元，显著高于其他同业（见表2-5）。其他上市银行的私人银行客户户均金融资产大多为1000万~2000万元。这其中，中国工商银行在四大银行中领先，私人银行客户户均金融资产超过1700万元；浦发银行的户均金融资产则突破了2000万元。

表2-5　　　　　　　　商业银行私人银行客户情况

银行	客户		金融资产		户均金融资产（万元）	开业时间（年份）	客户门槛（万元）
	数量（个）	同比增长（%）	规模（亿元）	同比增长（%）			
中国工商银行	75500	7.75	13400	10.40	1774.83	2008	800.00
中国农业银行	106000	51.43	10286	25.70	970.38	2010	600.00

银行	客户		金融资产		户均金融资产（万元）	开业时间（年份）	客户门槛（万元）
	数量（个）	同比增长（%）	规模（亿元）	同比增长（%）			
中国银行	100000	—	12000	12.00	1200.00	2007	800.00
中国建设银行	67670	15.24	9402	19.60	1389.39	2008	600.00
中信银行	28300	—	4025	25.00	1422.26	2007	600.00
中国光大银行	30490	8.07	2853	10.60	935.72	2011	600.00
招商银行	67417	13.19	19053	14.80	2826.14	2007	1000.00
兴业银行	23062	13.39	3240	11.50	1404.91	2011	600.00
浦发银行	18100	—	3671	4.90	2028.18	2012	800.00
宁波银行	2856	35.30	389	23.40	1362.04	2016	600.14

商业银行私人银行的高净值客户基数大，而且对于这类客户，商业银行自然是全力维护，因此这部分客户的忠诚度也普遍较高。

更为重要的是，大型的商业银行自身的实力也十分强，而且部分银行也较早开展了家族财富管理业务，抢占了家族财富管理市场份额。招商银行是商业银行进军家族财富管理市场的先锋，于2015年成立了工银家族财富（上海）投资管理有限公司。中国银行、浦发银行等近年来也都有所行动，分别成立了家族办公室，拓展相关业务。

此外，银行理财子公司的不断涌现也会使信托公司面临更大的压力。当然，银行与信托公司之间并非你死我活的斗争关系，而是既有竞争又有合作的关系，信托公司应当加强与银行的合作，一方面获取客户资源，另一方面提高自身能力。

2. 离岸家族信托潜在的分流效应

相比不同行业的竞争，同业的竞争则更为激烈，也可能更为致命，因为同业间的业务具有更强的替代性。

根据《中国基金报》和中国社会科学院金融研究所的资料，在2018—2019年年初，国内企业家已经开始将手中大量的资金以信托计划的方式转移至海外离岸市场，截至2019年上半年，约有15家公司，涉及市值约为2240.76亿港元。这反映了中国的高净值人群，尤其是资产上亿元的人群，倾向于设立离岸家族信托。

幸运的是，由于资产外流得到管制，而且CRS（共同申报准则）对于离岸信托有较强的抑制作用，因此，多数地区的高净值客户设立离岸家族信托的可能性较小。但是，高净值客户依然可以大量投资海外资产，且不排除在中国金融市场进一步开放后，离岸家族信托的设立单数大幅增加的可能。

信托公司应当密切关注离岸信托，同时积极学习国外信托公司的优秀经验。例如，将信托资产配置在高信用评级债券以及跨周期的投资项目上，尽可能分散投资风险，同时降低家族信托资产净值波动性，实现财富的长期保值。

（三）其他阻碍因素

1. 设立家族信托有一定的费用

家族信托是一种法律安排，因此必定会有法律团队参与其中进行条款的设计，而信托公司作为受托人，也要对家族信托的财产进行管理，律师费和受托人报酬是必须要支付的费用，如果是比较复杂的结构，比如成立公司进行股权代持，还会产生其他的费用。这些费用对于超高净值客户来说可以忽略不计，但是对于一般的高净值客户来讲，这笔费用产生的边际成本较高，极大地削弱了一般高净值客户设立家族信托的意愿。

2. 许多委托人还不习惯将资产所有权让渡给受托人

从法理上讲，家族信托的设立标志着委托人将财产的所有权让渡给受托人，尽管受托人需要按照委托人的意愿来管理财产，但毕竟所有权有变更，很多委托人并不能想通这一点，或者虽然知道这个道理，但是心里仍然很忐忑。

3. 风险隔离效果存疑

对于第一代创业者来说，自己的财富是筚路蓝缕辛苦创造的，自然倍加珍惜，会尽其所能保证财富的安全。但是家族信托是否足够安全呢？一般情况下，信托是具有风险隔离功能的，但也有例外。为了确保信托制度的稳定并且兼顾债权人的合法权益，立法上做出了信托财产原则上不可以被强制执行，信托受益权却可以用来清偿受益人债务的安排。而且，也有过因离岸信托的受托财产架构设计不当，财产隔离失效的案例，在离岸信托界引发了不小的震动。

4. 登记生效影响信托产品的吸引力

目前，我国信托法中规定了信托登记生效模式，即只有将信托财产依法办理登记，信托才能产生法律效力。因此，财产委托人以家族财产设立信托，必须将其财产进行登记公示。有学者认为，登记生效会降低信托产品的灵活性和吸引力。

5. 信托公司的能力有待提升

信托制度红利的逐渐消失使信托融资类业务竞争加剧，而长期的制度红利导致信托公司的竞争力相较其他金融机构处于弱势，而且由于我国的家族信托处于起步阶段，相关的配套设施不完善，专业人才匮乏，能力和经验都有所不足。如果信托公司不能尽快提升自身能力，将无法满足高净值客户的多样化需求，错失良机。

家族信托仍处于起步阶段，前景十分广阔，但也并非一片坦途，信托公司应当冷静分析，练好内功，迎接挑战。

四、疫情过后，大健康产业会不会成为 信托业的下一个风口？

受新冠肺炎疫情影响，医疗卫生产品需求量激增，多家机构预测，大健康产业将迎来飞速发展。2020 年 2 月 3 日至 13 日，仅 11 天内，就有 320 家私募公司、123 家券商、52 家保险公司、20 家信托公司和 17 银行对医药行业进行调研，其中迈瑞医疗更是被 96 家基金公司进行调研。习近平总书记在中央政治局常委会会议上明确指出："以这次疫情应对为契机，进一步培养居民健康生活习惯，引导企业加大对相关产品和服务供给，扩大绿色食品、药品、卫生用品、健身器材的生产销售。"① 疫情过后，大健康产业是否能成为信托业转型发力的新方向？

（一）大健康产业的金融需求

大健康产业包含了下游的医疗机构及零售药店、中游的药械流通企业、上游的药械制造企业，以及医疗信息化、互联网医疗、AI（人工智能）医疗、康体养老、健康管理、养老地产等新兴领域。处于大健康产业链中不同位置的企业具有不同的金融痛点。

（1）下游医疗机构及零售药店。

医疗机构方面，一是医疗机构的建设或并购需要大量资金，根据《2018 年中国医院并购报告》数据，2018 年国内医院并购项目为 30 个，标的医院 48 家，涉及金额 77.6 亿元；二是患者对医疗机构的服务流程、质量和环境等需求的提升迫使医疗机构投入更多成本寻求改善；三是在医疗机构发生费用中，医保支付占比在 50% 以上，但医保回款较慢，有不同程度的延期；四是民营医院将进一步发展，建设资金需求将增大。

零售药店方面，截至 2019 年上半年，我国药店店均服务人口 2850 人，接近世卫组织建议的药店店均服务人口 2500 人。但从行业集中度来看，2017 年 CR10 达到 17%，CR100 达到 31%，与美国有较大差别。门店并购存在较大空间，此部分资金需求也相应增长。

（2）中游药械流通企业。

一方面，受到下游医保回款慢等因素的影响，中游药械流通企业应收账款平均周转天数达 98.7 天，回款速度较慢；另一方面，近几年，以降低药品价格、多渠道购药、严控药械流通为目的的政策频繁发布，使药械流通企业需要储备更多资金进行大批量存货，或面对更

---

① 习近平：《在中央政治局常委会会议研究应对新型冠状病毒肺炎疫情工作时的讲话（2020 年 2 月 3 日）》，求是网，http://www.qstheory.cn/dukan/qs/2020 - 02/15/c_1125572832.htm。

加复杂多元的终端市场。

（3）上游药械制造企业。

一是受到下游医保回款慢等因素的影响，应收账款周转天数较长，2018年药械制造企业应收账款平均周转天数达90.8天；二是企业生产线扩张需要大量资金投入；三是未来我国药械制造企业的创新药将受到更大的重视，研发资金需求增加。

（二）信托业开展大健康业务的主要模式与难点

目前，银行、融资租赁公司、基金公司、保险公司等在大健康领域渗透较深，为各类企业提供了股权融资、融资租赁、供应链金融、票据、结算等多种金融服务。如针对药械制造企业与医疗机构的融资租赁服务，针对药械流通企业的供应链金融服务，针对初创企业的PE投资（私募股权投资）。近年来，头部信托公司一直在大健康领域进行积极探索，但发展中也存在不少难点。

1. 信托公司开展大健康业务的主要模式

（1）债权类业务。

债权类项目一直以来是信托公司较为擅长的项目，在大健康产业的各个环节都有所涉及。在产业下游，信托公司为医院建设筹集资金，多家信托公司都推出过医院融资的集合信托计划，用于医院的改建、扩建和医疗设备购置等，多以医院营业收入为还款来源，并由医院及其关联方提供担保。在产业中游，以应收账款质押、仓单质押为风控模式的供应链金融服务可以缓解回款周期长等问题。

（2）股权类业务。

股权类投资对象主要集中在行业下游的医疗机构或新兴医药公司，投资模式中，一类是与专业的医疗投资机构合作开展医院改制并购等项目。中融信托与北大医疗产业基金合作设立肿瘤医院并购基金，并在医疗领域开展资本运作；百瑞信托以自有资金通过股权方式注资广发信德医疗产业投资基金，以控股收购的方式介入公立医院改制和民营医院的集团化整合；中融信托通过旗下PE平台中融鼎新与专业的医药人才组建中融康健资本。另一类是信托公司设立FOF投资于专业的医疗产业基金。平安信托的PE业务将医疗健康领域作为投资重点之一，设立医疗领域的FOF，以其他PE基金作为投资对象，将所募集资金分散投资到多个不同类型、不同投资风格的PE基金中，以分散投资风险。

（3）成立医疗产业证券投资信托。

信托公司通过证券二级市场间接进行医疗领域的投资，分享医疗健康产业发展带来的红利。2015年长安信托发行长安乐15号（医疗健康主题）证券投资集合资金信托计划，主要投资国内依法发行上市的医疗健康领域的相关公司的股票。截至2019年第3季度，陕国投·鑫鑫向荣76号证券投资集合资金计划、重庆国际信托成为上海莱士十大流通股东。

（4）以消费者为切入口的养老信托。

2014年，中信信托、北京信托与专业的养老管理公司合作发行养老消费信托产品，信托产品以货币收益和养老服务消费权益两部分作为回报。2018年，安信信托发行安颐养老信托产品，并设立养老信托事业部。

2. 信托公司开展大健康业务中存在的难点

信托公司涉足大健康领域的时间已不短，但渗透一直不够深入，主要有以下几个方面原因。

（1）债权类业务方面。

一是养老地产前期投入资金大，后期运营成本高、盈利周期长、回款慢，市场风险较大，与信托公司熟悉的商业地产项目存在较大差异，与信托产品收益高、期限短的性质不相匹配。二是在以应收账款为主要风控模式的供应链金融方面，存在难以对医院进行确权或医院配合度低导致虚假票据或业务坏账的问题。同时，医药企业在解决资金流转问题上需要金融机构快速出款，这就要求金融机构有高效的风控与审核体系，而信托业风控过程中确权环节较多，放款时间较慢。银行、互联网金融机构等通过与企业进行深度融合，把握整个产业链上的物流、资金流、信息流，建立数据化的风险模型，可对医药企业实现纯信用化、智能化融资，更符合企业需求，致使传统的信托业务模式失去竞争力。

（2）股权类业务方面。

信托公司对健康产业进行股权投资需要具备专业的医疗产业投资人才，同时也需要大量前期优质项目的储备。但目前信托行业中此类人才较为缺乏，对于优质企业的识别能力不足，无法主导股权投资项目。同时，此类业务需要专业的机构、部门来操作，如中国人寿资产管理有限公司专门成立国寿健康产业投资有限公司来运营此类业务。

（3）养老消费信托方面。

一方面，信托投资者多为高端消费人群，其对养老具有一定的规划和安排能力；另一方面，具备较大养老需求的中低端消费人群通常难以达到合格投资者门槛。两者之间的矛盾造成养老消费信托市场较为狭小。

（三）相关建议

从 2015 年原国家食品药品监督管理总局主导医药行业供给侧改革起至 2018 年国家医疗保障局成立后开启了医药行业的支付端变革以来，医药行业一直受到资本市场的热捧，信托行业也进行了积极探索。但由于信托行业与房地产相契合的业务模式与大健康产业的发展模式存在冲突，未能在市场上占据一席之地。新冠肺炎疫情发生后，国家对疫苗、防护用品、诊断检测、血制品、新型抗菌药、新型抗病毒药等进行重点支持，促使大健康产业飞速发展，信托业欲参与其中，最需要的是自身积极转型以适应市场需求。

现阶段，信托公司须加强与外部机构的合作以弥补业务模式的缺陷。一是与专业医药投资企业建立合作关系，弥补信托公司医药行业人才的不足，逐渐提高对大健康产业的认识，增强对股权投资项目的主导能力。同时开展投贷联动，以股权投资的超额收益来解决信托资金成本高的问题。二是加强与信息化企业的合作。医药企业资金周转的融资需求呈现周期短、频率高的特点，这与信托公司传统的企业融资业务有很大的不同，如能与信息化企业合作，可以借助区块链技术和大数据技术，利用医药企业三流（物流、信息流、资金流）合一的数据资源真实快速地评估其实力，以提高对项目的风控能力。

　　长远来讲，信托公司必须以壮士断腕的决心大力改革，培养核心竞争力，实现内涵式发展。一是建立具备行业投研能力的业务团队。各业务团队聚焦大健康等几个特定垂直领域，提高分工的精细度，改变目前行业上粗放的无固定业务领域的前台团队设置模式，以提升专业领域的业务能力。二是目前信托行业看重抵质押物，尤其是地产抵押，侧重第二还款来源的信贷思维下的风控模式与大健康产业以无形资产（知识产权）为主的发展模式存在冲突，信托公司亟须提高基于数据分析的风控能力。

第三部分 实务篇

一、信托公司参与消费金融的合规法律难点分析

2019 年，传统信托业务发展遇到了瓶颈。房地产信托、通道信托业务受到了严格监管，降规模已成为定局。工商企业以及上市公司违约事件不断发生，信托公司对交易对手的选择也越发谨慎。而家族信托、慈善信托等新兴业务尚未形成规模效应，也无法为信托公司带来可观收入。反观消费金融行业，据 2018 年消费金融公司年报，捷信消费金融有限公司的净利润近 14 亿元，招联消费金融有限公司的近 13 亿元。行业内近半数信托公司试水消费金融信托，消费金融信托俨然成为信托公司创新业务发展的新方向。然而，消费金融行业自 2017 年开始了严监管周期，行业的马太效应增强，资产分化，客户和资金都向头部机构集中。宏观环境层面，经济下行压力大，居民杠杆率不断升高，多头借贷现象严重，消费金融行业也将迎来新一轮变革甚至洗牌。在这种情况下，信托公司参与消费金融必须更加谨慎，做好应对风险和违约率上升的准备。下面就信托公司参与消费金融的合规法律难点进行分析，并提出相关的防范措施和建议。

（一）消费金融的定义

消费金融是指为消费者提供以消费为目的的金融授信服务，具有单笔授信额度小、审批速度快、无须抵押担保、服务方式灵活、贷款期限短等优势。

广义的消费金融机构除了消费金融公司外，还包括小额贷款公司、网贷公司、互联网金融公司等不具备金融牌照、但实质上从事金融业务的机构。

狭义的消费金融机构仅指消费金融公司，是指经原中国银行业监督管理委员会（以下简称中国银监会）批准，在中华人民共和国境内设立的，不吸收公众存款，以小额、分散为原则，为中国境内居民个人提供以消费为目的的贷款的非银行金融机构（《消费金融公司试点管理办法》第二条）。消费金融公司受中国银保监会的监管，未经中国银保监会批准，任何机构不得在名称中使用"消费金融"字样。消费金融公司的主营业务为消费贷款，消费贷款是指消费金融公司向借款人发放的以消费（不包括购买房屋和汽车）为目的的贷款。

（二）消费金融的发展阶段

1. 起步阶段（2009—2014 年）

2009 年，《消费金融公司试点管理办法》（已于 2013 年修订）出台，允许境内外金融机构和中国保监会认可的其他出资人设立消费金融公司，以试点的方式鼓励发展消费金融业

务。但由于市场发育不成熟和银行传统思维主导，客户群体与银行信用卡群体高度重合，消费金融业务发展缓慢，未来政策导向也不明确。

2. 野蛮生长阶段（2015—2016 年）

2015 年 6 月 10 日，国务院召开常务会议，提出发展消费金融，重点服务中低收入人群，有利于释放消费潜力、促进消费升级。会议同时决定放开市场准入，将此前在 16 个城市开展的消费金融公司试点扩大至全国，将审批权下放到省级部门，鼓励符合条件的民间资本、国内外银行业金融机构和互联网企业发起设立消费金融公司。这次会议是互联网企业后续大举布局消费金融业务的契机。

国家层面随后出台了多个鼓励消费金融发展的政策文件，比较重要的如中国人民银行等十部门发布的《关于促进互联网金融健康发展的指导意见》、中国人民银行和中国银监会发布的《关于加大对新消费领域金融支持的指导意见》、中国银监会和工业和信息化部等四部门发布的《网络借贷信息中介机构业务活动管理暂行办法》。此外，2016年的政府工作报告提出推进消费信贷管理模式和产品创新，鼓励金融机构创新消费信贷产品。

"互联网＋金融"模式在此阶段蓬勃发展，由于存在监管空白，一些不具有放贷资格的机构打着"互联网创新"的旗号实际从事放贷、集资、股权投资等类金融业务，网贷机构、私募机构、各种财富公司开始大规模暴雷。

3. 有序规范阶段（2017 年至今）

自 2017 年开始，P2P 网贷暴雷、暴力催收、高利贷以及校园贷的恶性案件层出不穷，社会影响极坏，监管层对消费金融的态度也从鼓励创新转变为从严监管。在此阶段，国家密集出台了规范消费金融的监管文件，比较重要的包括《关于进一步加强校园贷规范管理工作的通知》《关于立即暂停批设网络小额贷款公司的通知》《关于规范整顿"现金贷"业务的通知》（整治办函〔2017〕141 号，以下简称 141 号文）《关于加大通过互联网开展资产管理业务整治力度及开展验收工作的通知》《小额贷款公司网络小额贷款业务风险专项整治实施方案》。

（三）信托公司参与消费金融的主要模式

目前消费金融的监管环境趋严，无放贷业务资质的机构、小额贷款公司、P2P 网络借贷公司等需要按照监管要求整改，退出"现金贷""校园贷"等业务。而信托公司作为中国银保监会批准的金融机构，具备贷款业务资格，可以从事消费金融业务。

1. 直接向消费金融合作方提供融资

信托公司设立资金信托，募集资金直接向消费金融合作方发放信托贷款。因为消费金融合作方的主体性质不同，所以面临的合规要求也不同。

（1）向消费金融公司发放贷款。

根据《消费金融公司试点管理办法》第二十条之规定，经中国银监会批准，消费金融公司可以向境内金融机构借款。因此，信托公司需要查看消费金融公司的经营范围是否包括向金融机构借款。鉴于消费金融公司为中国银保监会监管的金融机构，根据《关于规范金融机构同业业务的通知》的规定，同业借款是指现行法律法规赋予此项业务范围的金融机构开展的同业资金借出和借入业务。同业借款业务期限不得超过3年，其他同业融资业务期限不得超过1年，业务到期后不得展期。

（2）禁止向无放贷资质的机构发放贷款。

根据141号文，未依法取得经营放贷业务资质，任何组织和个人不得经营放贷业务。银行业金融机构不得以任何形式为无放贷业务资质的机构提供资金发放贷款，不得与无放贷业务资质的机构共同出资发放贷款。

（3）向具备实际经营业务的机构发放贷款。

该类机构主要是融资租赁公司、电商平台等"强场景"的企业。该类企业获得信托融资后，向消费者提供服务形成底层资产，并通过底层资产的回流资金偿还信托贷款。如融资租赁公司用信托贷款去购买资产，再以融资租赁的方式提供给承租人，承租人支付租金给融资租赁公司，融资租赁公司用租金偿还信托贷款。

此种模式跟传统的信托流动资金贷款模式并无实质不同，信托公司并不直接跟消费者产生业务关系，重点关注的还是融资人的偿付能力，风控措施一般包括监管底层资产回收账户、应收账款质押、引入第三方增信等。

2. 直接向个人发放消费贷款

由于个人消费贷款与信托公司的传统业务具备明显区别，基于信托公司自身的获客能力弱、风控模型不成熟、场景缺失、系统不完善等原因，信托公司在起步阶段普遍需要依靠助贷机构。根据《北京市互联网金融行业协会关于助贷机构加强业务规范和风险防控的提示》（互金协发〔2019〕039号），助贷业务是指助贷机构通过自有系统或渠道筛选目标客群，在完成自有风控流程后，将较为优质的客户输送给持牌金融机构、类金融机构，经持牌金融机构、类金融机构风控终审后，完成发放贷款的一种业务。

在助贷模式下，助贷机构提供获客、初审、合同签署、贷后管理、催收等服务，信托公司依据内部风控标准再次筛选客户，终审后向客户发放消费贷款。助贷机构一般是具有强大获客能力及科技风控优势的机构，如泛华金融、奇虎360等。

（四）助贷模式下消费金融信托的合规法律难点及防范

鉴于助贷模式为信托公司参与消费金融的主要模式，本章主要分析信托公司在助贷模式下开展消费金融信托的合规法律难点，主要监管文件包括《个人贷款管理暂行办法》《关于进一步加强校园贷规范管理工作的通知》《最高人民法院关于审理民间借贷案件适用法律若干问题的规定》《最高人民法院关于进一步加强金融审判工作的若干意见》以及141号文等。

1. 贷款利率设置

消费金融的核心盈利逻辑在于高利率覆盖高风险，以优质借款人的还款金额覆盖违约客户的不良资产。目前行业红线利率标准是36%/年，平均利率一般在30%/年左右。但是笔者认为，信托公司在设置利率时，应充分考虑年利率是否能够覆盖各项费用，具体分析如下。

141 号文规定，各类机构以利率和各种费用形式向借款人收取的综合资金成本应符合最高人民法院关于民间借贷利率的规定，禁止发放或撮合违反法律有关利率规定的贷款。各类机构向借款人收取的综合资金成本应统一折算为年化形式，各项贷款条件以及逾期处理等信息应在事前全面、公开披露，向借款人提示相关风险。

根据《最高人民法院关于审理民间借贷案件适用法律若干问题的规定》，出借人请求借款人按照合同约定利率支付利息的，人民法院应予支持，但是双方约定的利率超过合同成立时一年期贷款市场报价利率 4 倍的除外。前款所称"一年期贷款市场报价利率"，是指中国人民银行授权全国银行间同业拆借中心自 2019 年 8 月 20 日起每月发布的一年期贷款市场报价利率。

《最高人民法院关于进一步加强金融审判工作的若干意见》中提出，严格依法规制高利贷，有效降低实体经济的融资成本。金融借款合同的借款人以贷款人同时主张的利息、复利、罚息、违约金和其他费用过高，显著背离实际损失为由，请求对总计超过年利率 24% 的部分予以调减的，应予支持，以有效降低实体经济的融资成本。

信托公司为金融机构，故信托贷款合同属于金融借款合同。而消费金融借款的还款方式一般为分期还款，有的合同还会设置提前还款违约金等各项费用。由于信托公司开展消费金融业务需要对外支出相关费用，如贷款服务费、推介费、获客费等，而该等信托费用均需要依靠利息收入进行支付。如信托各项费用实际超出规定，而借款人拒绝归还超出部分的利息，则信托公司需要以自有资金对外承担相关信托费用，甚至需要向借款人返还已收取的利息。

2. 核心风控外包

《个人贷款管理暂行办法》规定，贷款人在不损害借款人合法权益和风险可控的前提下，可将贷款调查中的部分特定事项审慎委托第三方代为办理，但必须明确第三方的资质条件。贷款人不得将贷款调查的全部事项委托第三方完成。141 号文规定，银行业金融机构与第三方机构合作开展贷款业务的，不得将授信审查、风险控制等核心业务外包。

141 号文同时规定，各类机构应当遵守"了解你的客户"原则，应全面持续评估借款人的信用情况、偿付能力、贷款用途等，全面考虑信用记录缺失、多头借款、欺诈等因素对贷款质量可能造成的影响。

以上要求可看作对授信审查、风险控制的部分要求。而目前除了起步较早、具备一定消费金融数据积累的极个别信托公司外，大部分信托公司并不掌握借款人的相关信息，也不具备对终端借款人风险的识别能力和风控策略，无法自主确定风控条件，只能对助贷机构已筛选出的借款人进行简单的审核，或者信托公司本身的风控条件已经包含在助贷机构的风控条件中，审核通过率接近 100%。这类合作方式实质是将授信审查、风险控制等核心业务外包给了助贷机构。

消费金融发展到现阶段，头部助贷机构在跟信托公司的合作中，话语权也越来越大，大多数头部助贷机构已经不再进行风险兜底，且通过收取贷款服务费、推介费等提前获得现金回流，无法排除助贷机构为做大放款规模而降低风控标准、推荐不合格借款人的道德风险。

因此，信托公司如要大规模开展消费金融业务，必须朝着"自主风控"的方向努力，至少在起步阶段需要了解助贷机构的风控逻辑，设置不同于助贷机构的风控规则，以更好地筛选出合格借款人，降低资产不良率。

3. 增信措施

141号文规定，银行业金融机构不得接受无担保资质的第三方机构提供增信服务以及兜底承诺等变相增信服务，应要求并保证第三方合作机构不得向借款人收取息费。

《银行业金融机构与融资担保公司业务合作指引》规定，融资担保公司（以下简称担保公司）是指符合《融资担保公司监督管理条例》设立条件，依法经监督管理部门批准设立，经营融资担保业务的有限责任公司和股份有限公司。银行不得与下列担保公司开展担保业务合作，已开展担保业务合作的，应当妥善清理处置现有合作业务：①不持有融资担保业务经营许可证；②违反法律法规及有关监管规定，已经或可能遭受处罚、正常经营受影响的；③被列入人民法院失信被执行人名单的；④被列入工商行政管理部门经营异常名录或者严重违法失信企业名单的；⑤被全国信用信息共享平台归集和列入国家企业信用信息公示系统的其他领域失信"黑名单"的。

因此，信托公司需要按照以上要求审查担保公司，并要求担保公司不得向借款人收取息费。同时，与借款人的贷款合同中应明确约定：信托公司仅向借款人收取贷款利息，不会以向借款人发放贷款为由另行收取息费，借款人也无义务向增信机构支付息费。

需要提示的是，如增信机构不满足以上要求，一方面存在被认定为"接受无担保资质的第三方机构提供增信服务以及兜底承诺等变相增信服务"的合规风险；另一方面，如增信机构主张其增信义务因违反141号文而应属无效，鉴于司法审判出现了引用金融监管政策判决合同无效的案例，如《上海佳晔苌清股权投资基金管理有限公司与魏烁骥委托理财合同纠纷二审民事判决书》（〔2018〕沪74民终120号）指出，委托理财合同因违反中国证券监督管理委员会关于伞形信托的监管要求而被认定为无效，《福建伟杰投资有限公司、福州天策实业有限公司营业信托纠纷二审民事裁定书》（〔2017〕最高法民终529号），最高人民法院认为信托持股协议违反了《保险公司股权管理办法》而属无效，故也存在司法机关认为信托公司因存在过错而需要承担损失，甚至增信义务被司法机关认定为无效的法律风险。

4. 贷款被挪用的风险

《中国银监会关于进一步深化整治银行业市场乱象的通知》（银监发〔2018〕4号）规定，市场乱象包括综合消费贷款、个人经营性贷款、信用卡透支等资金用于购房等。《中国银保监会关于开展"巩固治乱象成果　促进合规建设"工作的通知》（银保监发〔2019〕23号）中的工作要点包括个人综合消费贷款、经营性贷款、信用卡透支等资金挪用于购房。因此，个人贷款的用途是否合规为监管机构检查的重点。《个人贷款管理暂行办法》第三十四条规定，采用借款人自主支付的，贷款人应与借款人在借款合同中事先约定，要求借款人定期报告或告知贷款人贷款资金支付情况。贷款人应当通过账户分析、凭证查验或现场调查等方式，核查贷款支付是否符合约定用途。

消费金融的借款人大多为自然人，单笔贷款金额小，放款频繁，因获客能力和自主风控系统缺失，信托公司依赖助贷机构推荐借款人并进行贷后管理。如果助贷机构向信托公司推荐不合格的借款人，导致信托公司向不符合监管要求的借款人发放贷款，或者贷后资金用途管理形同虚设，信托公司将面临被监管机构以贷款审查不审慎、贷后管理不到位为由处罚的合规风险。

因此，应要求借款人在提款时说明具体贷款用途，并在贷款合同中承诺贷款不得用于房地产开发经营、购置房产、金融投资及其他违法违规用途。助贷机构应对借款人进行电话回访并记录，核实借款用途并留存证据。信托公司也应定期对助贷机构的工作进行检查，留存相关记录。

5. 为助贷机构行为承担责任的风险

《中华人民共和国信托法》规定，受托人应当自己处理信托事务，但信托文件另有规定或者有不得已事由的，可以委托他人代为处理。受托人依法将信托事务委托他人代为处理的，应当对他人处理信托事务的行为承担责任。

在助贷模式中，信托公司一般将对借款人的授信审查、贷后管理、催收等主要贷款管理职责（如《个人贷款管理暂行办法》中关于贷款面谈、贷款调查要素等的要求）委托给助贷机构负责。信托公司面临的风险主要有以下两个方面。

（1）受托人未尽职管理的风险。

受托人未尽职管理的风险是指，若助贷机构的行为给信托财产造成损失，如借款人不符合信托合同约定的风控标准、贷款资产不合格、房抵贷业务中的抵押登记手续存在瑕疵等，信托公司需要对助贷机构的行为承担责任，受益人可以此为由要求信托公司承担未能履行尽职管理责任的法律风险。

（2）暴力催收的风险。

141号文规定，各类机构或委托第三方机构均不得通过暴力、恐吓、侮辱、诽谤、骚扰等方式催收贷款。信托公司一般将贷后催收委托给助贷机构，但助贷机构又往往再将其委托给专业的催收公司，而催收公司的极端催收行为在严重的情况下可能会触犯我国刑法规定的侮辱罪、寻衅滋事罪等。经查询，部分助贷机构因催收过程中侵犯借款人名誉已被借款人起诉。

尽管信托公司可以在合同中约定助贷机构应合法合规催收，不得再转委托第三方催收，但由于助贷机构是接受信托公司的委托而进行催收工作，不排除信托公司因助贷机构的违法违规催收行为而受到监管处罚、被借款人诉至法院的法律风险和声誉风险。

6. 资产处置风险

消费贷款为个人贷款。《金融企业不良资产批量转让管理办法》中提出，金融企业是指在中华人民共和国境内依法设立的国有及国有控股商业银行、政策性银行、信托投资公司、财务公司、城市信用社、农村信用社以及中国银行保险监督管理委员会依法监督管理的其他国有及国有控股金融企业（金融资产管理公司除外）。个人贷款（包括向个人发放的购房贷款、购车贷款、教育助学贷款、信用卡透支、其他消费贷款等以个人为借款主体的各类贷款）形成的不良资产不得进行批量转让。批量转让是指金融企业对一定规模的不良资产（10

户/项以上）进行组包，定向转让给资产管理公司的行为。因此，信托公司只能自行处置不良消费贷款资产。

除房抵贷业务外，消费贷款一般没有任何担保措施，为纯信用贷款。且借款人为自然人，人数多且分散在全国各地。信托公司实际并不了解这些借款人的真实情况，也没有足够的人力和经验去向大量自然人进行催收。从目前的司法实践来看，个人不良贷款通过正常司法程序追偿的效率极低。一是诉讼周期长。个人不良贷款涉案金额小，一般都在基层法院立案，基层法院涉诉案件多，等待立案时间较长，如遇借款人失联，公告送达环节也会拉长诉讼周期。在国家重拳打击"套路贷"的环境下[1]，目前部分地区法院对于涉及大量自然人贷款的立案非常谨慎。二是诉讼收回率极低。目前司法机关、银行并没有行之有效的手段可以防止借款人隐匿财产，且受保障被执行人最低生活标准、社会维稳等因素影响，信托公司即使胜诉也无法获得足够的执行回款，甚至还得垫付诉讼费等各项费用。所以对个人消费贷款进行司法追偿实属得不偿失。

因此，个人消费金融形成的不良资产，既不能打包转让给资产处置机构，又很难通过正常的司法程序实现追偿。一旦不良资产率超过临界点，信托公司只能寄希望于助贷机构的兜底或者第三方机构的增信。

（五）消费金融信托的发展方向

消费金融与信托公司的传统业务有根本上的不同。传统信托业务如房地产、政信平台等，一个团队五人到十人就可以完成营销、放款、催收全套流程，不需要占用公司太多资源。而消费金融的根本逻辑在于高利率覆盖高风险，且不良资产实质上已等同于损失，不良资产率相当于消费金融的生命线。因此，获得优质客户是消费金融的核心，由此衍生的对客户流量、自主风控、智能催收等的要求才是信托公司面临的难题。尤其是在近几年严监管的环境下，资金和客户都在向头部机构集中，头部机构在与信托公司的合作中话语权逐渐增强，很少再提供回购、兜底等增信措施。信托公司必须建立符合自身实际的业务模式才能够在防范风险的基础上分享消费金融的红利。

对于已经有了个人数据积累的信托公司，如想在消费金融领域再进一步，就必须朝着自主风控、自主获客的方向努力，要有对C端客户的获取能力、对合格客户的识别能力以及对应的风控措施，要有主动承担风险和处置不良资产的准备。由于消费金融行业在中国依然是新生事物，即使专业的消费金融头部机构也尚未经历过完整的经济周期。在当前宏观经济下行、外部环境不确定、居民杠杆率不断升高的环境下，消费金融行业的不良资产率也有逐步上升的趋势，无法排除大规模违约潮的发生。信托公司如拟深耕消费金融领域，必须提前做好流动性安排和资产处置方案。

对于大部分没有数据积累、只合作过一两单项目、未形成规模效应的信托公司而言，如果尚未做好承担风险的准备，也没有自主风控能力，那么最好的选择就是跟头部机构合作。

---

[1] 最高人民法院、最高人民检察院、公安部、司法部联合发布《关于办理"套路贷"刑事案件若干问题的意见》。

在助贷模式下，信托公司可设置结构化安排和回购等增信措施，将助贷机构的义务与资产质量挂钩，以防范助贷机构的道德风险。信托公司也可以直接向头部机构提供资金，主要考察头部机构的信用风险，不需要直接面对 C 端客户。这种模式虽然无法迅速做大规模，但是不失稳妥。信托公司经营范围众多，行业发展受监管政策影响大，不可能也没必要与专业的消费金融公司直接竞争，最好的出路还是为头部机构提供好服务，包括资金服务和管理服务，维护好优质客户，这样才能分享消费金融行业的红利。

二、从实务角度看《中华人民共和国民法典》 对信托业务的影响

《中华人民共和国民法典》（简称《民法典》）于 2020 年 5 月 28 日在十三届全国人民代表大会第三次会议上通过，并于 2021 年 1 月 1 日起正式实施。《民法典》是新中国成立以来第一部以"法典"命名的法律，是我国调整平等民事主体间人身关系和财产关系规则智慧的集大成者。《民法典》不仅延续、汇总了我国已有的民事单行法律法规的主要规定，而且根据最新的社会实践和发展需要，增加了新的内容。那么，《民法典》对信托行业有哪些影响呢？从实务角度看，笔者认为主要有以下两方面的影响。

（一）提高交易效率的商事立法宗旨对信托传统投融资类业务的影响

纵观《民法典》七编一千二百六十条规定，我们可以看到，《民法典》呼应了互联互通、全球一体、高频交易的时代需求，加大了对商业交易效率的保护。比如：突破了传统的合同相对性原理，增加了在法律规定及当事人约定的前提下，第三人可以不通过债权人而直接向债务人主张违约责任，保护涉及第三方的交易贯通无碍（第五百二十二条）；进一步强调了利于保护交易效率的"从随主变"原则，债权人转让债权的，受让人取得与债权有关的从权利（抵质押等担保权利），而不以是否办理抵质押变更登记为前提（第五百四十七条）；对无权处分交易行为的保护，改变了原来民法体系中无权处分属于"效力待定"法律行为的规定，而明确在受让人善意、交易价格合理且完成登记或交付的前提下，交易行为合法有效（第三百一十一条）；新增加了可以通过认购书等方式约定将来一定期限内订立合同的"预约合同"（第四百九十五条）；对超越经营范围的合同效力不轻易否定（第五百零五条）；合同基础条件变更后以继续履行合同为原则（第五百三十三条）；等等，均贯穿了提高交易效率的《民法典》立法精神。

在以提高交易效率为原则的立法宗旨下，《民法典》对信托传统的投融资业务有哪些影响呢？信托传统业务主要有融资类和投资类两种：融资类业务主要指设置预期收益率，以融资方融资需求为驱动的业务类型，比如贷款、权益买入返售等。在这种业务模式下，信托公司一般是以债权人的身份出现的，重在分析融资方的偿付能力及抵质押担保等增信措施质量。投资类业务指未设置预期收益率，信托资金主要投资证券、未上市企业股权、合伙企业 LP（Limited Partner，有限合伙人）份额等权益类资产。在这种业务模式下，信托公司主要通过筛选合适的投资资产并取得较好的投资收益体现其专业价值。笔者认为，《民法典》对

信托行业上述两类传统业务分别有如下影响。

1. 对融资类业务的影响

《民法典》对信托公司融资类业务的影响，主要体现在对信托公司作为债权人的影响上，有利，也有不利。

（1）有利方面。

一是部分认可了"流质""流押"约定的合法性。《民法典》突破了传统大陆法系民法理论中关于"流质""流押"无效的规定，即对抵质押权设立时当事人约定到期未偿债即由债权人（抵质押权人）直接取得抵质押物的约定，不再一概否决其效力，而是规定"抵押权人在债务履行期限届满前，与抵押人约定债务人不履行到期债务时抵押财产归债权人所有的，只能依法就抵押财产优先受偿"（第四百零一条），认可了该约定中合理部分的法律效力。二是明确认可第三人债务加入操作，规定第三人加入债务，债权人知悉且未在合理期限内明确拒绝的，债权人即可请求第三人在其愿意承担的债务范围内和债务人承担连带债务清偿责任（第五百五十二条）。该新增条款明确了债务加入的法律性质，厘清了司法实践中关于债务加入属于担保还是增加债务人的法律性质争议，有利于对债权人利益的保护。三是明确强调主债权转让情况下，作为从权利的抵质押权不办理变更登记的，不影响抵质押权人权利的实现（第五百四十七条），减轻了信托公司在受让应收账款实务中因故未能及时办理抵质押权变更登记的风险和责任。

（2）不利方面。

一是明确抵押物在合同未做约定的情况下，可以在抵押担保期间转让，无须抵押权人同意。而原来的《中华人民共和国物权法》（第一百九十一条）规定，抵押期间，抵押人未经抵押权人同意，不得转让抵押财产。《民法典》这条规定（第四百零六条）对原有民法担保体系是一种重大突破，利于抵押物充分发挥其在经济建设中的作用，而不利于对债权人（抵质押权人）的保护。信托公司为更好地保护自己的利益，应充分利用《民法典》尊重当事人意思自治、"意定大于法定"的原则，在开展传统融资类业务中，与抵押人协商，在抵押合同中限制抵押人未经抵押权人同意擅自转让抵押物的权利，并加粗加黑，予以醒目提示。二是明确在保证合同中，如对保证方式没有约定或约定不明确的，按照一般保证承担保证责任（第六百八十六条）。《民法典》的该规定不同于原来的《中华人民共和国担保法》（第十九条）中关于保证方式未约定或约定不明，保证人应就债务人的债务向债权人承担连带责任的规定，是对原有民法担保体系的又一个重大突破，不利于对债权人的保护。信托公司在开展传统的融资类业务中，应注意在与保证人签署的保证合同中明确保证人应就债务人的债务向债权人承担连带清偿责任。

2. 对投资类业务的影响

《民法典》对信托公司投资类业务的影响，主要体现在对信托公司受益人意见征询方式及与保理公司合作方面。在投资类业务中，相对于融资类业务而言，信托公司需要对其履职动作更为慎重，以避免因其履职不当而承担赔偿责任。无论证券投资还是非上市股权投资，信托公司都需要做更多的受益人意见征询。《民法典》规定，行为人以默示方式做出意思表示的，只有在有法律规定、当事人约定或者符合当事人之间交易习惯时，才能视为意思表示（第一百四十条）。这就需要信托公司提前在信托文件中约定，在征询受益人意见时，受益人未在合理期限内反馈其明确意见的，视为不同意或同意（二选一）征询方案，并加粗加黑，明确提示，从而避免实操中因受益人未能在合理期限内反馈其明确意见而造成信托公司被动。在与保理公司合作方面，《民法典》第一次将保理合同列为有名合同，不仅对保理合同进行了界定，而且规定，应收账款债权人不得以保理债权系其与债务人虚构债务产生而对抗保理人，且应收账款债务人在接到应收账款转让通知后，与应收账款债权人之间变更债权合同的行为对保理人不产生法律效力（第七百六十三条、第七百六十五条）。这些规定保证了信托公司在打包受让保理公司债权的业务合作中，保理债权及其后续转化为信托财产的稳定性。

（二）以人为本的家事立法宗旨对家族信托等本源性服务信托的影响

《民法典》起草人之一、中国法学会民法学研究会会长王利民强调，《民法典》相对于原有民法规则体系的一个重大进步就是"人格权"独立成编，以人为本，从根本上克服传统民法典"重物轻人"的体系缺陷。

以人为本的家事立法宗旨对信托行业有哪些影响呢？笔者认为，《民法典》在涉及婚姻家庭、继承收养等家事立法方面遵循以人为本的宗旨，其具体规定主要对信托行业中家族信托等本源性服务信托有较大影响，具体如下。

一是重塑家庭家风，从过分强调家庭财产归属分割向弘扬家庭美德和重视平等、和谐的家庭文明建设转变（第一千零四十三条）。《民法典》规定，夫妻一方因家庭日常生活需要而实施的民事法律行为，对夫妻双方发生效力（第一千零六十条）；夫妻在婚姻关系存续期间所取得的生产、经营、投资收益属于夫妻共同财产，夫妻对共同财产，有平等的处理权（第一千零六十二条）；夫妻双方可以约定婚前及婚后财产的归属，但不得对抗善意第三人（第一千零六十五条）。这些规定，进一步强调了婚姻关系中夫妻间难分彼此的人合型利益共同体性质，对普通家庭融洽夫妻关系、增加家庭温情有利，但对部分家庭关系复杂、重视财产归属、担心婚姻风险的高净值客户来说，增加了隐忧。而家族信托业务可以实现财产和婚姻风险的有效隔离，实现财富和家风传承，能够较好地解决此类高净值客户的问题。《民法典》的家事立法宗旨和上述规定，为信托公司大力发展家族信托等本源性服务业务提供了法律环境和市场基础。

二是明确了家庭成员范围，完善了家族信托法律法规体系。家族信托是监管部门大力倡导的信托公司转型方向，但规范家族信托的法律法规体系尚不健全。除《中华人民共和国信托法》外，关于家族信托的直接规定仅有中国银保监会发布的《信托部关于加强规范资产管理业务过渡期内信托监管工作的通知》（信托函〔2018〕37 号，以下简称为 37 号文）。37号文规定，家族信托是指信托公司接受单一个人或者家庭的委托，以家庭财富的保护、传承和管理为主要信托目的，提供财产规划、风险隔离、资产配置、子女教育、家族治理、公益（慈善）事业等定制化事务管理和金融服务的信托业务。家族信托财产金额或价值不低于

1000 万元，受益人应包括委托人在内的家庭成员，但委托人不得为唯一受益人。单纯以追求信托财产保值增值为主要信托目的，具有专户理财性质和资产管理属性的信托业务不属于家族信托。但 37 号文中未明确家庭成员的具体范围。《民法典》对家庭成员做了界定，规定配偶、父母、子女和其他共同生活的近亲属（除前述主体外，还有兄弟姐妹、祖父母、外祖父母、孙子女、外孙子女）为家庭成员（第一千零四十五条），呼应了 37 号文中家族信托受益人的范围，完善了家族信托法律法规体系。

三是《民法典》规定自然人可以依法设立遗嘱信托（第一千一百三十三条），第一次在法典中出现了"遗嘱信托"概念，利于家族信托等本源性服务业务推广宣传。虽然《中华人民共和国信托法》《中华人民共和国慈善法》等也涉及信托概念，但属于专门法，比较小众，尚不能为公众所熟知。而《民法典》则涉及社会公众日常生活的方方面面，可以通过《民法典》的普法宣传，让社会公众了解信托行业的家族信托、遗嘱信托等本源性服务业务。习近平总书记在 2020 年 5 月 29 日中央政治局第二十次集体学习时强调，要广泛开展《民法典》普法工作，将其作为"十四五"时期普法工作的重点来抓，引导群众认识到《民法典》既是保护自身权益的法典，也是全体社会成员都必须遵循的规范[1]。

信托本由英美法系国家创设，进入我国后，以其通过保障信托财产独立，实现所有权和受益权分离的制度优势，逐渐与我国本土具有大陆法系特色的法律制度融合，在投资管理及财富传承实践中取得了较好的法律和社会效果。《民法典》作为一部调整民事主体人身关系和财产关系的规则智慧集成，实施后必然将对市场主体，包括信托公司的信托业务造成深远影响，而信托业务也将因时而变、顺势而为，在《民法典》创设的法律环境下获得新的发展。

---

[1]　习近平：《充分认识颁布实施民法典重大意义　依法更好保障人民合法权益》，新华网，http://www.xinhuanet.com/politics/leaders/2020－06/15/c_ 1126116411. htm。

三、并购信托的交易结构与操作模式分析

在并购活动中信托资金能获得多大的价值，完全取决于其能在多大程度上提高对产业的深度把握能力，从而在并购业务中承担更高风险，获得更高收益。以往，信托公司参与并购多是以融资方的角色出现，收取固定的报酬。随着并购行为的持续活跃和信托公司的亟待转型，信托公司深度介入并购，发展债务融资类并购信托和股权投资类并购信托已成为各个信托公司战略转型的重要着力点。以下主要对我国信托公司参与并购信托业务的交易结构与操作模式进行分析。

（一）信托公司主动管理并购模式

1. 交易结构与操作流程

信托公司利用信托计划所募集的资金先行收购目标方企业，并在信托存续期间参与目标方企业的日常管理，信托结束之后，并购方溢价收购信托公司所持有的目标方企业的股权，因此，本模式称为信托公司主动管理并购模式（见图3-1），可应用于急需并购资金的并购方企业。

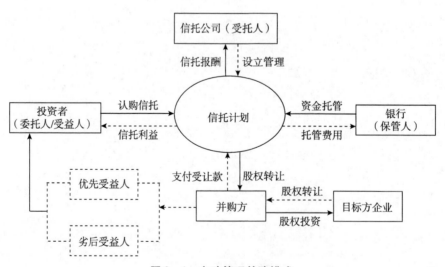

图 3-1　主动管理并购模式

主动管理并购模式操作流程如下。

第一步，并购方与信托公司达成合作意向并签订相关股权转让协议。

第二步，信托公司（受托人）向合格投资者（委托人）发行资金信托计划募集资金（信托财产）。

第三步，信托公司利用所募集资金收购目标方企业取得其股权，信托公司可以向目标方企业派出管理人员参与其管理。

第四步，并购方根据前期与信托公司签订的股权转让协议，在将来某一时间溢价购买信托公司所持有的目标方企业的股权完成并购。

第五步，信托公司向受益人分配信托利益，信托计划结束。

主动管理并购模式的要素如表3-1所示。

表3-1　　　　　　　　　　　　　主动管理并购模式的要素

信托类型	单一资金信托或集合资金信托，指定用途信托，自益信托
委托人	并购方也可以认购一部分信托计划成为委托人之一
受托人	信托公司
受益人	本信托模式的受益人和委托人为同一人，都是合格投资者。如果并购方也认购部分信托计划，那么并购方可以作为劣后受益人，为整个信托计划提供安全保障
信托规模	以募集到的资金规模为准，金额必须达到能够购买目标方企业股权的要求
信托期限	通常是固定的。一般情况下，并购方会根据并购交易的进程与信托公司约定信托期限，并在信托公司与合格投资者签订的信托合同中注明
信托资金	信托计划成立时，信托公司从合格投资者处募集的资金
信托成立及生效	当募集的资金规模达到并购交易的金额时，信托成立并生效
投资标的	目标方企业的股权
受益权	受益人为合格投资者，因此投资者拥有本信托的受益权
信托利益	信托利益来自信托结束后并购方为取得目标方企业股权而支付给信托公司的溢价转让款

2. 模式特点

本模式是自益信托，合格投资者同时担任委托人和受益人，而并购方可以只作为信托计划中的相对人，也可以认购部分信托计划成为委托人和劣后受益人。在本模式中，信托公司发挥着非常重要的作用：信托公司在完成对目标方企业的股权投资之后成为其股东，由于并购方缺乏资金，所以信托公司不会在短时间之内将目标方企业的股权转售给并购方，于是在信托期限内，信托公司可以向目标方企业派出管理人员，参与其日常经营管理。信托公司利用募集的资金收购目标方企业并最终将其溢价转售给并购方，在这一过程中，信托公司占据主动地位，参与并购融资的整个流程类似于并购基金的运作模式。

3. 收益分析

并购方企业可以根据与信托公司签订的股权转让协议在未来一定期限内溢价受让信托公司持有的目标方企业的股权，顺利完成对目标方企业的收购。合格投资者在信托计划结束后可以从中获得信托利益（并购方为取得目标方企业股权而支付的溢价转让款）。信托公司和保管银行获得相应的信托报酬和托管费用。

4. 风险分析及风控措施

本模式中的风险存在于并购方是否能够按股权转让协议的约定，按期足额支付目标方企业股权的溢价转让款。信托计划到期后，一旦作为信托利益的股权溢价转让款不能按期足额兑付，受托人（信托公司）将面临其所持有的目标方企业股权不能溢价转让甚至无法转让的风险，最终作为委托人和受益人的投资者将承担主要风险，如果投资者由多人组成，可能还会造成一定的不良社会影响，受托人（信托公司）也将面临信用风险。

为了规避以上风险，应做到以下几点：首先，信托公司必须做好对并购双方的尽职调查，客观分析并购方是否有能力按期足额支付股权溢价转让款；除此之外，还要针对目标方的经营、管理等进行全方位的调查，以保证在并购方无法按约履行股权转让协议的情况下，信托公司可以将目标方公司的股权溢价转让给第三方。其次，信托公司可以在设计信托交易结构时，安排并购方认购部分信托计划，使其成为信托的劣后受益人（当信托出现问题时，劣后受益人将首先承担风险），此种安排既可以保障并购方能够按约履行股权转让协议，也可以削弱其他投资者的顾虑，有利于资金的募集。再次，信托公司与并购方签订的协议中包含让并购方提供足额的担保是非常必要的。最后，信托公司并购目标方企业之后，应该派出专业人员参与目标方企业的管理，防止企业价值在信托期限内出现大幅下跌。

5. 经济效应

信托公司主动管理并购不仅为企业解决了并购融资问题，还将普通投资者的闲置资金进行了优化配置。另外，信托公司在整个流程中主动参与目标方企业的管理，提高了信托公司的项目管理能力。

（二）信托公司名义收购模式

1. 交易结构与操作流程

该模式中，并购方作为唯一委托人和受益人，信托公司（受托人）充当名义收购主体完成收购目标方企业后将股权转让给并购方，信托公司实现退出的同时并购方完成并购（见图3-2）。由于并购方利用自有资金进行融资，所以该模式比较适用于实力较强的国有企业或者大型企业，也适用于那些不方便或者不能够直接收购目标方的企业。

名义收购模式操作流程如下。

第一步，并购方与信托公司达成信托并购意向。

第二步，并购方作为信托当事人中的委托人与信托公司（受托人）签订资金信托合同，并购方将收购资金委托给信托公司形成信托财产。

第三步，信托公司将信托财产用于目标方企业的股权收购，此时目标方企业的股权形成信托利益。

第四步，并购方作为受益人，按照信托合同的约定，信托到期后，信托公司要将作为信托利益的目标方企业的股权转移给并购方。最终，目标方企业的实际控制权便转移给了并购方，信托计划结束。

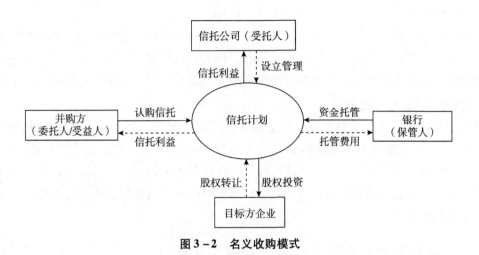

图 3 - 2　名义收购模式

信托公司的名义收购模式的要素如表 3 - 2 所示。

表 3 - 2　　　　　　　　　　　　　名义收购模式的要素

信托类型	单一资金信托，此模式的资金唯一来源为并购方； 指定用途信托，信托财产用于收购目标方企业的股权； 自益信托，委托人和受益人为同一人，即并购方
委托人	并购方
受托人	信托公司
受益人	并购方
保管人	银行是信托财产的保管人，信托公司要在保管银行为信托财产开立信托财产专户，并与保管银行签订保管协议
信托规模	以收到并购方的并购资金为准，金额必须达到能够购买目标方企业股权的要求
信托期限	期限要求较为自由灵活，时间通常由并购交易的进程决定，一般情况下，当目标方企业的股权转移到并购方时，信托计划终止
信托资金	信托计划成立时，信托公司从并购方受托的资金
信托成立及生效	并购方将资产转移给信托公司并达到并购交易的金额时，信托成立并生效
投资标的	目标方企业的股权
受益权	并购方拥有本信托的受益权
信托利益	信托公司从目标方收购来的股权

2. 模式特点

并购方同时作为信托当事人的委托人和受益人，通过信托公司设立的信托计划间接地获得对目标方企业的控制权。该并购方式具有一定的隐秘性，比较适用于那些在实际的并购活动中并购方不能或者不方便作为并购主体对目标方企业进行并购的情况。

3. 收益分析

首先，通过合理的信托交易结构设计，并购方能够以合理的价格顺利完成对目标方企业的并购。其次，信托公司作为信托当事人中的受托人，仅仅起到了中介的作用，信托公司不需要通过发行集合信托计划帮助并购方募集资金，并能从并购中获得信托报酬。

4. 风险分析及风控措施

信托制度设计中所有权和受益权的分离保证了信托财产（并购方的资金）和信托利益（对目标方企业的控制权）的合法转移，而受益权的追及性提升了整个并购交易的安全性。由于并购资金完全来自并购方自己，所以在整个信托并购的过程中，并购方几乎承担了所有的风险。由于信托公司的信托报酬可以在收购目标方企业之前扣留，所以作为受托人的信托公司几乎不承担风险。

（三）信托公司为并购方提供债务融资模式

1. 交易结构与操作流程

该模式中，信托公司为并购方提供贷款，并购方利用所获贷款收购目标方企业股权，因此，本模式称为信托公司为并购方提供债务融资模式（见图 3 - 3），可应用于急需并购资金的大中型企业。

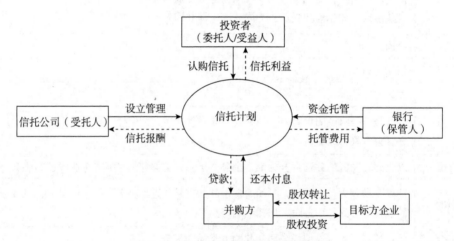

图 3 - 3　为并购方提供债务融资模式

为并购方提供债务融资模式的操作流程如下。

第一步，并购方与信托公司达成融资意向。

第二步，作为受托人的信托公司向合格投资者（委托人）发行信托计划募集并购所需资金，形成信托财产。

第三步，信托公司将信托财产借贷给并购方。

第四步，并购方利用信托贷款并购目标方企业，获得其控制权。

第五步，信托计划到期后，并购方还本付息，形成信托利益。

第六步，信托计划到期后，信托公司向受益人分配信托利益。

信托公司为并购方提供债务融资模式的要素如表 3 - 3 所示。

表 3 - 3 为并购方提供债务融资模式的要素

信托类型	单一资金信托或者集合资金信托；指定用途信托，信托财产的用途为收购目标方的股权；自益信托，委托人和受益人为同一人，即合格投资者
委托人	合格投资者
受托人	信托公司
受益人	本信托模式的受益人和委托人为同一人，都是合格投资者
保管人	银行是信托财产的保管人，信托公司要在保管银行为信托财产开立信托财产专户，并与保管银行签订保管协议
信托规模	以募集到的资金规模为准，金额必须达到能够购买目标方企业股权的要求
信托期限	期限要求较为灵活，时间通常由并购交易的进程决定，一般情况下，当目标方企业的股权转移到并购方时，信托计划终止
信托资金	信托计划成立时，信托公司从合格投资者处募集的资金
信托成立及生效	当募集的资金规模达到并购交易的金额时，信托成立并生效
投资标的	信托募集的资金用于向并购方发放贷款
受益权	本模式的受益人为合格投资者，因此投资者拥有本信托的受益权
信托利益	本模式的信托利益来自并购方从信托公司获得贷款所产生的本金和利息

2. 模式特点

本模式也是自益信托，合格投资者同时担任委托人和受益人，而并购方只是信托计划中的相对人，是信托财产的投资目标。另外，本模式类似于银行向并购企业发放贷款，不同的是本模式的并购资金直接来自合格投资者。

3. 收益分析

并购方企业可以利用信托公司对其发放的"信托贷款"完成并购融资，实现其战略目标。广大的合格投资者在信托计划结束后可以从中获得信托利益（并购贷款的本金和利息）。信托公司和保管银行获得相应的信托报酬和托管费用。

4. 风险分析

本模式中的风险在于并购方是否能够如期兑付本金和利息。信托计划到期后，一旦作为信托利益的本金和利息不能按期兑付，那么作为委托人的投资者将承担主要风险，如果投资者由多人组成，可能还会造成一定的不良社会影响；同时，受托人（信托公司）也将面临信用风险。在"刚性兑付"盛行的情况下，如果并购方发生违约，那么信托公司的信誉将会受到重创，甚至可能影响其长远发展。因此，信托公司针对并购双方的尽职调查就显得格外重要，实际操作中通常应当要求并购方提供必要的担保。

5. 经济效应

信托公司为并购方提供信托贷款，增加了并购方企业的融资渠道，在为企业解决并购融资问题的同时调动了广大合格投资者的资金，使社会资金得到了优化配置。

（四）信托公司为并购方提供股权融资模式

1. 交易结构与操作流程

该模式中，信托公司首先投资于并购方的股权为其增资，随后，并购方利用所获得的权益融资收购目标方企业的股权（见图3-4）。其中PE（Private Equity）信托即为该模式的典型。介入并购的PE信托采取股权投资信托的形式实现并购目的。PE信托的设立可以是信托公司主导，也可以是合作方主导，还可以通过设立SPV（Special Purpose Vehicle）子公司、PE子公司、基金子公司等新的主体专营并购业务，帮助信托公司以更大的灵活性介入并购重组。该模式适用于那些因权益资本规模较小而被限制并购资格的企业。如果并购方是上市公司，那么利用此模式运作会更加便捷。

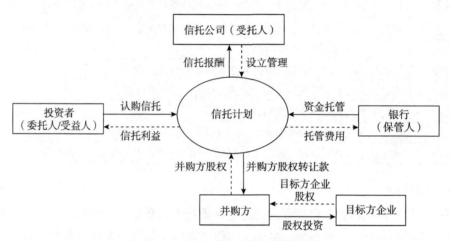

图3-4　为并购方提供股权融资模式

为并购方提供股权融资模式操作流程如下。

第一步，并购方与信托公司达成融资意向。

第二步，作为受托人的信托公司向合格投资者（委托人）发行信托计划募集并购所需资金，形成信托财产。

第三步，信托公司将信托财产投资于并购方股权，对其增资的同时获得其股权。

第四步，并购方利用所获增资款并购目标方企业股权。

第五步，并购方从信托公司处溢价回购其所持有的并购方的股权，形成信托利益。

第六步，信托结束后，投资者作为受益人获得信托利益。

信托公司为并购方提供股权融资模式的要素如表3-4所示。

表3-4	为并购方提供股权融资模式的要素
信托类型	单一资金信托或者集合资金信托，此模式的资金来源可以为机构投资者的单一资金，也可以是普通投资者的集合资金； 指定用途信托，信托财产的用途为投资并购方的股权； 自益信托，委托人和受益人为同一人，即合格投资者

续 表

委托人	合格投资者
受托人	信托公司
受益人	本信托模式的受益人和委托人为同一人，都是合格投资者
保管人	银行是信托财产的保管人，信托公司要在保管银行为信托财产开立信托财产专户，并与保管银行签订保管协议
信托规模	以募集到的资金规模为准，金额必须达到能够购买目标方企业股权的要求
信托期限	期限通常是固定的。一般情况下，并购方会同信托公司约定股权回购期限，并在信托公司与合格投资者签订的信托合同中注明
信托资金	信托计划成立时，信托公司从合格投资者处募集的资金
信托成立及生效	当募集的资金规模达到对并购方的增资要求时，信托成立并生效
投资标的	并购方企业的股权
受益权	本模式的受益人为合格投资者，因此投资者拥有本信托的受益权
信托利益	本模式的信托利益来自并购方股权的溢价转让款

2. 模式特点

本模式是自益信托，合格投资者同时担任委托人和受益人，具有"双重收购"的特征，首先，信托公司利用所募集资金收购并购方的股权完成对并购方的增资，然后并购方利用增资款完成对目标方的收购。另外，本模式还可以解决并购方的权益资本规模小的问题。

3. 收益分析

并购方企业可以顺利获得信托公司的权益资金完成并购交易，实现其公司战略目标。广大的合格投资者在信托计划结束后可以从中获得信托利益（并购方股权的溢价转让款）。信托公司和保管银行获得相应的信托报酬和托管费用。

4. 风险分析及风控措施

本模式中的风险存在于并购方是否能够如期溢价回购其股权。信托计划到期后，一旦作为信托利益的并购方股权不能顺利转让出去，那么作为委托人的投资者将承担主要风险，如果投资者由多人组成，可能还会造成一定的不良社会影响；受托人（信托公司）也将面临信用风险。这就要求信托公司在投资于并购方股权时要合理评估其价值，如果信托公司投资的是上市公司的股票，那么还要求信托公司对整个证券市场环境进行分析。一般情况下，信托公司应当按照适当的比例折价购买并购方的股权，这样即使信托到期后并购方不回购其股权，信托公司也可以向第三方转让并购方股权实现退出。

5. 经济效应

信托公司为并购方提供权益融资，增加了并购方企业的融资来源，在为企业解决并购融资问题的同时，调动了广大合格投资者的资金。如果并购方是上市公司，那么此种模式还会对我国的股票市场有一定的促进作用。

四、浅析信托参与经营性物业贷款的模式及风险防范

随着房企融资渠道的持续收紧和住宅市场前景不确定性的升级，2018 年以来，房企通过经营性物业贷款等房地产相关业务增多，信托公司的该类业务也增加。虽然经营性物业贷款面临着商业地产过剩行情，但是考虑到住宅市场严格的限制政策和可能面临的制度性变革，信托公司开展优质的商业地产项目也是一种分散住宅项目集中度过高风险的策略，而且开展这些项目也能为开拓 REITs、CMBS（商业房地产抵押贷款支持证券）等房企 ABS 业务积累客户资源与项目经验。

（一）经营性物业贷款的定义

经营性物业（抵押）贷款是指信托公司向具有合法承贷主体资格的经营性物业所有人（一般是非房地产开发企业）发放的，以其所拥有的商业物业作为抵押物，并以该物业的租金、物业费等经营收入还本付息和进行质押的贷款。

经营性物业是指已竣工验收合格取得产权证并已商业运营，管理规范，经营收入稳定，合法租赁的商业和办公用房，可包括商场、写字楼、酒店和城市综合体等物业形式。一般来说，经营性物业贷款的物业选择标准如下：商业物业主要选择大型超市、购物中心等业态，要求地理位置较好，交通顺畅，人流、车流、物流充裕，商业、商务氛围浓厚，有知名大型商超入驻经营的，区位可适当放宽；酒店物业主要选择星级，最好是四星级及以上的，由国际知名品牌管理公司管理、运营，经营状况优良，现金流稳定，年均入住率≥60%；办公楼（写字楼）要求为甲级（含）写字楼，优质的乙级写字楼也可以，要求年均出租率高于80%。

（二）参与经营性物业贷款的债权人情况

以前参与经营性物业贷款的债权人可以是银行、信托、证券资管和基金子公司等机构，但随着《商业银行委托贷款管理办法》（银监发〔2018〕2 号文）的发布，证监局窗口指导叫停券商集合和基金子公司投资信托、委托贷款的备案以及中国证券投资基金业协会发布《私募投资基金备案须知》明确私募基金投资信托、委托贷款及借贷性质资产的基金不再备案等，证券系通道业务收紧，目前参与主体主要是银行和信托公司，但其模式和侧重点不太一样。

1. 贷款金额的确定不同

一般来说，银行根据经营性物业的累计净现金流（净现值）和抵押物的评估值来计算贷款金额。累计净现金流即物业收入扣除各项支出，是银行贷款本息的第一还款来源。在贷款期间，物业收入主要包含租金、物业费、广告费、停车费、水电费差价收入等；物业支出主要是改造、大修、日常维护、期间费用和税金等各项支出。该累计净现金流需要能覆盖贷款本息。

信托公司一般根据借款人、保证人的信用情况和抵押物的评估价来确定贷款金额，而累计净现金流只是一个参考指标，因为信托公司对物业收入不能像银行一样进行有效的资金监管。因此，信托公司开展该类业务的还款来源主要是借款人的经营情况和保证人的代偿能力，极端情况下才是处置抵押物。

2. 资金监管的方式不同

对于经营性物业贷款，商业银行参与得较多，因经营性物业贷款的第一还款来源是物业收入，银行可与借款人签订资金监管协议，约定物业经营所产生的资金结算、代收代付等中间业务在银行办理，接受银行对物业经营收入、支出款项的封闭式监管，从而有效地对物业收入进行监管，充分地保障第一还款来源。

信托公司没有资金监管优势，其参与经营性物业贷款相对较少，除抵押外，可通过把物业收入进行质押，并在中国人民银行动产融资统一登记公示系统办理质押登记。此外，信托公司也可通过在印鉴上加盖印章的方式、与借款人及保管银行签署资金监管协议的方式，设立用于接收信托资金款项、借款人经营收入款项的资金监管账户，并约定监管账户预留信托公司人员印鉴。

3. 介入时机、贷款对象不同

一般来说，针对商业物业的建设阶段，银行可通过开发贷介入，商业物业销售完毕时开发贷结束，而只有在物业经营和经营收入产生稳定的现金流时，银行的经营性物业贷款才可介入。但是从开发贷结束到商业物业培育成熟需要一段时间，这期间物业经营和租金收入不稳定但又需要融资，信托公司便可参与。此外，若经营性物业的累计净现金流无法覆盖贷款本息或经营性物业的区位、经营性收入和等级等不符合银行授信标准，信托公司也可参与。

4. 依据的规章制度不同

在监管方面，国家没有发布有关经营性物业贷款的法律法规，难以将其归类为项目贷款或流动资金贷款，银行一般是根据《贷款通则》和《流动资金贷款管理暂行办法》等贷款规定制定内部规章制度来开展该业务。由于信托公司的该类业务不多，内部一般没有关于经营性物业贷款的规章制度，只能参考商业类房产抵押贷款的标准开展该类业务。

（三）信托公司参与经营性物业贷款的风险防范措施

1. 抵押物"买卖不破租赁"风险的防范

经营性物业贷款的主要担保措施是商业或办公用房抵押，根据合同法和物权法的相关规定，若在订立抵押合同前抵押财产已出租，原租赁关系不受该抵押权影响；若抵押权设立后抵押财产出租，该租赁关系不得对抗已登记的抵押权。因此，信托公司为有效保障在极端情况下抵押权的实现，可与抵押人、承租人签订三方协议约定：承租人向信托公司声明已知悉借款人将物业抵押给信托公司用于办理经营性物业抵押贷款，在实现抵押权时，不得以承租人租赁权阻碍或干扰。但在实操中，经常会发现签订三方协议难度大：一是承租人太多，不能全部签；二是承租人与抵押人地位可能不匹配，承租人为国际知名品牌或总部分公司，总部对于涉外协议等审核较严格。因此，抵押物处置时存在较大风险。

为防范"买卖不破租赁"风险，需加强对租赁合同的审核，可关注以下问题。

一是租赁合同期限长短，租赁期限是否短于贷款期限；分析承租人提前结束租赁或租赁到期后续租的可能性；了解借款人有无调整租金的计划，有无其他新的承租人进入。在借款期间，新的或重新签订的租赁合同应在信托公司备案。

二是审查租金的支付方式和支付记录，借款人是否有一次性向承租人收取多年租金的情形，若有，要求承租人务必签订上述三方协议；确认物业是否存在长期低价出租的情形，租金是否合理；审查是否将租金与出租人对于承租人的其他债务进行了抵销，导致届时无法从租金中获得还款来源以及无法处置抵押物。

2. 规范贷款用途，防范贷款资金挪用风险

考虑到经营性物业贷款的交易对手一般是房地产开发企业，为防范贷款资金挪用风险，应加强经营性物业贷款的资金监管。一般来说，经营性物业贷款资金主要用于物业经营期间的维护、改造、装修、招商等资金需求，置换金融机构贷款、归还股东借款等负债性资金等。对于经营期间的维护、改造、装修、招商等用途的贷款，应加强贷款资金用途合理性审核，收集建设合同、装修合同、招商合同等材料证明资金用途；对于用于置换金融机构贷款的贷款，应提供贷款结清凭证、借款合同和转账凭证等资料；对于用于归还股东借款的贷款，需要提供股东借款合同和转账凭证等材料。

针对部分贷款用途，还可通过与财务报表对比进行审核。比如贷款用途为归还股东借款的，拟归还股东借款金额与其他应付款项、长期应付款等应付款项金额是否一致；贷款用途为置换金融机构贷款的，应查询征信报告，审核申请人贷款余额、期限等，核实与拟置换金融机构贷款是否一致。

3. 抵押物应付未付的工程款及应交税金风险的防范

一般来说，可通过查看借款人内账、财务凭证和报表中的应付账款、其他应付款和应交税金科目中是否有应付未付的工程款和税金，分析是否有欠付情况。若发现存在欠缴工程款及税金，在计算抵押物价值时要扣除欠缴款项。此外，经营性物业贷款一般计入固定资产科目，实操中，经常发现借款人物业已建成时间较长，但仍有部分在"在建工程"科目反映，这可能是借款人与建设承包方存在金额较大的工程纠纷，借款人尚拖欠工程款，后期将极大影响抵押权利的实现。因此，要高度关注抵押资产是否存在工程、税金欠款情况，审慎评估可能对抵押权实现造成的影响，确保抵押权的有效性、变现性和充足性。

4. 关注抵押物评估价值的真实性

抵押物的评估方法主要包括成本法和市场法。成本法体现抵押物原始的购置成本，市场法是与周边可比实际成交案例对比。评估报告中的条件不能随意假设，须有文件依据，不能将划拨用地、工业用地按照商业住宅用地评估；评估中的容积率，要提供合理依据。此外，抵押物估值要考虑房地产市场周期变动。总之，要防范抵押物价值高估以及房地产市场周期变动导致抵押物贬值的风险；防范抵押物不完整或结构特殊无法独立处置或处置难的风险；防范实际控制人大额套现，变相将物业高溢价卖给债权人等的风险。

5. 其他风险防范措施

为防范经营性物业贷款的风险，还可采取以下措施。

一是采取资金监管制度，签署资金监管协议，设立资金监管账户，并预留信托公司人员印鉴。此外，对于贷款合同签订时已成立的租赁合同，要求借款人对出租合同项下所有承租人发出将租金付至监管专户的通知；对于贷款合同签订后新签订的租赁合同，要求将租金直接存入借款人的监管专户，并作为租赁合同生效的条件。

二是为抵押的商业用房购买相关、足额的商业保险，保费由借款人承担，并明确信托公司为第一受益人，保险期限不短于贷款期限。

三是针对贷款期间签订的贷款合同、抵押合同等，办理强制执行公证，防止抵押物受损，缩短极端情况下的处置时间。

四是提前归集资金，比如信托计划成立满 1 年、1.5 年和 2 年，归集比例分别为贷款本金的 10%、30% 和 60% 等。

第四部分　信托机构篇

一、爱建信托

（一）基本情况

1. 企业基本信息

公司中文名称：上海爱建信托有限责任公司（爱建信托）

公司英文名称：SHANGHAI AJ TRUST CO.，LTD（AJT）

公司曾用名：上海爱建金融信托投资公司

成立日期：1986 年 8 月

最新注册地址：上海市徐汇区肇嘉浜路 746 号 3—8 层

主要办公地：上海市

注册资本：46.03 亿元　　　　　　法定代表人：周伟忠

官方网址：www.ajxt.com.cn　　　电子邮箱：ajmail-1@ajfc.com.cn

2. 股东背景

表 4-1　　　　　　　　　　　　爱建信托股东列表

股东名称	持股比例（%）	股东背景
上海爱建集团股份有限公司	99.33	非国资
上海爱建纺织品有限公司	0.33	非国资
上海爱建进出口有限公司	0.33	非国资

数据来源：信托公司年报，用益金融信托研究院整理制作。

3. 人力资源

表 4-2　　　　　　　　　　　　爱建信托人员结构分布表

统计项目	2019 年		2018 年		2017 年	
	人数	比例（%）	人数	比例（%）	人数	比例（%）
30 岁以下	118	22.48	89	22.19	90	31.91
30~40 岁	306	58.29	223	55.61	134	47.52
40 岁以上	101	19.24	89	22.19	58	20.57
博士	7	1.33	6	1.50	8	2.84

统计项目	2019 年		2018 年		2017 年	
	人数	比例（%）	人数	比例（%）	人数	比例（%）
硕士	235	44.76	184	45.89	119	42.20
本科	258	49.14	191	47.63	139	49.29
专科及以下	25	4.76	20	4.99	16	5.67
董监高	11	2.10	8	2.00	8	2.84
自营业务人员	1	0.19	1	0.25	8	2.84
信托业务人员	207	39.43	164	40.90	115	40.78
其他人员	306	58.29	228	56.86	151	53.55
总人数	525	100.00	401	100.00	282	100.00

数据来源：信托公司年报，用益金融信托研究院整理制作。

（二）主要经营指标及排名

表 4 – 3　　　　　　　　　　爱建信托 2017—2019 年度主要经营指标

经营指标（母公司）	2019 年		2018 年		2017 年	
名称	值	排名	值	排名	值	排名
注册资本（亿元）	46.03	23	46.03	20	30.00	33
固有总资产（亿元）	101.24	31	99.02	31	70.67	38
固有净资产（亿元）	74.40	35	64.89	39	44.97	49
固有资产不良率（%）	0.36	43	0.84	34	1.22	28
信托总资产（亿元）	1830.94	43	2541.23	32	3327.68	27
年度新增信托资产（亿元）	1022.61	28	1154.76	27	2776.35	14
信托利润率（%）	1.81	68	2.85	60	4.94	49
年度综合清算收益率（%）	1.84	67	4.66	52	5.04	59
营业总收入（亿元）	25.58	17	20.29	20	16.38	27
信托业务收入（亿元）	20.71	11	18.63	13	14.61	19
自营业务收入（亿元）	4.84	26	1.66	47	1.77	53
信托报酬率（%）	1.10	5	0.61	11	0.84	12
净利润（亿元）	12.38	14	11.15	17	8.66	31
人均净利润（万元）	265.64	31	326.11	25	359.94	27
资本利润率（%）	17.77	5	20.30	3	20.32	8
净资本（亿元）	60.99	33	51.64	39	34.61	49
风险资本（亿元）	35.44	30	36.49	27	27.03	39

经营指标（母公司）	2019 年		2018 年		2017 年	
名称	值	排名	值	排名	值	排名
风险覆盖率（%）	172.09	45	141.52	55	128.04	62
风险准备金（亿元）	6.51	21	5.21	30	3.68	36

数据来源：信托公司年报，用益金融信托研究院整理制作。

（三）资产状况

1. 自营资产

表 4-4　　　　　　　爱建信托 2017—2019 年自营资产构成　　　　　单位：亿元, %

资产投资分布	2019 年	占比	2018 年	占比	2017 年	占比
基础产业	21.80	21.44	18.04	18.11	3.74	5.17
房地产	48.10	47.30	41.98	42.13	19.53	26.99
证券市场	1.90	1.87	0.38	0.38	1.21	1.67
实业	17.19	16.90	13.48	13.53	0.36	0.50
金融机构	10.14	9.97	13.61	13.67	26.15	36.14
其他	2.56	2.52	12.13	12.18	21.37	29.53
资产总计	101.70	100.00	99.62	100.00	72.36	100.00

数据来源：信托公司年报。

2. 信托资产

表 4-5　　　　　　　爱建信托 2017—2019 年信托资产构成　　　　　单位：亿元, %

分类	信托资产构成	2019 年	占比	2018 年	占比	2017 年	占比
按资金投向	基础产业	333.11	18.19	343.61	13.52	406.69	12.22
	房地产	561.08	30.64	561.76	22.11	446.67	13.42
	证券市场	68.40	3.74	87.91	3.46	221.18	6.65
	实业	554.71	30.30	605.83	23.84	675.84	20.31
	金融机构	168.56	9.21	625.27	24.60	1027.57	30.88
	其他	145.08	7.92	316.86	12.47	549.73	16.52
按信托功能	融资类	1114.17	60.85	1216.16	47.86	1244.58	37.40
	投资类	716.77	39.15	1325.07	52.14	2083.10	62.60
	事务管理类	0.00	0.00	0.00	0.00	0.00	0.00

续　表

分类	信托资产构成	2019 年	占比	2018 年	占比	2017 年	占比
按资金来源	集合类	1132.88	61.87	1529.22	60.18	1666.61	50.08
	单一类	526.65	28.76	736.29	28.97	1160.41	34.87
	财产权类	171.42	9.36	275.73	10.85	500.65	15.05
按管理类型	主动管理型	847.94	46.31	738.37	29.06	578.71	17.39
	被动管理型	983.00	53.69	1802.86	70.94	2748.97	82.61

数据来源：信托公司年报。

表 4 - 6　　　　　　　爱建信托 2017—2019 年新增信托资产情况　　　　　单位：亿元,%

信托资产	2019 年	占比	2018 年	占比	2017 年	占比
新增合计	1022.61	100.00	1154.76	100.00	2776.35	100.00
其中：集合类	844.59	82.59	670.89	58.10	1077.95	38.83
单一类	139.49	13.64	387.60	33.57	1284.25	46.26
财产权类	38.53	3.77	96.27	8.34	414.15	14.92
其中：主动管理型	866.39	84.72	544.32	47.14	415.79	14.98
被动管理型	156.22	15.28	610.44	52.86	2360.56	85.02

数据来源：信托公司年报，用益金融信托研究院整理制作。

表 4 - 7　　　　　　爱建信托 2017—2019 年信托项目清算收益情况　　　　　单位：亿元,%

项目类型	2019 年		2018 年		2017 年	
	金额	综合收益率	金额	综合收益率	金额	综合收益率
年度合计	1550.37	1.84	1553.69	4.66	1092.01	5.04
其中：集合类	1054.94	-0.30	773.67	2.96	464.08	7.58
单一类	442.33	6.41	508.47	6.72	586.31	2.99
财产管理类	53.10	6.23	271.55	5.65	41.62	5.64
其中：主动管理类	611.33	7.10	254.88	5.93	272.79	7.34
被动管理类	939.04	-1.59	1298.81	4.41	819.22	4.28

数据来源：信托公司年报。

二、安信信托

（一）基本情况

1. 企业基本信息

公司中文名称：安信信托股份有限公司（安信信托）

公司英文名称：ANXIN TRUST CO.，LTD（AXXT）

公司曾用名：鞍山市信托投资公司

成立日期：1987 年 2 月

最新注册地址：上海市杨浦区控江路 1553—1555 号 A 座 301 室

主要办公地：上海市

注册资本：54.69 亿元   法定代表人：王少钦

官方网址：www. anxintrust. com   电子邮箱：600816@ anxintrust. com

2. 股东背景

表 4 - 8   安信信托股东列表

股东名称	持股比例（%）	股东背景
上海国之杰投资发展有限公司	52.44	非国资
中国证券金融股份有限公司	4.41	国资
上海公信实业有限公司	3.33	非国资

数据来源：信托公司年报，用益金融信托研究院整理制作。

3. 人力资源

表 4 - 9   安信信托人员结构分布表

统计项目	2019 年		2018 年		2017 年	
	人数	比例（%）	人数	比例（%）	人数	比例（%）
博士	5	1.07	2	0.47	3	1.17
硕士	136	29.18	130	30.59	108	42.02
本科	273	58.58	243	57.18	125	48.64

统计项目	2019 年		2018 年		2017 年	
	人数	比例（%）	人数	比例（%）	人数	比例（%）
专科及以下	52	11.16	50	11.76	21	8.17
董监高	10	2.15	8	1.88	9	3.50
自营业务人员	0	0.00	0	0.00	38	14.79
信托业务人员	289	62.02	276	64.94	138	53.70
其他人员	167	35.84	141	33.18	72	28.02
总人数	466	100.00	425	100.00	257	100.00

数据来源：信托公司年报，用益金融信托研究院整理制作。

（二）主要经营指标及排名

表 4 - 10　　　　　　　　安信信托 2017—2019 年度主要经营指标

经营指标（母公司）	2019 年		2018 年		2017 年	
名称	值	排名	值	排名	值	排名
注册资本（亿元）	54.69	16	54.69	14	45.58	16
固有总资产（亿元）	174.23	14	197.49	9	226.05	4
固有净资产（亿元）	76.96	33	120.50	16	161.91	6
固有资产不良率（%）	82.40	1	9.01	8	0.00	43
信托总资产（亿元）	1940.48	42	2336.78	37	2325.51	42
年度新增信托资产（亿元）	30.25	66	1018.17	29	735.34	56
信托利润率（%）	3.49	66	6.68	6	7.52	7
年度综合清算收益率（%）	6.89	10	7.67	3	7.94	6
营业总收入（亿元）	-4.79	68	1.30	67	55.57	3
信托业务收入（亿元）	3.57	56	15.64	19	53.10	1
自营业务收入（亿元）	-8.36	68	-14.33	68	2.47	45
信托报酬率（%）	0.26	39	0.65	10	1.92	3
净利润（亿元）	-39.71	68	-17.94	68	36.68	2
人均净利润（万元）	-852.19	68	-422.21	68	1427.32	2
资本利润率（%）	-40.22	68	-13.54	68	24.53	4
净资本（亿元）	17.03	63	66.98	27	123.85	6
风险资本（亿元）	50.58	19	56.48	15	57.52	13
风险覆盖率（%）	33.67	68	118.59	66	215.33	19
风险准备金（亿元）	7.20	19	7.20	18	7.20	14

数据来源：信托公司年报，用益金融信托研究院整理制作。

（三）资产状况

1. 自营资产

表 4-11　　　　　　　安信信托 2017—2019 年自营资产构成　　　　　单位：亿元,%

资产投资分布	2019 年	占比	2018 年	占比	2017 年	占比
基础产业	—	—	—	—	—	—
房地产	—	—	—	—	—	—
证券市场	—	—	—	—	—	—
实业	—	—	—	—	—	—
金融机构	—	—	—	—	—	—
其他	—	—	—	—	—	—
资产总计	174.23	100.00	197.49	100.00	226.05	100.00

数据来源：信托公司年报。

2. 信托资产

表 4-12　　　　　　　安信信托 2017—2019 年信托资产构成　　　　　单位：亿元,%

分类	信托资产构成	2019 年	占比	2018 年	占比	2017 年	占比
按资金投向	基础产业	84.37	4.35	86.58	3.71	86.31	3.71
	房地产	554.96	28.60	588.71	25.19	550.83	23.69
	证券市场	0.00	0.00	0.00	0.00	0.00	0.00
	实业	1041.30	53.66	1225.96	52.46	1488.16	63.99
	金融机构	0.00	0.00	0.00	0.00	0.00	0.00
	其他	259.86	13.39	435.53	18.64	200.21	8.61
按信托功能	融资类	663.35	34.18	705.73	30.20	645.25	27.75
	投资类	917.25	47.27	936.12	40.06	940.51	40.44
	事务管理类	359.89	18.55	694.94	29.74	739.76	31.81
按资金来源	集合类	1423.15	73.34	1462.01	62.57	1384.07	59.52
	单一类	414.89	21.38	588.43	25.18	896.48	38.55
	财产权类	102.45	5.28	286.34	12.25	44.96	1.93
按管理类型	主动管理型	1580.60	81.45	1641.85	70.26	1585.10	68.16
	被动管理型	359.89	18.55	694.94	29.74	740.41	31.84

数据来源：信托公司年报。

表 4 – 13　　　　　　　安信信托 2017—2019 年新增信托资产情况　　　　　单位：亿元,%

信托资产	2019 年	占比	2018 年	占比	2017 年	占比
新增合计	30.25	100.00	1018.17	100.00	735.34	100.00
其中：集合类	30.25	100.00	376.04	36.93	523.94	71.25
单一类	0.00	0.00	74.51	7.32	201.85	27.45
财产权类	0.00	0.00	567.62	55.75	9.54	1.30
其中：主动管理型	30.25	100.00	417.55	41.01	579.75	78.84
被动管理型	0.00	0.00	600.62	58.99	155.58	21.16

数据来源：信托公司年报，用益金融信托研究院整理制作。

表 4 – 14　　　　　　　安信信托 2017—2019 年信托项目清算收益情况　　　　单位：亿元,%

项目类型	2019 年		2018 年		2017 年	
	金额	综合收益率	金额	综合收益率	金额	综合收益率
年度合计	237.57	6.89	681.25	7.67	759.95	7.94
其中：集合类	29.94	7.61	250.23	7.51	272.60	8.44
单一类	135.35	6.31	325.54	8.21	462.08	7.73
财产管理类	72.29	7.67	105.48	6.37	25.27	6.43
其中：主动管理类	32.08	7.69	256.51	7.83	417.87	8.41
被动管理类	205.49	6.52	424.74	7.95	342.08	7.48

数据来源：信托公司年报。

三、百瑞信托

（一）基本情况

1. 企业基本信息

公司中文名称：百瑞信托有限责任公司（百瑞信托）

公司英文名称：BRIDGE TRUST CO.，LTD.（BRTC）

公司曾用名：郑州信托投资公司

成立日期：1986 年 4 月

最新注册地址：河南省郑州市郑东新区商务外环路 10 号中原广发金融大厦

主要办公地：郑州市

注册资本：40.00 亿元　　　　　　　法定代表人：王振京

官方网址：www. brxt. net　　　　　电子邮箱：brxt@ brxt. net

2. 股东背景

表 4 – 15　　　　　　　　　　百瑞信托主要股东列表

股东名称	持股比例（%）	股东背景
国家电投集团资本控股有限公司	50.24	中央企业
摩根大通	19.99	外资
郑州市财政局	15.65	政府

数据来源：信托公司年报，用益金融信托研究院整理制作。

3. 人力资源

表 4 – 16　　　　　　　　　　百瑞信托人员结构分布表

统计项目	2019 年		2018 年		2017 年	
	人数	比例（%）	人数	比例（%）	人数	比例（%）
30 岁以下	34	17.62	35	17.33	46	21.50
30 ~ 40 岁	115	59.59	115	56.93	115	53.74
40 岁以上	44	22.80	52	25.74	53	24.77

续 表

统计项目	2019 年		2018 年		2017 年	
	人数	比例（%）	人数	比例（%）	人数	比例（%）
博士	15	7.77	13	6.44	15	7.01
硕士	143	74.09	139	68.81	144	67.29
本科	32	16.58	43	21.29	47	21.96
专科及以下	3	1.55	7	3.47	8	3.74
董监高	9	4.66	10	4.95	9	4.20
自营业务人员	14	7.25	12	5.94	16	7.48
信托业务人员	108	55.96	125	61.88	127	59.35
其他人员	62	32.12	55	27.23	62	28.97
总人数	193	100.00	202	100.00	214	100.00

数据来源：信托公司年报，用益金融信托研究院整理制作。

（二）主要经营指标及排名

表 4-17　　　　　百瑞信托 2017—2019 年度主要经营指标

经营指标（母公司）	2019 年		2018 年		2017 年	
名称	值	排名	值	排名	值	排名
注册资本（亿元）	40.00	26	40.00	23	40.00	19
固有总资产（亿元）	100.02	32	94.91	33	90.69	31
固有净资产（亿元）	92.64	24	77.95	31	70.15	30
固有资产不良率（%）	1.09	37	1.20	33	1.09	30
信托总资产（亿元）	2433.51	29	1907.62	43	1762.84	51
年度新增信托资产（亿元）	1365.38	20	1160.09	26	886.48	52
信托利润率（%）	4.71	58	6.52	10	6.82	10
年度综合清算收益率（%）	7.59	6	6.85	12	8.24	5
营业总收入（亿元）	16.17	28	16.74	25	18.32	23
信托业务收入（亿元）	11.35	25	9.73	28	12.59	21
自营业务收入（亿元）	4.82	28	7.01	11	5.74	20
信托报酬率（%）	0.97	7	1.01	8	0.79	14
净利润（亿元）	10.93	18	10.11	22	10.36	19
人均净利润（万元）	572.16	9	486.29	13	515.22	13
资本利润率（%）	12.52	17	13.66	16	15.81	23
净资本（亿元）	78.39	23	59.37	33	56.83	30

续　表

经营指标（母公司）	2019 年		2018 年		2017 年	
名称	值	排名	值	排名	值	排名
风险资本（亿元）	42.88	23	35.59	29	32.63	31
风险覆盖率（%）	182.82	36	166.80	47	174.15	35
风险准备金（亿元）	6.34	23	5.74	26	5.17	26

数据来源：信托公司年报，用益金融信托研究院整理制作。

（三）资产状况

1. 自营资产

表 4 - 18　　　　百瑞信托 2017—2019 年自营资产构成　　　　单位：亿元,%

资产投资分布	2019 年	占比	2018 年	占比	2017 年	占比
基础产业	0.00	0.00	0.15	0.16	0.15	0.17
房地产	12.52	12.52	12.30	12.96	5.00	5.51
证券市场	4.10	4.10	9.94	10.47	5.97	6.58
实业	26.19	26.18	11.50	12.12	19.27	21.25
金融机构	5.48	5.48	0.76	0.80	3.12	3.44
其他	51.73	51.72	60.26	63.49	57.18	63.05
资产总计	100.02	100.00	94.91	100.00	90.69	100.00

数据来源：信托公司年报。

2. 信托资产

表 4 - 19　　　　百瑞信托 2017—2019 年信托资产构成　　　　单位：亿元,%

分类	信托资产构成	2019 年	占比	2018 年	占比	2017 年	占比
按资金投向	基础产业	523.73	21.52	418.38	21.93	360.62	20.46
	房地产	533.36	21.92	417.70	21.90	510.35	28.95
	证券市场	4.63	0.19	0.80	0.04	0.00	0.00
	实业	939.50	38.61	605.44	31.74	313.22	17.77
	金融机构	158.39	6.51	187.28	9.82	161.96	9.19
	其他	273.91	11.26	278.03	14.57	416.70	23.64
按信托功能	融资类	1178.26	48.42	751.83	39.41	430.76	24.44
	投资类	916.74	37.67	702.16	36.81	727.49	41.27
	事务管理类	338.52	13.91	453.63	23.78	604.59	34.30

分类	信托资产构成	2019 年	占比	2018 年	占比	2017 年	占比
按资金来源	集合类	1774.68	72.93	1374.35	72.05	1013.08	57.47
	单一类	311.82	12.81	383.87	20.12	620.61	35.20
	财产权类	347.02	14.26	149.40	7.83	129.16	7.33
按管理类型	主动管理型	2094.99	86.09	1366.57	71.64	1044.09	59.23
	被动管理型	338.52	13.91	541.05	28.36	718.75	40.77

数据来源：信托公司年报。

表 4 - 20　　　　　百瑞信托 2017—2019 年新增信托资产情况　　　　单位：亿元,%

信托资产	2019 年	占比	2018 年	占比	2017 年	占比
新增合计	1365.38	100.00	1160.09	100.00	886.48	100.00
其中：集合类	1020.31	74.73	945.79	81.53	607.19	68.50
单一类	61.94	4.54	64.75	5.58	182.73	20.61
财产权类	283.13	20.74	149.54	12.89	96.56	10.89
其中：主动管理型	1335.61	97.82	989.40	85.29	629.67	71.03
被动管理型	29.77	2.18	170.69	14.71	256.81	28.97

数据来源：信托公司年报，用益金融信托研究院整理制作。

表 4 - 21　　　　　百瑞信托 2017—2019 年信托项目清算收益情况　　　　单位：亿元,%

项目类型	2019 年		2018 年		2017 年	
	金额	综合收益率	金额	综合收益率	金额	综合收益率
年度合计	420.98	7.59	811.79	6.85	665.08	8.24
其中：集合类	298.25	7.27	433.16	8.11	296.98	8.79
单一类	56.12	6.79	294.96	6.77	290.38	7.20
财产管理类	66.61	9.69	83.67	0.59	77.72	9.99
其中：主动管理类	297.40	7.24	516.91	7.90	337.10	8.41
被动管理类	123.58	7.61	294.88	5.01	327.98	8.06

数据来源：信托公司年报。

四、北方信托

（一）基本情况

1. 企业基本信息

公司中文名称：北方国际信托股份有限公司（北方信托）

公司英文名称：NORTHERN INTERNATIONAL TRUST CO.，LTD.（NITIC）

公司曾用名：天津经济技术开发区信托投资公司

成立日期：1987 年 10 月

最新注册地址：天津市开发区第三大街 39 号

主要办公地：天津市

注册资本：10.01 亿元　　　　　　　法定代表人：韩立新

官方网址：www.nitic.cn　　　　　　电子邮箱：sunchenxi@ nitic.cn

2. 股东背景

表 4 - 22　　　　　　　　　　　北方信托主要股东列表

股东名称	持股比例（%）	股东背景
天津泰达投资控股有限公司	32.33	国资
天津渤海文化产业投资有限公司	25.43	非国资
天津泰达股份有限公司	5.43	国资

数据来源：信托公司年报，用益金融信托研究院整理制作。

3. 人力资源

表 4 - 23　　　　　　　　　　　北方信托人员结构分布表

统计项目	2019 年		2018 年		2017 年	
	人数	比例（%）	人数	比例（%）	人数	比例（%）
30 岁以下	45	16.30	67	24.28	36	21.56
30～40 岁	135	48.91	118	42.75	59	35.33
40 岁以上	96	34.78	91	32.97	72	43.11

续　表

统计项目	2019 年		2018 年		2017 年	
	人数	比例（%）	人数	比例（%）	人数	比例（%）
博士	7	2.54	5	1.81	5	2.99
硕士	161	58.33	152	55.07	89	53.29
本科	102	36.96	110	39.86	65	38.92
专科及以下	6	2.17	9	3.26	8	4.79
董监高	9	3.26	9	3.26	6	3.59
自营业务人员	8	2.90	12	4.35	11	6.59
信托业务人员	151	54.71	111	40.22	84	50.30
其他人员	108	39.13	144	52.17	66	39.52
总人数	276	100.00	276	100.00	167	100.00

数据来源：信托公司年报，用益金融信托研究院整理制作。

（二）主要经营指标及排名

表 4 - 24　　　　　　　　　　北方信托 2017—2019 年度主要经营指标

经营指标（母公司）	2019 年		2018 年		2017 年	
名称	值	排名	值	排名	值	排名
注册资本（亿元）	10.01	63	10.01	62	10.01	62
固有总资产（亿元）	54.50	52	51.53	53	45.74	55
固有净资产（亿元）	46.93	51	43.48	52	42.91	50
固有资产不良率（%）	2.92	31	5.17	16	12.16	2
信托总资产（亿元）	1694.26	47	2384.91	34	2941.60	34
年度新增信托资产（亿元）	203.58	60	455.73	51	1190.97	45
信托利润率（%）	5.31	48	4.36	39	5.28	44
年度综合清算收益率（%）	6.09	32	6.93	11	5.82	48
营业总收入（亿元）	7.74	51	6.26	53	6.00	59
信托业务收入（亿元）	6.45	44	4.71	54	4.51	56
自营业务收入（亿元）	1.29	57	1.55	50	1.49	56
信托报酬率（%）	0.20	49	0.18	48	0.16	56
净利润（亿元）	2.45	52	4.19	43	4.24	51
人均净利润（万元）	87.35	53	176.61	46	241.75	45
资本利润率（%）	5.43	53	9.71	40	10.22	51
净资本（亿元）	32.02	56	27.83	57	30.46	52

续　表

经营指标（母公司）	2019 年		2018 年		2017 年	
名称	值	排名	值	排名	值	排名
风险资本（亿元）	17.69	51	19.39	47	13.03	57
风险覆盖率（％）	181.03	37	143.56	53	233.76	13
风险准备金（亿元）	3.82	41	3.62	42	3.35	39

数据来源：信托公司年报，用益金融信托研究院整理制作。

（三）资产状况

1. 自营资产

表 4 - 25　　　　　　北方信托 2017—2019 年自营资产构成　　　　单位：亿元,％

资产投资分布	2019 年	占比	2018 年	占比	2017 年	占比
基础产业	0.65	1.19	0.66	1.28	0.63	1.38
房地产	1.26	2.31	1.99	3.87	1.83	4.00
证券市场	7.07	12.97	4.43	8.60	7.98	17.45
实业	3.31	6.08	3.04	5.89	4.58	10.00
金融机构	22.06	40.47	23.44	45.50	19.11	41.77
其他	20.15	36.98	17.97	34.87	11.61	25.39
资产总计	54.50	100.00	51.53	100.00	45.74	100.00

数据来源：信托公司年报。

2. 信托资产

表 4 - 26　　　　　　北方信托 2017—2019 年信托资产构成　　　　单位：亿元,％

分类	信托资产构成	2019 年	占比	2018 年	占比	2017 年	占比
按资金投向	基础产业	237.59	14.02	390.38	16.37	507.11	17.24
	房地产	174.55	10.30	166.63	6.99	232.04	7.89
	证券市场	280.89	16.58	423.38	17.75	517.97	17.61
	实业	473.69	27.96	754.34	31.63	748.34	25.44
	金融机构	35.96	2.12	74.42	3.12	296.13	10.07
	其他	491.58	29.01	575.75	24.14	640.02	21.76
按信托功能	融资类	187.65	11.08	109.78	4.60	148.84	5.06
	投资类	0.48	0.03	0.26	0.01	387.62	13.18
	事务管理类	1506.14	88.90	2274.87	95.39	2405.14	81.76

续 表

分类	信托资产构成	2019 年	占比	2018 年	占比	2017 年	占比
按资金来源	集合类	538.43	31.78	576.61	24.18	598.20	20.34
	单一类	1030.50	60.82	1600.04	67.09	1854.13	63.03
	财产权类	125.33	7.40	208.26	8.73	489.27	16.63
按管理类型	主动管理型	188.13	11.10	110.04	4.61	21.64	0.74
	被动管理型	1506.14	88.90	2274.87	95.39	2919.96	99.26

数据来源：信托公司年报。

表 4 - 27　　　　　　　北方信托 2017—2019 年新增信托资产情况　　　　单位：亿元,%

信托资产	2019 年	占比	2018 年	占比	2017 年	占比
新增合计	203.58	100.00	455.73	100.00	1190.97	100.00
其中：集合类	55.36	27.20	76.07	16.69	243.86	20.48
单一类	123.03	60.43	357.98	78.55	677.93	56.92
财产权类	25.19	12.37	21.68	4.76	269.17	22.60
其中：主动管理型	82.64	40.59	57.92	12.71	7.50	0.63
被动管理型	120.94	59.41	397.81	87.29	1183.47	99.37

数据来源：信托公司年报，用益金融信托研究院整理制作。

表 4 - 28　　　　　　　北方信托 2017—2019 年信托项目清算收益情况　　　　单位：亿元,%

项目类型	2019 年		2018 年		2017 年	
	金额	综合收益率	金额	综合收益率	金额	综合收益率
年度合计	1178.67	6.09	1744.65	6.93	4260.34	5.82
其中：集合类	116.84	6.32	180.23	7.46	109.61	14.34
单一类	944.62	6.25	1264.24	7.47	4080.62	5.64
财产管理类	117.21	4.65	300.17	4.34	70.11	2.97
其中：主动管理类	74.84	7.66	2.17	8.49	20.83	8.51
被动管理类	1103.83	5.99	1742.47	6.92	4239.51	5.81

数据来源：信托公司年报。

五、北京信托

（一）基本情况

1. 企业基本信息

公司中文名称：北京国际信托有限公司（北京信托）

公司英文名称：BEIJING INTERNATIONAL TRUST CO. , LTD. （BJITIC）

公司曾用名：北京国际信托投资公司

成立日期：1984 年 10 月

最新注册地址：北京市朝阳区安立路 30 号院 1 号楼、2 号楼

主要办公地：北京市

注册资本：22.00 亿元　　　　　　法定代表人：周瑞明

官方网址：www. bjitic. com　　　　电子邮箱：webmaster@ bjitic. com

2. 股东背景

表 4-29　　　　　　　　　　北京信托主要股东列表

股东名称	持股比例（％）	股东背景
北京市国有资产经营有限责任公司	34.30	国资
航天科技财务有限责任公司	15.32	国资
威益投资有限公司	15.30	外资

数据来源：信托公司年报，用益金融信托研究院整理制作。

3. 人力资源

表 4-30　　　　　　　　　　北京信托人员结构分布表

统计项目	2019 年		2018 年		2017 年	
	人数	比例（％）	人数	比例（％）	人数	比例（％）
30 岁以下	64	22.07	64	23.88	68	26.15
30~40 岁	168	57.93	148	55.22	130	50.00
40 岁以上	58	20.00	56	20.90	62	23.85

续 表

统计项目	2019 年		2018 年		2017 年	
	人数	比例（%）	人数	比例（%）	人数	比例（%）
博士	6	2.07	7	2.61	7	2.69
硕士	215	74.14	191	71.27	174	66.92
本科	65	22.41	65	24.25	71	27.31
专科及以下	4	1.38	5	1.87	8	3.08
董监高	9	3.10	6	2.24	6	2.31
自营业务人员	3	1.03	4	1.49	8	3.08
信托业务人员	244	84.14	233	86.94	219	84.23
其他人员	34	11.72	25	9.33	27	10.38
总人数	290	100.00	268	100.00	260	100.00

数据来源：信托公司年报，用益金融信托研究院整理制作。

（二）主要经营指标及排名

表 4-31　　　　　　　　　　北京信托 2017—2019 年度主要经营指标

经营指标（母公司）	2019 年		2018 年		2017 年	
名称	值	排名	值	排名	值	排名
注册资本（亿元）	22.00	50	22.00	48	22.00	45
固有总资产（亿元）	135.36	23	116.23	25	108.56	24
固有净资产（亿元）	92.62	25	87.21	25	82.76	24
固有资产不良率（%）	1.74	35	0.47	37	0.00	43
信托总资产（亿元）	1997.84	39	2269.96	39	3101.89	31
年度新增信托资产（亿元）	402.24	50	486.36	50	1677.27	37
信托利润率（%）	7.75	7	4.17	43	4.07	62
年度综合清算收益率（%）	6.15	30	4.39	54	5.68	50
营业总收入（亿元）	17.13	27	15.57	27	18.48	22
信托业务收入（亿元）	11.33	26	10.76	25	12.46	22
自营业务收入（亿元）	5.80	20	4.82	25	6.02	16
信托报酬率（%）	0.60	16	0.28	36	0.41	33
净利润（亿元）	8.74	26	8.17	28	9.85	22
人均净利润（万元）	272.00	29	260.00	34	321.00	31
资本利润率（%）	10.11	31	9.64	41	12.61	34
净资本（亿元）	63.03	30	64.99	31	61.43	25

经营指标（母公司）	2019 年		2018 年		2017 年	
名称	值	排名	值	排名	值	排名
风险资本（亿元）	41.32	24	33.80	32	32.11	32
风险覆盖率（%）	152.52	50	192.28	30	191.31	28
风险准备金（亿元）	11.94	9	10.68	9	9.55	8

数据来源：信托公司年报，用益金融信托研究院整理制作。

（三）资产状况

1. 自营资产

表 4 – 32　　　　　　　北京信托 2017—2019 年自营资产构成　　　　单位：亿元，%

资产投资分布	2019 年	占比	2018 年	占比	2017 年	占比
基础产业	3.89	2.81	0.00	0.00	0.00	0.00
房地产	17.00	12.31	12.92	10.92	16.41	14.86
证券市场	4.62	3.35	7.89	6.67	6.31	5.71
实业	66.16	47.90	46.22	39.06	36.22	32.79
金融机构	43.08	31.19	48.48	40.97	50.05	45.31
其他	3.39	2.45	2.81	2.37	1.48	1.34
资产总计	138.14	100.00	118.32	100.00	110.46	100.00

数据来源：信托公司年报。

2. 信托资产

表 4 – 33　　　　　　　北京信托 2017—2019 年信托资产构成　　　　单位：亿元，%

分类	信托资产构成	2019 年	占比	2018 年	占比	2017 年	占比
按资金投向	基础产业	355.57	17.80	393.59	17.34	384.11	12.38
	房地产	703.76	35.23	665.06	29.30	476.56	15.36
	证券市场	235.06	11.77	274.94	12.11	324.29	10.45
	实业	327.57	16.40	306.67	13.51	281.40	9.07
	金融机构	329.80	16.51	565.67	24.92	1582.77	51.03
	其他	46.08	2.31	64.03	2.82	52.77	1.70
按信托功能	融资类	728.28	36.45	631.92	27.84	675.15	21.77
	投资类	600.08	30.04	624.63	27.52	617.58	19.91
	事务管理类	669.48	33.51	1013.41	44.64	1809.17	58.32

续 表

分类	信托资产构成	2019 年	占比	2018 年	占比	2017 年	占比
按资金来源	集合类	1342.26	67.19	1267.88	55.85	1183.25	38.15
	单一类	562.33	28.15	703.22	30.98	682.89	22.02
	财产权类	93.25	4.67	298.86	13.17	1235.75	39.84
按管理类型	主动管理型	1331.98	66.67	1258.19	55.43	1296.20	41.79
	被动管理型	665.86	33.33	1011.77	44.57	1805.70	58.21

数据来源：信托公司年报。

表 4 - 34　　　　　北京信托 2017—2019 年新增信托资产情况　　　　　单位：亿元,%

信托资产	2019 年	占比	2018 年	占比	2017 年	占比
新增合计	402.24	100.00	486.36	100.00	1677.27	100.00
其中：集合类	211.30	52.53	222.20	45.69	244.60	14.58
单一类	94.96	23.61	182.56	37.54	344.56	20.54
财产权类	95.97	23.86	81.60	16.78	1088.11	64.87
其中：主动管理型	243.61	60.56	205.53	42.26	161.44	9.63
被动管理型	158.63	39.44	280.83	57.74	1515.83	90.37

数据来源：信托公司年报，用益金融信托研究院整理制作。

表 4 - 35　　　　　北京信托 2017—2019 年信托项目清算收益情况　　　　　单位：亿元,%

项目类型	2019 年		2018 年		2017 年	
	金额	综合收益率	金额	综合收益率	金额	综合收益率
年度合计	1139.75	6.15	2682.36	4.39	1058.66	5.68
其中：集合类	367.74	9.04	360.24	9.46	294.19	8.17
单一类	271.11	6.53	1321.51	5.58	145.97	9.77
财产管理类	500.90	3.82	1000.62	1.00	618.51	3.53
其中：主动管理类	440.18	7.64	1111.67	6.48	223.54	7.85
被动管理类	699.56	5.22	1570.69	2.81	835.13	5.09

数据来源：信托公司年报。

六、渤海信托

（一）基本情况

1. 企业基本信息

公司中文名称：渤海国际信托股份有限公司（渤海信托）

公司英文名称：BOHAI INTERNATIONAL TRUST CO., LTD. （BITC）

公司曾用名：河北省国际信托投资有限责任公司

成立日期：1983 年 12 月

最新注册地址：河北省石家庄市新石中路 377 号 B 座 22—23 层

主要办公地：石家庄市

注册资本：36.00 亿元　　　　　　　法定代表人：成小云

官方网址：www. bohaitrust. com　　电子邮箱：xch_ li@ bohaitrust. com

2. 股东背景

表 4 - 36　　　　　　　　　　　　　渤海信托股东列表

股东名称	持股比例（%）	股东背景
海航资本集团有限公司	51. 23	非国资
北京海航金融控股有限公司	26. 67	非国资
中国新华航空集团有限公司	22. 10	非国资

数据来源：信托公司年报，用益金融信托研究院整理制作。

3. 人力资源

表 4 - 37　　　　　　　　　　　　　渤海信托人员结构分布表

统计项目	2019 年		2018 年		2017 年	
	人数	比例（%）	人数	比例（%）	人数	比例（%）
30 岁以下	51	18. 68	80	33. 20	79	31. 60
30～40 岁	173	63. 37	130	53. 94	135	54. 00
40 岁以上	49	17. 95	31	12. 86	36	14. 40

续 表

统计项目	2019 年		2018 年		2017 年	
	人数	比例（%）	人数	比例（%）	人数	比例（%）
博士	2	0.73	2	0.83	1	0.40
硕士	121	44.32	113	46.89	121	48.40
本科	147	53.85	123	51.04	123	49.20
专科及以下	3	1.10	3	1.24	5	2.00
董监高	9	3.30	9	3.73	8	3.20
自营业务人员	5	1.83	5	2.07	6	2.40
信托业务人员	157	57.51	130	53.94	130	52.00
其他人员	102	37.36	97	40.25	106	42.40
总人数	273	100.00	241	100.00	250	100.00

数据来源：信托公司年报，用益金融信托研究院整理制作。

（二）主要经营指标及排名

表 4 - 38　　　　　　　　渤海信托 2017—2019 年度主要经营指标

经营指标（母公司）名称	2019 年		2018 年		2017 年	
	值	排名	值	排名	值	排名
注册资本（亿元）	36.00	33	36.00	31	36.00	23
固有总资产（亿元）	158.20	17	140.37	17	140.14	10
固有净资产（亿元）	131.34	15	120.33	17	115.44	13
固有资产不良率（%）	6.66	22	2.87	28	1.57	26
信托总资产（亿元）	5966.03	11	6203.32	10	7549.75	8
年度新增信托资产（亿元）	2809.70	8	2813.68	5	7477.90	4
信托利润率（%）	4.60	60	5.85	15	5.62	40
年度综合清算收益率（%）	6.08	33	6.06	26	6.48	35
营业总收入（亿元）	29.24	13	19.85	21	21.36	18
信托业务收入（亿元）	23.83	9	17.96	18	16.82	16
自营业务收入（亿元）	5.42	21	1.89	45	4.54	29
信托报酬率（%）	0.38	28	0.35	28	0.28	43
净利润（亿元）	11.16	17	10.17	21	12.64	17
人均净利润（万元）	434.19	16	414.10	18	516.85	12
资本利润率（%）	8.87	37	8.62	44	13.60	29
净资本（亿元）	100.63	17	80.73	20	91.92	14

经营指标（母公司）	2019 年		2018 年		2017 年	
名称	值	排名	值	排名	值	排名
风险资本（亿元）	83.71	10	46.89	20	32.76	30
风险覆盖率（%）	120.21	65	172.16	40	280.58	5
风险准备金（亿元）	5.86	29	4.93	33	4.42	31

数据来源：信托公司年报，用益金融信托研究院整理制作。

（三）资产状况

1. 自营资产

表 4 – 39　　　　　渤海信托 2017—2019 年自营资产构成　　　单位：亿元，%

资产投资分布	2019 年	占比	2018 年	占比	2017 年	占比
基础产业	0.31	0.20	0.20	0.14	2.85	2.03
房地产	0.00	0.00	0.86	0.61	4.84	3.46
证券市场	0.20	0.12	0.63	0.45	1.92	1.37
实业	106.61	67.39	94.75	67.50	63.44	45.27
金融机构	41.74	26.38	38.48	27.41	64.96	46.35
其他	9.34	5.91	5.45	3.88	2.13	1.52
资产总计	158.20	100.00	140.37	100.00	140.14	100.00

数据来源：信托公司年报。

2. 信托资产

表 4 – 40　　　　　渤海信托 2017—2019 年信托资产构成　　　单位：亿元，%

分类	信托资产构成	2019 年	占比	2018 年	占比	2017 年	占比
按资金投向	基础产业	752.62	12.62	728.25	11.74	621.84	8.24
	房地产	669.95	11.23	735.60	11.86	513.40	6.80
	证券市场	166.68	2.79	229.41	3.70	313.38	4.15
	实业	3383.05	56.71	2938.53	47.37	3815.80	50.54
	金融机构	699.95	11.73	1268.43	20.45	1811.01	23.99
	其他	293.78	4.92	303.11	4.89	474.32	6.28
按信托功能	融资类	5010.67	83.99	4983.68	80.34	5780.18	76.56
	投资类	577.16	9.67	648.58	10.46	713.84	9.46
	事务管理类	378.21	6.34	571.06	9.21	1055.73	13.98

续 表

分类	信托资产构成	2019年	占比	2018年	占比	2017年	占比
按资金来源	集合类	1483.43	24.86	1157.11	18.65	1686.74	22.34
	单一类	4159.16	69.71	4577.50	73.79	4863.82	64.42
	财产权类	323.44	5.42	468.71	7.56	999.19	13.23
按管理类型	主动管理型	2420.06	40.56	1026.50	16.55	350.47	4.64
	被动管理型	3545.97	59.44	5176.82	83.45	7199.28	95.36

数据来源：信托公司年报。

表4－41　　　　　　渤海信托2017—2019年新增信托资产情况　　　　单位：亿元,%

信托资产	2019年	占比	2018年	占比	2017年	占比
新增合计	2809.70	100.00	2813.68	100.00	7477.90	100.00
其中：集合类	924.75	32.91	614.94	21.86	1679.97	22.47
单一类	1781.35	63.40	1707.96	60.70	4463.68	59.69
财产权类	103.60	3.69	490.78	17.44	1334.25	17.84
其中：主动管理型	2042.26	72.69	716.01	25.45	187.99	2.51
被动管理型	767.45	27.31	2097.68	74.55	7289.91	97.49

数据来源：信托公司年报，用益金融信托研究院整理制作。

表4－42　　　　　　渤海信托2017—2019年信托项目清算收益情况　　　　单位：亿元,%

项目类型	2019年		2018年		2017年	
	金额	综合收益率	金额	综合收益率	金额	综合收益率
年度合计	3060.53	6.08	4180.46	6.06	3431.73	6.48
其中：集合类	615.11	5.81	1144.20	7.48	796.51	7.67
单一类	2193.28	6.70	2015.95	6.63	2112.44	6.89
财产管理类	252.14	1.32	1020.32	3.33	522.78	3.00
其中：主动管理类	637.69	6.71	206.18	7.56	92.12	9.56
被动管理类	2422.84	5.88	3974.28	5.97	3339.61	6.32

数据来源：信托公司年报。

七、大业信托

（一）基本情况

1. 企业基本信息

公司中文名称：大业信托有限责任公司（大业信托）

公司英文名称：DAYE TRUST CO.，LTD.（DAYE TRUST）

公司曾用名：广州科技信托投资公司

成立日期：1992 年 12 月

最新注册地址：广东省广州市花都区迎宾大道 163 号

主要办公地：广州市

注册资本：10.00 亿元　　　　　　法定代表人：陈俊标

官方网址：www.dytrustee.com　　　电子邮箱：info@dytrustee.com

2. 股东背景

表 4 - 43　　　　　　　　　　大业信托股东列表

股东名称	持股比例（%）	股东背景
中国东方资产管理股份有限公司	41.67	金融机构
广州金融控股集团有限公司	38.33	国资
广东京信电力集团有限公司	20.00	国资

数据来源：信托公司年报，用益金融信托研究院整理制作。

3. 人力资源

表 4 - 44　　　　　　　　　　大业信托人员结构分布表

统计项目	2019 年		2018 年		2017 年	
	人数	比例（%）	人数	比例（%）	人数	比例（%）
30 岁以下	35	22.29	48	29.81	54	33.54
30 ~ 40 岁	84	53.50	81	50.31	79	49.07
40 岁以上	38	24.20	32	19.88	28	17.39

续　表

统计项目	2019 年		2018 年		2017 年	
	人数	比例（%）	人数	比例（%）	人数	比例（%）
博士	2	1.27	2	1.24	2	1.24
硕士	102	64.97	99	61.49	99	61.49
本科	48	30.57	55	34.16	53	32.92
专科及以下	5	3.18	5	3.11	7	4.35
董监高	7	4.46	8	4.97	8	4.97
自营业务人员	3	1.91	2	1.24	2	1.24
信托业务人员	93	59.24	95	59.01	77	47.83
其他人员	54	34.39	56	34.78	74	45.96
总人数	157	100.00	161	100.00	161	100.00

数据来源：信托公司年报，用益金融信托研究院整理制作。

（二）主要经营指标及排名

表 4 - 45　　　　　　　　大业信托 2017—2019 年度主要经营指标

经营指标（母公司）	2019 年		2018 年		2017 年	
名称	值	排名	值	排名	值	排名
注册资本（亿元）	10.00	64	10.00	63	10.00	63
固有总资产（亿元）	24.55	65	27.16	64	24.26	65
固有净资产（亿元）	19.57	65	18.50	66	18.14	66
固有资产不良率（%）	36.17	3	1.20	32	1.63	25
信托总资产（亿元）	751.11	59	1410.54	53	1994.55	45
年度新增信托资产（亿元）	143.70	62	358.97	57	1796.00	31
信托利润率（%）	4.76	57	3.78	50	5.31	43
年度综合清算收益率（%）	4.25	63	4.01	59	6.53	32
营业总收入（亿元）	4.83	60	7.79	47	9.39	48
信托业务收入（亿元）	4.74	53	7.05	43	8.60	35
自营业务收入（亿元）	0.09	62	0.74	60	0.78	60
信托报酬率（%）	0.63	15	0.49	17	0.47	26
净利润（亿元）	1.07	59	1.57	58	4.07	52
人均净利润（万元）	68.42	55	97.68	56	252.56	40
资本利润率（%）	5.64	50	8.58	45	24.57	3
净资本（亿元）	15.74	65	15.98	64	16.85	64

续　表

经营指标（母公司）	2019 年		2018 年		2017 年	
名称	值	排名	值	排名	值	排名
风险资本（亿元）	8.82	64	12.34	59	14.12	55
风险覆盖率（%）	178.57	39	129.57	61	119.30	65
风险准备金（亿元）	2.24	57	2.20	58	0.97	65

数据来源：信托公司年报，用益金融信托研究院整理制作。

（三）资产状况

1. 自营资产

表 4 – 46　　　　　大业信托 2017—2019 年自营资产构成　　　　单位：亿元，%

资产投资分布	2019 年	占比	2018 年	占比	2017 年	占比
基础产业	0.00	0.00	0.00	0.00	0.00	0.00
房地产	0.00	0.00	0.00	0.00	0.00	0.00
证券市场	0.00	0.00	0.00	0.00	0.00	0.00
实业	0.00	0.00	0.00	0.00	0.00	0.00
金融机构	20.40	83.09	22.94	84.46	10.45	43.08
其他	4.15	16.91	4.22	15.54	13.81	56.92
资产总计	24.55	100.00	27.16	100.00	24.26	100.00

数据来源：信托公司年报。

2. 信托资产

表 4 – 47　　　　　大业信托 2017—2019 年信托资产构成　　　　单位：亿元，%

分类	信托资产构成	2019 年	占比	2018 年	占比	2017 年	占比
按资金投向	基础产业	99.49	13.25	183.86	13.03	224.77	11.27
	房地产	183.64	24.45	314.37	22.29	494.20	24.78
	证券市场	12.28	1.64	10.83	0.77	42.63	2.14
	实业	155.81	20.74	371.11	26.31	475.72	23.85
	金融机构	105.90	14.10	148.73	10.54	184.69	9.26
	其他	194.00	25.83	381.65	27.06	572.55	28.71
按信托功能	融资类	155.69	20.73	211.60	15.00	319.95	16.04
	投资类	61.70	8.21	122.11	8.66	302.23	15.15
	事务管理类	533.72	71.06	1076.84	76.34	1372.37	68.81

续 表

分类	信托资产构成	2019 年	占比	2018 年	占比	2017 年	占比
按资金来源	集合类	366.57	48.80	735.00	52.11	985.15	49.39
	单一类	328.98	43.80	569.02	40.34	840.65	42.15
	财产权类	55.56	7.40	106.52	7.55	168.75	8.46
按管理类型	主动管理型	205.11	27.31	310.49	22.01	450.89	22.61
	被动管理型	546.01	72.69	1100.05	77.99	1543.67	77.39

数据来源：信托公司年报。

表 4 - 48　　　　　　　　大业信托 2017—2019 年新增信托资产情况　　　　　单位：亿元，%

信托资产	2019 年	占比	2018 年	占比	2017 年	占比
新增合计	143.70	100.00	358.97	100.00	1796.00	100.00
其中：集合类	112.75	78.46	235.45	65.59	1101.40	61.33
单一类	30.92	21.52	103.74	28.90	644.71	35.90
财产权类	0.03	0.02	19.78	5.51	49.89	2.78
其中：主动管理型	98.46	68.52	180.96	50.41	641.59	35.72
被动管理型	45.24	31.48	178.01	49.59	1154.41	64.28

数据来源：信托公司年报，用益金融信托研究院整理制作。

表 4 - 49　　　　　　　　大业信托 2017—2019 年信托项目清算收益情况　　　　　单位：亿元，%

项目类型	2019 年		2018 年		2017 年	
	金额	综合收益率	金额	综合收益率	金额	综合收益率
年度合计	680.42	4.25	713.78	4.01	1066.77	6.53
其中：集合类	438.48	3.13	352.04	1.98	601.18	6.31
单一类	193.31	6.19	279.19	7.72	417.46	7.57
财产管理类	48.64	6.64	82.55	0.08	48.13	0.26
其中：主动管理类	357.38	6.42	204.56	6.29	586.04	6.37
被动管理类	323.05	6.25	509.22	2.28	480.73	6.85

数据来源：信托公司年报。

八、东莞信托

（一）基本情况

1. 企业基本信息

公司中文名称：东莞信托有限公司（东莞信托）

公司英文名称：DONGGUAN TRUST CO., LTD. （DGTC）

公司曾用名：东莞市财务发展公司

成立日期：1987 年 3 月

最新注册地址：广东省东莞市松山湖高新技术产业开发区创新科技园 2 号楼

主要办公地：东莞市

注册资本：14.50 亿元　　　　　　法定代表人：黄晓雯

官方网址：www.dgxt.com　　　　　电子邮箱：bgs@dgxt.com

2. 股东背景

表 4-50　　　　　　　　　东莞信托主要股东列表

股东名称	持股比例（％）	股东背景
东莞金融控股集团有限公司	60.83	国资
东莞发展控股股份有限公司	22.21	外资
东莞市东资经济贸易有限公司	4.97	非国资

数据来源：信托公司年报，用益金融信托研究院整理制作。

3. 人力资源

表 4-51　　　　　　　　　东莞信托人员结构分布表

统计项目	2019 年		2018 年		2017 年	
	人数	比例（％）	人数	比例（％）	人数	比例（％）
30 岁以下	89	25.28	54	25.71	58	32.95
30~40 岁	181	51.42	101	48.10	73	41.48
40 岁以上	82	23.30	55	26.19	45	25.57

统计项目	2019 年		2018 年		2017 年	
	人数	比例（%）	人数	比例（%）	人数	比例（%）
博士	4	1.14	1	0.48	0	0.00
硕士	126	35.80	63	30.00	49	27.84
本科	209	59.38	138	65.71	117	66.48
专科及以下	13	3.69	8	3.81	10	5.68
董监高	11	3.13	12	5.71	13	7.39
自营业务人员	6	1.70	7	3.33	6	3.41
信托业务人员	115	32.67	109	51.90	82	46.59
其他人员	220	62.50	82	39.05	75	42.61
总人数	352	100.00	210	100.00	176	100.00

数据来源：信托公司年报，用益金融信托研究院整理制作。

（二）主要经营指标及排名

表 4-52　　　　　　　　　东莞信托 2017—2019 年度主要经营指标

经营指标（母公司）	2019 年		2018 年		2017 年	
名称	值	排名	值	排名	值	排名
注册资本（亿元）	14.50	58	14.50	57	12.00	59
固有总资产（亿元）	60.94	49	65.09	47	43.25	57
固有净资产（亿元）	56.58	45	54.18	45	39.92	53
固有资产不良率（%）	0.00	48	0.00	46	0.02	40
信托总资产（亿元）	736.89	60	603.30	63	459.71	65
年度新增信托资产（亿元）	334.18	54	355.74	58	189.33	65
信托利润率（%）	6.68	17	4.88	29	4.21	60
年度综合清算收益率（%）	6.81	13	6.36	18	7.52	11
营业总收入（亿元）	10.99	39	9.18	43	7.58	53
信托业务收入（亿元）	8.76	36	7.30	40	6.99	43
自营业务收入（亿元）	2.24	49	1.89	44	0.59	62
信托报酬率（%）	2.22	2	2.33	1	3.63	1
净利润（亿元）	5.01	42	4.64	40	3.95	53
人均净利润（万元）	178.22	42	240.46	36	230.85	48
资本利润率（%）	9.03	35	11.04	31	10.11	52
净资本（亿元）	48.59	42	46.85	42	34.70	48

经营指标（母公司）	2019 年		2018 年		2017 年	
名称	值	排名	值	排名	值	排名
风险资本（亿元）	19.98	47	17.96	50	13.47	56
风险覆盖率（%）	243.17	12	260.85	10	257.68	9
风险准备金（亿元）	3.00	54	2.88	50	2.26	54

数据来源：信托公司年报，用益金融信托研究院整理制作。

（三）资产状况

1. 自营资产

表 4 – 53　　　　　　　东莞信托 2017—2019 年自营资产构成　　　　　单位：亿元,%

资产投资分布	2019 年	占比	2018 年	占比	2017 年	占比
基础产业	0.00	0.00	0.00	0.00	0.00	0.00
房地产	0.00	0.00	0.00	0.00	0.00	0.00
证券市场	7.69	12.62	5.08	7.81	4.15	9.59
实业	0.00	0.00	0.00	0.00	0.00	0.00
金融机构	4.85	7.95	2.69	4.13	2.13	4.92
其他	48.40	79.43	57.32	88.06	36.98	85.48
资产总计	60.94	100.00	65.09	100.00	43.25	100.00

数据来源：信托公司年报。

2. 信托资产

表 4 – 54　　　　　　　东莞信托 2017—2019 年信托资产构成　　　　　单位：亿元,%

分类	信托资产构成	2019 年	占比	2018 年	占比	2017 年	占比
按资金投向	基础产业	6.98	0.95	5.98	0.99	46.59	10.14
	房地产	100.23	13.60	53.81	8.92	30.38	6.61
	证券市场	26.58	3.61	15.36	2.55	20.24	4.40
	实业	317.05	43.03	197.76	32.78	154.53	33.61
	金融机构	0.53	0.07	0.00	0.00	0.00	0.00
	其他	285.52	38.75	330.39	54.76	207.97	45.24
按信托功能	融资类	284.59	38.62	263.79	43.72	230.37	50.11
	投资类	452.30	61.38	339.51	56.28	229.33	49.89
	事务管理类	0.00	0.00	0.00	0.00	0.00	0.00

分类	信托资产构成	2019 年	占比	2018 年	占比	2017 年	占比
按资金来源	集合类	523.65	71.06	296.13	49.08	268.71	58.45
	单一类	162.95	22.11	181.02	30.01	191.00	41.55
	财产权类	50.29	6.82	126.15	20.91	0.00	0.00
按管理类型	主动管理型	617.74	83.83	426.77	70.74	440.37	95.79
	被动管理型	119.14	16.17	176.53	29.26	19.34	4.21

数据来源：信托公司年报。

表 4-55　　　　　　　　东莞信托 2017—2019 年新增信托资产情况　　　　单位：亿元,%

信托资产	2019 年	占比	2018 年	占比	2017 年	占比
新增合计	334.18	100.00	355.74	100.00	189.33	100.00
其中：集合类	312.03	93.37	133.85	37.63	134.88	71.24
单一类	22.15	6.63	41.67	11.71	54.45	28.76
财产权类	0.00	0.00	180.21	50.66	0.00	0.00
其中：主动管理型	307.77	92.10	148.11	41.64	185.83	98.15
被动管理型	26.41	7.90	207.62	58.36	3.50	1.85

数据来源：信托公司年报，用益金融信托研究院整理制作。

表 4-56　　　　　　　东莞信托 2017—2019 年信托项目清算收益情况　　　　单位：亿元,%

项目类型	2019 年		2018 年		2017 年	
	金额	收益率	金额	收益率	金额	收益率
合计	216.07	6.81	157.76	6.36	82.31	7.52
其中：集合类	127.81	7.87	111.38	6.70	76.79	7.54
单一类	88.26	5.27	46.38	5.53	5.47	7.07
财产管理类	0.00	0.00	0.00	0.00	0.05	29.92
其中：主动管理类	196.10	6.96	154.60	6.26	79.31	7.43
被动管理类	19.97	5.25	3.16	11.02	3.00	13.64

数据来源：信托公司年报。

九、光大兴陇信托

（一）基本情况

1. 企业基本信息

公司中文名称：光大兴陇信托有限责任公司（光大兴陇信托）

公司英文名称：EVERBRIGHT XINGLONG TRUST CO.，LTD.（EXTC）

公司曾用名：甘肃省信托有限责任公司

成立日期：1980 年

最新注册地址：甘肃省兰州市城关区东岗西路 555 号

主要办公地：北京市

注册资本：64.18 亿元　　　　　　　　法定代表人：闫桂军

官方网址：www.ebtrust.com　　　　　　电子邮箱：contact@ ebtrust.com

2. 股东背景

表 4 - 57　　　　　　　　　　光大兴陇信托主要股东列表

股东名称	持股比例（%）	股东背景
中国光大集团股份公司	51.00	金融机构
甘肃省国有资产投资集团有限公司	23.42	国资
甘肃金融控股集团有限公司	21.58	国资

数据来源：信托公司年报，用益金融信托研究院整理制作。

3. 人力资源

表 4 - 58　　　　　　　　　　光大兴陇信托人员结构分布表

统计项目	2019 年		2018 年		2017 年	
	人数	比例（%）	人数	比例（%）	人数	比例（%）
30 岁以下	174	18.41	87	17.72	70	22.65
30 ~ 40 岁	629	66.56	326	66.40	172	55.66
40 岁以上	142	15.03	78	15.89	67	21.68

续　表

统计项目	2019 年		2018 年		2017 年	
	人数	比例（%）	人数	比例（%）	人数	比例（%）
博士	24	2.54	16	3.26	12	3.88
硕士	561	59.37	298	60.69	180	58.25
本科	344	36.40	161	32.79	99	32.04
专科及以下	16	1.69	16	3.26	18	5.83
董监高	7	0.74	5	1.02	8	2.59
自营业务人员	21	2.22	13	2.65	9	2.91
信托业务人员	722	76.40	351	71.49	187	60.52
其他人员	195	20.63	122	24.85	105	33.98
总人数	945	100.00	491	100.00	309	100.00

数据来源：信托公司年报，用益金融信托研究院整理制作。

（二）主要经营指标及排名

表 4-59　　　　　　　　光大兴陇信托 2017—2019 年度主要经营指标

经营指标（母公司）	2019 年		2018 年		2017 年	
名称	值	排名	值	排名	值	排名
注册资本（亿元）	64.18	11	64.18	9	34.18	26
固有总资产（亿元）	139.55	21	110.16	27	58.55	45
固有净资产（亿元）	107.11	21	89.72	24	50.20	41
固有资产不良率（%）	0.33	44	0.40	38	1.14	29
信托总资产（亿元）	7372.86	7	5739.39	12	4733.93	18
年度新增信托资产（亿元）	4796.59	3	3597.28	3	3400.72	13
信托利润率（%）	7.03	16	4.36	38	5.88	32
年度综合清算收益率（%）	6.15	31	5.73	32	6.50	34
营业总收入（亿元）	41.85	5	21.29	17	11.36	38
信托业务收入（亿元）	37.45	3	18.32	15	8.72	34
自营业务收入（亿元）	4.41	32	2.97	31	2.64	42
信托报酬率（%）	0.66	13	0.47	21	0.27	45
净利润（亿元）	20.78	8	11.17	16	5.27	44
人均净利润（万元）	289.37	27	279.86	31	170.43	53
资本利润率（%）	21.11	3	15.96	9	10.96	46
净资本（亿元）	97.12	18	82.93	17	44.76	39

续 表

经营指标（母公司）	2019 年		2018 年		2017 年	
名称	值	排名	值	排名	值	排名
风险资本（亿元）	74.08	12	48.48	19	38.36	21
风险覆盖率（%）	131.11	62	171.06	42	116.67	66
风险准备金（亿元）	3.73	43	2.69	55	1.85	57

数据来源：信托公司年报，用益金融信托研究院整理制作。

（三）资产状况

1. 自营资产

表 4-60　　　　　　光大兴陇信托 2017—2019 年自营资产构成　　　　单位：亿元，%

资产投资分布	2019 年	占比	2018 年	占比	2017 年	占比
基础产业	0.00	0.00	0.00	0.00	0.00	0.00
房地产	0.00	0.00	0.00	0.00	0.19	0.32
证券市场	1.16	0.83	2.39	2.17	3.64	6.22
实业	0.89	0.63	0.93	0.84	0.73	1.25
金融机构	39.68	28.43	17.39	15.79	21.04	35.93
其他	97.83	70.10	89.44	81.20	32.95	56.28
资产总计	139.55	100.00	110.16	100.00	58.55	100.00

数据来源：信托公司年报。

2. 信托资产

表 4-61　　　　　　光大兴陇信托 2017—2019 年信托资产构成　　　　单位：亿元，%

分类	信托资产构成	2019 年	占比	2018 年	占比	2017 年	占比
按资金投向	基础产业	2133.09	28.42	1825.14	31.43	1801.47	37.65
	房地产	899.00	11.98	758.83	13.07	490.90	10.26
	证券市场	720.30	9.60	681.71	11.74	660.33	13.80
	实业	2402.30	32.00	1824.34	31.42	1358.94	28.40
	金融机构	468.88	6.25	413.67	7.12	257.71	5.39
	其他	882.62	11.76	302.61	5.21	215.25	4.50
按信托功能	融资类	3006.19	40.77	1228.71	21.41	986.54	20.84
	投资类	1775.57	24.08	1614.61	28.13	1253.13	26.47
	事务管理类	2591.10	35.14	2896.07	50.46	2494.26	52.69

续　表

分类	信托资产构成	2019 年	占比	2018 年	占比	2017 年	占比
按资金来源	集合类	4327.05	58.69	2782.44	48.48	1804.68	38.12
	单一类	2564.65	34.79	2755.49	48.01	2527.05	53.38
	财产权类	481.16	6.53	201.46	3.51	402.20	8.50
按管理类型	主动管理型	4406.83	59.77	2136.75	37.23	1054.10	22.27
	被动管理型	2966.03	40.23	3602.65	62.77	3679.83	77.73

数据来源：信托公司年报。

表 4 - 62　　　　光大兴陇信托 2017—2019 年新增信托资产情况　　　　单位：亿元,%

信托资产	2019 年	占比	2018 年	占比	2017 年	占比
新增合计	4796.59	100.00	3597.28	100.00	3400.72	100.00
其中：集合类	3347.59	69.79	2464.72	68.52	1573.15	46.26
单一类	938.48	19.57	1011.99	28.13	1547.43	45.50
财产权类	510.52	10.64	120.58	3.35	280.14	8.24
其中：主动管理型	3678.62	76.69	2111.08	58.69	757.22	22.27
被动管理型	1117.97	23.31	1486.20	41.31	2643.49	77.73

数据来源：信托公司年报，用益金融信托研究院整理制作。

表 4 - 63　　　　光大兴陇信托 2017—2019 年信托项目清算收益情况　　　　单位：亿元,%

项目类型	2019 年		2018 年		2017 年	
	金额	综合收益率	金额	综合收益率	金额	综合收益率
年度合计	3163.12	6.15	2591.82	5.73	1741.41	6.50
其中：集合类	1802.98	6.44	1486.95	5.56	753.60	6.18
单一类	1129.32	5.82	783.55	6.03	763.68	6.57
财产管理类	230.83	5.44	321.31	5.78	224.12	7.31
其中：主动管理类	1408.54	6.33	1028.43	4.54	558.60	5.77
被动管理类	1754.59	6.00	1563.39	6.52	1182.81	6.83

数据来源：信托公司年报。

十、国联信托

（一）基本情况

1. 企业基本信息

公司中文名称：国联信托股份有限公司（国联信托）

公司英文名称：GUOLIAN TRUST CO., LTD. （GL TRUST）

公司曾用名：无锡市信托投资公司

成立日期：1987 年 1 月

最新注册地址：江苏省无锡市滨湖区太湖新城金融一街 8 号

主要办公地址：无锡市

注册资本：30.00 亿元　　　　　　法定代表人：周卫平

官方网址：www.gltic.com.cn　　　　电子邮箱：gltic@gltic.com.cn

2. 股东背景

表 4 - 64　　　　　　　　　国联信托主要股东列表

股东名称	持股比例（%）	股东背景
无锡市国联发展（集团）有限公司	69.92	国资
无锡市国联地方电力有限公司	12.20	国资
无锡华光锅炉股份有限公司	9.76	国资

数据来源：信托公司年报，用益金融信托研究院整理制作。

3. 人力资源

表 4 - 65　　　　　　　　　国联信托人员结构分布表

统计项目	2019 年		2018 年		2017 年	
	人数	比例（%）	人数	比例（%）	人数	比例（%）
30 岁以下	15	16.67	16	19.75	21	28.38
30~40 岁	50	55.56	43	53.09	34	45.95
40 岁以上	25	27.78	22	27.16	19	25.68

统计项目	2019 年		2018 年		2017 年	
	人数	比例（%）	人数	比例（%）	人数	比例（%）
博士	2	2.22	2	2.47	1	1.35
硕士	34	37.78	30	37.04	26	35.14
本科	48	53.33	44	54.32	42	56.76
专科及以下	6	6.67	5	6.17	5	6.76
董监高	5	5.56	6	7.41	6	8.11
自营业务人员	3	3.33	3	3.70	3	4.05
信托业务人员	29	32.22	24	29.63	20	27.03
其他人员	55	61.11	49	60.49	47	63.51
总人数	90	—	81	—	74	—

注：公司职工监事分别为信托业务人员和其他人员，故岗位百分比大于100%。

数据来源：信托公司年报，用益金融信托研究院整理制作。

（二）主要经营指标及排名

表 4 - 66　　　　　　　　国联信托 2017—2019 年度主要经营指标

经营指标（母公司）	2019 年		2018 年		2017 年	
名称	值	排名	值	排名	值	排名
注册资本（亿元）	30.00	40	30.00	38	30.00	33
固有总资产（亿元）	55.77	50	50.90	54	54.14	49
固有净资产（亿元）	51.31	49	46.82	49	48.22	44
固有资产不良率（%）	0.85	40	0.07	42	0.00	43
信托总资产（亿元）	733.14	61	808.71	62	858.60	60
年度新增信托资产（亿元）	73.25	65	49.71	65	186.03	66
信托利润率（%）	5.66	43	5.51	20	7.04	9
年度综合清算收益率（%）	6.87	12	7.82	2	7.77	9
营业总收入（亿元）	10.83	40	3.01	65	3.75	64
信托业务收入（亿元）	2.39	63	2.23	64	2.04	66
自营业务收入（亿元）	8.44	12	0.78	59	1.70	54
信托报酬率（%）	0.66	13	0.73	9	0.53	21
净利润（亿元）	9.03	24	1.98	56	2.69	58
人均净利润（万元）	1115.33	3	244.24	35	324.34	30
资本利润率（%）	18.41	4	4.16	59	5.39	62

经营指标（母公司）	2019 年		2018 年		2017 年	
名称	值	排名	值	排名	值	排名
净资本（亿元）	45.67	44	36.20	50	38.66	47
风险资本（亿元）	20.09	46	22.05	44	23.14	46
风险覆盖率（%）	227.33	19	164.16	48	167.07	42
风险准备金（亿元）	3.25	49	2.73	53	2.68	48

数据来源：信托公司年报，用益金融信托研究院整理制作。

（三）资产状况

1. 自营资产

表 4 – 67　　　　　　国联信托 2017—2019 年自营资产构成　　　　单位：亿元,%

资产投资分布	2019 年	占比	2018 年	占比	2017 年	占比
基础产业	0.00	0.00	0.00	0.00	0.00	0.00
房地产	0.44	0.79	5.62	11.04	0.74	1.37
证券市场	2.61	4.68	2.74	5.38	1.99	3.68
实业	1.03	1.85	3.92	7.70	2.91	5.37
金融机构	29.06	52.11	26.43	51.93	30.69	56.69
其他	22.63	40.58	12.19	23.95	17.81	32.89
资产总计	55.77	100.00	50.90	100.00	54.14	100.00

数据来源：信托公司年报。

2. 信托资产

表 4 – 68　　　　　　国联信托 2017—2019 年信托资产构成　　　　单位：亿元,%

分类	信托资产构成	2019 年	占比	2018 年	占比	2017 年	占比
按资金投向	基础产业	137.81	18.80	172.20	21.29	196.14	22.84
	房地产	1.34	0.18	1.34	0.17	2.81	0.33
	证券市场	4.30	0.59	0.00	0.00	0.08	0.01
	实业	71.12	9.70	91.67	11.34	85.67	9.98
	金融机构	4.00	0.55	9.50	1.17	20.39	2.37
	其他	514.58	70.19	534.00	66.03	553.51	64.47
按信托功能	融资类	66.92	9.13	27.63	3.42	31.01	3.61
	投资类	109.97	15.00	107.46	13.29	104.43	12.16
	事务管理类	556.26	75.87	673.62	83.30	723.16	84.23

续 表

分类	信托资产构成	2019 年	占比	2018 年	占比	2017 年	占比
按资金来源	集合类	244.61	33.36	281.80	34.85	277.42	32.31
	单一类	488.54	66.64	526.91	65.15	581.17	67.69
	财产权类	0.00	0.00	0.00	0.00	0.00	0.00
按管理类型	主动管理型	176.44	24.07	133.61	16.52	119.12	13.87
	被动管理型	556.71	75.93	675.10	83.48	739.48	86.13

数据来源：信托公司年报。

表 4 - 69　　　　　　　　　　国联信托 2017—2019 年新增信托资产情况　　　　　　单位：亿元,%

信托资产	2019 年	占比	2018 年	占比	2017 年	占比
新增合计	73.25	100.00	49.71	100.00	186.03	100.00
其中：集合类	43.81	59.81	49.22	99.01	147.99	79.55
单一类	29.44	40.19	0.49	0.99	38.04	20.45
财产权类	0.00	0.00	0.00	0.00	0.00	0.00
其中：主动管理型	47.27	64.54	49.51	99.60	78.80	42.36
被动管理型	25.97	35.46	0.20	0.40	107.23	57.64

数据来源：信托公司年报，用益金融信托研究院整理制作。

表 4 - 70　　　　　　　　　　国联信托 2017—2019 年信托项目清算收益情况　　　　　　单位：亿元,%

项目类型	2019 年		2018 年		2017 年	
	金额	综合收益率	金额	综合收益率	金额	综合收益率
年度合计	123.04	6.87	491.06	7.82	232.06	7.77
其中：集合类	93.30	5.88	368.37	7.90	65.35	8.12
单一类	29.73	9.99	122.68	7.57	166.71	7.63
财产管理类	0.00	0.00	0.00	0.00	0.00	0.00
其中：主动管理类	73.16	6.19	416.27	7.84	90.65	7.58
被动管理类	49.87	7.87	74.79	7.68	141.41	7.89

数据来源：信托公司年报。

十一、国民信托

（一）基本情况

1. 企业基本信息

公司中文名称：国民信托有限公司（国民信托）

公司英文名称：THE NATIONAL TRUST LTD.（NATRUST）

公司曾用名：中国人民建设银行浙江省信托投资公司

成立日期：1987 年

最新注册地址：北京市东城区安外西滨河路 18 号院 1 号

主要办公地：北京市

注册资本：10.00 亿元　　　　　　法定代表人：肖鹰

官方网址：www. natrust. cn　　　电子邮箱：info@ natrust. cn

2. 股东背景

表 4 - 71　　　　　　　　　　国民信托主要股东列表

股东名称	持股比例（%）	股东背景
上海丰益股权投资基金有限公司	31. 73	非国资
上海璟安实业有限公司	27. 55	非国资
上海创信资产管理有限公司	24. 16	非国资

数据来源：信托公司年报，用益金融信托研究院整理制作。

3. 人力资源

表 4 - 72　　　　　　　　　　国民信托人员结构分布表

统计项目	2019 年		2018 年		2017 年	
	人数	比例（%）	人数	比例（%）	人数	比例（%）
30 岁以下	28	11. 62	41	17. 45	67	27. 13
30 ~ 40 岁	150	62. 24	139	59. 15	133	53. 85
40 岁以上	63	26. 14	55	23. 40	47	19. 03

统计项目	2019 年		2018 年		2017 年	
	人数	比例（%）	人数	比例（%）	人数	比例（%）
博士	5	2.07	4	1.70	6	2.43
硕士	100	41.49	102	43.40	108	43.72
本科	117	48.55	112	47.66	116	46.96
专科及以下	19	7.88	17	7.23	17	6.88
董监高	5	2.07	7	2.98	7	2.83
自营业务人员	3	1.24	3	1.28	3	1.21
信托业务人员	134	55.60	142	60.43	144	58.30
其他人员	99	41.08	83	35.32	93	37.65
总人数	241	100.00	235	100.00	247	100.00

数据来源：信托公司年报，用益金融信托研究院整理制作。

（二）主要经营指标及排名

表 4-73　　　　　　　　　国民信托 2017—2019 年度主要经营指标

经营指标（母公司）	2019 年		2018 年		2017 年	
名称	值	排名	值	排名	值	排名
注册资本（亿元）	10.00	64	10.00	64	10.00	63
固有总资产（亿元）	32.38	63	36.16	61	43.07	58
固有净资产（亿元）	27.49	63	25.60	62	24.41	60
固有资产不良率（%）	17.63	10	3.31	26	2.65	22
信托总资产（亿元）	2230.73	32	3855.67	19	5219.09	15
年度新增信托资产（亿元）	351.12	52	1671.45	17	4496.60	7
信托利润率（%）	4.67	59	4.09	45	5.89	29
年度综合清算收益率（%）	4.93	57	2.50	63	7.52	12
营业总收入（亿元）	7.03	52	8.75	44	7.10	55
信托业务收入（亿元）	5.49	50	8.36	36	6.93	45
自营业务收入（亿元）	1.54	55	0.39	63	0.17	67
信托报酬率（%）	0.22	42	0.21	46	0.51	23
净利润（亿元）	1.89	55	1.19	61	1.13	65
人均净利润（万元）	79.49	54	49.29	61	46.67	66
资本利润率（%）	7.13	44	4.76	56	4.73	63
净资本（亿元）	25.10	59	21.85	61	19.18	63

经营指标（母公司）	2019 年		2018 年		2017 年	
名称	值	排名	值	排名	值	排名
风险资本（亿元）	8.14	65	10.57	63	14.71	53
风险覆盖率（%）	308.46	7	206.67	23	130.40	61
风险准备金（亿元）	1.45	65	1.35	64	1.29	62

数据来源：信托公司年报，用益金融信托研究院整理制作。

（三）资产状况

1. 自营资产

表 4-74 　　　　　　　国民信托 2017—2019 年自营资产构成 　　　　单位：亿元，%

资产投资分布	2019 年	占比	2018 年	占比	2017 年	占比
基础产业	0.00	0.00	0.00	0.00	0.00	0.00
房地产	0.00	0.00	0.00	0.00	0.00	0.00
证券市场	0.00	0.00	0.00	0.00	0.00	0.00
实业	0.00	0.00	0.00	0.00	0.00	0.00
金融机构	24.94	77.02	21.28	58.84	23.57	54.73
其他	7.44	22.98	14.88	41.16	19.50	45.27
资产总计	32.38	100.00	36.16	100.00	43.07	100.00

数据来源：信托公司年报。

2. 信托资产

表 4-75 　　　　　　　国民信托 2017—2019 年信托资产构成 　　　　单位：亿元，%

分类	信托资产构成	2019 年	占比	2018 年	占比	2017 年	占比
按资金投向	基础产业	265.35	11.90	303.36	7.87	369.24	7.07
	房地产	159.02	7.13	232.77	6.04	340.74	6.53
	证券市场	44.52	2.00	54.55	1.41	183.18	3.51
	实业	1496.96	67.11	277.68	7.20	3257.36	62.41
	金融机构	141.77	6.36	2786.78	72.28	724.55	13.88
	其他	123.11	5.52	200.52	5.20	344.02	6.59
按信托功能	融资类	100.53	4.51	40.81	1.06	86.68	1.66
	投资类	252.61	11.32	29.78	0.77	211.69	4.06
	事务管理类	1877.59	84.17	3785.08	98.17	4920.72	94.28

续　表

分类	信托资产构成	2019 年	占比	2018 年	占比	2017 年	占比
按资金来源	集合类	240. 73	10. 79	354. 41	9. 19	771. 97	14. 79
	单一类	1922. 05	86. 16	3355. 26	87. 02	4200. 32	80. 48
	财产权类	67. 96	3. 05	146. 00	3. 79	246. 81	4. 73
按管理类型	主动管理型	196. 59	8. 81	65. 87	1. 71	282. 64	5. 42
	被动管理型	2034. 14	91. 19	3789. 80	98. 29	4936. 45	94. 58

数据来源：信托公司年报。

表 4 – 76　　　　　　　　国民信托 2017—2019 年新增信托资产情况　　　　单位：亿元,%

信托资产	2019 年	占比	2018 年	占比	2017 年	占比
新增合计	351. 12	100. 00	1671. 45	100. 00	4496. 60	100. 00
其中：集合类	102. 02	29. 06	73. 29	4. 38	635. 71	14. 14
单一类	249. 10	70. 94	1539. 59	92. 11	3656. 39	81. 31
财产权类	0. 00	0. 00	58. 57	3. 50	204. 50	4. 55
其中：主动管理型	163. 47	46. 56	26. 36	1. 58	195. 33	4. 34
被动管理型	187. 65	53. 44	1645. 09	98. 42	4301. 28	95. 66

数据来源：信托公司年报，用益金融信托研究院整理制作。

表 4 – 77　　　　　　　国民信托 2017—2019 年信托项目清算收益情况　　　　单位：亿元,%

项目类型	2019 年		2018 年		2017 年	
	金额	综合收益率	金额	综合收益率	金额	综合收益率
年度合计	1997. 24	4. 93	2885. 66	2. 50	1825. 77	7. 52
其中：集合类	215. 55	2. 95	542. 34	– 13. 35	272. 60	10. 78
单一类	1693. 63	5. 19	2193. 99	6. 24	1545. 24	6. 96
财产管理类	88. 07	4. 71	149. 34	5. 19	7. 93	3. 84
其中：主动管理类	45. 72	3. 41	248. 76	– 26. 85	188. 80	9. 16
被动管理类	1951. 52	4. 96	2636. 91	5. 28	1636. 97	7. 32

数据来源：信托公司年报。

十二、国通信托

（一）基本情况

1. 企业基本信息

公司中文名称：国通信托有限责任公司（国通信托）

公司英文名称：GUOTONG TRUST CO., LTD.（GUOTONG）

公司曾用名：方正东亚信托有限责任公司

成立日期：1991 年 6 月

最新注册地址：湖北省武汉市江汉区新华街 296 号

主要办公地：武汉市

注册资本：32.00 亿元 　　　　　　法定代表人：冯鹏熙

官方网址：www. gt - trust. com 　　　电子邮箱：info@ gt - trust. com

2. 股东背景

表 4 - 78　　　　　　　　　　国通信托股东列表

股东名称	持股比例（%）	股东背景
武汉金融控股（集团）有限公司	67.51	国资
东亚银行有限公司	19.99	外资
北大方正集团有限公司	12.50	国资

数据来源：信托公司年报，用益金融信托研究院整理制作。

3. 人力资源

表 4 - 79　　　　　　　　　　国通信托人员结构分布表

统计项目	2019 年		2018 年		2017 年	
	人数	比例（%）	人数	比例（%）	人数	比例（%）
30 岁以下	56	15.22	73	20.33	111	35.02
30 ~ 40 岁	247	67.12	233	64.90	166	52.37
40 岁以上	65	17.66	53	14.76	40	12.62

续 表

统计项目	2019 年		2018 年		2017 年	
	人数	比例（%）	人数	比例（%）	人数	比例（%）
博士	8	2.17	8	2.23	6	1.89
硕士	186	50.54	179	49.86	155	48.90
本科	160	43.48	159	44.29	141	44.48
专科及以下	14	3.80	13	3.62	15	4.73
董监高	8	2.17	8	2.23	7	2.21
自营业务人员	14	3.80	14	3.90	8	2.52
信托业务人员	128	34.79	142	39.55	143	45.11
其他人员	218	59.24	195	54.32	159	50.16
总人数	368	100.00	359	100.00	317	100.00

数据来源：信托公司年报，用益金融信托研究院整理制作。

（二）主要经营指标及排名

表 4-80　　　　　　　　国通信托 2017—2019 年度主要经营指标

经营指标（母公司）	2019 年		2018 年		2017 年	
名称	值	排名	值	排名	值	排名
注册资本（亿元）	32.00	37	32.00	35	32.00	28
固有总资产（亿元）	81.52	37	82.98	38	57.62	47
固有净资产（亿元）	60.56	42	55.51	43	49.03	42
固有资产不良率（%）	4.94	24	0.00	46	0.00	43
信托总资产（亿元）	2068.40	35	2484.43	33	2389.51	41
年度新增信托资产（亿元）	1016.14	30	2368.81	10	2242.91	22
信托利润率（%）	5.50	45	3.86	48	5.21	45
年度综合清算收益率（%）	5.87	40	5.28	44	7.20	18
营业总收入（亿元）	11.65	36	12.91	29	12.09	33
信托业务收入（亿元）	9.79	33	11.85	23	11.48	25
自营业务收入（亿元）	1.86	53	1.06	55	0.61	61
信托报酬率（%）	0.49	23	0.40	27	0.35	39
净利润（亿元）	5.00	43	6.52	32	5.67	40
人均净利润（万元）	137.68	46	192.84	44	193.08	50
资本利润率（%）	8.62	39	12.47	20	12.27	38
净资本（亿元）	48.90	40	44.69	45	39.00	46

| 经营指标（母公司） | 2019 年 | | 2018 年 | | 2017 年 | |
名称	值	排名	值	排名	值	排名
风险资本（亿元）	38.16	28	38.73	25	29.72	36
风险覆盖率（%）	128.14	63	115.39	67	131.22	59
风险准备金（亿元）	6.17	26	5.52	27	6.13	21

数据来源：信托公司年报，用益金融信托研究院整理制作。

（三）资产状况

1. 自营资产

表 4 - 81　　　　国通信托 2017—2019 年自营资产构成　　　单位：亿元，%

资产投资分布	2019 年	占比	2018 年	占比	2017 年	占比
基础产业	0.00	0.00	0.00	0.00	0.00	0.00
房地产	0.00	0.00	0.00	0.00	0.00	0.00
证券市场	9.11	11.17	16.66	20.08	4.80	8.33
实业	0.00	0.00	0.00	0.00	0.00	0.00
金融机构	55.70	68.33	47.09	56.75	37.27	64.69
其他	16.71	20.50	19.23	23.17	15.55	26.98
资产总计	81.52	100.00	82.98	100.00	57.62	100.00

数据来源：信托公司年报。

2. 信托资产

表 4 - 82　　　　国通信托 2017—2019 年信托资产构成　　　单位：亿元，%

分类	信托资产构成	2019 年	占比	2018 年	占比	2017 年	占比
按资金投向	基础产业	373.75	18.07	383.28	15.43	287.42	12.03
	房地产	460.45	22.26	411.32	16.56	206.27	8.63
	证券市场	41.68	2.02	46.78	1.88	145.34	6.08
	实业	633.65	30.63	705.62	28.40	591.27	24.74
	金融机构	219.82	10.63	504.93	20.32	887.05	37.12
	其他	339.05	16.39	432.50	17.41	272.16	11.39
按信托功能	融资类	425.33	20.56	273.85	11.02	209.41	8.76
	投资类	409.26	19.79	289.33	11.65	82.67	3.46
	事务管理类	1233.81	59.65	1921.25	77.33	2097.43	87.78

分类	信托资产构成	2019 年	占比	2018 年	占比	2017 年	占比
按资金来源	集合类	892.62	43.16	1053.50	42.40	1372.10	57.42
	单一类	968.64	46.83	1221.49	49.17	991.35	41.49
	财产权类	207.15	10.01	209.43	8.43	26.06	1.09
按管理类型	主动管理型	689.62	33.34	767.64	30.90	566.79	23.72
	被动管理型	1378.78	66.66	1716.79	69.10	1822.72	76.28

数据来源：信托公司年报。

表 4 - 83　　　　　国通信托 2017—2019 年新增信托资产情况　　　　单位：亿元,%

信托资产	2019 年	占比	2018 年	占比	2017 年	占比
新增合计	1016.14	100.00	2368.81	100.00	2242.91	100.00
其中：集合类	646.35	43.16	947.43	40.00	1583.90	70.62
单一类	294.82	46.83	1041.31	43.96	648.82	28.93
财产权类	74.97	10.01	380.07	16.04	10.19	0.45
其中：主动管理型	570.57	33.34	691.90	29.21	590.17	26.31
被动管理型	445.57	66.66	1676.91	70.79	1652.73	73.69

数据来源：信托公司年报，用益金融信托研究院整理制作。

表 4 - 84　　　　　国通信托 2017—2019 年信托项目清算收益情况　　　　单位：亿元,%

项目类型	2019 年		2018 年		2017 年	
	金额	综合收益率	金额	综合收益率	金额	综合收益率
年度合计	1248.73	5.87	553.49	5.28	666.41	7.20
其中：集合类	536.79	7.09	292.39	6.37	513.77	7.28
单一类	580.24	5.50	258.79	4.04	146.51	6.94
财产管理类	131.71	2.52	2.31	6.22	6.14	7.20
其中：主动管理类	334.07	7.09	122.34	7.05	159.26	8.73
被动管理类	914.67	5.42	431.15	6.73	507.15	7.68

数据来源：信托公司年报。

十三、国投泰康信托

（一）基本情况

1. 企业基本信息

公司中文名称：国投泰康信托有限公司（国投泰康信托）

公司英文名称：SDIC TAIKANG TRUST CO.，LTD.（SDIC TRUST）

公司曾用名：沈阳市信托投资公司

成立日期：1986 年 6 月

最新注册地址：北京市西城区阜成门北大街 2 号楼 16 层、17 层

主要办公地：北京市

注册资本：26.71 亿元　　　　　　法定代表人：叶柏寿

官方网址：www. sdictktrust. com　　电子邮箱：sdictktrust@ sdictktrust. com

2. 股东背景

表 4 - 85　　　　　　　　国投泰康信托主要股东列表

股东名称	持股比例（%）	股东背景
国投资本控股有限公司	55.00	中央企业
泰康保险集团股份有限公司	32.98	金融机构
悦达资本股份有限公司	10.00	国资

数据来源：信托公司年报，用益金融信托研究院整理制作。

3. 人力资源

表 4 - 86　　　　　　　　国投泰康信托人员结构分布表

统计项目	2019 年		2018 年		2017 年	
	人数	比例（%）	人数	比例（%）	人数	比例（%）
30 岁以下	76	32.62	69	32.24	81	39.13
30～40 岁	118	50.64	120	56.07	103	49.76
40 岁以上	39	16.74	25	11.68	23	11.11

续　表

统计项目	2019 年		2018 年		2017 年	
	人数	比例（%）	人数	比例（%）	人数	比例（%）
博士	4	1.72	4	1.87	5	2.42
硕士	148	63.52	127	59.35	121	58.45
本科	74	31.76	77	35.98	77	37.20
专科及以下	7	3.00	6	2.80	4	1.93
董监高	8	3.43	7	3.27	5	2.42
自营业务人员	8	3.43	9	4.21	8	3.86
信托业务人员	133	57.08	136	63.55	130	62.80
其他人员	84	36.05	62	28.97	64	30.92
总人数	233	100.00	214	100.00	207	100.00

数据来源：信托公司年报，用益金融信托研究院整理制作。

（二）主要经营指标及排名

表 4 - 87　　　　国投泰康信托 2017—2019 年度主要经营指标

经营指标（母公司）	2019 年		2018 年		2017 年	
名称	值	排名	值	排名	值	排名
注册资本（亿元）	26.71	52	21.91	50	21.91	49
固有总资产（亿元）	70.08	45	71.11	44	61.96	44
固有净资产（亿元）	65.36	39	55.34	44	50.97	40
固有资产不良率（%）	0.00	48	0.00	46	0.00	43
信托总资产（亿元）	2002.30	38	2693.34	30	3628.05	25
年度新增信托资产（亿元）	571.45	41	675.45	43	2282.02	21
信托利润率（%）	6.03	32	5.15	24	5.81	36
年度综合清算收益率（%）	6.04	34	5.37	42	5.31	56
营业总收入（亿元）	15.58	29	10.84	37	10.08	46
信托业务收入（亿元）	10.34	30	8.79	34	7.39	42
自营业务收入（亿元）	5.24	23	2.05	42	2.70	41
信托报酬率（%）	0.54	19	0.32	32	0.25	47
净利润（亿元）	9.19	22	6.28	33	6.24	36
人均净利润（万元）	392.87	18	294.80	27	329.89	29
资本利润率（%）	15.13	10	11.81	26	12.42	36
净资本（亿元）	56.38	37	46.88	41	43.86	40

经营指标（母公司）	2019 年		2018 年		2017 年	
名称	值	排名	值	排名	值	排名
风险资本（亿元）	31.85	36	37.72	26	36.61	24
风险覆盖率（%）	177.03	40	124.30	65	119.82	64
风险准备金（亿元）	4.24	39	3.65	41	3.34	40

数据来源：信托公司年报，用益金融信托研究院整理制作。

（三）资产状况

1. 自营资产

表 4-88　　　　　国投泰康信托 2017—2019 年自营资产构成　　　单位：亿元，%

资产投资分布	2019 年	占比	2018 年	占比	2017 年	占比
基础产业	0.00	0.00	0.00	0.00	0.00	0.00
房地产	0.00	0.00	0.00	0.00	0.00	0.00
证券市场	14.40	20.55	15.62	21.97	10.13	16.35
实业	0.00	0.00	0.00	0.00	0.00	0.00
金融机构	7.53	10.74	5.92	8.33	5.92	9.55
其他	48.15	68.71	49.57	69.71	45.91	74.10
资产总计	70.08	100.00	71.11	100.00	61.96	100.00

数据来源：信托公司年报。

2. 信托资产

表 4-89　　　　　国投泰康信托 2017—2019 年信托资产构成　　　单位：亿元，%

分类	信托资产构成	2019 年	占比	2018 年	占比	2017 年	占比
按资金投向	基础产业	447.64	22.36	403.20	14.97	425.53	11.73
	房地产	336.44	16.80	374.89	13.92	251.63	6.94
	证券市场	145.69	7.28	122.87	4.56	312.13	8.60
	实业	340.70	17.02	888.08	32.97	1992.96	54.93
	金融机构	368.03	18.38	141.44	5.25	204.90	5.65
	其他	363.78	18.17	762.87	28.32	440.91	12.15
按信托功能	融资类	1042.56	52.07	1513.10	56.18	1855.61	51.15
	投资类	828.65	41.38	914.48	33.95	1006.12	27.73
	事务管理类	131.09	6.55	265.76	9.87	766.32	21.12

续 表

分类	信托资产构成	2019 年	占比	2018 年	占比	2017 年	占比
按资金来源	集合类	1152.15	57.54	1159.29	43.04	1132.65	31.22
	单一类	712.16	35.57	1256.17	46.64	1722.01	47.46
	财产权类	137.99	6.89	277.88	10.32	773.40	21.32
按管理类型	主动管理型	880.88	43.99	772.23	28.67	605.68	16.69
	被动管理型	1121.42	56.01	1921.12	71.33	3022.37	83.31

数据来源：信托公司年报。

表 4-90　　　　　　　　国投泰康信托 2017—2019 年新增信托资产情况　　　　单位：亿元,%

信托资产	2019 年	占比	2018 年	占比	2017 年	占比
新增合计	571.45	100.00	675.45	100.00	2282.02	100.00
其中：集合类	370.30	64.80	327.60	48.50	903.58	39.60
单一类	88.96	15.57	332.83	49.28	507.77	22.25
财产权类	112.19	19.63	15.02	2.22	870.67	38.15
其中：主动管理型	490.59	85.85	266.34	39.43	253.98	11.13
被动管理型	80.86	14.15	409.11	60.57	2028.04	88.87

数据来源：信托公司年报，用益金融信托研究院整理制作。

表 4-91　　　　　　　　国投泰康信托 2017—2019 年信托项目清算收益情况　　　　单位：亿元,%

项目类型	2019 年		2018 年		2017 年	
	金额	综合收益率	金额	综合收益率	金额	综合收益率
年度合计	1112.78	6.04	1487.99	5.37	2066.83	5.31
其中：集合类	334.00	6.59	239.34	7.53	28.43	2.74
单一类	671.39	6.10	988.91	6.13	1693.67	6.26
财产管理类	107.39	3.98	259.74	0.48	344.73	0.83
其中：主动管理类	326.91	6.89	208.00	6.04	22.15	8.04
被动管理类	785.87	5.56	1279.99	5.31	2044.68	5.22

数据来源：信托公司年报。

十四、国元信托

（一）基本情况

1. 企业基本信息

公司中文名称：安徽国元信托有限责任公司（国元信托）

公司英文名称：ANHUI GUOYUAN TRUST CO.，LTD.（GUOYUAN TRUST）

公司曾用名：安徽国元信托投资有限责任公司

成立日期：2001 年 12 月

最新注册地址：安徽省合肥市庐阳区宿州路 20 号

主要办公地：合肥市

注册资本：30.00 亿元　　　　　　　　法定代表人：许斌

官方网址：www.gyxt.com.cn　　　　　电子邮箱：xtbgs@gyxt.com.cn

2. 股东背景

表 4-92　　　　　　　　　　　国元信托主要股东列表

股东名称	持股比例（%）	股东背景
安徽国元金融控股集团有限责任公司	49.69	国资
深圳中海投资管理有限公司	40.38	非国资
安徽皖投资产管理有限公司	9.00	国资

数据来源：信托公司年报，用益金融信托研究院整理制作。

3. 人力资源

表 4-93　　　　　　　　　　　国元信托人员结构分布表

统计项目	2019 年		2018 年		2017 年	
	人数	比例（%）	人数	比例（%）	人数	比例（%）
30 岁以下	27	15.98	28	17.28	25	16.13
30~40 岁	64	37.87	53	32.72	50	32.26
40 岁以上	78	46.15	81	50.00	80	51.61

统计项目	2019 年		2018 年		2017 年	
	人数	比例（%）	人数	比例（%）	人数	比例（%）
博士	1	0.59	1	0.62	1	0.65
硕士	74	43.79	70	43.21	61	39.35
本科	73	43.20	70	43.21	70	45.16
专科及以下	21	12.43	21	12.96	23	14.84
董监高	9	5.33	10	6.17	10	6.45
自营业务人员	8	4.73	8	4.94	8	5.16
信托业务人员	87	51.48	80	49.38	78	50.32
其他人员	65	38.46	64	39.51	59	38.06
总人数	169	100.00	162	100.00	155	100.00

数据来源：信托公司年报，用益金融信托研究院整理制作。

（二）主要经营指标及排名

表 4－94　　　　　　　　国元信托 2017—2019 年度主要经营指标

经营指标（母公司）	2019 年		2018 年		2017 年	
名称	值	排名	值	排名	值	排名
注册资本（亿元）	30.00	40	30.00	39	30.00	33
固有总资产（亿元）	72.97	42	72.13	42	70.94	37
固有净资产（亿元）	69.47	38	65.61	36	64.39	35
固有资产不良率（%）	2.10	33	2.43	29	1.42	27
信托总资产（亿元）	1779.60	46	1977.63	41	2634.30	38
年度新增信托资产（亿元）	806.98	35	621.25	44	2134.32	24
信托利润率（%）	6.08	30	5.94	14	5.31	42
年度综合清算收益率（%）	4.79	59	4.93	49	6.06	44
营业总收入（亿元）	6.85	54	5.78	54	6.75	56
信托业务收入（亿元）	3.77	55	3.50	62	3.35	61
自营业务收入（亿元）	3.08	42	2.27	39	3.40	34
信托报酬率（%）	0.13	50	0.17	49	0.19	53
净利润（亿元）	4.41	46	3.68	48	4.72	47
人均净利润（万元）	265.30	32	232.31	40	304.43	35
资本利润率（%）	6.36	49	5.65	53	7.69	57
净资本（亿元）	57.17	35	56.60	34	54.96	31

续　表

经营指标（母公司）	2019 年		2018 年		2017 年	
名称	值	排名	值	排名	值	排名
风险资本（亿元）	30.27	40	30.66	36	37.93	23
风险覆盖率（％）	188.88	32	184.64	35	144.92	52
风险准备金（亿元）	6.11	27	5.83	24	5.57	23

数据来源：信托公司年报，用益金融信托研究院整理制作。

（三）资产状况

1. 自营资产

表 4 – 95　　　　　　　国元信托 2017—2019 年自营资产构成　　　　单位：亿元，%

资产投资分布	2019 年	占比	2018 年	占比	2017 年	占比
基础产业	15.71	20.86	5.02	6.74	7.20	9.83
房地产	4.79	6.36	6.25	8.39	8.24	11.24
证券市场	1.32	1.75	3.41	4.58	1.20	1.63
实业	4.15	5.51	10.58	14.20	4.65	6.34
金融机构	48.24	64.06	48.27	64.83	51.10	69.76
其他	1.10	1.46	0.94	1.26	0.88	1.20
资产总计	75.31	100.00	74.45	100.00	73.26	100.00

数据来源：信托公司年报。

2. 信托资产

表 4 – 96　　　　　　　国元信托 2017—2019 年信托资产构成　　　　单位：亿元，%

分类	信托资产构成	2019 年	占比	2018 年	占比	2017 年	占比
按资金投向	基础产业	852.95	47.93	960.93	48.59	1095.66	41.59
	房地产	39.63	2.23	25.58	1.29	44.33	1.68
	证券市场	5.00	0.28	10.41	0.53	9.59	0.36
	实业	424.79	23.87	419.89	21.23	640.43	24.31
	金融机构	390.78	21.96	506.32	25.60	759.57	28.83
	其他	66.45	3.73	54.50	2.76	84.72	3.22
按信托功能	融资类	888.78	49.94	1057.54	53.48	1487.51	56.47
	投资类	410.00	23.04	473.99	23.97	532.93	20.23
	事务管理类	480.83	27.02	446.10	22.56	613.86	23.30

续　表

分类	信托资产构成	2019 年	占比	2018 年	占比	2017 年	占比
按资金来源	集合类	409.20	22.99	423.44	21.41	441.42	16.76
	单一类	1024.64	57.58	1126.24	56.95	1586.58	60.23
	财产权类	345.77	19.43	427.95	21.64	606.30	23.02
按管理类型	主动管理型	168.04	9.44	130.35	6.59	148.02	5.62
	被动管理型	1611.56	90.56	1847.28	93.41	2486.28	94.38

数据来源：信托公司年报。

表 4 - 97　　　　　　　　　国元信托 2017—2019 年新增信托资产情况　　　　　单位：亿元，%

信托资产	2019 年	占比	2018 年	占比	2017 年	占比
新增合计	806.98	100.00	621.25	100.00	2134.32	100.00
其中：集合类	110.15	13.65	49.81	8.02	305.20	14.30
单一类	379.30	47.00	164.58	26.49	1178.37	55.21
财产权类	317.53	39.35	406.86	65.49	650.75	30.49
其中：主动管理型	110.15	13.65	41.55	6.69	64.16	3.01
被动管理型	696.83	86.35	579.70	93.31	2070.16	96.99

数据来源：信托公司年报，用益金融信托研究院整理制作。

表 4 - 98　　　　　　　　国元信托 2017—2019 年信托项目清算收益情况　　　　　单位：亿元，%

项目类型	2019 年		2018 年		2017 年	
	金额	综合收益率	金额	综合收益率	金额	综合收益率
年度合计	1560.73	4.79	684.75	4.93	515.99	6.06
其中：集合类	737.09	4.96	107.45	3.83	21.75	7.34
单一类	356.21	4.05	369.37	5.77	444.27	6.18
财产管理类	467.43	5.07	207.93	4.01	49.97	4.39
其中：主动管理类	676.18	5.05	100.64	5.58	42.95	7.40
被动管理类	884.55	4.58	584.11	5.14	473.04	5.93

数据来源：信托公司年报。

十五、杭州工商信托

（一）基本情况

1. 企业基本信息

公司中文名称：杭州工商信托股份有限公司（杭州工商信托）

公司英文名称：HANGZHOU INDUSTRIAL&COMMERCIAL TRUST CO.，LTD.

公司曾用名：中国工商银行杭州市信托投资公司

成立日期：1986 年 11 月

最新注册地址：浙江省杭州市江干区迪凯国际中心

主要办公地：杭州市

注册资本：15.00 亿元   法定代表人：虞利明

官方网址：www.hztrust.com   电子邮箱：hztrust@hztrust.com

2. 股东背景

表 4 - 99　　　　　　　　　　　杭州工商信托主要股东列表

股东名称	持股比例（%）	股东背景
杭州市金融投资集团有限公司	57.99	国资
绿地金融投资控股集团有限公司	19.90	国资
百大集团股份有限公司	6.26	非国资

数据来源：信托公司年报，用益金融信托研究院整理制作。

3. 人力资源

表 4 - 100　　　　　　　　　　杭州工商信托人员结构分布表

统计项目	2019 年		2018 年		2017 年	
	人数	比例（%）	人数	比例（%）	人数	比例（%）
30 岁以下	41	20.50	46	23.71	56	29.02
30~40 岁	120	60.00	109	56.19	98	50.78
40 岁以上	39	19.50	39	20.10	39	20.21

续 表

统计项目	2019 年		2018 年		2017 年	
	人数	比例（％）	人数	比例（％）	人数	比例（％）
博士	0	0.00	0	0.00	1	0.52
硕士	96	48.00	92	47.42	91	47.15
本科	94	47.00	92	47.42	89	46.11
专科及以下	10	5.00	10	5.15	12	6.22
董监高	6	3.00	6	3.09	7	3.63
自营业务人员	2	1.00	2	1.03	3	1.55
信托业务人员	86	43.00	86	44.33	81	41.97
其他人员	106	53.00	100	51.55	102	52.85
总人数	200	100.00	194	100.00	193	100.00

数据来源：信托公司年报，用益金融信托研究院整理制作。

（二）主要经营指标及排名

表 4 - 101　　　　　　杭州工商信托 2017—2019 年度主要经营指标

经营指标（母公司）	2019 年		2018 年		2017 年	
名称	值	排名	值	排名	值	排名
注册资本（亿元）	15.00	56	15.00	55	15.00	55
固有总资产（亿元）	50.00	56	52.06	52	49.63	52
固有净资产（亿元）	42.85	55	39.70	56	36.83	57
固有资产不良率（％）	0.00	48	0.00	46	0.00	43
信托总资产（亿元）	500.57	64	524.18	64	505.88	63
年度新增信托资产（亿元）	210.19	59	220.50	64	258.49	63
信托利润率（％）	8.08	4	6.48	12	7.92	4
年度综合清算收益率（％）	9.06	3	7.01	9	9.97	1
营业总收入（亿元）	10.78	41	10.06	41	10.09	45
信托业务收入（亿元）	7.26	39	7.37	39	7.59	41
自营业务收入（亿元）	3.52	37	2.69	33	2.50	44
信托报酬率（％）	2.51	1	1.71	2	2.73	2
净利润（亿元）	5.98	35	5.46	37	5.70	39
人均净利润（万元）	299.00	25	282.00	29	295.00	37
资本利润率（％）	14.70	11	14.57	12	16.89	17
净资本（亿元）	33.48	54	30.77	54	25.40	57

续　表

经营指标（母公司）	2019 年		2018 年		2017 年	
名称	值	排名	值	排名	值	排名
风险资本（亿元）	19.49	49	20.27	46	15.12	51
风险覆盖率（%）	171.78	46	151.79	51	167.99	40
风险准备金（亿元）	3.01	53	2.70	54	2.39	51

数据来源：信托公司年报，用益金融信托研究院整理制作。

（三）资产状况

1. 自营资产

表 4 - 102　　　　　杭州工商信托 2017—2019 年自营资产构成　　　单位：亿元,%

资产投资分布	2019 年	占比	2018 年	占比	2017 年	占比
基础产业	0.00	0.00	0.00	0.00	0.00	0.00
房地产	5.67	11.34	3.50	6.72	6.00	12.09
证券市场	0.03	0.05	0.02	0.04	0.03	0.06
实业	1.63	3.25	2.23	4.27	2.53	5.09
金融机构	34.45	68.90	38.28	73.53	28.54	57.50
其他	8.23	16.46	8.03	15.43	12.54	25.26
资产总计	50.00	100.00	52.06	100.00	49.63	100.00

数据来源：信托公司年报。

2. 信托资产

表 4 - 103　　　　　杭州工商信托 2017—2019 年信托资产构成　　　单位：亿元,%

分类	信托资产构成	2019 年	占比	2018 年	占比	2017 年	占比
按资金投向	基础产业	6.51	1.30	0.25	0.05	2.25	0.44
	房地产	380.32	75.98	415.85	79.33	351.35	69.45
	证券市场	11.48	2.29	31.83	6.07	17.27	3.41
	实业	18.52	3.70	14.50	2.77	31.83	6.29
	金融机构	24.38	4.87	38.65	7.37	55.12	10.90
	其他	59.36	11.86	23.11	4.41	48.07	9.50
按信托功能	融资类	122.45	24.46	144.47	27.56	122.14	24.14
	投资类	339.88	67.90	353.57	67.45	378.49	74.82
	事务管理类	38.24	7.64	26.14	4.99	5.25	1.04

续 表

分类	信托资产构成	2019 年	占比	2018 年	占比	2017 年	占比
按资金来源	集合类	465.59	93.01	488.79	93.25	474.82	93.86
	单一类	22.99	4.59	25.39	4.84	31.07	6.14
	财产权类	12.00	2.40	10.00	1.91	0.00	0.00
按管理类型	主动管理型	462.34	92.36	498.04	95.01	500.63	98.96
	被动管理型	38.23	7.64	26.14	4.99	5.25	1.04

数据来源：信托公司年报。

表 4 - 104   杭州工商信托 2017—2019 年新增信托资产情况   单位：亿元, %

信托资产	2019 年	占比	2018 年	占比	2017 年	占比
新增合计	210.19	100.00	220.50	100.00	258.49	100.00
其中：集合类	199.42	94.88	195.44	88.63	238.63	92.32
单一类	10.77	5.12	15.06	6.83	19.86	7.68
财产权类	0.00	0.00	10.00	4.54	0.00	0.00
其中：主动管理型	203.12	96.64	198.31	89.94	258.49	100.00
被动管理型	7.07	3.36	22.19	10.06	0.00	0.00

数据来源：信托公司年报，用益金融信托研究院整理制作。

表 4 - 105   杭州工商信托 2017—2019 年信托项目清算收益情况   单位：亿元, %

项目类型	2019 年		2018 年		2017 年	
	金额	综合收益率	金额	综合收益率	金额	综合收益率
年度合计	156.64	9.06	134.60	7.01	82.77	9.97
其中：集合类	149.39	8.93	117.31	7.35	75.41	10.20
单一类	7.25	11.77	17.28	4.67	7.36	7.61
财产管理类	0.00	0.00	0.00	0.00	0.00	0.00
其中：主动管理类	155.80	8.15	125.82	7.44	80.81	10.25
被动管理类	0.84	20.93	8.77	0.00	1.96	11.65

数据来源：信托公司年报。

十六、财信信托

（一）基本情况

1. 企业基本信息

公司中文名称：湖南省财信信托有限责任公司（财信信托）

公司英文名称：HUNAN CHASING TRUST CO.，LTD.（CHASING TRUST）

公司曾用名：湖南省信托投资公司

成立日期：1985 年

最新注册地址：湖南省长沙市天心区城南西路 1 号财信大厦 6—9 楼

主要办公地：长沙市

注册资本：24.51 亿元　　　　　　　　法定代表人：王双云

官方网址：www. huntic. com　　　　　电子邮箱：hnxt@ huntic. com

2. 股东背景

表 4 – 106　　　　　　　　　　　　财信信托股东列表

股东名称	持股比例（%）	股东背景
湖南财信投资控股有限责任公司	96.00	国资
湖南省国有投资经营有限公司	4.00	国资

数据来源：信托公司年报，用益金融信托研究院整理制作。

3. 人力资源

表 4 – 107　　　　　　　　　　　　财信信托人员结构分布表

统计项目	2019 年		2018 年		2017 年	
	人数	比例（%）	人数	比例（%）	人数	比例（%）
30 岁以下	39	19.31	66	33.50	48	30.19
30~40 岁	113	55.94	84	42.64	70	44.03
40 岁以上	50	24.75	47	23.86	41	25.79
博士	5	2.48	7	3.55	4	2.52

续 表

统计项目	2019 年		2018 年		2017 年	
	人数	比例（%）	人数	比例（%）	人数	比例（%）
硕士	91	45.05	75	38.07	54	33.96
本科	93	46.04	98	49.75	83	52.20
专科及以下	13	6.44	17	8.63	18	11.32
董监高	8	3.96	8	4.06	11	6.92
自营业务人员	6	2.97	6	3.05	7	4.40
信托业务人员	119	58.91	114	57.87	82	51.57
其他人员	69	34.16	69	35.03	59	37.11
总人数	202	100.00	197	100.00	159	100.00

数据来源：信托公司年报，用益金融信托研究院整理制作。

（二）主要经营指标及排名

表 4 – 108　　　　　　　　财信信托 2017—2019 年度主要经营指标

经营指标（母公司）	2019 年		2018 年		2017 年	
名称	值	排名	值	排名	值	排名
注册资本（亿元）	24.51	48	24.51	46	24.51	43
固有总资产（亿元）	91.83	36	103.00	28	88.64	32
固有净资产（亿元）	69.76	37	75.15	32	68.71	32
固有资产不良率（%）	0.00	48	0.00	46	0.00	43
信托总资产（亿元）	1069.92	54	1184.13	57	766.77	62
年度新增信托资产（亿元）	828.60	34	985.65	31	558.88	59
信托利润率（%）	7.83	6	4.61	32	6.50	17
年度综合清算收益率（%）	5.31	52	5.38	40	4.06	66
营业总收入（亿元）	8.69	46	12.56	30	11.74	34
信托业务收入（亿元）	6.51	42	5.40	50	6.03	51
自营业务收入（亿元）	2.18	51	7.15	10	5.72	21
信托报酬率（%）	—	—	—	—	—	—
净利润（亿元）	2.46	51	10.01	23	8.82	30
人均净利润（万元）	123.00	49	562.00	9	588.00	9
资本利润率（%）	3.43	57	13.90	15	23.56	5
净资本（亿元）	63.65	29	65.80	29	60.45	26
风险资本（亿元）	17.56	52	23.79	43	16.96	48

续　表

经营指标（母公司）	2019 年		2018 年		2017 年	
名称	值	排名	值	排名	值	排名
风险覆盖率（%）	362.47	6	276.61	8	356.38	3
风险准备金（亿元）	4.97	35	4.97	32	4.24	32

数据来源：信托公司年报，用益金融信托研究院整理制作。

（三）资产状况

1. 自营资产

表 4 - 109 　　　　　财信信托 2017—2019 年自营资产构成　　　　单位：亿元,%

资产投资分布	2019 年	占比	2018 年	占比	2017 年	占比
基础产业	30.97	33.72	23.85	23.14	24.70	27.84
房地产	0.49	0.54	3.21	3.12	0.00	0.00
证券市场	2.75	2.99	5.39	5.23	5.09	5.73
实业	0.32	0.35	3.76	3.65	2.65	2.99
金融机构	55.14	60.02	65.37	63.44	53.27	60.04
其他	2.20	2.39	1.46	1.41	3.01	3.40
资产总计	91.87	100.00	103.04	100.00	88.72	100.00

数据来源：信托公司年报。

2. 信托资产

表 4 - 110 　　　　　财信信托 2017—2019 年信托资产构成　　　　单位：亿元,%

分类	信托资产构成	2019 年	占比	2018 年	占比	2017 年	占比
按资金投向	基础产业	365.34	34.15	425.89	35.97	422.50	55.10
	房地产	47.90	4.48	43.03	3.63	34.63	4.52
	证券市场	29.50	2.76	24.03	2.03	49.52	6.46
	实业	373.41	34.90	162.98	13.76	110.29	14.38
	金融机构	136.00	12.71	456.47	38.55	57.88	7.55
	其他	117.77	11.01	71.74	6.06	91.95	11.99
按信托功能	融资类	361.35	33.77	313.73	26.49	306.64	39.99
	投资类	22.32	2.09	27.56	2.33	61.73	8.05
	事务管理类	686.25	64.14	842.84	71.18	398.39	51.96

续 表

分类	信托资产构成	2019 年	占比	2018 年	占比	2017 年	占比
按资金来源	集合类	436.96	40.84	421.13	35.56	360.68	47.04
	单一类	514.30	48.07	353.44	29.85	404.02	52.69
	财产权类	118.67	11.09	409.56	34.59	2.07	0.27
按管理类型	主动管理型	384.00	35.89	341.61	28.85	350.29	45.68
	被动管理型	685.92	64.11	842.53	71.15	416.48	54.32

数据来源：信托公司年报。

表 4-111　　　　　　　　财信信托 2017—2019 年新增信托资产情况　　　　单位：亿元，%

信托资产	2019 年	占比	2018 年	占比	2017 年	占比
新增合计	828.60	100.00	985.65	100.00	558.88	100.00
其中：集合类	262.58	31.69	191.75	19.45	256.84	45.96
单一类	318.83	38.48	108.72	11.03	302.04	54.04
财产权类	247.18	29.83	685.18	69.52	0.00	0.00
其中：主动管理型	232.29	28.03	187.16	18.99	228.46	40.88
被动管理型	596.31	71.97	798.49	81.01	330.42	59.12

数据来源：信托公司年报，用益金融信托研究院整理制作。

表 4-112　　　　　　　　财信信托 2017—2019 年信托项目清算收益情况　　　　单位：亿元，%

项目类型	2019 年		2018 年		2017 年	
	金额	综合收益率	金额	综合收益率	金额	综合收益率
年度合计	962.25	5.31	563.37	5.38	275.50	4.06
其中：集合类	184.75	3.73	191.99	2.28	202.63	2.71
单一类	228.08	9.60	91.98	4.84	72.73	7.65
财产管理类	549.41	4.06	279.40	7.69	0.14	91.98
其中：主动管理类	193.78	6.05	195.37	2.97	203.37	3.11
被动管理类	768.47	5.86	368.00	6.16	72.12	6.76

数据来源：信托公司年报。

十七、华澳信托

（一）基本情况

1. 企业基本信息

公司中文名称：华澳国际信托有限公司（华澳信托）

公司英文名称：SINO–AUSTRALIAN INTERNATIONAL TRUST CO., LTD.（SATC）

公司曾用名：昆明国际信托投资公司

成立日期：1992 年

最新注册地址：中国（上海）自由贸易试验区花园石桥路 33 号

主要办公地：上海市

注册资本：25.00 亿元　　　　　　法定代表人：吴瑞忠

官方网址：www. huaao – trust. com　　电子邮箱：enquiry@ huaao – trust. com

2. 股东背景

表 4 – 113　　　　　　　　　　华澳信托股东列表

股东名称	持股比例（％）	股东背景
北京融达投资有限公司	50.01	非国资
重庆财信企业集团有限公司	49.99	非国资

数据来源：信托公司年报，用益金融信托研究院整理制作。

3. 人力资源

表 4 – 114　　　　　　　　　　华澳信托人员结构分布表

统计项目	2019 年		2018 年		2017 年	
	人数	比例（％）	人数	比例（％）	人数	比例（％）
30 岁以下	60	26.79	63	30.43	60	36.59
30 ~ 40 岁	129	57.59	116	56.04	80	48.78
40 岁以上	35	15.63	28	13.53	24	14.63
博士	1	0.45	0	0.00	0	0.00

续 表

统计项目	2019 年		2018 年		2017 年	
	人数	比例（%）	人数	比例（%）	人数	比例（%）
硕士	109	48.66	102	49.28	72	43.90
本科	107	47.77	99	47.83	88	53.66
专科及以下	7	3.13	6	2.90	4	2.44
董监高	8	3.57	6	2.90	6	3.66
自营业务人员	9	4.02	9	4.35	6	3.66
信托业务人员	112	50.00	54	26.09	58	35.37
其他人员	95	42.41	138	66.67	94	57.32
总人数	224	100.00	207	100.00	164	100.00

数据来源：信托公司年报，用益金融信托研究院整理制作。

（二）主要经营指标及排名

表 4 - 115　　　　　华澳信托 2017—2019 年度主要经营指标

经营指标（母公司）	2019 年		2018 年		2017 年	
名称	值	排名	值	排名	值	排名
注册资本（亿元）	25.00	43	25.00	42	25.00	39
固有总资产（亿元）	54.10	53	57.08	50	48.38	53
固有净资产（亿元）	41.31	56	38.25	57	34.15	59
固有资产不良率（%）	17.09	11	0.02	44	0.06	38
信托总资产（亿元）	1322.03	53	1279.32	56	1400.88	56
年度新增信托资产（亿元）	531.71	43	504.17	49	1480.34	39
信托利润率（%）	6.39	22	4.13	44	3.89	63
年度综合清算收益率（%）	5.54	47	4.05	58	6.47	37
营业总收入（亿元）	9.94	42	7.38	49	5.71	60
信托业务收入（亿元）	5.28	51	4.70	55	3.69	59
自营业务收入（亿元）	4.65	30	2.68	34	2.02	50
信托报酬率（%）	0.28	37	0.44	25	0.23	48
净利润（亿元）	3.06	50	4.10	45	3.02	56
人均净利润（万元）	142.08	45	229.48	41	182.00	52
资本利润率（%）	7.70	41	11.34	29	10.83	48
净资本（亿元）	24.68	60	31.15	53	22.54	58
风险资本（亿元）	16.97	53	15.18	55	11.65	61

经营指标（母公司）	2019 年		2018 年		2017 年	
名称	值	排名	值	排名	值	排名
风险覆盖率（%）	145.42	51	205.20	24	193.50	27
风险准备金（亿元）	1.74	62	1.59	63	1.21	63

数据来源：信托公司年报，用益金融信托研究院整理制作。

（三）资产状况

1. 自营资产

表 4 - 116 华澳信托 2017—2019 年自营资产构成 单位：亿元，%

资产投资分布	2019 年	占比	2018 年	占比	2017 年	占比
基础产业	5.00	9.24	5.50	9.64	12.00	24.80
房地产	0.00	0.00	0.00	0.00	0.00	0.00
证券市场	0.00	0.00	0.00	0.00	0.00	0.00
实业	42.87	79.25	43.99	77.06	24.05	49.72
金融机构	2.00	3.70	0.20	0.35	4.13	8.53
其他	4.22	7.81	7.39	12.95	8.20	16.95
资产总计	54.10	100.00	57.08	100.00	48.38	100.00

数据来源：信托公司年报。

2. 信托资产

表 4 - 117 华澳信托 2017—2019 年信托资产构成 单位：亿元，%

分类	信托资产构成	2019 年	占比	2018 年	占比	2017 年	占比
按资金投向	基础产业	455.11	34.42	492.74	38.52	459.09	32.77
	房地产	214.15	16.20	132.37	10.35	63.80	4.55
	证券市场	10.46	0.79	21.77	1.70	82.28	5.87
	实业	452.97	34.26	330.82	25.86	275.94	19.70
	金融机构	45.34	3.43	71.76	5.61	74.69	5.33
	其他	144.00	10.89	229.86	17.97	445.09	31.77
按信托功能	融资类	254.33	19.24	149.54	11.69	145.16	10.36
	投资类	13.89	1.05	33.22	2.60	34.12	2.44
	事务管理类	1053.81	79.71	1096.56	85.71	1221.60	87.20

续　表

分类	信托资产构成	2019 年	占比	2018 年	占比	2017 年	占比
按资金来源	集合类	309.55	23.41	203.31	15.89	247.37	17.66
	单一类	849.37	64.25	863.35	67.49	968.49	69.13
	财产权类	163.12	12.34	212.65	16.62	185.03	13.21
按管理类型	主动管理型	268.20	20.29	176.96	13.83	162.77	11.62
	被动管理型	1053.83	79.71	1102.36	86.17	1238.11	88.38

数据来源：信托公司年报。

表 4 – 118　　　　　　　华澳信托 2017—2019 年新增信托资产情况　　　　　单位：亿元，%

信托资产	2019 年	占比	2018 年	占比	2017 年	占比
新增合计	531.71	100.00	504.17	100.00	1480.34	100.00
其中：集合类	261.54	49.19	119.92	23.79	289.61	19.56
单一类	254.70	47.90	299.75	59.45	1020.00	68.90
财产权类	15.46	2.91	84.50	16.76	170.73	11.53
其中：主动管理型	234.19	44.04	88.76	17.60	116.10	7.84
被动管理型	297.52	55.96	415.41	82.40	1364.24	92.16

数据来源：信托公司年报，用益金融信托研究院整理制作。

表 4 – 119　　　　　　　华澳信托 2017—2019 年信托项目清算收益情况　　　　　单位：亿元，%

项目类型	2019 年		2018 年		2017 年	
	金额	综合收益率	金额	综合收益率	金额	综合收益率
年度合计	881.38	5.54	410.27	4.05	234.51	6.47
其中：集合类	136.39	7.75	116.69	2.36	107.19	7.30
单一类	706.54	5.12	237.45	4.86	105.79	6.47
财产管理类	38.45	5.48	56.13	4.12	21.52	2.35
其中：主动管理类	97.46	7.03	88.99	6.00	102.69	7.39
被动管理类	783.92	5.36	321.28	3.55	131.82	5.76

数据来源：信托公司年报。

十八、华宝信托

（一）基本情况

1. 企业基本信息

公司中文名称：华宝信托有限责任公司（华宝信托）

公司英文名称：HWABAO TRUST CO.，LTD.（HWABAO TRUST）

公司曾用名：舟山市信托投资公司

成立日期：1998 年

最新注册地址：中国（上海）自由贸易试验区世纪大道 100 号 59 层

主要办公地：上海市

注册资本：47.44 亿元　　　　　　法定代表人：张轶

官方网址：www.hwabaotrust.com　　电子邮箱：hbservice@hwabaotrust.com

2. 股东背景

表 4 - 120　　　　　　　　　　　华宝信托股东列表

股东名称	持股比例（%）	股东背景
中国宝武钢铁集团有限公司	98.00	中央企业
舟山市国有资产投资经营有限公司	2.00	国资

数据来源：信托公司年报，用益金融信托研究院整理制作。

3. 人力资源

表 4 - 121　　　　　　　　　　华宝信托人员结构分布表

统计项目	2019 年		2018 年		2017 年	
	人数	比例（%）	人数	比例（%）	人数	比例（%）
30 岁以下	74	22.77	99	29.73	116	34.52
30～40 岁	192	59.08	182	54.65	168	50.00
40 岁以上	59	18.15	52	15.62	52	15.48
博士	5	1.54	7	2.10	6	1.79

统计项目	2019 年		2018 年		2017 年	
	人数	比例（%）	人数	比例（%）	人数	比例（%）
硕士	162	49.85	162	48.65	157	46.73
本科	155	47.69	161	48.35	166	49.40
专科及以下	3	0.92	3	0.90	7	2.08
董监高	7	2.15	8	2.40	7	2.08
自营业务人员	3	0.92	4	1.20	7	2.08
信托业务人员	172	52.92	173	51.95	158	47.02
其他人员	143	44.00	148	44.44	164	48.81
总人数	325	100.00	333	100.00	336	100.00

数据来源：信托公司年报，用益金融信托研究院整理制作。

（二）主要经营指标及排名

表 4 - 122　　　　　华宝信托 2017—2019 年度主要经营指标

经营指标（母公司）	2019 年		2018 年		2017 年	
名称	值	排名	值	排名	值	排名
注册资本（亿元）	47.44	20	37.44	29	37.44	21
固有总资产（亿元）	106.08	27	100.72	29	105.23	26
固有净资产（亿元）	91.64	26	77.95	30	72.12	29
固有资产不良率（%）	10.83	18	9.09	7	8.43	10
信托总资产（亿元）	4892.29	13	5348.23	13	5955.89	13
年度新增信托资产（亿元）	427.11	48	727.70	41	966.72	51
信托利润率（%）	5.63	44	3.63	53	3.11	64
年度综合清算收益率（%）	5.09	53	5.40	39	5.48	54
营业总收入（亿元）	14.78	31	16.50	26	16.34	28
信托业务收入（亿元）	10.01	32	10.62	27	12.42	23
自营业务收入（亿元）	4.76	29	5.88	19	3.92	31
信托报酬率（%）	—	—	—	—	0.54	20
净利润（亿元）	7.66	29	9.49	25	9.20	27
人均净利润（万元）	232.70	36	283.69	28	292.16	38
资本利润率（%）	9.03	35	12.65	19	13.35	32
净资本（亿元）	76.55	25	65.90	28	57.78	28
风险资本（亿元）	31.60	37	30.40	37	35.87	25

续　表

经营指标（母公司）	2019 年		2018 年		2017 年	
名称	值	排名	值	排名	值	排名
风险覆盖率（%）	242.25	13	216.78	18	161.08	44
风险准备金（亿元）	10.91	11	10.06	10	9.11	10

数据来源：信托公司年报，用益金融信托研究院整理制作。

（三）资产状况

1. 自营资产

表 4 - 123　　　　　华宝信托 2017—2019 年自营资产构成　　　单位：亿元,%

资产投资分布	2019 年	占比	2018 年	占比	2017 年	占比
基础产业	0.00	0.00	0.00	0.00	0.00	0.00
房地产	0.01	0.01	0.01	0.01	0.01	0.01
证券市场	5.72	5.40	16.38	16.26	14.77	14.03
实业	0.00	0.00	0.00	0.00	0.00	0.00
金融机构	97.31	91.73	76.27	75.72	87.19	82.85
其他	3.04	2.87	8.07	8.01	3.27	3.11
资产总计	106.08	100.00	100.72	100.00	105.23	100.00

数据来源：信托公司年报。

2. 信托资产

表 4 - 124　　　　　华宝信托 2017—2019 年信托资产构成　　　单位：亿元,%

分类	信托资产构成	2019 年	占比	2018 年	占比	2017 年	占比
按资金投向	基础产业	1008.15	20.61	902.26	16.87	726.28	12.19
	房地产	328.41	6.71	239.37	4.48	86.86	1.46
	证券市场	1474.95	30.15	1508.09	28.20	1523.24	25.58
	实业	457.96	9.36	474.25	8.87	346.54	5.82
	金融机构	262.09	5.36	433.00	8.10	979.48	16.45
	其他	1360.72	27.81	1791.26	33.49	2293.49	38.51
按信托功能	融资类	734.33	15.01	649.75	12.15	590.58	9.92
	投资类	2375.30	48.55	2642.44	49.41	3324.52	55.82
	事务管理类	1782.67	36.44	2056.04	38.44	2040.79	34.26

续　表

分类	信托资产构成	2019 年	占比	2018 年	占比	2017 年	占比
按资金来源	集合类	1280.43	26.17	1291.11	24.14	1622.37	27.24
	单一类	3540.09	72.36	3938.21	73.64	4167.57	69.97
	财产权类	71.77	1.47	118.91	2.22	165.95	2.79
按管理类型	主动管理型	1018.60	20.82	2482.18	46.41	2545.47	42.74
	被动管理型	3873.69	79.18	2866.05	53.59	3410.42	57.26

数据来源：信托公司年报。

表 4 - 125　　　　　　　　华宝信托 2017—2019 年新增信托资产情况　　　　　单位：亿元,%

信托资产	2019 年	占比	2018 年	占比	2017 年	占比
新增合计	427.11	100.00	727.70	100.00	966.72	100.00
其中：集合类	193.69	45.35	253.66	34.86	306.66	31.72
单一类	209.10	48.96	427.45	58.74	591.47	61.18
财产权类	24.33	5.70	46.60	6.40	68.59	7.10
其中：主动管理型	220.61	51.65	289.44	39.77	255.09	26.39
被动管理型	206.49	48.35	438.27	60.23	711.63	73.61

数据来源：信托公司年报，用益金融信托研究院整理制作。

表 4 - 126　　　　　　　　华宝信托 2017—2019 年信托项目清算收益情况　　　　　单位：亿元,%

项目类型	2019 年		2018 年		2017 年	
	金额	综合收益率	金额	综合收益率	金额	综合收益率
年度合计	637.21	5.09	571.50	5.40	425.69	5.48
其中：集合类	211.57	5.54	192.22	4.41	139.97	7.17
单一类	395.76	4.99	322.64	6.33	233.89	5.46
财产管理类	29.88	3.32	56.64	3.42	51.82	1.03
其中：主动管理类	169.39	7.36	255.60	6.62	102.95	7.06
被动管理类	467.83	4.27	315.90	4.40	322.74	4.98

数据来源：信托公司年报。

十九、华宸信托

（一）基本情况

1. 企业基本信息

公司中文名称：华宸信托有限责任公司（华宸信托）

公司英文名称：HUA CHEN TRUST LIMITED CORPORATION

公司曾用名：内蒙古信托投资有限责任公司

成立日期：1988 年 4 月

最新注册地址：内蒙古自治区呼和浩特市赛罕区如意西街 23 号

主要办公地：呼和浩特市

注册资本：8.00 亿元   法定代表人：田跃勇

官方网址：www. hctrust. cn   电子邮箱：hctrust@ hctrust. cn

2. 股东背景

表 4 – 127   华宸信托主要股东列表

股东名称	持股比例（%）	股东背景
内蒙古交通投资（集团）有限责任公司	36.50	国资
中国大唐集团资本控股有限公司	32.45	中央企业
内蒙古自治区人民政府国有资产监督管理委员会	30.20	政府

数据来源：信托公司年报，用益金融信托研究院整理制作。

3. 人力资源

表 4 – 128   华宸信托人员结构分布表

统计项目	2019 年		2018 年		2017 年	
	人数	比例（%）	人数	比例（%）	人数	比例（%）
30 岁以下	4	4.26	11	13.75	—	—
30 ~ 40 岁	42	44.68	22	27.50	—	—
40 岁以上	48	51.06	47	58.75	—	—

统计项目	2019 年		2018 年		2017 年	
	人数	比例（%）	人数	比例（%）	人数	比例（%）
博士	4	4.26	2	2.50	2	2.50
硕士	44	46.81	33	41.25	30	37.50
本科	37	39.36	34	42.50	32	40.00
专科及以下	9	9.57	11	13.75	16	20.00
董监高	6	6.38	5	6.25	—	—
自营业务人员	6	6.38	5	6.25	—	—
信托业务人员	24	25.53	28	35.00	—	—
其他人员	58	61.70	42	52.50	—	—
总人数	94	100.00	80	100.00	80	100.00

数据来源：信托公司年报，用益金融信托研究院整理制作。

（二）主要经营指标及排名

表 4 – 129 　　　　　　　　华宸信托 2017—2019 年度主要经营指标

经营指标（母公司）	2019 年		2018 年		2017 年	
名称	值	排名	值	排名	值	排名
注册资本（亿元）	8.00	66	8.00	66	8.00	66
固有总资产（亿元）	12.84	68	12.16	68	13.12	67
固有净资产（亿元）	10.69	68	9.91	67	11.70	67
固有资产不良率（%）	39.26	2	32.67	1	10.92	3
信托总资产（亿元）	21.38	68	21.99	68	39.66	68
年度新增信托资产（亿元）	13.20	67	2.52	67	24.84	68
信托利润率（%）	8.75	3	7.27	1	7.44	8
年度综合清算收益率（%）	11.14	2	6.34	19	6.98	23
营业总收入（亿元）	0.04	67	0.52	68	0.46	68
信托业务收入（亿元）	0.04	68	0.09	68	0.28	68
自营业务收入（亿元）	0.00	63	0.43	62	0.18	66
信托报酬率（%）	0.37	31	1.08	6	0.81	13
净利润（亿元）	-0.61	64	-1.19	67	0.51	68
人均净利润（万元）	-69.58	64	-149.05	67	57.97	65
资本利润率（%）	-5.88	66	-11.03	67	4.25	65
净资本（亿元）	7.43	68	5.93	68	9.00	66

续　表

经营指标（母公司）	2019 年		2018 年		2017 年	
名称	值	排名	值	排名	值	排名
风险资本（亿元）	1.24	68	1.14	68	2.22	68
风险覆盖率（%）	598.51	2	520.08	1	404.73	2
风险准备金（亿元）	0.71	67	0.71	67	0.71	66

数据来源：信托公司年报，用益金融信托研究院整理制作。

（三）资产状况

1. 自营资产

表 4 – 130　　　　　华宸信托 2017—2019 年自营资产构成　　　　单位：亿元,%

资产投资分布	2019 年	占比	2018 年	占比	2017 年	占比
基础产业	0.45	3.50	0.27	2.19	0.00	0.00
房地产	2.21	17.23	1.50	12.35	3.80	28.97
证券市场	0.41	3.21	0.40	3.32	5.25	40.04
实业	0.36	2.82	1.56	12.86	1.08	8.23
金融机构	8.64	67.29	7.41	60.89	2.52	19.21
其他	0.76	5.95	1.02	8.40	0.46	3.54
资产总计	12.84	100.00	12.16	100.00	13.12	100.00

数据来源：信托公司年报。

2. 信托资产

表 4 – 131　　　　　华宸信托 2017—2019 年信托资产构成　　　　单位：亿元,%

分类	信托资产构成	2019 年	占比	2018 年	占比	2017 年	占比
按资金投向	基础产业	0.00	0.00	1.08	4.89	2.72	6.86
	房地产	16.78	78.48	14.98	68.10	19.45	49.04
	证券市场	0.00	0.00	0.00	0.00	0.00	0.00
	实业	1.00	4.68	2.47	11.22	10.54	26.57
	金融机构	0.00	0.00	0.00	0.00	1.65	4.16
	其他	3.60	16.84	3.47	15.79	5.30	13.37
按信托功能	融资类	3.26	15.25	16.05	72.97	23.32	58.81
	投资类	3.03	14.16	3.54	16.12	9.06	22.85
	事务管理类	15.09	70.59	2.40	10.91	7.27	18.34

续 表

分类	信托资产构成	2019 年	占比	2018 年	占比	2017 年	占比
按资金来源	集合类	5.93	27.74	6.73	30.59	13.92	35.11
	单一类	15.45	72.26	14.25	64.80	25.74	64.89
	财产权类	0.00	0.00	1.01	4.61	0.00	0.00
按管理类型	主动管理型	6.29	29.41	8.30	37.74	29.77	75.08
	被动管理型	15.09	70.59	13.69	62.26	9.88	24.92

数据来源：信托公司年报。

表 4 - 132　　　　　　　　华宸信托 2017—2019 年新增信托资产情况　　　　单位：亿元,%

信托资产	2019 年	占比	2018 年	占比	2017 年	占比
新增合计	13.20	100.00	2.52	100.00	24.84	100.00
其中：集合类	0.00	0.00	0.01	0.21	0.00	0.00
单一类	13.20	100.00	1.50	59.52	24.84	100.00
财产权类	0.00	0.00	1.01	40.27	0.00	0.00
其中：主动管理型	0.00	0.00	1.02	40.48	24.84	100.00
被动管理型	13.20	100.00	1.50	59.52	0.00	0.00

数据来源：信托公司年报，用益金融信托研究院整理制作。

表 4 - 133　　　　　　　　华宸信托 2017—2019 年信托项目清算收益情况　　　　单位：亿元,%

项目类型	2019 年		2018 年		2017 年	
	金额	综合收益率	金额	综合收益率	金额	综合收益率
年度合计	14.52	11.14	19.61	6.34	52.89	6.98
其中：集合类	0.71	8.99	6.48	9.27	7.84	9.50
单一类	12.80	12.14	13.13	4.90	45.06	6.54
财产管理类	1.01	0.00	0.00	0.00	0.00	0.00
其中：主动管理类	1.92	4.83	6.14	9.11	57.43	7.43
被动管理类	12.60	12.25	11.78	0.17	23.48	5.74

数据来源：信托公司年报。

二十、华能信托

（一）基本情况

1. 企业基本信息

公司中文名称：华能贵诚信托有限公司（华能信托）

公司英文名称：HUANENG GUICHENG TRUST CORPORATION LIMITED（HNGCTC）

公司曾用名：贵州省黔隆国际信托投资有限责任公司

成立日期：2002 年

最新注册地址：贵州省贵阳市观山湖区长岭北路 55 号贵州金融城 1 期

主要办公地：贵阳市

注册资本：61.95 亿元　　　　　法定代表人：田军

官方网址：www.hngtrust.com　　　电子邮箱：public@hngtrust.com

2. 股东背景

表 4 - 134　　　　　　　　　华能信托主要股东列表

股东名称	持股比例（%）	股东背景
华能资本服务有限公司	67.92	中央企业
贵州乌江能源投资有限公司	31.48	国资
人保投资控股有限公司	0.16	国资

数据来源：信托公司年报，用益金融信托研究院整理制作。

3. 人力资源

表 4 - 135　　　　　　　　　华能信托人员结构分布表

统计项目	2019 年		2018 年		2017 年	
	人数	比例（%）	人数	比例（%）	人数	比例（%）
30 岁以下	133	36.44	124	35.33	101	29.62
30 ~ 40 岁	163	44.66	156	44.44	160	46.92
40 岁以上	69	18.90	71	20.23	80	23.46

统计项目	2019 年		2018 年		2017 年	
	人数	比例（%）	人数	比例（%）	人数	比例（%）
博士	7	1.92	6	1.71	5	1.47
硕士	175	47.95	166	47.29	158	46.33
本科	178	48.77	174	49.57	173	50.73
专科及以下	5	1.37	5	1.42	5	1.47
董监高	12	3.29	12	3.42	13	3.81
自营业务人员	15	4.11	15	4.27	14	4.11
信托业务人员	237	64.93	228	64.96	224	65.69
其他人员	101	27.67	96	27.35	90	26.39
总人数	365	100.00	351	100.00	341	100.00

数据来源：信托公司年报，用益金融信托研究院整理制作。

（二）主要经营指标及排名

表 4 - 136　　　　　　　　华能信托 2017—2019 年度主要经营指标

经营指标（母公司）	2019 年		2018 年		2017 年	
名称	值	排名	值	排名	值	排名
注册资本（亿元）	61.95	12	61.95	10	42.00	17
固有总资产（亿元）	244.20	5	213.16	7	138.41	11
固有净资产（亿元）	204.31	6	184.51	5	122.15	11
固有资产不良率（%）	0.09	47	0.11	40	0.17	36
信托总资产（亿元）	7250.47	8	7278.97	7	10102.53	4
年度新增信托资产（亿元）	4754.07	4	3570.62	4	11425.79	1
信托利润率（%）	6.30	26	5.64	18	6.12	23
年度综合清算收益率（%）	6.33	21	6.24	23	6.32	38
营业总收入（亿元）	50.46	2	34.77	4	34.14	6
信托业务收入（亿元）	31.75	7	24.47	4	26.53	5
自营业务收入（亿元）	18.71	2	10.31	6	7.61	10
信托报酬率（%）	—		—		—	
净利润（亿元）	31.58	2	24.08	4	20.84	7
人均净利润（万元）	870.55	4	696.88	4	620.46	8
资本利润率（%）	16.42	6	17.56	6	17.90	13
净资本（亿元）	178.12	4	160.84	4	102.49	11

经营指标（母公司）	2019 年		2018 年		2017 年	
名称	值	排名	值	排名	值	排名
风险资本（亿元）	84.16	9	75.06	6	71.37	6
风险覆盖率（%）	211.63	25	214.26	19	143.60	53
风险准备金（亿元）	10.60	12	8.45	14	6.43	19

数据来源：信托公司年报，用益金融信托研究院整理制作。

（三）资产状况

1. 自营资产

表 4 - 137　　　　　华能信托 2017—2019 年自营资产构成　　　　单位：亿元，%

资产投资分布	2019 年	占比	2018 年	占比	2017 年	占比
基础产业	0.00	0.00	0.00	0.00	0.00	0.00
房地产	0.00	0.00	0.00	0.00	0.00	0.00
证券市场	28.02	11.48	23.78	11.15	6.73	4.86
实业	0.00	0.00	0.00	0.00	0.00	0.00
金融机构	207.28	84.88	180.70	84.77	127.13	91.85
其他	8.89	3.64	8.68	4.07	4.56	3.29
资产总计	244.20	100.00	213.16	100.00	138.41	100.00

数据来源：信托公司年报。

2. 信托资产

表 4 - 138　　　　　华能信托 2017—2019 年信托资产构成　　　　单位：亿元，%

分类	信托资产构成	2019 年	占比	2018 年	占比	2017 年	占比
按资金投向	基础产业	319.09	4.40	505.46	6.94	812.43	8.04
	房地产	538.99	7.43	581.42	7.99	459.56	4.55
	证券市场	64.23	0.89	70.60	0.97	92.20	0.91
	实业	1209.68	16.68	1177.31	16.17	1403.22	13.89
	金融机构	769.90	10.62	870.46	11.96	1289.28	12.76
	其他	4348.58	59.98	4073.73	55.97	6045.85	59.84
按信托功能	融资类	1458.91	20.12	1697.11	23.32	1454.81	14.40
	投资类	1019.91	14.07	981.80	13.49	1200.08	11.88
	事务管理类	4771.65	65.81	4600.06	63.20	7447.64	73.72

续　表

分类	信托资产构成	2019 年	占比	2018 年	占比	2017 年	占比
按资金来源	集合类	2059.13	28.40	2221.63	30.52	2784.63	27.56
	单一类	1979.65	27.30	2188.94	30.07	2702.65	26.75
	财产权类	3211.68	44.30	2868.40	39.41	4615.26	45.68
按管理类型	主动管理型	2478.82	34.19	2362.91	32.46	2953.99	29.24
	被动管理型	4771.65	65.81	4916.07	67.54	7148.54	70.76

数据来源：信托公司年报。

表 4 - 139　　　　　华能信托 2017—2019 年新增信托资产情况　　　　单位：亿元,%

信托资产	2019 年	占比	2018 年	占比	2017 年	占比
新增合计	4754.07	100.00	3570.62	100.00	11425.79	100.00
其中：集合类	1341.74	28.22	2009.70	56.28	4280.36	37.46
单一类	846.81	17.81	623.85	17.47	2124.15	18.59
财产权类	2565.52	53.96	937.07	26.24	5021.27	43.95
其中：主动管理型	1943.89	40.89	2386.67	66.84	4860.32	42.54
被动管理型	2810.17	59.11	1183.95	33.16	6565.46	57.46

数据来源：信托公司年报，用益金融信托研究院整理制作。

表 4 - 140　　　　　华能信托 2017—2019 年信托项目清算收益情况　　　　单位：亿元,%

项目类型	2019 年		2018 年		2017 年	
	金额	综合收益率	金额	综合收益率	金额	综合收益率
年度合计	3114.45	6.33	6345.93	6.24	8469.29	6.32
其中：集合类	1245.62	6.27	2549.21	6.45	4057.91	6.64
单一类	772.95	6.56	1129.73	6.22	1831.28	6.16
财产管理类	1095.88	6.24	2666.98	6.05	2580.10	5.92
其中：主动管理类	1471.74	6.34	2714.59	6.51	4951.22	6.10
被动管理类	1642.71	6.32	3631.33	6.04	3518.08	6.61

数据来源：信托公司年报。

二十一、华融信托

（一）基本情况

1. 企业基本信息

公司中文名称：华融国际信托有限责任公司（华融信托）

公司英文名称：HUARONG INTERNATIONAL TRUST CO. , LTD. （HUARONG TRUST）

公司曾用名：新疆国际信托投资有限责任公司

成立日期：1987 年 1 月

最新注册地址：新疆乌鲁木齐市天山区中山路 333 号

主要办公地：北京市

注册资本：30.36 亿元　　　　　　　　法定代表人：白俊杰

官方网址：www. huarongtrust. com. cn　　电子邮箱：hrxt@ chamc. com. cn

2. 股东背景

表 4 – 141　　　　　　　　　　华融信托主要股东列表

股东名称	持股比例（%）	股东背景
中国华融资产管理股份有限公司	76.79	金融机构
长城人寿保险股份有限公司	14.64	金融机构
珠海市华策集团有限公司	7.32	非国资

数据来源：信托公司年报，用益金融信托研究院整理制作。

3. 人力资源

表 4 – 142　　　　　　　　　　华融信托人员结构分布表

统计项目	2019 年		2018 年		2017 年	
	人数	比例（%）	人数	比例（%）	人数	比例（%）
30 岁以下	39	13.93	66	18.70	107	27.37
30 ~ 40 岁	157	56.07	196	55.52	198	50.64
40 岁以上	84	30.00	91	25.78	86	21.99

续 表

统计项目	2019 年		2018 年		2017 年	
	人数	比例（%）	人数	比例（%）	人数	比例（%）
博士	12	4.29	14	3.97	15	3.84
硕士	163	58.21	208	58.92	230	58.82
本科	99	35.36	124	35.13	137	35.04
专科及以下	6	2.14	7	1.98	9	2.30
董监高	14	5.00	16	4.53	18	4.60
自营业务人员	2	0.71	0	0.00	0	0.00
信托业务人员	154	55.00	235	66.57	245	62.66
其他人员	110	39.29	102	28.90	128	32.74
总人数	280	100.00	353	100.00	391	100.00

数据来源：信托公司年报，用益金融信托研究院整理制作。

（二）主要经营指标及排名

表 4-143　　　　　华融信托 2017—2019 年度主要经营指标

经营指标（母公司）	2019 年		2018 年		2017 年	
名称	值	排名	值	排名	值	排名
注册资本（亿元）	30.36	38	30.36	36	30.36	30
固有总资产（亿元）	171.62	15	162.67	13	125.84	18
固有净资产（亿元）	87.51	29	92.44	23	96.20	20
固有资产不良率（%）	1.08	38	1.76	30	4.77	17
信托总资产（亿元）	1424.61	51	1985.65	40	3220.53	30
年度新增信托资产（亿元）	467.91	47	543.94	48	2755.92	16
信托利润率（%）	3.97	64	2.90	59	6.28	22
年度综合清算收益率（%）	6.27	23	6.74	14	6.68	31
营业总收入（亿元）	8.05	48	4.15	62	20.13	19
信托业务收入（亿元）	5.86	46	9.39	30	16.85	15
自营业务收入（亿元）	2.19	50	-5.24	67	3.28	36
信托报酬率（%）	—	—	—	—	—	—
净利润（亿元）	-4.12	66	0.54	64	8.97	28
人均净利润（万元）	-130.26	66	14.61	65	247.74	43
资本利润率（%）	-2.47	65	0.57	65	10.94	47
净资本（亿元）	61.82	31	68.85	26	79.16	20

经营指标（母公司）	2019 年		2018 年		2017 年	
名称	值	排名	值	排名	值	排名
风险资本（亿元）	42.93	22	51.98	17	54.24	16
风险覆盖率（%）	143.99	54	132.46	59	145.94	50
风险准备金（亿元）	3.72	44	3.72	40	3.72	34

数据来源：信托公司年报，用益金融信托研究院整理制作。

（三）资产状况

1. 自营资产

表 4 - 144 　　　　　华融信托 2017—2019 年自营资产构成 　　　单位：亿元，%

资产投资分布	2019 年	占比	2018 年	占比	2017 年	占比
基础产业	0.00	0.00	0.00	0.00	0.00	0.00
房地产	0.00	0.00	0.00	0.00	0.00	0.00
证券市场	1.63	0.95	0.94	0.58	30.17	23.97
实业	0.00	0.00	0.00	0.00	0.00	0.00
金融机构	156.77	91.35	147.59	90.73	78.15	62.10
其他	13.21	7.70	14.14	8.69	17.52	13.92
资产总计	171.62	100.00	162.67	100.00	125.84	100.00

数据来源：信托公司年报。

2. 信托资产

表 4 - 145 　　　　　华融信托 2017—2019 年信托资产构成 　　　单位：亿元，%

分类	信托资产构成	2019 年	占比	2018 年	占比	2017 年	占比
按资金投向	基础产业	245.04	17.20	255.01	12.84	347.37	10.79
	房地产	325.04	22.82	472.00	23.77	641.13	19.91
	证券市场	163.55	11.48	212.09	10.68	338.53	10.51
	实业	419.77	29.47	396.88	19.99	500.89	14.92
	金融机构	234.18	16.44	598.41	30.14	1368.52	40.76
	其他	37.02	2.60	51.27	2.58	24.09	0.75
按信托功能	融资类	738.67	51.85	1228.19	61.85	1732.99	53.81
	投资类	170.55	11.97	202.33	10.19	305.07	9.47
	事务管理类	515.39	36.18	555.13	27.96	1182.47	36.72

续 表

分类	信托资产构成	2019 年	占比	2018 年	占比	2017 年	占比
按资金来源	集合类	719.40	50.50	1226.14	61.75	2187.86	67.93
	单一类	479.73	33.67	442.71	22.30	590.27	18.33
	财产权类	225.47	15.83	316.79	15.95	442.40	13.74
按管理类型	主动管理型	650.53	45.66	1005.08	50.62	1374.26	42.67
	被动管理型	774.08	54.34	980.57	49.38	1846.27	57.33

数据来源：信托公司年报。

表 4 - 146　　　　　华融信托 2017—2019 年新增信托资产情况　　　　单位：亿元, %

信托资产	2019 年	占比	2018 年	占比	2017 年	占比
新增合计	467.91	100.00	543.94	100.00	2755.92	100.00
其中：集合类	312.21	66.72	407.53	74.92	1695.21	61.51
单一类	155.70	33.28	120.27	22.11	439.56	15.95
财产权类	0.00	0.00	16.15	2.97	621.15	22.54
其中：主动管理型	301.47	64.43	421.68	77.52	933.08	33.86
被动管理型	166.43	35.57	122.27	22.48	1822.84	66.14

数据来源：信托公司年报，用益金融信托研究院整理制作。

表 4 - 147　　　　　华融信托 2017—2019 年信托项目清算收益情况　　　　单位：亿元, %

项目类型	2019 年		2018 年		2017 年	
	金额	综合收益率	金额	综合收益率	金额	综合收益率
年度合计	1400.88	6.27	1490.95	6.74	1118.18	6.68
其中：集合类	1212.52	6.14	458.80	7.29	450.67	7.25
单一类	119.54	6.14	578.15	4.99	577.18	6.19
财产管理类	68.81	8.77	454.00	8.41	90.33	6.93
其中：主动管理类	330.98	6.59	438.82	6.38	493.03	7.14
被动管理类	1069.90	6.15	1052.13	6.89	625.15	6.91

数据来源：信托公司年报。

二十二、华润信托

（一）基本情况

1. 企业基本信息

公司中文名称：华润深国投信托有限公司（华润信托）

公司英文名称：CHINA RESOURCES SZITIC TRUST CO. , LTD. （CR TRUST）

公司曾用名：深圳国际信托投资总公司

成立日期：1982 年 8 月

最新注册地址：深圳市福田区中心四路 1－1 号嘉里建设广场第三座 10—12 层

主要办公地：深圳市

注册资本：110.00 亿元　　　　　　　　法定代表人：刘小腊

官方网址：www. crctrust. com　　　　电子邮箱：crctrust@ crctrust. com

2. 股东背景

表 4 - 148　　　　　　　　　　　　华润信托股东列表

股东名称	持股比例（%）	股东背景
华润股份有限公司	51.00	中央企业
深圳市投资控股有限公司	49.00	国资

数据来源：信托公司年报，用益金融信托研究院整理制作。

3. 人力资源

表 4 - 149　　　　　　　　　　　　华润信托人员结构分布表

统计项目	2019 年		2018 年		2017 年	
	人数	比例（%）	人数	比例（%）	人数	比例（%）
30 岁以下	135	35.90	154	40.96	117	32.50
30 ~ 40 岁	180	47.87	170	45.21	179	49.72
40 岁以上	61	16.22	52	13.83	64	17.78
博士	11	2.93	14	3.72	12	3.33

统计项目	2019年		2018年		2017年	
	人数	比例（%）	人数	比例（%）	人数	比例（%）
硕士	250	66.49	246	65.43	228	63.33
本科	108	28.72	110	29.26	111	30.83
专科及以下	7	1.86	6	1.60	9	2.50
董监高	8	2.13	7	1.86	7	1.94
自营业务人员	3	0.80	4	1.06	6	1.67
信托业务人员	239	63.56	229	60.90	237	65.83
其他人员	126	33.51	136	36.17	110	30.56
总人数	376	100.00	376	100.00	360	100.00

数据来源：信托公司年报，用益金融信托研究院整理制作。

（二）主要经营指标及排名

表4-150 华润信托 2017—2019 年度主要经营指标

经营指标（母公司）	2019年		2018年		2017年	
名称	值	排名	值	排名	值	排名
注册资本（亿元）	110.00	5	110.00	4	60.00	8
固有总资产（亿元）	255.46	4	231.81	5	217.14	6
固有净资产（亿元）	221.02	4	196.99	4	184.65	4
固有资产不良率（%）	4.48	27	4.82	19	5.05	16
信托总资产（亿元）	9548.86	3	9549.19	3	13469.39	3
年度新增信托资产（亿元）	3618.33	6	1926.52	14	8622.86	3
信托利润率（%）	7.18	12	0.77	63	4.73	52
年度综合清算收益率（%）	5.34	51	0.71	65	8.53	3
营业总收入（亿元）	30.74	11	23.88	13	26.01	11
信托业务收入（亿元）	13.52	20	12.45	22	10.21	28
自营业务收入（亿元）	17.22	3	11.42	5	15.80	5
信托报酬率（%）	—	—	—	—	0.14	57
净利润（亿元）	28.87	3	21.41	5	22.60	5
人均净利润（万元）	767.73	5	581.66	7	672.62	5
资本利润率（%）	13.81	13	11.22	30	12.95	33
净资本（亿元）	121.56	11	108.74	10	113.57	8
风险资本（亿元）	52.84	17	51.33	18	63.61	9

经营指标（母公司）	2019 年		2018 年		2017 年	
名称	值	排名	值	排名	值	排名
风险覆盖率（%）	230.05	18	211.83	20	178.54	30
风险准备金（亿元）	13.51	5	11.84	8	10.58	6

数据来源：信托公司年报，用益金融信托研究院整理制作。

（三）资产状况

1. 自营资产

表 4 – 151　　　　　　华润信托 2017—2019 年自营资产构成　　　　单位：亿元,%

资产投资分布	2019 年	占比	2018 年	占比	2017 年	占比
基础产业	0.00	0.00	0.00	0.00	0.00	0.00
房地产	63.15	24.72	35.16	15.17	32.23	14.84
证券市场	0.51	0.20	15.68	6.77	4.69	2.16
实业	0.01	0.00	0.81	0.35	1.03	0.48
金融机构	137.56	53.85	129.35	55.80	129.57	59.67
其他	54.23	21.23	50.80	21.91	49.62	22.85
资产总计	255.46	100.00	231.81	100.00	217.14	100.00

数据来源：信托公司年报。

2. 信托资产

表 4 – 152　　　　　　华润信托 2017—2019 年信托资产构成　　　　单位：亿元,%

分类	信托资产构成	2019 年	占比	2018 年	占比	2017 年	占比
按资金投向	基础产业	297.18	3.11	233.21	2.44	208.56	1.55
	房地产	520.62	5.45	570.44	5.97	497.41	3.69
	证券市场	3764.94	39.43	4324.49	45.29	6796.86	50.46
	实业	2213.73	23.18	2003.43	20.98	2412.58	17.91
	金融机构	635.81	6.66	1050.22	11.00	1966.80	14.60
	其他	2116.58	22.17	1367.42	14.32	1587.20	11.78
按信托功能	融资类	369.12	3.87	317.56	3.33	253.79	1.88
	投资类	2999.70	31.41	3705.01	38.80	5924.59	43.99
	事务管理类	6180.05	64.72	5526.62	57.88	7291.00	54.13

分类	信托资产构成	2019 年	占比	2018 年	占比	2017 年	占比
按资金来源	集合类	2510.12	26.29	2715.07	28.43	3863.87	28.69
	单一类	4058.85	42.51	4144.54	43.40	5880.18	43.66
	财产权类	2979.89	31.21	2689.58	28.17	3725.34	27.66
按管理类型	主动管理型	3368.81	35.28	4022.57	42.12	6178.39	45.87
	被动管理型	6180.05	64.72	5526.62	57.88	7291.00	54.13

数据来源：信托公司年报。

表 4 - 153　　　　　华润信托 2017—2019 年新增信托资产情况　　　单位：亿元,%

信托资产	2019 年	占比	2018 年	占比	2017 年	占比
新增合计	3618.33	100.00	1926.52	100.00	8622.86	100.00
其中：集合类	761.24	21.04	336.57	17.47	2457.44	28.50
单一类	773.07	21.37	211.17	10.96	2138.75	24.80
财产权类	2084.02	57.60	1378.78	71.57	4026.67	46.70
其中：主动管理型	903.69	24.98	377.70	19.61	2182.81	25.31
被动管理型	2714.64	75.02	1548.82	80.39	6440.04	74.69

数据来源：信托公司年报，用益金融信托研究院整理制作。

表 4 - 154　　　　　华润信托 2017—2019 年信托项目清算收益情况　　　单位：亿元,%

项目类型	2019 年		2018 年		2017 年	
	金额	综合收益率	金额	综合收益率	金额	综合收益率
年度合计	2043.22	5.34	2175.33	0.71	1017.48	8.53
其中：集合类	736.55	4.26	779.28	-9.74	311.42	9.42
单一类	560.10	5.78	451.77	0.91	492.47	9.20
财产管理类	746.57	6.07	944.29	9.23	213.59	5.69
其中：主动管理类	764.69	1.21	857.67	-10.11	496.87	11.54
被动管理类	1278.53	6.38	1317.67	7.86	520.61	5.66

数据来源：信托公司年报。

二十三、华鑫信托

（一）基本情况

1. 企业基本信息

公司中文名称：华鑫国际信托有限公司（华鑫信托）

公司英文名称：CHINA FORTUNE INTERNATIONAL TRUST CO., LTD. （CHINA FORTUNE TRUST）

公司曾用名：佛山国际信托投资有限公司

成立日期：2008 年 12 月

最新注册地址：北京市西城区宣武门内大街 2 号华电大厦 B 座 11 层

主要办公地：北京市

注册资本：35.70 亿元　　　　　　　　法定代表人：褚玉

官方网址：www.cfitc.com　　　　　　电子邮箱：hxxt@ cfitc.com

2. 股东背景

表 4 - 155　　　　　　　　　　　华鑫信托股东列表

股东名称	持股比例（%）	股东背景
中国华电集团资本控股有限公司	69.84	中央企业
中国华电集团财务有限公司	30.16	中央企业

数据来源：信托公司年报，用益金融信托研究院整理制作。

3. 人力资源

表 4 - 156　　　　　　　　　　　华鑫信托人员结构分布表

统计项目	2019 年		2018 年		2017 年	
	人数	比例（%）	人数	比例（%）	人数	比例（%）
30 岁以下	34	16.43	35	17.77	36	18.00
30 ~ 40 岁	121	58.45	110	55.84	115	57.50
40 岁以上	52	25.12	52	26.40	49	24.50

续 表

统计项目	2019 年		2018 年		2017 年	
	人数	比例（%）	人数	比例（%）	人数	比例（%）
博士	6	2.90	6	3.05	7	3.50
硕士	134	64.73	125	63.45	125	62.50
本科	64	30.92	61	30.96	62	31.00
专科及以下	3	1.45	5	2.54	6	3.00
董监高	12	5.80	14	7.11	13	6.50
自营业务人员	7	3.38	7	3.55	6	3.00
信托业务人员	114	55.07	108	54.82	108	54.00
其他人员	74	35.75	68	34.52	73	36.50
总人数	207	100.00	197	100.00	200	100.00

数据来源：信托公司年报，用益金融信托研究院整理制作。

（二）主要经营指标及排名

表 4 – 157　　　　　　　　　华鑫信托 2017—2019 年度主要经营指标

经营指标（母公司）	2019 年		2018 年		2017 年	
名称	值	排名	值	排名	值	排名
注册资本（亿元）	35.70	34	35.70	32	22.00	45
固有总资产（亿元）	77.49	39	74.47	41	49.97	51
固有净资产（亿元）	61.64	41	65.37	37	45.16	48
固有资产不良率（%）	0.00	48	0.00	46	0.01	41
信托总资产（亿元）	2620.76	27	2582.54	31	2974.02	33
年度新增信托资产（亿元）	1233.94	23	822.37	35	1395.62	43
信托利润率（%）	7.10	13	-3.92	67	5.11	48
年度综合清算收益率（%）	4.99	56	-5.50	68	6.72	30
营业总收入（亿元）	12.82	34	10.34	38	11.44	37
信托业务收入（亿元）	9.66	34	7.15	42	7.67	40
自营业务收入（亿元）	3.16	41	3.20	29	3.77	32
信托报酬率（%）	0.38	28	0.25	40	0.23	48
净利润（亿元）	6.54	33	5.99	34	6.06	38
人均净利润（万元）	337.25	23	318.51	26	319.04	32
资本利润率（%）	10.30	30	10.83	32	14.40	26
净资本（亿元）	48.76	41	54.82	37	39.77	45

续 表

经营指标（母公司）	2019 年		2018 年		2017 年	
名称	值	排名	值	排名	值	排名
风险资本（亿元）	34.42	31	34.42	31	35.40	26
风险覆盖率（%）	141.68	57	159.28	49	112.35	67
风险准备金（亿元）	3.29	48	2.95	48	2.35	53

数据来源：信托公司年报，用益金融信托研究院整理制作。

（三）资产状况

1. 自营资产

表 4-158　　　　　　　华鑫信托 2017—2019 年自营资产构成　　　　单位：亿元，%

资产投资分布	2019 年	占比	2018 年	占比	2017 年	占比
基础产业	0.00	0.00	0.00	0.00	0.00	0.00
房地产	0.00	0.00	0.57	0.77	0.62	1.24
证券市场	20.88	26.95	22.38	30.05	20.19	40.39
实业	0.00	0.00	0.00	0.00	0.00	0.00
金融机构	56.60	73.05	51.52	69.18	29.17	58.37
其他	0.00	100.00	0.00	100.00	0.00	100.00
资产总计	77.49	200.00	74.47	200.00	49.97	200.00

数据来源：信托公司年报。

2. 信托资产

表 4-159　　　　　　　华鑫信托 2017—2019 年信托资产构成　　　　单位：亿元，%

分类	信托资产构成	2019 年	占比	2018 年	占比	2017 年	占比
按资金投向	基础产业	490.92	18.73	267.68	10.37	173.41	5.83
	房地产	286.44	10.93	264.83	10.25	191.72	6.45
	证券市场	249.42	9.52	302.66	11.72	698.16	23.48
	实业	1239.50	47.30	1177.79	45.61	1110.28	37.33
	金融机构	192.31	7.34	276.02	10.69	474.88	15.97
	其他	162.19	6.19	293.56	11.37	325.58	10.95
按信托功能	融资类	1319.63	50.35	1303.43	50.47	1359.22	45.70
	投资类	545.71	20.82	711.61	27.55	1294.36	43.52
	事务管理类	755.42	28.82	567.50	21.97	320.45	10.77

续　表

分类	信托资产构成	2019 年	占比	2018 年	占比	2017 年	占比
按资金来源	集合类	1218.69	46.50	1087.79	42.12	1658.33	55.76
	单一类	1349.35	51.49	1368.63	53.00	1178.33	39.62
	财产权类	52.73	2.01	126.13	4.88	137.37	4.62
按管理类型	主动管理型	969.73	37.00	443.07	17.16	501.74	16.87
	被动管理型	1651.03	63.00	2139.47	82.84	2472.28	83.13

数据来源：信托公司年报。

表 4 - 160　　　　　　华鑫信托 2017—2019 年新增信托资产情况　　　　　单位：亿元,%

信托资产	2019 年	占比	2018 年	占比	2017 年	占比
新增合计	1233.94	100.00	822.37	100.00	1395.62	100.00
其中：集合类	580.90	47.08	213.78	26.00	702.87	50.36
单一类	564.40	45.74	543.04	66.03	594.78	42.62
财产权类	88.64	7.18	65.55	7.97	97.97	7.02
其中：主动管理型	507.30	41.11	130.90	15.92	142.33	10.20
被动管理型	726.64	58.89	691.46	84.08	1253.29	89.80

数据来源：信托公司年报，用益金融信托研究院整理制作。

表 4 - 161　　　　　　华鑫信托 2017—2019 年信托项目清算收益情况　　　　　单位：亿元,%

项目类型	2019 年		2018 年		2017 年	
	金额	综合收益率	金额	综合收益率	金额	综合收益率
年度合计	756.78	4.99	1073.23	-5.50	1317.52	6.72
其中：集合类	215.14	3.33	659.91	-12.90	533.95	5.82
单一类	481.79	5.76	338.32	6.29	679.57	7.06
财产管理类	59.85	4.82	75.00	6.47	104.00	9.18
其中：主动管理类	94.35	6.61	97.03	6.99	206.82	8.07
被动管理类	662.43	4.58	976.20	-3.76	1110.70	6.47

数据来源：信托公司年报。

二十四、华信信托

（一）基本情况

1. 企业基本信息

公司中文名称：华信信托股份有限公司（华信信托）

公司英文名称：HUAXIN TRUST CO.，LTD. （HUAXIN TRUST）

公司曾用名：中国工商银行大连信托投资股份有限公司

成立日期：1987 年

最新注册地址：辽宁省大连市西岗区大公街 34 号

主要办公地：大连市

注册资本：66.00 亿元　　　　　　法定代表人：董永成

官方网址：www.huaxintrust.com　　电子邮箱：huaxin@hxtic.cn

2. 股东背景

表 4 - 162　　　　　　　　　　华信信托主要股东列表

股东名称	持股比例（%）	股东背景
华信汇通集团有限公司	25.91	非国资
北京万联同创网络科技有限公司	19.90	非国资
沈阳品成投资有限公司	15.42	国资

数据来源：信托公司年报，用益金融信托研究院整理制作。

3. 人力资源

表 4 - 163　　　　　　　　　　华信信托人员结构分布表

统计项目	2019 年		2018 年		2017 年	
	人数	比例（%）	人数	比例（%）	人数	比例（%）
30 岁以下	40	26.85	47	29.56	47	26.70
30 ~ 40 岁	67	44.97	75	47.17	87	49.43
40 岁以上	42	28.19	37	23.27	42	23.86

统计项目	2019 年		2018 年		2017 年	
	人数	比例（%）	人数	比例（%）	人数	比例（%）
博士	1	0.67	1	0.63	2	1.14
硕士	82	55.03	84	52.83	89	50.57
本科	60	40.27	67	42.14	79	44.89
专科及以下	6	4.03	7	4.40	6	3.41
董监高	9	6.04	9	5.66	11	6.25
自营业务人员	11	7.38	11	6.92	9	5.11
信托业务人员	100	67.11	107	67.30	121	68.75
其他人员	29	19.46	32	20.13	35	19.89
总人数	149	100.00	159	100.00	176	100.00

数据来源：信托公司年报，用益金融信托研究院整理制作。

（二）主要经营指标及排名

表 4 - 164　　　　　华信信托 2017—2019 年度主要经营指标

经营指标（母公司）	2019 年		2018 年		2017 年	
名称	值	排名	值	排名	值	排名
注册资本（亿元）	66.00	10	66.00	8	66.00	7
固有总资产（亿元）	123.76	26	121.95	23	136.01	12
固有净资产（亿元）	122.89	17	120.57	15	117.47	12
固有资产不良率（%）	0.00	48	0.00	46	0.00	43
信托总资产（亿元）	615.80	63	1016.34	59	1386.91	57
年度新增信托资产（亿元）	138.37	63	292.22	62	718.52	57
信托利润率（%）	5.92	36	1.41	62	5.82	35
年度综合清算收益率（%）	2.29	66	5.34	43	6.22	39
营业总收入（亿元）	5.73	55	11.46	34	14.02	31
信托业务收入（亿元）	3.38	59	6.32	45	8.02	39
自营业务收入（亿元）	2.35	48	5.13	24	6.00	18
信托报酬率（%）	1.89	3	1.52	4	1.27	6
净利润（亿元）	- 1.52	65	8.07	29	10.00	20
人均净利润（万元）	-98.99	65	481.66	14	548.11	10
资本利润率（%）	- 1.22	64	6.83	50	8.28	55
净资本（亿元）	95.05	19	82.37	18	83.22	18

续 表

经营指标（母公司）	2019 年		2018 年		2017 年	
名称	值	排名	值	排名	值	排名
风险资本（亿元）	18.66	50	21.21	45	24.53	43
风险覆盖率（%）	509.51	3	388.43	4	339.27	4
风险准备金（亿元）	6.67	20	7.12	19	7.06	16

数据来源：信托公司年报，用益金融信托研究院整理制作。

（三）资产状况

1. 自营资产

表 4 - 165　　　　　　　华信信托 2017—2019 年自营资产构成　　　　　　单位：亿元,%

资产投资分布	2019 年	占比	2018 年	占比	2017 年	占比
基础产业	0.00	0.00	0.00	0.00	0.00	0.00
房地产	0.00	0.00	0.00	0.00	0.00	0.00
证券市场	33.00	26.66	26.02	21.34	46.24	34.00
实业	0.00	0.00	0.00	0.00	0.00	0.00
金融机构	84.11	67.96	89.33	73.25	84.77	62.33
其他	6.65	5.37	6.60	5.41	5.00	3.67
资产总计	123.76	100.00	121.95	100.00	136.01	100.00

数据来源：信托公司年报。

2. 信托资产

表 4 - 166　　　　　　　华信信托 2017—2019 年信托资产构成　　　　　　单位：亿元,%

分类	信托资产构成	2019 年	占比	2018 年	占比	2017 年	占比
按资金投向	基础产业	88.80	14.42	139.66	13.74	167.58	12.08
	房地产	182.77	29.68	288.83	28.42	323.81	23.35
	证券市场	2.32	0.38	68.12	6.70	129.80	9.36
	实业	90.33	14.67	188.89	18.59	218.01	15.72
	金融机构	151.50	24.60	183.28	18.03	270.44	19.50
	其他	100.08	16.25	147.57	14.52	277.26	19.99
按信托功能	融资类	239.86	38.95	270.34	26.60	291.59	21.02
	投资类	160.39	26.05	238.53	23.47	384.70	27.74
	事务管理类	215.55	35.00	507.46	49.93	710.61	51.24

续 表

分类	信托资产构成	2019 年	占比	2018 年	占比	2017 年	占比
按资金来源	集合类	402.28	65.33	508.18	50.00	678.66	48.93
	单一类	203.22	33.00	427.44	42.06	496.49	35.80
	财产权类	10.29	1.67	80.72	7.94	211.76	15.27
按管理类型	主动管理型	398.81	64.76	505.70	49.76	652.73	47.06
	被动管理型	216.99	35.24	510.64	50.24	734.17	52.94

数据来源：信托公司年报。

表 4 – 167　　　　　　华信信托 2017—2019 年新增信托资产情况　　　　　单位：亿元,%

信托资产	2019 年	占比	2018 年	占比	2017 年	占比
新增合计	138.37	100.00	292.22	100.00	718.52	100.00
其中：集合类	128.17	92.63	141.45	48.41	335.99	46.76
单一类	10.20	7.37	128.26	43.89	212.26	29.54
财产权类	0.00	0.00	22.50	7.70	170.27	23.70
其中：主动管理型	128.17	92.63	141.45	48.41	379.29	52.79
被动管理型	10.20	7.37	150.76	51.59	339.23	47.21

数据来源：信托公司年报，用益金融信托研究院整理制作。

表 4 – 168　　　　　　华信信托 2017—2019 年信托项目清算收益情况　　　　　单位：亿元,%

项目类型	2019 年		2018 年		2017 年	
	金额	综合收益率	金额	综合收益率	金额	综合收益率
年度合计	503.84	2.29	740.32	5.34	616.34	6.22
其中：集合类	277.03	0.06	338.38	6.58	325.16	8.14
单一类	158.06	7.01	250.81	6.87	166.58	6.05
财产管理类	68.75	0.40	151.12	0.00	124.61	1.44
其中：主动管理类	250.96	-0.99	336.47	6.57	384.81	7.40
被动管理类	252.87	5.54	403.84	4.30	231.53	4.26

数据来源：信托公司年报。

二十五、吉林信托

（一）基本情况

1. 企业基本信息

公司中文名称：吉林省信托有限责任公司（吉林信托）

公司英文名称：JILIN PROVINCE TRUST CO.，LTD.（JPTC）

公司曾用名：吉林省信托投资有限责任公司

成立日期：1985 年

最新注册地址：吉林省长春市人民大街 9889 号

主要办公地：长春市

注册资本：15.96 亿元　　　　　法定代表人：邰戈

官方网址：www.jptic.com.cn　　　电子邮箱：jptic@jptic.com.cn

2. 股东背景

表 4 - 169　　　　　　　　　吉林信托主要股东列表

股东名称	持股比例（%）	股东背景
吉林省财政厅	97.50	政府
吉林炭素有限公司	0.63	国资
吉林化纤集团有限责任公司	0.63	国资

数据来源：信托公司年报，用益金融信托研究院整理制作。

3. 人力资源

表 4 - 170　　　　　　　　　吉林信托人员结构分布表

统计项目	2019 年		2018 年		2017 年	
	人数	比例（%）	人数	比例（%）	人数	比例（%）
30 岁以下	20	11.30	18	10.84	40	23.26
30~40 岁	93	52.54	87	52.41	68	39.53
40 岁以上	64	36.16	61	36.75	64	37.21

续 表

统计项目	2019 年		2018 年		2017 年	
	人数	比例（%）	人数	比例（%）	人数	比例（%）
博士	6	3.39	5	3.01	12	6.98
硕士	52	29.38	48	28.92	55	31.98
本科	104	58.76	97	58.43	86	50.00
专科及以下	15	8.47	16	9.64	19	11.05
董监高	8	4.52	6	3.61	8	4.65
自营业务人员	12	6.78	18	10.84	14	8.14
信托业务人员	70	39.55	55	33.13	68	39.53
其他人员	87	49.15	87	52.41	82	47.67
总人数	177	100.00	166	100.00	172	100.00

数据来源：信托公司年报，用益金融信托研究院整理制作。

（二）主要经营指标及排名

表 4 - 171 吉林信托 2017—2019 年度主要经营指标

经营指标（母公司）	2019 年		2018 年		2017 年	
名称	值	排名	值	排名	值	排名
注册资本（亿元）	15.96	55	15.96	53	15.96	53
固有总资产（亿元）	67.13	46	66.88	46	66.32	39
固有净资产（亿元）	40.18	59	36.35	59	38.29	55
固有资产不良率（%）	11.61	16	8.16	10	7.72	11
信托总资产（亿元）	649.00	62	872.84	60	835.86	61
年度新增信托资产（亿元）	230.54	57	448.42	52	603.91	58
信托利润率（%）	5.68	42	5.55	19	5.88	31
年度综合清算收益率（%）	5.65	44	6.50	17	3.97	67
营业总收入（亿元）	5.29	57	4.60	60	2.84	67
信托业务收入（亿元）	2.01	65	2.06	65	2.49	64
自营业务收入（亿元）	3.28	40	2.54	36	0.35	65
信托报酬率（%）	0.22	42	0.24	44	—	—
净利润（亿元）	2.05	54	3.77	46	2.62	59
人均净利润（万元）	134.69	47	280.57	30	125.53	58
资本利润率（%）	5.37	54	10.10	36	15.84	22
净资本（亿元）	18.03	62	18.64	63	20.66	60

经营指标（母公司）	2019 年		2018 年		2017 年	
名称	值	排名	值	排名	值	排名
风险资本（亿元）	11.33	60	10.89	62	9.69	62
风险覆盖率（%）	159.06	48	171.15	41	213.11	20
风险准备金（亿元）	4.14	40	4.08	37	4.08	33

数据来源：信托公司年报，用益金融信托研究院整理制作。

（三）资产状况

1. 自营资产

表 4-172　　　　　吉林信托 2017—2019 年自营资产构成　　　　　单位：亿元,%

资产投资分布	2019 年	占比	2018 年	占比	2017 年	占比
基础产业	0.00	0.00	0.00	0.00	0.00	0.00
房地产	0.00	0.00	2.11	3.15	2.06	3.10
证券市场	39.55	58.92	39.19	58.59	45.51	68.62
实业	0.00	0.00	0.00	0.00	0.00	0.00
金融机构	8.96	13.35	10.57	15.81	8.90	13.42
其他	18.61	27.73	15.01	22.44	9.85	14.86
资产总计	67.13	100.00	66.88	100.00	66.32	100.00

数据来源：信托公司年报。

2. 信托资产

表 4-173　　　　　吉林信托 2017—2019 年信托资产构成　　　　　单位：亿元,%

分类	信托资产构成	2019 年	占比	2018 年	占比	2017 年	占比
按资金投向	基础产业	13.24	2.04	16.74	1.92	31.07	3.72
	房地产	43.50	6.70	66.98	7.67	53.12	6.36
	证券市场	0.85	0.13	0.61	0.07	0.22	0.03
	实业	419.54	64.64	610.35	69.93	603.72	72.23
	金融机构	134.31	20.69	150.31	17.22	101.45	12.14
	其他	37.56	5.79	27.85	3.19	46.27	5.54
按信托功能	融资类	160.66	24.76	158.11	18.11	115.59	13.83
	投资类	177.27	27.31	152.92	17.52	103.67	12.40
	事务管理类	311.06	47.93	561.81	64.37	616.59	73.77

续　表

分类	信托资产构成	2019 年	占比	2018 年	占比	2017 年	占比
按资金来源	集合类	52. 16	8. 04	56. 44	6. 47	56. 60	6. 77
	单一类	405. 01	62. 40	582. 41	66. 73	638. 43	76. 38
	财产权类	191. 84	29. 56	233. 99	26. 81	140. 83	16. 85
按管理类型	主动管理型	245. 99	37. 90	220. 75	25. 29	122. 16	14. 62
	被动管理型	403. 01	62. 10	652. 09	74. 71	713. 70	85. 38

数据来源：信托公司年报。

表 4 – 174　　　　　　　吉林信托 2017—2019 年新增信托资产情况　　　　单位：亿元,%

信托资产	2019 年	占比	2018 年	占比	2017 年	占比
新增合计	230. 54	100. 00	448. 42	100. 00	603. 91	100. 00
其中：集合类	5. 30	2. 30	17. 46	3. 89	33. 22	5. 50
单一类	193. 83	84. 08	303. 15	67. 60	464. 72	76. 95
财产权类	31. 41	13. 62	127. 80	28. 50	105. 97	17. 55
其中：主动管理型	94. 24	40. 88	155. 87	34. 76	44. 34	7. 34
被动管理型	136. 30	59. 12	292. 55	65. 24	559. 58	92. 66

数据来源：信托公司年报，用益金融信托研究院整理制作。

表 4 – 175　　　　　　吉林信托 2017—2019 年信托项目清算收益情况　　　　单位：亿元,%

项目类型	2019 年		2018 年		2017 年	
	金额	综合收益率	金额	综合收益率	金额	综合收益率
年度合计	403. 31	5. 65	278. 62	6. 50	538. 19	3. 97
其中：集合类	9. 52	6. 68	16. 44	8. 08	1. 00	4. 63
单一类	314. 54	6. 93	226. 58	7. 31	536. 27	3. 97
财产管理类	79. 25	0. 43	35. 60	0. 62	0. 92	2. 51
其中：主动管理类	72. 40	6. 82	37. 37	6. 58	46. 80	6. 04
被动管理类	330. 91	5. 39	241. 24	6. 48	491. 39	3. 77

数据来源：信托公司年报。

二十六、建信信托

（一）基本情况

1. 企业基本信息

公司中文名称：建信信托有限责任公司（建信信托）

公司英文名称：CCB TRUST CO.，LTD.（CCBT）

公司曾用名：合肥兴泰信托有限责任公司

成立日期：2003 年 12 月

最新注册地址：安徽省合肥市九狮桥街 45 号

主要办公地：合肥市

注册资本：24.67 亿元　　　　　　　法定代表人：王宝魁

官方网址：www.ccbtrust.com.cn　　　电子邮箱：jxxt@ccbtrust.com.cn

2. 股东背景

表 4 – 176　　　　　　　　　　建信信托股东列表

股东名称	持股比例（%）	股东背景
中国建设银行股份有限公司	67.00	金融机构
合肥兴泰金融控股（集团）有限公司	33.00	国资

数据来源：信托公司年报，用益金融信托研究院整理制作。

3. 人力资源

表 4 – 177　　　　　　　　　　建信信托人员结构分布表

统计项目	2019 年		2018 年		2017 年	
	人数	比例（%）	人数	比例（%）	人数	比例（%）
30 岁以下	61	14.42	75	19.58	97	26.08
30～40 岁	251	59.34	209	54.57	185	49.73
40 岁以上	111	26.24	99	25.85	90	24.19
博士	20	4.73	17	4.45	18	4.84

统计项目	2019 年		2018 年		2017 年	
	人数	比例（％）	人数	比例（％）	人数	比例（％）
硕士	289	68.32	254	66.49	215	57.80
本科	107	25.30	102	26.70	128	34.41
专科及以下	7	1.65	9	2.36	11	2.96
董监高	9	2.13	5	1.31	4	1.08
自营业务人员	8	1.89	9	2.36	9	2.42
信托业务人员	283	66.90	256	66.84	241	64.78
其他人员	123	29.08	113	29.50	118	31.72
总人数	423	100.00	383	100.00	372	100.00

数据来源：信托公司年报，用益金融信托研究院整理制作。

（二）主要经营指标及排名

表 4 - 178　　　　　　　　建信信托 2017—2019 年度主要经营指标

经营指标（母公司）	2019 年		2018 年		2017 年	
名称	值	排名	值	排名	值	排名
注册资本（亿元）	24.67	45	15.27	54	15.27	54
固有总资产（亿元）	212.05	9	137.58	18	116.07	22
固有净资产（亿元）	197.77	7	128.77	11	110.55	16
固有资产不良率（％）	0.00	48	0.00	46	0.00	43
信托总资产（亿元）	13912.32	2	14039.39	2	14096.70	2
年度新增信托资产（亿元）	3632.37	5	4914.30	1	2556.89	19
信托利润率（％）	5.23	50	4.43	35	4.32	57
年度综合清算收益率（％）	5.61	45	5.96	29	7.04	21
营业总收入（亿元）	31.96	10	29.37	8	26.73	9
信托业务收入（亿元）	23.75	10	21.69	8	19.50	10
自营业务收入（亿元）	8.21	13	7.68	9	7.23	12
信托报酬率（％）	0.10	51	0.10	53	0.10	60
净利润（亿元）	18.98	10	18.17	9	16.50	9
人均净利润（万元）	470.93	14	481.22	15	460.88	18
资本利润率（％）	11.62	23	15.18	11	15.86	21
净资本（亿元）	151.20	8	81.01	19	72.72	22
风险资本（亿元）	87.64	6	65.13	9	68.20	7

续　表

经营指标（母公司）	2019 年		2018 年		2017 年	
名称	值	排名	值	排名	值	排名
风险覆盖率（%）	172.53	44	124.38	64	106.63	68
风险准备金（亿元）	5.78	30	5.47	28	5.15	27

数据来源：信托公司年报，用益金融信托研究院整理制作。

（三）资产状况

1. 自营资产

表 4－179　　　　　　建信信托 2017—2019 年自营资产构成　　　　单位：亿元，%

资产投资分布	2019 年	占比	2018 年	占比	2017 年	占比
基础产业	22.29	10.51	0.15	0.11	0.00	0.00
房地产	24.71	11.65	2.83	2.06	0.00	0.00
证券市场	3.86	1.82	6.22	4.52	0.40	0.34
实业	8.09	3.82	4.44	3.23	0.00	0.00
金融机构	77.24	36.43	33.30	24.21	39.85	34.33
其他	75.85	35.77	90.63	65.88	75.82	65.33
资产总计	212.05	100.00	137.58	100.00	116.07	100.00

数据来源：信托公司年报。

2. 信托资产

表 4－180　　　　　　建信信托 2017—2019 年信托资产构成　　　　单位：亿元，%

分类	信托资产构成	2019 年	占比	2018 年	占比	2017 年	占比
按资金投向	基础产业	504.49	3.63	567.83	4.04	700.75	4.97
	房地产	289.15	2.08	298.69	2.13	369.54	2.62
	证券市场	2684.64	19.30	2881.46	20.52	2888.69	20.49
	实业	488.29	3.51	381.06	2.71	206.63	1.47
	金融机构	3167.42	22.77	4278.70	30.48	7095.40	50.33
	其他	6778.32	48.72	5631.65	40.11	2835.68	20.12
按信托功能	融资类	1106.29	7.95	668.15	4.76	483.27	3.43
	投资类	5202.39	37.39	6277.81	44.72	8469.93	60.08
	事务管理类	7603.65	54.65	7093.43	50.53	5143.50	36.49

分类	信托资产构成	2019 年	占比	2018 年	占比	2017 年	占比
按资金来源	集合类	4157.70	29.88	2882.97	20.53	4300.09	30.50
	单一类	3973.07	28.56	6331.66	45.10	7870.27	55.83
	财产权类	5781.55	41.56	4824.77	34.37	1926.34	13.67
按管理类型	主动管理型	3244.60	23.32	2467.13	17.57	4200.01	29.79
	被动管理型	10667.72	76.68	11572.26	82.43	9896.69	70.21

数据来源：信托公司年报。

表 4 – 181　　　　　　建信信托 2017—2019 年新增信托资产情况　　　　　单位：亿元,%

信托资产	2019 年	占比	2018 年	占比	2017 年	占比
新增合计	3632.37	100.00	4914.30	100.00	2556.89	100.00
其中：集合类	458.59	12.63	312.76	6.36	397.32	15.54
单一类	129.19	3.56	744.88	15.16	702.99	27.49
财产权类	3044.59	83.82	3856.66	78.48	1456.58	56.97
其中：主动管理型	560.49	15.43	268.26	15.43	371.81	14.54
被动管理型	3071.87	84.57	4646.04	84.57	2185.08	85.46

数据来源：信托公司年报，用益金融信托研究院整理制作。

表 4 – 182　　　　　　建信信托 2017—2019 年信托项目清算收益情况　　　　　单位：亿元,%

项目类型	2019 年		2018 年		2017 年	
	金额	综合收益率	金额	综合收益率	金额	综合收益率
年度合计	617.73	5.61	626.71	5.96	351.77	7.04
其中：集合类	363.33	5.91	351.61	6.76	283.95	7.02
单一类	63.26	6.22	168.84	4.73	59.84	7.18
财产管理类	191.14	4.85	106.26	5.23	7.99	6.69
其中：主动管理类	353.04	5.90	320.64	6.57	308.09	7.05
被动管理类	264.68	5.22	306.07	5.31	43.68	6.98

数据来源：信托公司年报。

二十七、江苏信托

（一）基本情况

1. 企业基本信息

公司中文名称：江苏省国际信托有限责任公司（江苏信托）

公司英文名称：JIANGSU INTERNATIONAL TRUST CO., LTD. （JSITC）

公司曾用名：江苏省国际信托投资公司

成立日期：1981 年 10 月

最新注册地址：江苏省南京市长江路 2 号 22—26 层

主要办公地：南京市

注册资本：37.60 亿元　　　　　法定代表人：胡军

官方网址：www. jsitc. net　　　　电子邮箱：jsitc@ jsitc. net

2. 股东背景

表 4 - 183　　　　　　　　　　江苏信托主要股东列表

股东名称	持股比例（%）	股东背景
江苏国信股份有限公司	81.49	国资
江苏省苏豪控股集团有限公司	10.91	国资
江苏省农垦集团有限公司	4.30	国资

数据来源：信托公司年报，用益金融信托研究院整理制作。

3. 人力资源

表 4 - 184　　　　　　　　　　江苏信托人员结构分布表

统计项目	2019 年		2018 年		2017 年	
	人数	比例（%）	人数	比例（%）	人数	比例（%）
30 岁以下	49	26.34	40	27.03	49	34.51
30~40 岁	92	49.46	66	44.59	54	38.03
40 岁以上	45	24.19	42	28.38	39	27.46

续 表

统计项目	2019 年		2018 年		2017 年	
	人数	比例（%）	人数	比例（%）	人数	比例（%）
博士	2	1.08	2	1.35	2	1.41
硕士	110	59.14	84	56.76	79	55.63
本科	68	36.56	55	37.16	52	36.62
专科及以下	6	3.23	7	4.73	9	6.34
董监高	9	4.84	7	4.73	6	4.23
自营业务人员	14	7.53	14	9.46	16	11.27
信托业务人员	105	56.45	80	54.05	71	50.00
其他人员	58	31.18	47	31.76	49	34.51
总人数	186	100.00	148	100.00	142	100.00

数据来源：信托公司年报，用益金融信托研究院整理制作。

（二）主要经营指标及排名

表 4 - 185　　　　　　　　　江苏信托 2017—2019 年度主要经营指标

经营指标（母公司）	2019 年		2018 年		2017 年	
名称	值	排名	值	排名	值	排名
注册资本（亿元）	37.60	31	37.60	27	26.84	37
固有总资产（亿元）	234.28	6	206.44	8	132.59	14
固有净资产（亿元）	204.86	5	177.91	6	113.78	15
固有资产不良率（%）	0.00	48	0.00	46	0.00	43
信托总资产（亿元）	3677.23	19	4073.31	18	5511.44	14
年度新增信托资产（亿元）	1046.56	27	363.90	54	1482.51	38
信托利润率（%）	7.48	9	5.36	21	4.51	55
年度综合清算收益率（%）	5.03	54	5.46	38	6.18	40
营业总收入（亿元）	32.35	9	22.70	15	20.00	20
信托业务收入（亿元）	11.53	24	11.07	24	10.01	30
自营业务收入（亿元）	20.82	1	11.63	4	9.98	7
信托报酬率（%）	0.41	25	0.29	35	0.13	58
净利润（亿元）	24.19	6	18.57	7	16.18	12
人均净利润（万元）	1448.22	2	1280.97	2	1382.88	3
资本利润率（%）	12.64	15	12.74	18	15.22	25
净资本（亿元）	166.27	5	149.99	6	98.83	13

经营指标（母公司）	2019 年		2018 年		2017 年	
名称	值	排名	值	排名	值	排名
风险资本（亿元）	89.26	5	59.39	13	55.88	14
风险覆盖率（%）	186.26	34	252.55	13	176.87	34
风险准备金（亿元）	13.99	4	12.36	5	10.33	7

数据来源：信托公司年报，用益金融信托研究院整理制作。

（三）资产状况

1. 自营资产

表 4-186　　　　　　　　江苏信托 2017—2019 年自营资产构成　　　　　单位：亿元,%

资产投资分布	2019 年	占比	2018 年	占比	2017 年	占比
基础产业	0.00	0.00	0.00	0.00	0.00	0.00
房地产	0.00	0.00	0.00	0.00	0.00	0.00
证券市场	0.18	0.08	0.41	0.20	0.16	0.12
实业	0.00	0.00	0.00	0.00	0.00	0.00
金融机构	221.78	94.66	196.44	95.16	128.18	0.00
其他	12.33	5.26	9.59	4.65	4.25	3.21
资产总计	234.28	100.00	206.44	100.00	132.59	3.33

数据来源：信托公司年报。

2. 信托资产

表 4-187　　　　　　　　江苏信托 2017—2019 年信托资产构成　　　　　单位：亿元,%

分类	信托资产构成	2019 年	占比	2018 年	占比	2017 年	占比
按资金投向	基础产业	806.66	21.94	526.22	12.92	519.02	9.42
	房地产	323.59	8.80	189.38	4.65	154.94	2.81
	证券市场	1529.14	41.58	2134.99	52.41	3231.31	58.63
	实业	603.30	16.41	630.37	15.48	837.66	15.20
	金融机构	386.67	10.52	558.02	13.70	689.43	12.51
	其他	27.86	0.76	34.33	0.84	79.08	1.43
按信托功能	融资类	1919.23	52.19	1633.25	40.10	1981.86	35.96
	投资类	1758.01	47.81	2440.06	59.90	3529.58	64.04
	事务管理类	0.00	0.00	0.00	0.00	0.00	0.00

续　表

分类	信托资产构成	2019 年	占比	2018 年	占比	2017 年	占比
按资金来源	集合类	1031.67	28.06	621.96	15.27	539.17	9.78
	单一类	2563.10	69.70	3372.72	82.80	4775.52	86.65
	财产权类	82.46	2.24	78.63	1.93	196.75	3.57
按管理类型	主动管理型	1135.63	30.88	607.32	14.91	546.54	9.92
	被动管理型	2541.61	69.12	3466.00	85.09	4964.90	90.08

数据来源：信托公司年报。

表 4 – 188　　　　　江苏信托 2017—2019 年新增信托资产情况　　　　　单位：亿元, %

信托资产	2019 年	占比	2018 年	占比	2017 年	占比
新增合计	1046.56	100.00	363.90	100.00	1482.51	100.00
其中：集合类	659.10	62.98	233.29	64.11	248.63	16.77
单一类	311.37	29.75	121.52	33.39	1091.51	73.63
财产权类	76.10	7.27	9.08	2.50	142.37	9.60
其中：主动管理型	686.88	65.63	247.12	67.91	261.98	17.67
被动管理型	359.68	34.37	116.78	32.09	1220.52	82.33

数据来源：信托公司年报，用益金融信托研究院整理制作。

表 4 – 189　　　　　江苏信托 2017—2019 年信托项目清算收益情况　　　　　单位：亿元, %

项目类型	2019 年		2018 年		2017 年	
	金额	综合收益率	金额	综合收益率	金额	综合收益率
年度合计	978.83	5.03	614.69	5.46	581.69	6.18
其中：集合类	295.91	4.56	121.26	5.82	65.21	8.10
单一类	585.64	5.44	426.56	5.53	508.43	5.99
财产管理类	97.27	4.04	66.88	4.39	8.05	2.81
其中：主动管理类	199.77	5.10	111.34	5.95	72.76	7.96
被动管理类	779.06	5.01	503.35	5.36	508.93	5.93

数据来源：信托公司年报。

二十八、交银国际信托

（一）基本情况

1. 企业基本信息

公司中文名称：交银国际信托有限公司（交银国际信托）

公司英文名称：BANK OF COMMUNICATIONS INTERNATIONAL TRUST CO.，LTD.（BOCOMMTRUST）

公司曾用名：湖北省国际信托投资公司

成立日期：1981 年 6 月

最新注册地址：湖北省武汉市江汉区建设大道 847 号瑞通广场 B 座 16—17 层

主要办公地：武汉市/上海市

注册资本：57.65 亿元　　　　　　法定代表人：童学卫

官方网址：www.bocommtrust.com　　电子邮箱：jygx_nianbao@bankcomm.com

2. 股东背景

表 4-190　　　　　　　　　　交银国际信托股东列表

股东名称	持股比例（%）	股东背景
交通银行股份有限公司	85.00	金融机构
湖北省交通投资集团有限公司	15.00	国资

数据来源：信托公司年报，用益金融信托研究院整理制作。

3. 人力资源

表 4-191　　　　　　　　　　交银国际信托人员结构分布表

统计项目	2019 年		2018 年		2017 年	
	人数	比例（%）	人数	比例（%）	人数	比例（%）
30 岁以下	40	16.95	53	23.14	41	18.81
30~40 岁	137	58.05	122	53.28	121	55.50
40 岁以上	59	25.00	54	23.58	56	25.69

统计项目	2019 年		2018 年		2017 年	
	人数	比例（%）	人数	比例（%）	人数	比例（%）
博士	0	0.00	0	0.00	1	0.46
硕士	148	62.71	140	61.14	125	57.34
本科	85	36.02	86	37.55	89	40.83
专科及以下	3	1.27	3	1.31	3	1.38
董监高	7	2.97	6	2.62	6	2.75
自营业务人员	8	3.39	9	3.93	9	4.13
信托业务人员	164	69.49	159	69.43	160	73.39
其他人员	57	24.15	55	24.02	43	19.72
总人数	236	100.00	229	100.00	218	100.00

数据来源：信托公司年报，用益金融信托研究院整理制作。

（二）主要经营指标及排名

表 4 - 192　　　　　　交银国际信托 2017—2019 年度主要经营指标

经营指标（母公司）	2019 年		2018 年		2017 年	
名称	值	排名	值	排名	值	排名
注册资本（亿元）	57.65	15	57.65	13	57.65	11
固有总资产（亿元）	128.48	25	120.87	24	103.81	27
固有净资产（亿元）	121.00	18	110.33	19	100.15	18
固有资产不良率（%）	0.00	48	0.00	46	0.00	43
信托总资产（亿元）	7618.50	6	8705.22	4	9656.30	5
年度新增信托资产（亿元）	1863.66	14	2545.45	7	4693.88	5
信托利润率（%）	5.36	47	4.66	31	4.91	50
年度综合清算收益率（%）	4.85	58	5.54	37	5.84	47
营业总收入（亿元）	18.46	24	16.99	23	15.66	30
信托业务收入（亿元）	13.09	21	10.72	26	10.78	27
自营业务收入（亿元）	5.37	22	6.28	16	4.88	28
信托报酬率（%）	0.20	47	0.17	49	0.22	50
净利润（亿元）	11.26	16	10.40	20	9.68	23
人均净利润（万元）	492.61	11	478.44	16	466.62	17
资本利润率（%）	9.80	33	10.02	37	11.44	43
净资本（亿元）	110.64	14	100.31	15	88.61	15

续 表

经营指标（母公司）	2019 年		2018 年		2017 年	
名称	值	排名	值	排名	值	排名
风险资本（亿元）	86.83	7	77.90	3	60.92	11
风险覆盖率（%）	127.42	64	128.77	62	145.45	51
风险准备金（亿元）	13.45	6	13.19	4	9.14	9

数据来源：信托公司年报，用益金融信托研究院整理制作。

（三）资产状况

1. 自营资产

表 4 - 193　　　　　　交银国际信托 2017—2019 年自营资产构成　　　　单位：亿元，%

资产投资分布	2019 年	占比	2018 年	占比	2017 年	占比
基础产业	8.55	6.63	9.50	7.83	19.07	18.34
房地产	23.91	18.54	43.30	35.71	22.90	22.02
证券市场	51.40	39.85	32.35	26.68	19.04	18.31
实业	0.00	0.00	0.00	0.00	0.00	0.00
金融机构	3.20	2.48	3.20	2.64	14.92	14.34
其他	41.94	32.51	32.91	27.14	28.07	26.99
资产总计	128.99	100.00	121.26	100.00	104.00	100.00

数据来源：信托公司年报。

2. 信托资产

表 4 - 194　　　　　　交银国际信托 2017—2019 年信托资产构成　　　　单位：亿元，%

分类	信托资产构成	2019 年	占比	2018 年	占比	2017 年	占比
按资金投向	基础产业	2129.31	27.95	2780.92	31.95	3809.01	39.45
	房地产	625.92	8.22	585.11	6.72	480.14	4.97
	证券市场	804.80	10.56	1222.60	14.04	1486.12	15.39
	实业	1235.67	16.22	1227.93	14.11	1807.43	18.72
	金融机构	1788.57	23.48	1813.29	20.83	1173.27	12.15
	其他	1034.24	13.58	1075.37	12.35	900.33	9.32
按信托功能	融资类	1907.54	25.04	2023.55	23.25	1489.98	15.43
	投资类	84.29	1.11	85.23	0.98	85.45	0.88
	事务管理类	5626.67	73.85	6596.44	75.78	8080.86	83.68

分类	信托资产构成	2019 年	占比	2018 年	占比	2017 年	占比
按资金来源	集合类	4890.23	64.19	4889.39	56.17	3128.52	32.40
	单一类	2709.39	35.56	3754.48	43.13	6347.52	65.73
	财产权类	18.88	0.25	61.35	0.70	180.25	1.87
按管理类型	主动管理型	1991.83	26.14	2108.78	24.22	1575.43	16.32
	被动管理型	5626.67	73.86	6596.44	75.78	8080.86	83.68

数据来源：信托公司年报。

表 4 - 195　　　　　交银国际信托 2017—2019 年新增信托资产情况　　　　　单位：亿元,%

信托资产	2019 年	占比	2018 年	占比	2017 年	占比
新增合计	1863.66	100.00	2545.45	100.00	4693.88	100.00
其中：集合类	1530.26	82.11	2356.39	92.57	2209.48	47.07
单一类	325.84	17.48	189.07	7.43	2378.41	50.67
财产权类	7.56	0.41	0.00	0.00	105.98	2.26
其中：主动管理型	772.66	41.46	586.51	23.04	1167.79	24.88
被动管理型	1091.00	58.54	1958.95	76.96	3526.09	75.12

数据来源：信托公司年报，用益金融信托研究院整理制作。

表 4 - 196　　　　　交银国际信托 2017—2019 年信托项目清算收益情况　　　　　单位：亿元,%

项目类型	2019 年		2018 年		2017 年	
	金额	综合收益率	金额	综合收益率	金额	综合收益率
年度合计	922.10	4.85	960.20	5.54	844.47	5.84
其中：集合类	290.63	5.55	167.18	6.60	143.41	7.27
单一类	593.53	5.18	774.90	5.42	701.05	5.55
财产管理类	37.93	- 5.71	18.13	0.74	0.00	0.00
其中：主动管理类	153.49	5.93	31.10	5.87	63.72	6.44
被动管理类	768.61	4.89	929.10	5.66	780.74	6.09

数据来源：信托公司年报。

二十九、金谷信托

（一）基本情况

1. 企业基本信息

公司中文名称：中国金谷国际信托有限责任公司（金谷信托）

公司英文名称：CHINA JINGU INTERNATIONAL TRUST CO., LTD. (JINGU TRUST)

公司曾用名：中国金谷国际信托投资有限责任公司

成立日期：1993 年 4 月

最新注册地址：北京市西城区金融大街 33 号通泰大厦 C 座 10 层

主要办公地：北京市

注册资本：22.00 亿元　　　　　　　　法定代表人：彭新

官方网址：www.jingutrust.com　　　　电子邮箱：wangchong@cinda.com.cn

2. 股东背景

表 4 - 197　　　　　　　　　　　金谷信托股东列表

股东名称	持股比例（%）	股东背景
中国信达资产管理股份有限公司	92.29	金融机构
中国妇女活动中心	6.25	其他
中国海外工程有限责任公司	1.46	国资

数据来源：信托公司年报，用益金融信托研究院整理制作。

3. 人力资源

表 4 - 198　　　　　　　　　　　金谷信托人员结构分布表

统计项目	2019 年		2018 年		2017 年	
	人数	比例（%）	人数	比例（%）	人数	比例（%）
30 岁以下	32	20.65	34	22.52	36	24.83
30~40 岁	73	47.10	68	45.03	65	44.83
40 岁以上	50	32.26	49	32.45	44	30.34

续 表

统计项目	2019 年		2018 年		2017 年	
	人数	比例（%）	人数	比例（%）	人数	比例（%）
博士	8	5.16	5	3.31	5	3.45
硕士	98	63.23	96	63.58	90	62.07
本科	44	28.39	44	29.14	44	30.34
专科及以下	5	3.23	6	3.97	6	4.14
董监高	7	4.52	8	5.30	8	5.52
自营业务人员	5	3.23	8	5.30	7	4.83
信托业务人员	79	50.97	72	47.68	78	53.79
其他人员	64	41.29	63	41.72	52	35.86
总人数	155	100.00	151	100.00	145	100.00

数据来源：信托公司年报，用益金融信托研究院整理制作。

（二）主要经营指标及排名

表 4 - 199　　　　　　　金谷信托 2017—2019 年度主要经营指标

经营指标（母公司）	2019 年		2018 年		2017 年	
名称	值	排名	值	排名	值	排名
注册资本（亿元）	22.00	50	22.00	49	22.00	45
固有总资产（亿元）	52.95	54	47.38	56	41.07	60
固有净资产（亿元）	40.44	58	40.13	55	38.45	54
固有资产不良率（%）	1.82	34	3.75	24	4.29	18
信托总资产（亿元）	1002.91	55	1400.96	54	1162.09	58
年度新增信托资产（亿元）	605.16	40	892.00	32	535.28	60
信托利润率（%）	5.94	33	3.58	54	4.78	51
年度综合清算收益率（%）	5.65	43	4.21	56	7.43	14
营业总收入（亿元）	5.17	58	5.12	58	8.02	51
信托业务收入（亿元）	2.63	62	3.63	61	5.12	52
自营业务收入（亿元）	2.54	46	1.49	52	2.91	40
信托报酬率（%）	0.24	41	0.26	38	0.47	26
净利润（亿元）	0.53	61	1.72	57	2.81	57
人均净利润（万元）	34.32	61	116.11	52	205.15	49
资本利润率（%）	1.30	62	4.38	58	7.59	58
净资本（亿元）	31.15	57	29.69	55	26.45	55

续　表

经营指标（母公司）	2019 年		2018 年		2017 年	
名称	值	排名	值	排名	值	排名
风险资本（亿元）	14.27	56	13.06	58	14.90	52
风险覆盖率（%）	218.29	22	227.34	16	177.52	32
风险准备金（亿元）	1.86	61	1.64	62	1.56	60

数据来源：信托公司年报，用益金融信托研究院整理制作。

（三）资产状况

1. 自营资产

表 4 - 200　　　　　　　金谷信托 2017—2019 年自营资产构成　　　　单位：亿元,%

资产投资分布	2019 年	占比	2018 年	占比	2017 年	占比
基础产业	0.00	0.00	0.00	0.00	0.00	0.00
房地产	0.09	0.17	0.16	0.33	2.70	6.58
证券市场	0.00	0.00	0.00	0.00	1.01	2.46
实业	1.42	2.69	1.59	3.36	0.06	0.14
金融机构	43.41	81.97	34.15	72.07	32.64	79.47
其他	8.04	15.18	11.48	24.23	4.66	11.35
资产总计	52.95	100.00	47.38	100.00	41.07	100.00

数据来源：信托公司年报。

2. 信托资产

表 4 - 201　　　　　　　金谷信托 2017—2019 年信托资产构成　　　　单位：亿元,%

分类	信托资产构成	2019 年	占比	2018 年	占比	2017 年	占比
按资金投向	基础产业	92.54	9.23	140.58	10.03	168.14	14.47
	房地产	171.52	17.10	160.28	11.44	151.85	13.07
	证券市场	28.78	2.87	34.60	2.47	140.46	12.09
	实业	136.93	13.65	98.97	7.06	134.10	11.54
	金融机构	45.88	4.57	83.93	5.99	65.43	5.63
	其他	527.26	52.57	882.61	63.00	502.11	43.21
按信托功能	融资类	199.61	19.90	118.37	8.45	188.12	16.19
	投资类	172.22	17.17	180.57	12.89	371.42	31.96
	事务管理类	631.07	62.92	1102.02	78.66	602.55	51.85

分类	信托资产构成	2019 年	占比	2018 年	占比	2017 年	占比
按资金来源	集合类	291.46	29.06	370.99	26.48	585.16	50.35
	单一类	218.67	21.80	197.90	14.13	236.05	20.31
	财产权类	492.78	49.13	832.08	59.39	340.89	29.33
按管理类型	主动管理型	443.89	44.26	345.92	24.69	590.52	50.82
	被动管理型	559.01	55.74	1055.04	75.31	571.58	49.18

数据来源：信托公司年报。

表 4 - 202　　　　　　　　金谷信托 2017—2019 年新增信托资产情况　　　　单位：亿元，%

信托资产	2019 年	占比	2018 年	占比	2017 年	占比
新增合计	605.16	100.00	892.00	100.00	535.28	100.00
其中：集合类	175.73	29.04	134.99	15.13	296.05	55.31
单一类	100.42	16.59	90.83	10.18	145.56	27.19
财产权类	329.01	54.37	666.18	74.68	93.66	17.50
其中：主动管理型	304.58	50.33	87.94	9.86	226.37	42.29
被动管理型	300.58	49.67	804.06	90.14	308.91	57.71

数据来源：信托公司年报，用益金融信托研究院整理制作。

表 4 - 203　　　　　　　　金谷信托 2017—2019 年信托项目清算收益情况　　　　单位：亿元，%

项目类型	2019 年		2018 年		2017 年	
	金额	综合收益率	金额	综合收益率	金额	综合收益率
年度合计	831.17	5.65	671.61	4.21	243.40	7.43
其中：集合类	221.10	5.92	292.27	3.18	61.26	7.57
单一类	123.71	6.25	90.25	8.12	158.75	7.89
财产管理类	486.37	5.37	289.09	4.03	23.39	3.98
其中：主动管理类	284.87	4.33	342.92	5.44	70.50	7.00
被动管理类	546.31	6.33	328.69	2.96	172.90	7.52

数据来源：信托公司年报。

三十、昆仑信托

（一）基本情况

1. 企业基本信息

公司中文名称：昆仑信托有限责任公司（昆仑信托）

公司英文名称：KUNLUN TRUST CO.，LTD.（KUNLUN TRUST）

公司曾用名：宁波市金港信托投资有限责任公司

成立日期：1986 年

最新注册地址：浙江省宁波市鄞州区和济街 180 号

主要办公地址：宁波市

注册资本：102.00 亿元　　　　法定代表人：肖华

官方网址：www. kunluntrust. com　　电子邮箱：klinfo@ cnpc. com. cn

2. 股东背景

表 4 - 204　　　　　　　　　　昆仑信托股东列表

股东名称	持股比例（%）	股东背景
中油资产管理有限公司	82.18	中央企业
天津经济技术开发区国有资产经营公司	12.82	国资
广博投资控股有限公司	5.00	非国资

数据来源：信托公司年报，用益金融信托研究院整理制作。

3. 人力资源

表 4 - 205　　　　　　　　　　昆仑信托人员结构分布表

统计项目	2019 年		2018 年		2017 年	
	人数	比例（%）	人数	比例（%）	人数	比例（%）
30 岁以下	52	18.91	57	21.27	55	22.45
30 ~ 40 岁	141	51.27	119	44.40	114	46.53
40 岁以上	82	29.82	92	34.33	76	31.02

统计项目	2019 年		2018 年		2017 年	
	人数	比例（%）	人数	比例（%）	人数	比例（%）
博士	9	3.27	9	3.36	9	3.67
硕士	143	52.00	127	47.39	99	40.41
本科	118	42.91	125	46.64	128	52.24
专科及以下	5	1.82	7	2.61	9	3.67
董监高	11	4.00	11	4.10	9	3.67
自营业务人员	6	2.18	6	2.24	7	2.86
信托业务人员	191	69.45	185	69.03	165	67.35
其他人员	67	24.36	66	24.63	64	26.12
总人数	275	100.00	268	100.00	245	100.00

数据来源：信托公司年报，用益金融信托研究院整理制作。

（二）主要经营指标及排名

表 4-206　　　　　　　　　昆仑信托 2017—2019 年度主要经营指标

经营指标（母公司）	2019 年		2018 年		2017 年	
名称	值	排名	值	排名	值	排名
注册资本（亿元）	102.00	6	102.00	5	102.00	4
固有总资产（亿元）	137.40	22	131.76	21	130.33	15
固有净资产（亿元）	132.02	14	128.33	12	126.09	9
固有资产不良率（%）	17.89	9	10.64	4	10.32	5
信托总资产（亿元）	2678.18	25	2896.37	27	3486.48	26
年度新增信托资产（亿元）	475.43	45	230.01	63	2317.33	20
信托利润率（%）	5.79	39	5.98	13	4.60	53
年度综合清算收益率（%）	8.17	4	5.98	28	4.95	63
营业总收入（亿元）	19.39	22	15.07	28	15.78	29
信托业务收入（亿元）	10.23	31	8.73	35	8.73	33
自营业务收入（亿元）	9.16	10	6.34	15	7.04	13
信托报酬率（%）	0.32	35	0.27	37	0.40	35
净利润（亿元）	9.91	19	9.78	24	8.25	32
人均净利润（万元）	357.89	22	380.56	21	315.97	34
资本利润率（%）	7.64	42	7.69	48	9.38	54
净资本（亿元）	108.90	15	108.33	11	106.47	9
风险资本（亿元）	51.62	18	63.48	11	80.73	4

经营指标（母公司）	2019 年		2018 年		2017 年	
名称	值	排名	值	排名	值	排名
风险覆盖率（%）	210.99	26	170.65	43	131.89	58
风险准备金（亿元）	5.64	31	5.14	31	3.15	43

数据来源：信托公司年报，用益金融信托研究院整理制作。

（三）资产状况

1. 自营资产

表 4 – 207　　　　　　昆仑信托 2017—2019 年自营资产构成　　　　　单位：亿元,%

资产投资分布	2019 年	占比	2018 年	占比	2017 年	占比
基础产业	6.75	4.91	11.56	8.78	20.06	15.39
房地产	32.93	23.96	31.88	24.19	30.15	23.13
证券市场	18.90	13.75	11.16	8.47	12.93	9.92
实业	27.67	20.14	17.36	13.18	15.43	11.84
金融机构	11.40	8.30	7.61	5.77	5.53	4.24
其他	39.76	28.94	52.18	39.61	46.24	35.48
资产总计	137.40	100.00	131.76	100.00	130.33	100.00

数据来源：信托公司年报。

2. 信托资产

表 4 – 208　　　　　　昆仑信托 2017—2019 年信托资产构成　　　　　单位：亿元,%

分类	信托资产构成	2019 年	占比	2018 年	占比	2017 年	占比
按资金投向	基础产业	351.53	12.93	381.07	12.94	386.31	10.98
	房地产	213.96	7.87	243.25	8.26	223.11	6.34
	证券市场	21.69	0.80	24.95	0.85	20.79	0.59
	实业	773.80	28.47	644.55	21.89	663.38	18.85
	金融机构	696.14	25.61	466.56	15.84	536.24	15.24
	其他	661.21	24.32	1184.40	40.22	1689.51	48.01
按信托功能	融资类	1553.61	58.01	1394.94	48.16	1443.44	41.40
	投资类	315.75	11.79	369.57	12.76	413.47	11.86
	事务管理类	808.83	30.20	1131.86	39.08	1629.57	46.74

续 表

分类	信托资产构成	2019 年	占比	2018 年	占比	2017 年	占比
按资金来源	集合类	1300.35	48.55	1223.01	42.23	1252.37	35.92
	单一类	946.79	35.35	998.93	34.49	1086.39	31.16
	财产权类	431.04	16.09	674.44	23.29	1147.72	32.92
按管理类型	主动管理型	1869.35	69.80	1757.52	60.68	1848.40	53.02
	被动管理型	808.83	30.20	1138.86	39.32	1638.08	46.98

数据来源：信托公司年报。

表 4－209　　　　　　昆仑信托 2017—2019 年新增信托资产情况　　　　　单位：亿元，%

信托资产	2019 年	占比	2018 年	占比	2017 年	占比
新增合计	475.43	100.00	230.01	100.00	2317.33	100.00
其中：集合类	273.42	57.51	85.20	37.04	767.34	33.11
单一类	79.63	16.75	74.11	32.22	388.23	16.75
财产权类	122.38	25.74	70.70	30.74	1161.76	50.13
其中：主动管理型	296.64	62.39	93.89	40.82	859.45	37.09
被动管理型	178.79	37.61	136.11	59.18	1457.88	62.91

数据来源：信托公司年报，用益金融信托研究院整理制作。

表 4－210　　　　　　昆仑信托 2017—2019 年信托项目清算收益情况　　　　单位：亿元，%

项目类型	2019 年		2018 年		2017 年	
	金额	综合收益率	金额	综合收益率	金额	综合收益率
年度合计	759.05	8.17	948.17	5.98	403.43	4.95
其中：集合类	191.02	7.09	233.59	6.45	267.86	6.94
单一类	165.86	5.07	631.80	5.77	93.94	1.46
财产管理类	402.17	9.96	82.78	6.30	41.63	0.00
其中：主动管理类	235.75	6.74	773.45	6.07	298.24	6.95
被动管理类	523.30	8.81	174.72	5.60	105.19	6.14

数据来源：信托公司年报。

三十一、陆家嘴信托

（一）基本情况

1. 企业基本信息

公司中文名称：陆家嘴国际信托有限公司（陆家嘴信托）

公司英文名称：LUJIAZUI INTERNATIONAL TRUST CORPORATION LIMITED （LUJIAZUI TRUST）

公司曾用名：青岛海协信托投资有限公司

成立日期：2003 年 10 月

最新注册地址：山东省青岛市崂山区香港东路 195 号 3 号楼青岛上实中心 12 层

主要办公地：上海市

注册资本：40.00 亿元　　　　　　　　法定代表人：黎作强

官方网址：www. ljzitc. com. cn　　　　电子邮箱：ljzxt@ ljzitc. com. cn

2. 股东背景

表 4 - 211　　　　　　　　　　　　陆家嘴信托股东列表

股东名称	持股比例（%）	股东背景
上海陆家嘴金融发展有限公司	71.61	国资
青岛国信金融控股有限公司	18.28	国资
青岛国信发展（集团）有限责任公司	10.11	国资

数据来源：信托公司年报，用益金融信托研究院整理制作。

3. 人力资源

表 4 - 212　　　　　　　　　　　　陆家嘴信托人员结构分布表

统计项目	2019 年		2018 年		2017 年	
	人数	比例（%）	人数	比例（%）	人数	比例（%）
30 岁以下	50	14.37	62	19.87	85	28.52

统计项目	2019 年		2018 年		2017 年	
	人数	比例（%）	人数	比例（%）	人数	比例（%）
30~40 岁	233	66.95	194	62.18	165	55.37
40 岁以上	65	18.68	56	17.95	48	16.11
博士	6	1.72	5	1.60	4	1.34
硕士	169	48.56	164	52.56	151	50.67
本科	159	45.69	131	41.99	130	43.62
专科及以下	14	4.02	12	3.85	13	4.36
董监高	9	2.59	9	2.88	9	3.02
自营业务人员	3	0.86	2	0.64	2	0.67
信托业务人员	120	34.48	127	40.71	135	45.30
其他人员	216	62.07	174	55.77	152	51.01
总人数	348	100.00	312	100.00	298	100.00

数据来源：信托公司年报，用益金融信托研究院整理制作。

（二）主要经营指标及排名

表 4-213　　　　　陆家嘴信托 2017—2019 年度主要经营指标

经营指标（母公司）	2019 年		2018 年		2017 年	
名称	值	排名	值	排名	值	排名
注册资本（亿元）	40.00	26	40.00	24	30.00	33
固有总资产（亿元）	65.78	47	68.60	45	54.80	48
固有净资产（亿元）	55.25	46	48.56	48	38.25	56
固有资产不良率（%）	4.81	26	4.47	20	5.62	14
信托总资产（亿元）	2334.76	30	2332.37	38	2869.90	35
年度新增信托资产（亿元）	1450.56	17	997.29	30	1824.44	30
信托利润率（%）	6.32	24	5.19	23	5.82	34
年度综合清算收益率（%）	5.96	36	5.37	41	5.65	51
营业总收入（亿元）	14.41	32	11.20	36	10.62	42
信托业务收入（亿元）	10.97	28	8.96	32	8.46	37
自营业务收入（亿元）	3.45	38	2.24	41	2.17	48
信托报酬率（%）	0.58	17	0.55	13	0.73	15
净利润（亿元）	6.44	34	4.36	42	4.79	46
人均净利润（万元）	191.60	40	146.21	50	162.94	54

经营指标（母公司）	2019 年		2018 年		2017 年	
名称	值	排名	值	排名	值	排名
资本利润率（%）	12.37	19	9.92	38	12.34	37
净资本（亿元）	45.40	45	37.96	48	30.36	53
风险资本（亿元）	34.02	32	28.70	38	24.93	42
风险覆盖率（%）	133.46	61	132.27	60	121.79	63
风险准备金（亿元）	3.71	45	3.39	44	1.94	56

数据来源：信托公司年报，用益金融信托研究院整理制作。

（三）资产状况

1. 自营资产

表 4 - 214　　　　　　　陆家嘴信托 2017—2019 年自营资产构成　　　　单位：亿元,%

资产投资分布	2019 年	占比	2018 年	占比	2017 年	占比
基础产业	0.00	0.00	0.00	0.00	0.00	0.00
房地产	0.00	0.00	0.00	0.00	0.00	0.00
证券市场	1.09	1.65	8.49	12.38	7.62	13.90
实业	0.00	0.00	0.00	0.00	0.00	0.00
金融机构	0.78	1.18	1.06	1.55	1.45	2.65
其他	63.92	97.17	59.05	86.07	45.73	83.46
资产总计	65.78	100.00	68.60	100.00	54.80	100.00

数据来源：信托公司年报。

2. 信托资产

表 4 - 215　　　　　　　陆家嘴信托 2017—2019 年信托资产构成　　　　单位：亿元,%

分类	信托资产构成	2019 年	占比	2018 年	占比	2017 年	占比
按资金投向	基础产业	821.45	35.18	643.95	27.61	758.65	26.43
	房地产	719.30	30.81	652.02	27.96	532.63	18.56
	证券市场	11.24	0.48	14.45	0.62	80.98	2.82
	实业	384.15	16.45	500.84	21.47	585.91	20.42
	金融机构	77.59	3.32	106.39	4.56	336.03	11.71
	其他	321.03	13.75	414.72	17.78	575.71	20.06
按信托功能	融资类	1659.75	71.09	1370.12	58.74	1411.23	49.17
	投资类	629.30	26.95	849.71	36.43	1140.86	39.75
	事务管理类	45.71	1.96	112.54	4.83	317.81	11.07

续　表

分类	信托资产构成	2019 年	占比	2018 年	占比	2017 年	占比
按资金来源	集合类	1486.25	63.66	1457.86	62.51	1717.22	59.84
	单一类	802.79	34.38	758.93	32.54	831.66	28.98
	财产权类	45.71	1.96	115.59	4.96	321.02	11.19
按管理类型	主动管理型	1161.89	49.76	867.58	37.20	872.51	30.40
	被动管理型	1172.87	50.24	1464.79	62.80	1997.39	69.60

数据来源：信托公司年报。

表 4 – 216　　　　　陆家嘴信托 2017—2019 年新增信托资产情况　　　单位：亿元,%

信托资产	2019 年	占比	2018 年	占比	2017 年	占比
新增合计	1450.56	100.00	997.29	100.00	1824.44	100.00
其中：集合类	962.97	66.39	610.77	61.24	1071.04	58.71
单一类	457.49	31.54	372.72	37.37	387.88	21.26
财产权类	30.10	2.08	13.80	1.38	365.52	20.03
其中：主动管理型	1027.03	70.80	476.04	47.73	515.40	28.25
被动管理型	423.53	29.20	521.25	52.27	1309.04	71.75

数据来源：信托公司年报，用益金融信托研究院整理制作。

表 4 – 217　　　　　陆家嘴信托 2017—2019 年信托项目清算收益情况　　　单位：亿元,%

项目类型	2019 年		2018 年		2017 年	
	金额	综合收益率	金额	综合收益率	金额	综合收益率
年度合计	1262.77	5.96	1631.82	5.37	876.34	5.65
其中：集合类	351.51	6.90	420.51	4.95	313.11	5.54
单一类	857.42	5.52	947.21	5.56	486.35	5.71
财产管理类	53.84	6.72	264.10	5.37	76.89	5.72
其中：主动管理类	573.92	6.50	598.72	6.38	380.60	6.65
被动管理类	688.85	5.74	1033.10	5.05	495.75	4.78

数据来源：信托公司年报。

三十二、中国民生信托

（一）基本情况

1. 企业基本信息

公司中文名称：中国民生信托有限公司（中国民生信托）

公司英文名称：CHINA MINSHENG TRUST CO.，LTD.（CMT）

公司曾用名：中国旅游国际信托投资有限公司

成立日期：1994 年

最新注册地址：北京市东城区建国门内大街 28 号民生金融中心 C 座 19 层

主要办公地：北京市

注册资本：70.00 亿元　　　　　　　　法定代表人：张博

官方网址：www.msxt.com　　　　　　电子邮箱：minshengtrust@msxt.com

2. 股东背景

表 4 - 218　　　　　　　　　　中国民生信托主要股东列表

股东名称	持股比例（%）	股东背景
武汉中央商务区股份有限公司	82.71	非国资
浙江泛海建设投资有限公司	10.71	非国资
北京首都旅游集团有限责任公司	6.45	国资

数据来源：信托公司年报，用益金融信托研究院整理制作。

3. 人力资源

表 4 - 219　　　　　　　　　　中国民生信托人员结构分布表

统计项目	2019 年		2018 年		2017 年	
	人数	比例（%）	人数	比例（%）	人数	比例（%）
30 岁以下	123	22.36	124	25.46	118	29.95
30 ~ 40 岁	368	66.91	315	64.68	247	62.69
40 岁以上	59	10.73	48	9.86	29	7.36

统计项目	2019 年		2018 年		2017 年	
	人数	比例（%）	人数	比例（%）	人数	比例（%）
博士	9	1.64	10	2.05	15	3.81
硕士	272	49.45	253	51.95	207	52.54
本科	253	46.00	194	39.84	151	38.32
专科及以下	16	2.91	30	6.16	21	5.33
董监高	8	1.45	12	2.46	13	3.30
自营业务人员	3	0.55	5	1.03	4	1.02
信托业务人员	155	28.18	148	30.39	134	34.01
其他人员	384	69.82	322	66.12	243	61.68
总人数	550	100.00	487	100.00	394	100.00

数据来源：信托公司年报，用益金融信托研究院整理制作。

（二）主要经营指标及排名

表 4 - 220　　　　　　　　中国民生信托 2017—2019 年度主要经营指标

经营指标（母公司）	2019 年		2018 年		2017 年	
名称	值	排名	值	排名	值	排名
注册资本（亿元）	70.00	9	70.00	7	70.00	6
固有总资产（亿元）	142.01	20	152.59	15	133.36	13
固有净资产（亿元）	109.60	20	107.56	20	110.48	17
固有资产不良率（%）	0.00	48	0.00	46	0.00	43
信托总资产（亿元）	1964.06	41	1813.89	45	1871.11	50
年度新增信托资产（亿元）	2432.56	10	2562.61	6	1945.84	26
信托利润率（%）	6.38	23	4.38	36	5.88	30
年度综合清算收益率（%）	6.22	26	3.99	60	7.78	8
营业总收入（亿元）	23.11	21	23.97	12	33.08	7
信托业务收入（亿元）	13.84	18	18.38	14	16.46	18
自营业务收入（亿元）	9.27	9	5.59	22	16.62	4
信托报酬率（%）	0.81	8	1.09	5	1.17	8
净利润（亿元）	9.04	23	11.08	18	18.15	8
人均净利润（万元）	173.19	43	262.24	33	528.62	11
资本利润率（%）	8.49	40	10.46	33	17.56	14
净资本（亿元）	86.14	20	86.73	16	85.47	16

经营指标（母公司）	2019 年		2018 年		2017 年	
名称	值	排名	值	排名	值	排名
风险资本（亿元）	44.52	21	41.78	22	35.01	28
风险覆盖率（%）	193.49	30	207.59	22	244.13	11
风险准备金（亿元）	4.56	37	4.35	35	3.26	41

数据来源：信托公司年报，用益金融信托研究院整理制作。

（三）资产状况

1. 自营资产

表 4 – 221 　　　　中国民生信托 2017—2019 年自营资产构成　　　　单位：亿元，%

资产投资分布	2019 年	占比	2018 年	占比	2017 年	占比
基础产业	14.35	10.11	12.84	8.43	3.69	2.77
房地产	0.00	0.00	7.22	4.74	2.73	2.05
证券市场	0.00	0.00	0.00	0.00	0.00	0.00
实业	96.17	67.72	113.03	74.20	54.09	40.55
金融机构	24.17	17.02	15.66	10.28	70.05	52.53
其他	7.32	5.15	3.57	2.34	2.80	2.10
资产总计	142.01	100.00	152.33	100.00	133.36	100.00

数据来源：信托公司年报。

2. 信托资产

表 4 – 222 　　　　中国民生信托 2017—2019 年信托资产构成　　　　单位：亿元，%

分类	信托资产构成	2019 年	占比	2018 年	占比	2017 年	占比
按资金投向	基础产业	108.34	5.52	91.51	5.05	152.58	8.15
	房地产	224.97	11.45	206.68	11.39	241.94	12.93
	证券市场	118.28	6.02	38.96	2.15	196.59	10.51
	实业	789.57	40.20	526.37	29.02	572.69	30.61
	金融机构	657.75	33.49	879.65	48.50	3.06	0.16
	其他	65.16	3.32	70.73	3.90	704.26	37.64
按信托功能	融资类	639.04	32.54	345.56	19.05	428.26	22.89
	投资类	1049.29	53.42	1070.17	59.00	975.68	52.14
	事务管理类	275.73	14.04	398.16	21.95	467.17	24.97

续 表

分类	信托资产构成	2019 年	占比	2018 年	占比	2017 年	占比
按资金来源	集合类	1634.38	83.21	1332.02	73.43	1179.85	63.06
	单一类	328.31	16.72	481.81	26.56	666.55	35.62
	财产权类	1.37	0.07	0.06	0.00	24.71	1.32
按管理类型	主动管理型	1688.33	85.96	1415.73	78.05	1403.94	75.03
	被动管理型	275.73	14.04	398.16	21.95	467.17	24.97

数据来源：信托公司年报。

表 4 - 223 　　　　　中国民生信托 2017—2019 年新增信托资产情况　　　　单位：亿元,%

信托资产	2019 年	占比	2018 年	占比	2017 年	占比
新增合计	2432.56	100.00	2562.61	100.00	1945.84	100.00
其中：集合类	2263.89	93.07	2249.36	87.78	1522.91	78.26
单一类	167.37	6.88	313.24	12.22	422.93	21.74
财产权类	1.30	0.05	0.00	0.00	0.00	0.00
其中：主动管理型	2425.76	99.72	2501.39	97.61	1643.98	84.49
被动管理型	6.80	0.28	61.22	2.39	301.87	15.51

数据来源：信托公司年报，用益金融信托研究院整理制作。

表 4 - 224 　　　　　中国民生信托 2017—2019 年信托项目清算收益情况　　　　单位：亿元,%

项目类型	2019 年		2018 年		2017 年	
	金额	综合收益率	金额	综合收益率	金额	综合收益率
年度合计	519.16	6.22	548.37	3.99	616.73	7.78
其中：集合类	386.26	6.53	288.63	3.45	287.57	7.87
单一类	132.90	5.35	232.29	4.20	259.52	7.83
财产管理类	0.00	0.00	27.45	7.84	69.64	7.23
其中：主动管理类	376.86	6.53	430.26	3.96	423.77	8.15
被动管理类	142.30	5.42	118.11	4.11	192.96	6.98

数据来源：信托公司年报。

三十三、平安信托

（一）基本情况

1. 企业基本信息

公司中文名称：平安信托有限责任公司（平安信托）

公司英文名称：PING AN TRUST CO. , LTD. （PATC）

公司曾用名：中国工商银行珠江三角洲金融信托联合公司

成立日期：1984 年 11 月

最新注册地址：广东省深圳市福田区益田路 5033 号

主要办公地址：深圳市

注册资本：130.00 亿元　　　　法定代表人：姚贵平

官方网址：https：//trust. pingan. com 电子邮箱：Pub_ PATMB@ pingan. com. cn

2. 股东背景

表 4-225　　　　　　　　　平安信托股东列表

股东名称	持股比例（%）	股东背景
中国平安保险（集团）股份有限公司	99.88	金融机构
上海市糖业烟酒（集团）有限公司	0.12	国资

数据来源：信托公司年报，用益金融信托研究院整理制作。

3. 人力资源

表 4-226　　　　　　　　　平安信托人员结构分布表

统计项目	2019 年		2018 年		2017 年	
	人数	比例（%）	人数	比例（%）	人数	比例（%）
30 岁以下	83	17.93	85	22.25	178	23.96
30~40 岁	301	65.01	241	63.09	476	64.06
40 岁以上	79	17.06	56	14.66	89	11.98
博士	4	0.86	8	2.09	15	2.02

统计项目	2019 年		2018 年		2017 年	
	人数	比例（％）	人数	比例（％）	人数	比例（％）
硕士	218	47.08	169	44.24	333	44.82
本科	226	48.81	191	50.00	362	48.72
专科及以下	15	3.24	14	3.66	33	4.44
董监高	6	1.30	7	1.83	10	1.35
自营业务人员	9	1.94	11	2.88	31	4.17
信托业务人员	317	68.47	252	65.97	579	77.93
其他人员	131	28.29	112	29.32	123	16.55
总人数	463	100.00	382	100.00	743	100.00

数据来源：信托公司年报，用益金融信托研究院整理制作。

（二）主要经营指标及排名

表 4 - 227　　　　　　　平安信托 2017—2019 年度主要经营指标

经营指标（母公司）	2019 年		2018 年		2017 年	
名称	值	排名	值	排名	值	排名
注册资本（亿元）	130.00	2	130.00	2	130.00	2
固有总资产（亿元）	294.01	3	251.09	3	279.08	2
固有净资产（亿元）	233.04	3	207.13	3	239.14	1
固有资产不良率（％）	0.75	41	0.09	41	0.09	37
信托总资产（亿元）	4426.08	16	5341.24	14	6527.56	11
年度新增信托资产（亿元）	1262.99	21	1178.88	25	1908.82	29
信托利润率（％）	7.10	14	4.33	41	6.61	15
年度综合清算收益率（％）	4.63	61	4.41	53	5.75	49
营业总收入（亿元）	46.79	3	49.78	2	60.25	1
信托业务收入（亿元）	37.21	4	38.01	2	42.92	3
自营业务收入（亿元）	9.58	8	11.77	3	17.33	3
信托报酬率（％）	0.50	22	0.45	24	0.50	24
净利润（亿元）	26.52	5	31.74	2	39.07	1
人均净利润（万元）	627.58	6	564.31	8	455.59	19
资本利润率（％）	12.05	20	14.23	14	16.83	18
净资本（亿元）	180.46	3	171.45	2	194.20	1
风险资本（亿元）	84.97	8	89.21	1	84.69	3

续 表

经营指标（母公司）	2019 年		2018 年		2017 年	
名称	值	排名	值	排名	值	排名
风险覆盖率（%）	212.39	24	192.19	31	229.31	15
风险准备金（亿元）	17.34	2	15.36	2	13.77	2

数据来源：信托公司年报，用益金融信托研究院整理制作。

（三）资产状况

1. 自营资产

表 4 - 228　　　　　　　平安信托 2017—2019 年自营资产构成　　　　单位：亿元,%

资产投资分布	2019 年	占比	2018 年	占比	2017 年	占比
基础产业	0.00	0.00	0.00	0.00	0.00	0.00
房地产	15.61	5.31	1.53	0.61	1.50	0.54
证券市场	0.00	0.00	0.00	0.00	0.00	0.00
实业	44.36	15.09	46.46	18.50	51.81	18.56
金融机构	228.71	77.79	196.51	78.26	216.45	77.56
其他	5.33	1.81	6.60	2.63	9.33	3.34
资产总计	294.01	100.00	251.09	100.00	279.08	100.00

数据来源：信托公司年报。

2. 信托资产

表 4 - 229　　　　　　　平安信托 2017—2019 年信托资产构成　　　　单位：亿元,%

分类	信托资产构成	2019 年	占比	2018 年	占比	2017 年	占比
按资金投向	基础产业	362.54	8.19	264.59	4.95	331.12	5.07
	房地产	1314.88	29.71	1348.00	25.24	1006.33	15.42
	证券市场	575.47	13.00	491.18	9.20	249.83	3.83
	实业	1372.74	31.01	2202.46	41.24	2794.45	42.81
	金融机构	757.97	17.13	986.31	18.47	2063.88	31.62
	其他	42.48	0.96	48.69	0.91	81.95	1.26
按信托功能	融资类	1744.76	39.42	1867.02	34.95	1679.52	25.73
	投资类	830.02	18.75	1020.20	19.10	1371.55	21.01
	事务管理类	1851.31	41.83	2454.01	45.94	3476.50	53.26

续 表

分类	信托资产构成	2019 年	占比	2018 年	占比	2017 年	占比
按资金来源	集合类	2687.80	60.73	3276.91	61.35	3453.05	52.90
	单一类	1432.49	32.36	1882.25	35.24	2434.30	37.29
	财产权类	305.79	6.91	182.08	3.41	640.22	9.81
按管理类型	主动管理型	2574.77	58.17	2866.99	53.68	3021.70	46.29
	被动管理型	1851.31	41.83	2474.25	46.32	3505.86	53.71

数据来源：信托公司年报。

表 4 - 230　　　　平安信托 2017—2019 年新增信托资产情况　　　　单位：亿元,%

信托资产	2019 年	占比	2018 年	占比	2017 年	占比
新增合计	1262.99	100.00	1178.88	100.00	1908.82	100.00
其中：集合类	824.40	65.27	920.72	78.10	987.52	51.73
单一类	233.21	18.46	185.13	15.70	462.66	24.24
财产权类	205.38	16.26	73.02	6.19	458.64	24.03
其中：主动管理型	903.30	71.52	936.65	79.45	938.16	49.15
被动管理型	359.69	28.48	242.23	20.55	970.66	50.85

数据来源：信托公司年报，用益金融信托研究院整理制作。

表 4 - 231　　　　平安信托 2017—2019 年信托项目清算收益情况　　　　单位：亿元,%

项目类型	2019 年		2018 年		2017 年	
	金额	综合收益率	金额	综合收益率	金额	综合收益率
年度合计	2857.06	4.63	4052.72	4.41	2149.31	5.75
其中：集合类	1914.99	4.28	1677.48	5.71	567.40	7.39
单一类	773.00	5.90	1581.93	4.02	987.88	4.76
财产管理类	169.06	2.85	793.31	2.45	594.03	5.84
其中：主动管理类	1988.56	4.49	2175.39	5.06	1041.93	5.59
被动管理类	868.50	4.95	1877.33	3.67	1107.38	5.91

数据来源：信托公司年报。

三十四、厦门国际信托

（一）基本情况

1. 企业基本信息

公司中文名称：厦门国际信托有限公司（厦门国际信托）

公司英文名称：XIAMEN INTERNATIONAL TRUST CO.，LTD.

公司曾用名：厦门国际信托投资公司

成立日期：1985 年 1 月

最新注册地址：福建省厦门市思明区展鸿路 82 号厦门国际金融中心 39—42 层

主要办公地：厦门市

注册资本：37.50 亿元　　　　　　法定代表人：洪文瑾

官方网址：www.xmitic.com　　　　电子邮箱：linhn@xmitic.com

2. 股东背景

表 4 - 232　　　　　　　　　　　厦门国际信托股东列表

股东名称	持股比例（%）	股东背景
厦门金圆金控股份有限公司	80.00	国资
厦门建发集团有限公司	10.00	国资
厦门港务控股集团有限公司	10.00	国资

数据来源：信托公司年报，用益金融信托研究院整理制作。

3. 人力资源

表 4 - 233　　　　　　　　　　　厦门国际信托人员结构分布表

统计项目	2019 年		2018 年		2017 年	
	人数	比例（%）	人数	比例（%）	人数	比例（%）
30 岁以下	63	27.88	85	36.96	91	40.81
30~40 岁	96	42.48	77	33.48	65	29.15
40 岁以上	67	29.65	68	29.57	67	30.04

续 表

统计项目	2019 年		2018 年		2017 年	
	人数	比例（%）	人数	比例（%）	人数	比例（%）
博士	1	0.44	1	0.43	1	0.45
硕士	92	40.71	95	41.30	90	40.36
本科	118	52.21	118	51.30	115	51.57
专科及以下	15	6.64	16	6.96	17	7.62
董监高	9	3.96	9	3.91	8	3.59
自营业务人员	11	4.85	10	4.35	9	4.04
信托业务人员	135	59.47	140	60.87	144	64.57
其他人员	72	31.72	71	30.87	62	27.80

数据来源：信托公司年报，用益金融信托研究院整理制作。

（二）主要经营指标及排名

表 4 - 234　　　　　　　　　厦门国际信托 2017—2019 年度主要经营指标

经营指标（母公司）	2019 年		2018 年		2017 年	
名称	值	排名	值	排名	值	排名
注册资本（亿元）	37.50	32	37.50	28	35.00	24
固有总资产（亿元）	71.39	43	59.06	49	57.77	46
固有净资产（亿元）	53.06	47	50.25	47	48.48	43
固有资产不良率（%）	0.10	46	0.00	46	0.00	43
信托总资产（亿元）	2010.28	36	1949.76	42	3011.00	32
年度新增信托资产（亿元）	1243.64	22	868.99	33	2632.95	17
信托利润率（%）	4.97	55	1.78	61	5.18	46
年度综合清算收益率（%）	5.02	55	2.88	62	5.19	58
营业总收入（亿元）	9.77	43	8.02	46	10.44	44
信托业务收入（亿元）	5.81	48	5.75	47	6.91	46
自营业务收入（亿元）	3.96	36	2.27	40	3.53	33
信托报酬率（%）	0.33	33	0.30	34	0.26	46
净利润（亿元）	5.43	38	4.76	39	6.49	35
人均净利润（万元）	237.94	35	208.90	43	303.35	36
资本利润率（%）	10.56	28	9.90	39	15.95	20
净资本（亿元）	44.35	46	44.90	44	41.77	42
风险资本（亿元）	30.54	38	17.58	51	29.77	35

经营指标（母公司）	2019 年		2018 年		2017 年	
名称	值	排名	值	排名	值	排名
风险覆盖率（%）	145.21	53	255.37	12	140.31	56
风险准备金（亿元）	3.77	42	3.27	45	3.04	44

数据来源：信托公司年报，用益金融信托研究院整理制作。

（三）资产状况

1. 自营资产

表 4 – 235　　　　　　厦门国际信托 2017—2019 年自营资产构成　　　　单位：亿元,%

资产投资分布	2019 年	占比	2018 年	占比	2017 年	占比
基础产业	0.00	0.00	0.00	0.00	3.69	6.39
房地产	0.00	0.00	0.00	0.00	0.00	0.00
证券市场	7.34	10.24	9.19	15.56	7.18	12.43
实业	0.49	0.68	0.49	0.83	0.98	1.69
金融机构	10.43	14.54	8.21	13.90	7.84	13.57
其他	53.46	74.54	41.17	69.71	38.08	65.92
资产总计	71.72	100.00	59.06	100.00	57.77	100.00

数据来源：信托公司年报。

2. 信托资产

表 4 – 236　　　　　　厦门国际信托 2017—2019 年信托资产构成　　　　单位：亿元,%

分类	信托资产构成	2019 年	占比	2018 年	占比	2017 年	占比
按资金投向	基础产业	289.57	14.40	294.75	15.12	460.75	15.30
	房地产	217.85	10.84	279.05	14.31	361.39	12.00
	证券市场	29.67	1.48	41.38	2.12	176.20	5.85
	实业	874.74	43.51	798.09	40.93	1007.55	33.46
	金融机构	254.88	12.68	394.23	20.22	533.71	17.73
	其他	343.57	17.09	142.27	7.30	471.40	15.66
按信托功能	融资类	766.27	38.12	344.61	17.67	512.92	17.03
	投资类	185.02	9.20	121.13	6.21	398.97	13.25
	事务管理类	1058.99	52.68	1484.02	76.11	2099.11	69.72
按资金来源	集合类	683.34	33.99	695.38	35.67	1250.38	41.53
	单一类	1197.68	59.58	1221.70	62.66	1722.90	57.22
	财产权类	129.26	6.43	32.68	1.68	37.72	1.25

续　表

分类	信托资产构成	2019 年	占比	2018 年	占比	2017 年	占比
按管理类型	主动管理型	639.64	31.82	327.75	16.81	586.09	19.46
	被动管理型	1370.64	68.18	1622.01	83.19	2424.91	80.54

数据来源：信托公司年报。

表 4 – 237　　　　　　　厦门国际信托 2017—2019 年新增信托资产情况　　　　单位：亿元,%

信托资产	2019 年	占比	2018 年	占比	2017 年	占比
新增合计	1243.64	100.00	868.99	100.00	2632.95	100.00
其中：集合类	478.41	38.47	391.00	45.00	964.27	36.62
单一类	638.00	51.30	421.99	48.56	1531.53	58.17
财产权类	127.23	10.23	55.99	6.44	137.16	5.21
其中：主动管理型	728.98	58.62	445.01	51.21	734.41	27.89
被动管理型	514.66	41.38	423.97	48.79	1898.54	72.11

数据来源：信托公司年报，用益金融信托研究院整理制作。

表 4 – 238　　　　　　　厦门国际信托 2017—2019 年信托项目清算收益情况　　　　单位：亿元,%

项目类型	2019 年		2018 年		2017 年	
	金额	综合收益率	金额	综合收益率	金额	综合收益率
年度合计	1092.92	5.02	1842.74	2.88	1941.26	5.19
其中：集合类	451.01	5.08	842.81	0.30	528.72	4.49
单一类	632.70	4.96	942.22	5.28	1351.31	5.61
财产管理类	9.21	5.69	57.70	1.52	61.24	1.94
其中：主动管理类	374.55	4.67	623.65	− 0.18	342.63	5.11
被动管理类	718.37	5.19	1219.09	4.45	1598.63	5.21

数据来源：信托公司年报。

三十五、山东国信

（一）基本情况

1. 企业基本信息

公司中文名称：山东省国际信托股份有限公司（山东国信）

公司英文名称：SHANDONG INTERNATIONAL TRUST CO., LTD. （SITC）

成立日期：1987 年 3 月

最新注册地址：中国山东省济南市历下区解放路 166 号

主要办公地：济南市

注册资本：46.59 亿元　　　　　　　法定代表人：万众

官方网址：www.sitic.com.cn/　　　　电子邮箱：ir1697@luxin.cn

2. 股东背景

表 4-239　　　　　　　　　　　山东国信主要股东列表

股东名称	持股比例（%）	股东背景
山东省鲁信投资控股集团有限公司	47.12	国资
中油资产管理有限公司	18.75	国资
香港中央结算（代理人）有限公司	19.57	外资

数据来源：信托公司年报，用益金融信托研究院整理制作。

3. 人力资源

表 4-240　　　　　　　　　　　山东国信人员结构分布表

统计项目	2019 年		2018 年		2017 年	
	人数	比例（%）	人数	比例（%）	人数	比例（%）
30 岁以下	49	21.4	53	23.98	52	26.13
30~40 岁	126	55.02	117	52.94	98	49.25
40 岁以上	54	23.58	51	23.08	49	24.62
博士	6	2.62	6	2.72	6	3.02

续　表

统计项目	2019 年		2018 年		2017 年	
	人数	比例（%）	人数	比例（%）	人数	比例（%）
硕士	161	70.31	152	68.78	135	67.84
本科	51	22.27	52	23.53	48	24.12
专科及以下	11	4.80	11	4.98	10	5.03
董监高	8	3.49	8	3.62	7	3.52
自营业务人员	12	5.24	6	2.71	5	2.51
信托业务人员	93	40.61	89	40.27	76	38.19
其他人员	116	50.66	118	53.39	111	55.78
总人数	229	100.00	221	100.00	199	100.00

数据来源：信托公司年报，用益金融信托研究院整理制作。

（二）主要经营指标及排名

表 4 – 241　　　　　　山东国信 2017—2019 年度主要经营指标

经营指标（母公司）	2019 年		2018 年		2017 年	
名称	值	排名	值	排名	值	排名
注册资本（亿元）	46.59	21	25.88	41	22.88	38
固有总资产（亿元）	145.72	18	136.12	19	129.02	16
固有净资产（亿元）	98.10	22	95.41	22	91.48	21
固有资产不良率（%）	0.00	48	6.85	13	6.06	13
信托总资产（亿元）	2645.81	26	2375.07	35	2716.75	37
年度新增信托资产（亿元）	1020.76	29	865.90	34	1022.09	49
信托利润率（%）	6.46	20	4.33	40	5.85	33
年度综合清算收益率（%）	6.49	17	6.75	13	5.33	55
营业总收入（亿元）	18.87	23	16.95	24	16.48	26
信托业务收入（亿元）	10.38	29	8.92	33	11.30	26
自营业务收入（亿元）	8.49	11	8.03	8	5.18	27
信托报酬率（%）	0.00	—	—	—	0.44	29
净利润（亿元）	6.64	32	8.72	27	8.95	29
人均净利润（万元）	290	26	395	19	450	20
资本利润率（%）	6.90	47	9.3	42	13.4	31
净资本（亿元）	78.69	22	79.51	21	79.43	19
风险资本（亿元）	40.18	25	43.48	21	39.47	19

续 表

经营指标（母公司）	2019 年		2018 年		2017 年	
名称	值	排名	值	排名	值	排名
风险覆盖率（%）	195.84	28	182.87	37	201.24	24
风险准备金（亿元）	8.34	18	7.56	17	7.19	15

数据来源：信托公司年报，用益金融信托研究院整理制作。

（三）资产状况

1. 自营资产

表 4 - 242　　　　　山东国信 2017—2019 年自营资产构成　　　　单位：亿元，%

资产投资分布	2019 年	占比	2018 年	占比	2017 年	占比
基础产业	—	—	—	—	—	—
房地产	—	—	—	—	—	—
证券市场	—	—	—	—	—	—
实业	—	—	—	—	—	—
金融机构	—	—	—	—	—	—
其他	—	—	—	—	—	—
资产总计	145.72	100.00	136.12	100.00	129.02	100.00

数据来源：信托公司年报。

2. 信托资产

表 4 - 243　　　　　山东国信 2017—2019 年信托资产构成　　　　单位：亿元，%

分类	信托资产构成	2019 年	占比	2018 年	占比	2017 年	占比
按资金投向	基础产业	—	—	387.43	16.31	369.01	13.58
	房地产	—	—	633.18	26.66	568.43	20.92
	证券市场	—	—	134.26	5.65	184.89	6.81
	实业	—	—	716.33	30.16	842.48	31.01
	金融机构	—	—	265.72	11.19	433.84	15.97
	其他	—	—	238.14	10.03	318.09	11.71
按信托功能	融资类	375.24	14.56	422.27	18.21	483.14	18.34
	投资类	721.53	28.00	474.31	20.45	296.45	11.26
	事务管理类	1479.87	57.44	1422.64	61.34	1854.49	70.40
按资金来源	集合类	1116.09	42.18	1008.82	42.48	1126.19	41.45
	单一类	1338.34	50.58	1291.39	54.37	1552.31	57.14
	财产权类	191.38	7.24	74.86	3.15	38.26	1.41

注：按信托功能分类所列为实收依托资产的期末数。

数据来源：信托公司年报。

表 4 – 244　　　　　　　　　山东国信 2017—2019 年新增信托资产情况　　　　　　单位：亿元,%

信托资产	2019 年	占比	2018 年	占比	2017 年	占比
新增合计	1020.76	100.00	865.90	100.00	1022.09	100.00
其中：集合类	522.31	51.17	554.96	64.09	468.78	45.86
单一类	445.22	43.62	257.68	29.76	538.70	52.71
财产权类	53.23	5.21	53.26	6.15	14.61	1.43
其中：主动管理型	599.53	58.73	400.37	46.24	455.97	44.61
被动管理型	421.23	41.27	465.53	53.76	566.12	55.39

数据来源：信托公司年报，用益金融信托研究院整理制作。

表 4 – 245　　　　　　　　　山东国信 2017—2019 年信托项目清算收益情况　　　　　单位：亿元,%

项目类型	2019 年		2018 年		2017 年	
	金额	综合收益率	金额	综合收益率	金额	综合收益率
年度合计	945.23	6.49	984.12	6.75	824.47	5.33
其中：集合类	448.40	6.65	297.91	5.83	362.47	5.39
单一类	495.83	6.35	683.04	7.17	456.00	5.18
财产管理类	1.00	5.56	3.18	1.77	6.00	12.69

数据来源：信托公司年报。

三十六、山西信托

（一）基本情况

1. 企业基本信息

公司中文名称：山西信托股份有限公司（山西信托）

公司英文名称：SHANXI TRUST CO., LTD.（STC）

公司曾用名：山西省经济开发投资公司

成立日期：1985 年 4 月 1 日

最新注册地址：山西省太原市府西街 69 号

主要办公地址：太原市

注册资本：13.57 亿元　　　　　　法定代表人：刘叔肆

官方网址：www. sxxt. net.　　　　电子邮箱：websxxt@ sxxt. net

2. 股东背景

表 4 - 246　　　　　　　　　　山西信托股东列表

股东名称	持股比例（%）	股东背景
山西金融投资控股集团有限公司	90.70	国资
太原市海信资产管理有限公司	8.30	国资
山西国际电力集团有限公司	1.00	国资

数据来源：信托公司年报，用益金融信托研究院整理制作。

3. 人力资源

表 4 - 247　　　　　　　　　　山西信托人员结构分布表

统计项目	2019 年		2018 年		2017 年	
	人数	比例（%）	人数	比例（%）	人数	比例（%）
30 岁以下	58	24.07	62	26.16	66	28.33
30~40 岁	85	35.27	72	30.38	67	28.76
40 岁以上	98	40.66	103	43.46	100	42.92
博士	1	0.41	1	0.42	1	0.43

统计项目	2019 年		2018 年		2017 年	
	人数	比例（%）	人数	比例（%）	人数	比例（%）
硕士	75	31.12	72	30.38	66	28.33
本科	148	61.41	145	61.18	143	61.37
专科及以下	17	7.05	19	8.02	23	9.87
董监高	14	5.81	13	5.49	13	5.58
自营业务人员	8	3.32	11	4.64	11	4.72
信托业务人员	141	58.51	116	48.95	110	47.21
其他人员	78	32.37	97	40.93	99	42.49
总人数	241	100.00	237	100.00	233	100.00

数据来源：信托公司年报，用益金融信托研究院整理制作。

（二）主要经营指标及排名

表 4-248　　　　　　　山西信托 2017—2019 年度主要经营指标

经营指标（母公司）	2019 年		2018 年		2017 年	
名称	值	排名	值	排名	值	排名
注册资本（亿元）	13.57	59	13.57	58	13.57	57
固有总资产（亿元）	24.00	66	23.64	66	21.69	66
固有净资产（亿元）	19.30	66	19.09	65	19.63	64
固有资产不良率（%）	14.62	13	10.45	5	14.57	1
信托总资产（亿元）	383.28	65	452.87	65	495.60	64
年度新增信托资产（亿元）	225.32	58	316.83	60	373.56	62
信托利润率（%）	5.74	41	6.8	5	6.31	21
年度综合清算收益率（%）	7.48	8	7.48	5	7.46	13
营业总收入（亿元）	2.50	64	3.19	64	3.17	66
信托业务收入（亿元）	1.82	66	1.58	66	1.86	67
自营业务收入（亿元）	0.68	59	1.61	49	1.31	57
信托报酬率（%）	0.51	21	0.33	31	0.43	30
净利润（亿元）	0.30	62	0.11	66	0.81	67
人均净利润（万元）	12.75	62	4.71	66	36.14	68
资本利润率（%）	1.59	61	0.57	65	4.15	66
净资本（亿元）	14.44	66	14.28	66	15.36	65
风险资本（亿元）	10.05	63	8.27	65	7.65	64

续 表

经营指标（母公司）	2019 年		2018 年		2017 年	
名称	值	排名	值	排名	值	排名
风险覆盖率（%）	143.68	55	172.67	39	200.78	25
风险准备金（亿元）	2.42	56	2.38	56	2.36	52

数据来源：信托公司年报，用益金融信托研究院整理制作。

（三）资产状况

1. 自营资产

表 4 – 249　　　　　　山西信托 2017—2019 年自营资产构成　　　　单位：亿元，%

资产投资分布	2019 年	占比	2018 年	占比	2017 年	占比
基础产业	0.00	0.00	0.00	0.00	0.00	0.00
房地产	0.00	0.00	0.00	0.00	0.00	0.00
证券市场	0.99	4.11	3.37	14.26	2.92	13.46
实业	0.10	0.42	0.20	0.85	0.00	0.00
金融机构	6.65	27.70	6.02	25.48	6.21	28.65
其他	16.26	67.77	14.05	59.41	12.56	57.89
资产总计	24.00	100.00	23.64	100.00	21.69	100.00

数据来源：信托公司年报。

2. 信托资产

表 4 – 250　　　　　　山西信托 2017—2019 年信托资产构成　　　　单位：亿元，%

分类	信托资产构成	2019 年	占比	2018 年	占比	2017 年	占比
按资金投向	基础产业	7.29	1.90	31.72	7.01	43.00	8.68
	房地产	18.61	4.85	25.54	5.64	32.31	6.52
	证券市场	3.05	0.80	3.88	0.85	17.04	3.44
	实业	312.24	81.46	334.68	73.90	341.35	68.88
	金融机构	21.52	5.62	8.96	1.98	0.00	0.00
	其他	20.57	5.37	48.08	10.62	61.91	12.49
按信托功能	融资类	298.23	77.80	304.84	67.31	315.30	63.63
	投资类	36.08	9.42	61.21	13.52	71.42	14.41
	事务管理类	48.97	12.78	86.82	19.17	108.88	21.97

续 表

分类	信托资产构成	2019 年	占比	2018 年	占比	2017 年	占比
按资金来源	集合类	97.23	25.37	138.43	30.57	144.62	29.18
	单一类	261.65	68.27	288.10	63.63	320.79	64.73
	财产权类	24.40	6.36	26.34	5.82	30.19	6.09
按管理模式	主动管理型	118.19	30.84	80.79	17.84	101.61	20.50
	被动管理型	265.08	69.16	372.08	82.16	393.99	79.50

数据来源：信托公司年报。

表 4 – 251　　　　　　　　　山西信托 2017—2019 年新增信托资产情况　　　　　　单位：亿元,%

信托资产	2019 年	占比	2018 年	占比	2017 年	占比
新增合计	225.32	100.00	316.83	100.00	373.56	100.00
其中：集合类	22.80	10.12	43.53	13.74	62.62	16.76
单一类	178.96	79.42	270.11	85.25	289.01	77.37
财产权类	23.56	10.46	3.19	1.01	21.94	5.87
其中：主动管理型	68.05	30.20	9.78	3.09	14.99	4.01
被动管理型	157.27	69.80	307.05	96.91	358.57	95.99

数据来源：信托公司年报，用益金融信托研究院整理制作。

表 4 – 252　　　　　　　　　山西信托 2017—2019 年信托项目清算收益情况　　　　　单位：亿元,%

项目类型	2019 年		2018 年		2017 年	
	金额	综合收益率	金额	综合收益率	金额	综合收益率
年度合计	290.30	7.48	365.29	7.48	198.41	7.46
其中：集合类	60.44	9.92	50.80	10.28	28.35	6.52
单一类	204.37	6.80	307.20	7.03	159.95	7.71
财产管理类	25.49	7.19	7.29	7.01	10.11	6.16
其中：主动管理类	28.57	7.47	32.46	10.04	24.44	6.49
被动管理类	261.73	7.57	332.84	7.07	173.97	7.76

数据来源：信托公司年报。

三十七、陕国投

（一）基本情况

1. 企业基本信息

公司中文名称：陕西省国际信托股份有限公司（陕国投）

公司英文名称：SHAANXI INTERNATIONAL TRUST CO., LTD.（SITI）

成立日期：1984 年

最新注册地址：陕西省西安市高新区科技路 50 号金桥国际广场 C 座

主要办公地址：西安市

注册资本：39.46 亿元　　　　　　　法定代表人：薛季民

官方网址：www. siti. com. cn　　　　电子邮箱：sgtdm@ siti. com. cn

2. 股东背景

表 4 - 253　　　　　　　　　　陕国投主要股东列表

股东名称	持股比例（%）	股东背景
陕西煤业化工集团有限责任公司	34.58	国资
陕西省高速公路建设集团公司	21.62	国资
华宝信托有限责任公司	1.38	国资
中央汇金资产管理有限公司	1.31	国资
人保投资控股有限公司	0.70	国资

数据来源：信托公司年报，用益金融信托研究院整理制作。

3. 人力资源

表 4 - 254　　　　　　　　　　陕国投人员结构分布表

统计项目	2019 年		2018 年		2017 年	
	人数	比例（%）	人数	比例（%）	人数	比例（%）
博士	21	3.29	21	3.51	20	4.02

续 表

统计项目	2019 年		2018 年		2017 年	
	人数	比例（%）	人数	比例（%）	人数	比例（%）
硕士	365	57.12	354	59.10	284	57.03
本科	253	39.59	224	37.40	194	38.96
专科及以下	0	0.00	0	0.00	0	0.00
董监高	13	2.03	13	2.17	12	2.41
自营业务人员	10	1.56	10	1.67	9	1.81
信托业务人员	277	43.35	286	47.75	263	52.81
其他人员	339	53.05	290	48.41	214	42.97
总人数	639	100.00	599	100.00	498	100.00

数据来源：信托公司年报，用益金融信托研究院整理制作。

（二）主要经营指标及排名

表 4 – 255　　　　　　　　　　陕国投 2017—2019 年度主要经营指标

经营指标（母公司）名称	2019 年		2018 年		2017 年	
	值	排名	值	排名	值	排名
注册资本（亿元）	39.64	29	39.64	25	30.90	29
固有总资产（亿元）	132.64	24	122.79	22	94.48	30
固有净资产（亿元）	109.77	19	104.15	21	79.31	27
固有资产不良率（%）	1.57	36	2.96	27	2.97	20
信托总资产（亿元）	2887.13	23	2895.24	28	4532.22	19
年度新增信托资产（亿元）	994.43	32	780.06	38	2750.00	18
信托利润率（%）	7.89	5	-6.22	68	5.13	47
年度综合清算收益率（%）	-0.63	68	-0.82	67	6.91	25
营业总收入（亿元）	17.42	26	10.27	39	11.51	36
信托业务收入（亿元）	9.45	35	9.55	29	9.90	31
自营业务收入（亿元）	7.98	15	0.72	61	1.60	55
信托报酬率（%）	0.31	36	0.25	40	0.28	43
净利润（亿元）	5.82	36	3.19	52	3.52	54
人均净利润（万元）	91.00	52	53.00	58	71.00	62
资本利润率（%）	5.46	52	3.56	60	4.50	64
净资本（亿元）	80.86	21	75.18	22	63.98	23
风险资本（亿元）	46.82	20	35.91	28	37.97	22

续　表

经营指标（母公司）	2019 年		2018 年		2017 年	
名称	值	排名	值	排名	值	排名
风险覆盖率（%）	172.72	43	209.36	21	168.49	39
风险准备金（亿元）	3.21	50	2.92	49	2.76	47

数据来源：信托公司年报，用益金融信托研究院整理制作。

（三）资产状况

1. 自营资产

表 4 – 256　　　　　　　　陕国投 2017—2019 年自营资产构成　　　　单位：亿元,%

资产投资分布	2019 年	占比	2018 年	占比	2017 年	占比
基础产业	18.61	12.69	13.00	10.59	10.00	10.58
房地产	26.36	17.98	17.50	14.25	—	—
证券市场	18.91	12.90	15.41	12.55	12.71	13.45
实业	1.49	1.01	1.07	0.87	—	—
金融机构	25.99	17.72	31.59	25.73	37.09	39.25
其他	55.30	37.71	44.22	36.02	34.68	36.71
资产总计	146.67	100.00	122.79	100.00	94.48	100.00

数据来源：信托公司年报。

2. 信托资产

表 4 – 257　　　　　　　　陕国投 2017—2019 年信托资产构成　　　　单位：亿元,%

分类	信托资产构成	2019 年	占比	2018 年	占比	2017 年	占比
按资金投向	基础产业	850.07	29.44	780.29	26.95	972.97	21.47
	房地产	233.47	8.09	272.04	9.40	332.82	7.34
	证券市场	526.27	18.23	655.80	22.65	1725.17	38.06
	实业	506.86	17.56	482.56	16.67	677.54	14.95
	金融机构	299.00	10.36	234.57	8.10	314.31	6.93
	其他	471.45	16.33	469.98	16.23	509.41	11.24
按信托功能	融资类	1338.68	46.37	1028.77	35.53	1315.08	29.02
	投资类	797.43	27.62	934.27	32.27	2007.90	44.30
	事务管理类	751.01	26.01	932.20	32.20	1209.23	26.68

续 表

分类	信托资产构成	2019 年	占比	2018 年	占比	2017 年	占比
按资金来源	集合类	1544.76	53.51	1375.11	47.50	2242.76	49.48
	单一类	1298.48	44.97	1462.35	50.51	2110.82	46.57
	财产权类	43.88	1.52	57.79	2.00	178.64	3.94
按管理模式	主动管理型	1575.61	54.57	1353.11	46.74	2425.72	53.52
	被动管理型	1311.52	45.43	1542.13	53.26	2106.49	46.48

数据来源：信托公司年报。

表 4 – 258　　　　　　　　　陕国投 2017—2019 年新增信托资产情况　　　　　　　　单位：亿元，%

信托资产	2019 年	占比	2018 年	占比	2017 年	占比
新增合计	994.43	100.00	780.06	100.00	2750.00	100.00
其中：集合类	795.91	80.04	388.35	49.78	1471.83	53.52
单一类	183.32	18.43	378.85	48.57	1094.19	39.79
财产权类	15.20	1.53	12.86	1.65	183.98	6.69
其中：主动管理型	830.74	83.54	384.44	49.28	1279.55	46.52
被动管理型	163.69	16.46	396.62	50.72	1470.45	53.48

数据来源：信托公司年报，用益金融信托研究院整理制作。

表 4 – 259　　　　　　　　　陕国投 2017—2019 年信托项目清算收益情况　　　　　　　单位：亿元，%

项目类型	2019 年		2018 年		2017 年	
	金额	综合收益率	金额	综合收益率	金额	综合收益率
年度合计	1172.87	−0.63	1965.59	−0.82	550.49	6.91
其中：集合类	685.09	−5.22	928.27	−8.22	185.56	8.61
单一类	479.28	5.91	906.21	5.87	364.93	6.05
财产管理类	8.5	0.21	131.11	5.29	—	—
其中：主动管理类	617.71	−6.62	860.74	−9.31	138.06	9.04
被动管理类	555.16	6.04	1104.84	5.91	412.43	6.16

数据来源：信托公司年报。

三十八、上海信托

（一）基本情况

1. 企业基本信息

公司中文名称：上海国际信托有限公司（上海信托）

公司英文名称：SHANGHAI INTERNATIONAL TRUST CORP. , LTD. （SHANGHAI TRUST）

公司曾用名：上海市投资信托公司

成立日期：1981 年

最新注册地址：上海市九江路 111 号

主要办公地址：上海市

注册资本：50.00 亿元　　　　　　法定代表人：潘卫东

官方网址：www.shanghaitrust.com　　电子邮箱：info@ shanghaitrust.com

2. 股东背景

表 4 - 260　　　　　　　　　　上海信托股东列表

股东名称	持股比例（%）	股东背景
上海浦东发展银行股份有限公司	97.33	金融机构
上海汽车集团股权投资有限公司	2.00	非国资
上海新黄浦实业集团股份有限公司	0.67	非国资

数据来源：信托公司年报，用益金融信托研究院整理制作。

3. 人力资源

表 4 - 261　　　　　　　　　　上海信托人员结构分布表

统计项目	2019 年		2018 年		2017 年	
	人数	比例（%）	人数	比例（%）	人数	比例（%）
30 岁以下	108	27.14	129	32.66	162	41.01
30~40 岁	217	54.52	196	49.62	162	41.01

统计项目	2019 年		2018 年		2017 年	
	人数	比例（%）	人数	比例（%）	人数	比例（%）
40 岁以上	73	18.34	70	17.72	71	17.97
博士	10	2.51	10	2.53	11	2.78
硕士	268	67.34	264	66.84	241	61.01
本科	112	28.14	113	28.61	133	33.67
专科及以下	8	2.01	8	2.02	10	2.53
董监高	9	2.26	9	2.28	9	2.28
自营业务人员	10	2.51	9	2.28	9	2.28
信托业务人员	244	61.31	254	64.30	251	63.54
其他人员	135	33.92	123	31.14	126	31.90
总人数	398	100.00	395	100.00	395	100.00

数据来源：信托公司年报，用益金融信托研究院整理制作。

（二）主要经营指标及排名

表 4-262　　　　　　　　　上海信托 2017—2019 年度主要经营指标

经营指标（母公司）	2019 年		2018 年		2017 年	
名称	值	排名	值	排名	值	排名
注册资本（亿元）	50.00	17	50.00	15	50.00	12
固有总资产（亿元）	183.63	11	165.18	11	166.70	9
固有净资产（亿元）	152.28	12	136.04	10	122.68	10
固有资产不良率（%）	0.43	42	0.48	36	1.05	31
信托总资产（亿元）	6926.52	9	7686.85	5	9123.91	7
年度新增信托资产（亿元）	1972.06	13	1504.55	20	3521.95	12
信托利润率（%）	5.01	54	3.77	51	6.35	20
年度综合清算收益率（%）	6.42	18	5.56	35	7.08	20
营业总收入（亿元）	26.71	16	24.04	11	26.38	10
信托业务收入（亿元）	18.51	16	18.19	16	20.37	9
自营业务收入（亿元）	8.20	14	5.85	20	6.01	17
信托报酬率（%）	0.27	38	0.24	43	0.28	42
净利润（亿元）	15.06	13	13.35	13	15.60	13
人均净利润（万元）	380.00	19	338.00	24	418.00	24
资本利润率（%）	10.45	29	10.32	34	13.60	29

续　表

经营指标（母公司）	2019 年		2018 年		2017 年	
名称	值	排名	值	排名	值	排名
净资本（亿元）	131.13	10	117.50	8	104.96	10
风险资本（亿元）	59.48	15	59.62	12	60.96	10
风险覆盖率（%）	220.45	20	179.08	29	172.17	36
风险准备金（亿元）	9.87	14	9.02	13	8.61	11

数据来源：信托公司年报，用益金融信托研究院整理制作。

（三）资产状况

1. 自营资产

表 4 – 263　　　　　上海信托 2017—2019 年自营资产构成　　　　单位：亿元,%

资产投资分布	2019 年	占比	2018 年	占比	2017 年	占比
基础产业	0.00	0.00	0.00	0.00	0.00	0.00
房地产	0.00	0.00	0.00	0.00	0.00	0.00
证券市场	20.68	11.26	17.12	10.36	10.50	6.30
实业	0.00	0.00	0.00	0.00	0.00	0.00
金融机构	155.63	84.75	140.39	84.99	149.18	89.49
其他	7.32	3.98	7.67	4.64	7.03	4.22
资产总计	183.63	100.00	165.18	100.00	166.70	100.00

数据来源：信托公司年报。

2. 信托资产

表 4 – 264　　　　　上海信托 2017—2019 年信托资产构成　　　　单位：亿元,%

分类	信托资产构成	2019 年	占比	2018 年	占比	2017 年	占比
按资金投向	基础产业	2344.45	33.85	2793.81	36.35	3526.28	38.65
	房地产	416.12	6.01	484.52	6.30	544.95	5.97
	证券市场	425.77	6.15	281.38	3.66	265.95	2.91
	实业	1300.72	18.78	1543.36	20.08	1748.86	19.17
	金融机构	2007.09	28.98	2130.77	27.72	2507.58	27.48
	其他	432.37	6.24	453.00	5.89	530.29	5.81
按信托功能	融资类	4751.77	68.60	5544.56	72.13	6666.69	73.07
	投资类	2174.75	31.40	1359.61	17.69	1422.95	15.60
	事务管理类	0.00	0.00	782.68	10.18	1034.27	11.33

续　表

分类	信托资产构成	2019 年	占比	2018 年	占比	2017 年	占比
按资金来源	集合类	2314.02	33.41	2627.64	34.18	3126.00	34.26
	单一类	2782.27	40.17	3276.44	42.62	4112.90	45.08
	财产权类	1830.23	26.42	1782.77	23.19	1885.02	20.66
按管理模式	主动管理型	1981.20	28.60	1841.78	23.96	1924.36	21.09
	被动管理型	4945.32	71.40	5845.07	76.04	7199.56	78.91

数据来源：信托公司年报。

表 4 - 265　　　　　上海信托 2017—2019 年新增信托资产情况　　　单位：亿元,%

信托资产	2019 年	占比	2018 年	占比	2017 年	占比
新增合计	1972.06	100.00	1504.55	100.00	3521.95	100.00
其中：集合类	585.55	29.69	415.55	27.62	650.60	18.47
单一类	71.76	3.64	158.01	10.50	1309.70	37.19
财产权类	1314.74	66.67	930.99	61.88	1561.65	44.34
其中：主动管理型	605.08	30.68	376.09	25.00	447.01	12.69
被动管理型	1366.98	69.32	1128.46	75.00	3074.94	87.31

数据来源：信托公司年报，用益金融信托研究院整理制作。

表 4 - 266　　　　　上海信托 2017—2019 年信托项目清算收益情况　　　单位：亿元,%

项目类型	2019 年		2018 年		2017 年	
	金额	综合收益率	金额	综合收益率	金额	综合收益率
年度合计	1491.88	6.42	1566.13	5.56	1313.24	7.08
其中：集合类	750.47	6.54	749.13	4.33	519.21	7.77
单一类	302.78	5.80	516.12	6.94	616.13	6.32
财产管理类	438.63	6.63	300.88	6.27	177.90	7.69
其中：主动管理类	672.14	6.52	341.49	6.76	238.66	7.25
被动管理类	804.60	6.24	965.12	6.69	933.48	7.15

数据来源：信托公司年报。

三十九、四川信托

（一）基本情况

1. 企业基本信息

公司中文名称：四川信托有限公司（四川信托）

公司英文名称：SICHUAN TRUST CO.，LTD.（SCTC）

成立日期：2010 年 11 月 28 日

最新注册地址：四川省成都市锦江区人民南路 2 段 18 号川信红照壁大厦

主要办公地址：成都市

注册资本：35.00 亿元　　　　　　　　法定代表人：牟跃

官方网址：www.schtrust.com　　　　电子邮箱：schtrust@ schtrust.com

2. 股东背景

表 4 – 267　　　　　　　　　　　　四川信托主要股东列表

股东名称	持股比例（%）	股东背景
四川宏达（集团）有限公司	32.04	非国资
中海信托股份有限公司	30.25	国资
四川宏达股份有限公司	22.16	非国资

数据来源：信托公司年报，用益金融信托研究院整理制作。

3. 人力资源

表 4 – 268　　　　　　　　　　　　四川信托人员结构分布表

统计项目	2019 年		2018 年		2017 年	
	人数	比例（%）	人数	比例（%）	人数	比例（%）
30 岁以下	161	20.33	175	23.84	221	29.51
30~40 岁	481	60.73	413	56.27	385	51.40
40 岁以上	150	18.94	146	19.89	143	19.09
博士	5	0.63	4	0.54	4	0.53

续　表

统计项目	2019 年		2018 年		2017 年	
	人数	比例（%）	人数	比例（%）	人数	比例（%）
硕士	254	32.07	235	32.02	242	32.31
本科	426	53.79	395	53.81	391	52.20
专科及以下	107	13.51	100	13.62	112	14.96
董监高	12	1.52	13	1.77	13	1.74
自营业务人员	6	0.76	6	0.82	5	0.67
信托业务人员	556	70.20	517	70.44	539	71.96
其他人员	218	27.53	198	26.98	192	25.63
总人数	792	100.00	734	100.00	749	100.00

数据来源：信托公司年报，用益金融信托研究院整理制作。

（二）主要经营指标及排名

表 4 - 269　　　　　　四川信托 2017—2019 年度主要经营指标

经营指标（母公司）	2019 年		2018 年		2017 年	
名称	值	排名	值	排名	值	排名
注册资本（亿元）	35.00	35	35.00	33	35.00	24
固有总资产（亿元）	98.91	34	99.94	30	86.83	34
固有净资产（亿元）	80.12	32	75.04	33	69.13	31
固有资产不良率（%）	22.21	8	4.82	18	2.25	24
信托总资产（亿元）	2334.18	31	3234.88	22	4182.28	23
年度新增信托资产（亿元）	982.80	33	1660.80	18	1939.83	27
信托利润率（%）	4.76	56	3.92	47	6.62	14
年度综合清算收益率（%）	6.19	27	5.60	34	6.92	24
营业总收入（亿元）	23.23	20	22.32	16	24.40	13
信托业务收入（亿元）	19.19	14	20.99	10	21.13	8
自营业务收入（亿元）	4.04	35	1.33	53	3.26	37
信托报酬率（%）	0.00	—	0.00	—	0.47	26
净利润（亿元）	5.21	40	7.40	30	9.21	26
人均净利润（万元）	68.00	56	100.00	55	125.00	59
资本利润率（%）	6.72	48	10.27	35	14.27	27
净资本（亿元）	59.56	34	56.60	35	57.46	29
风险资本（亿元）	31.95	35	33.51	33	35.06	27

续 表

经营指标（母公司）	2019 年		2018 年		2017 年	
名称	值	排名	值	排名	值	排名
风险覆盖率（%）	186.42	33	168.90	46	163.89	43
风险准备金（亿元）	10.19	13	9.79	11	8.45	12

数据来源：信托公司年报，用益金融信托研究院整理制作。

（三）资产状况

1. 自营资产

表 4 - 270　　　　　　　四川信托 2017—2019 年自营资产构成　　　　　单位：亿元，%

资产投资分布	2019 年	占比	2018 年	占比	2017 年	占比
基础产业	2.56	2.59	4.55	4.55	3.05	3.51
房地产	15.21	15.37	13.66	13.67	4.58	5.28
证券市场	0.31	0.31	1.98	1.98	4.32	4.97
实业	4.25	4.29	3.07	3.07	4.53	5.21
金融机构	29.48	29.81	30.09	30.11	27.97	32.21
其他	47.11	47.63	46.59	46.61	42.39	48.81
资产总计	98.91	100.00	99.94	100.00	86.83	100.00

数据来源：信托公司年报。

2. 信托资产

表 4 - 271　　　　　　　四川信托 2017—2019 年信托资产构成　　　　　单位：亿元，%

分类	信托资产构成	2019 年	占比	2018 年	占比	2017 年	占比
按资金投向	基础产业	81.66	3.50	113.06	3.50	158.30	3.78
	房地产	346.04	14.82	436.97	13.51	431.71	10.32
	证券市场	140.64	6.03	287.31	8.88	887.24	21.21
	实业	521.51	22.34	753.51	23.29	1080.70	25.84
	金融机构	528.38	22.64	633.50	19.58	625.03	14.94
	其他	715.95	30.67	1010.54	31.24	999.29	23.89
按信托功能	融资类	635.24	27.21	545.29	16.86	626.79	14.99
	投资类	777.75	33.32	972.74	30.07	1360.77	32.54
	事务管理类	921.19	39.47	1716.85	53.07	2194.72	52.47

分类	信托资产构成	2019 年	占比	2018 年	占比	2017 年	占比
按资金来源	集合类	1309. 77	56. 11	1462. 98	45. 23	1734. 46	41. 47
	单一类	999. 15	42. 81	1729. 74	53. 47	2371. 81	56. 71
	财产权类	25. 26	1. 08	42. 16	1. 30	76. 01	1. 82
按管理模式	主动管理型	1412. 99	60. 53	1041. 03	32. 18	1202. 88	28. 76
	被动管理型	921. 19	39. 47	2193. 85	67. 82	2979. 40	71. 24

数据来源：信托公司年报。

表 4 - 272　　　　　　　四川信托 2017—2019 年新增信托资产情况　　　　　　单位：亿元,%

信托资产	2019 年	占比	2018 年	占比	2017 年	占比
新增合计	982. 80	100. 00	1660. 80	100. 00	1939. 83	100. 00
其中：集合类	746. 17	75. 92	1031. 16	62. 09	675. 64	34. 83
单一类	231. 53	23. 56	607. 34	36. 57	1228. 39	63. 32
财产权类	5. 10	0. 52	22. 30	1. 34	35. 80	1. 85
其中：主动管理型	899. 51	91. 53	834. 37	50. 24	349. 80	18. 03
被动管理型	83. 29	8. 47	826. 43	49. 76	1590. 03	81. 97

数据来源：信托公司年报,用益金融信托研究院整理制作。

表 4 - 273　　　　　　　四川信托 2017—2019 年信托项目清算收益情况　　　　　　单位：亿元,%

项目类型	2019 年		2018 年		2017 年	
	金额	综合收益率	金额	综合收益率	金额	综合收益率
年度合计	1589. 24	6. 19	1463. 19	5. 6	1474. 00	6. 92
其中：集合类	684. 43	7. 20	550. 54	7. 02	475. 65	7. 09
单一类	882. 81	5. 45	856. 57	4. 86	966. 74	6. 99
财产管理类	22. 00	4. 56	56. 08	2. 92	31. 61	2. 10
其中：主动管理类	781. 61	7. 54	366. 31	7. 32	344. 64	7. 29
被动管理类	807. 63	5. 12	1096. 88	5. 02	1129. 36	6. 18

数据来源：信托公司年报。

四十、苏州信托

（一）基本情况

1. 企业基本信息

公司中文名称：苏州信托有限公司（苏州信托）

公司英文名称：SUZHOU TRUST CO.，LTD.（SUZHOU TRUST）

公司曾用名：苏州信托投资有限公司

成立日期：1991 年 3 月 18 日

最新注册地址：江苏省苏州市工业园区苏雅路 308 号信投大厦 18 层

主要办公地址：苏州市

注册资本：12.00 亿元　　　　　　法定代表人：沈光俊

官方网址：www. trustsz. com　　　　电子邮箱：sztic@ trustsz. com

2. 股东背景

表 4 – 274　　　　　　　　　苏州信托股东列表

股东名称	持股比例（%）	股东背景
苏州国际发展集团有限公司	70. 01	国资
苏州文化旅游发展集团有限公司	19. 99	国资
联想控股股份有限公司	10. 00	非国资

数据来源：信托公司年报，用益金融信托研究院整理制作。

3. 人力资源

表 4 – 275　　　　　　　　　苏州信托人员结构分布表

统计项目	2019 年		2018 年		2017 年	
	人数	比例（%）	人数	比例（%）	人数	比例（%）
30 岁以下	57	32. 57	56	35. 00	58	40. 28
30 ~ 40 岁	77	44. 00	71	44. 38	53	36. 81
40 岁以上	41	23. 43	33	20. 63	33	22. 92
博士	2	1. 14	2	1. 25	2	1. 39

统计项目	2019 年		2018 年		2017 年	
	人数	比例（％）	人数	比例（％）	人数	比例（％）
硕士	104	59.43	90	56.25	78	54.17
本科	63	36.00	62	38.75	58	40.28
专科及以下	6	3.42	6	3.76	3	4.16
董监高	10	5.71	9	5.63	9	6.25
自营业务人员	3	1.71	2	1.25	3	2.08
信托业务人员	82	46.86	75	46.88	68	47.22
其他人员	80	45.71	74	46.25	64	44.44
总人数	175	100.00	160	100.00	144	100.00

数据来源：信托公司年报，用益金融信托研究院整理制作。

（二）主要经营指标及排名

表 4 - 276　　　　　　　　苏州信托 2017—2019 年度主要经营指标

经营指标（母公司）	2019 年		2018 年		2017 年	
名称	值	排名	值	排名	值	排名
注册资本（亿元）	12.00	61	12.00	60	12.00	59
固有总资产（亿元）	54.64	51	47.53	55	46.15	54
固有净资产（亿元）	48.99	50	42.85	53	41.02	52
固有资产不良率（％）	0.00	48	0.00	46	0.00	43
信托总资产（亿元）	950.24	56	844.50	61	927.84	59
年度新增信托资产（亿元）	517.45	44	293.61	61	448.90	61
信托利润率（％）	5.92	35	5.06	26	7.53	6
年度综合清算收益率（％）	6.30	22	6.94	10	7.80	7
营业总收入（亿元）	7.95	50	5.27	56	7.31	54
信托业务收入（亿元）	5.49	49	3.74	60	4.33	57
自营业务收入（亿元）	2.46	47	1.53	51	2.98	38
信托报酬率（％）	0.55	18	0.55	13	0.90	10
净利润（亿元）	4.66	45	3.62	49	4.39	49
人均净利润（万元）	270.00	30	232.00	39	355.00	28
资本利润率（％）	10.04	32	8.95	43	11.71	40
净资本（亿元）	33.99	51	28.71	56	25.68	56
风险资本（亿元）	12.11	58	9.95	64	9.17	63

续　表

经营指标（母公司）	2019 年		2018 年		2017 年	
名称	值	排名	值	排名	值	排名
风险覆盖率（%）	280.73	9	288.65	5	280.11	6
风险准备金（亿元）	2.53	55	2.26	57	2.12	55

数据来源：信托公司年报，用益金融信托研究院整理制作。

（三）资产状况

1. 自营资产

表 4-277　　　　　　　苏州信托 2017—2019 年自营资产构成　　　　　　单位：亿元,%

资产投资分布	2019 年	占比	2018 年	占比	2017 年	占比
基础产业	0.00	0.00	0.00	0.00	0.00	0.00
房地产	0.00	0.00	0.00	0.00	0.00	0.00
证券市场	7.44	13.15	5.63	11.36	7.96	16.63
实业	3.57	6.31	4.26	8.59	4.08	8.53
金融机构	41.55	73.42	36.30	73.18	32.33	67.58
其他	4.03	7.12	3.41	6.87	3.47	7.26
资产总计	56.59	100.00	49.61	100.00	47.85	100.00

数据来源：信托公司年报。

2. 信托资产

表 4-278　　　　　　　苏州信托 2017—2019 年信托资产构成　　　　　　单位：亿元,%

分类	信托资产构成	2019 年	占比	2018 年	占比	2017 年	占比
按资金投向	基础产业	115.50	12.16	152.84	18.10	184.79	19.92
	房地产	26.65	2.80	52.87	6.26	54.97	5.92
	证券市场	17.15	1.80	17.40	2.06	13.87	1.49
	实业	407.41	42.87	216.24	25.61	128.26	13.82
	金融机构	102.75	10.81	36.32	4.30	56.20	6.06
	其他	280.77	29.55	368.81	43.67	489.74	52.78
按信托功能	融资类	366.06	38.52	229.65	27.19	162.40	17.50
	投资类	118.91	12.52	116.67	13.82	177.48	19.13
	事务管理类	465.26	48.96	498.17	58.99	587.96	63.37

续 表

分类	信托资产构成	2019 年	占比	2018 年	占比	2017 年	占比
按资金来源	集合类	489.04	51.47	370.25	43.84	353.32	38.08
	单一类	354.76	37.33	436.24	51.66	537.84	57.97
	财产权类	106.43	11.20	38.00	4.50	36.68	3.95
按管理模式	主动管理型	483.92	50.93	340.27	40.29	329.06	35.46
	被动管理型	466.31	49.07	504.22	59.71	598.78	64.54

数据来源：信托公司年报。

表 4-279　　　　　　苏州信托 2017—2019 年新增信托资产情况　　　　单位：亿元,%

信托资产	2019 年	占比	2018 年	占比	2017 年	占比
新增合计	517.45	100.00	293.61	100.00	448.90	100.00
其中：集合类	355.52	68.71	220.50	75.10	194.04	43.23
单一类	85.97	16.61	66.60	22.68	238.84	53.21
财产权类	75.96	14.68	6.51	2.22	16.02	3.56
其中：主动管理型	384.90	74.38	242.16	82.48	172.04	38.32
被动管理型	132.55	25.62	51.45	17.52	276.86	61.68

数据来源：信托公司年报，用益金融信托研究院整理制作。

表 4-280　　　　　　苏州信托 2017—2019 年信托项目清算收益情况　　　　单位：亿元,%

项目类型	2019 年		2018 年		2017 年	
	金额	综合收益率	金额	综合收益率	金额	综合收益率
年度合计	275.73	6.30	270.99	6.94	406.02	7.80
其中：集合类	111.91	6.13	119.27	6.74	219.40	8.78
单一类	163.82	6.41	151.72	7.10	169.51	6.19
财产管理类	0.00	0.00	0.00	0.00	17.11	11.13
其中：主动管理类	118.37	6.88	161.48	7.46	238.12	8.69
被动管理类	157.36	5.86	109.51	6.17	167.90	6.52

数据来源：信托公司年报。

四十一、天津信托

（一）基本情况

1. 企业基本信息

公司中文名称：天津信托有限责任公司（天津信托）

公司英文名称：TIANJIN TRUST CO.，LTD.（TIANJIN TRUST）

公司曾用名：中国人民银行天津市信托投资公司

成立日期：1980 年

最新注册地址：天津市河西区围堤道 125—127 号天信大厦

主要办公地址：天津市

注册资本：17.00 亿元 　　　　　　法定代表人：赵毅

官方网址：www.tjtrust.com 　　　　电子邮箱：office@tjtrust.com

2. 股东背景

表 4 - 281　　　　　　　　　　　天津信托主要股东列表

股东名称	持股比例（%）	股东背景
天津海泰控股集团有限公司	51.58	国资
天津市泰达国际控股（集团）有限公司	42.11	国资

数据来源：信托公司年报，用益金融信托研究院整理制作。

3. 人力资源

表 4 - 282　　　　　　　　　　　天津信托人员结构分布表

统计项目	2019 年		2018 年		2017 年	
	人数	比例（%）	人数	比例（%）	人数	比例（%）
30 岁以下	24	15.00	31	19.75	30	20.13
30～40 岁	62	38.75	49	31.21	41	27.52
40 岁以上	74	46.25	77	49.04	78	52.35
博士	3	1.88	3	1.91	2	1.34

续　表

统计项目	2019 年		2018 年		2017 年	
	人数	比例（%）	人数	比例（%）	人数	比例（%）
硕士	73	45.63	76	48.41	71	47.65
本科	73	45.63	64	40.76	58	38.93
专科及以下	11	6.88	14	8.92	18	12.08
董监高	10	6.25	6	3.82	8	5.37
自营业务人员	21	13.13	21	13.38	22	14.77
信托业务人员	87	54.38	91	57.96	83	55.70
其他人员	42	26.25	39	24.84	36	24.16
总人数	160	100.00	157	100.00	149	100.00

数据来源：信托公司年报，用益金融信托研究院整理制作。

（二）主要经营指标及排名

表 4 - 283　　　　　　　　天津信托 2017—2019 年度主要经营指标

经营指标（母公司）	2019 年		2018 年		2017 年	
名称	值	排名	值	排名	值	排名
注册资本（亿元）	17.00	53	17.00	51	17.00	50
固有总资产（亿元）	80.69	38	74.93	40	62.93	41
固有净资产（亿元）	57.30	44	51.38	46	45.58	47
固有资产不良率（%）	9.85	19	8.71	9	6.94	12
信托总资产（亿元）	2167.06	33	1493.18	52	2173.78	43
年度新增信托资产（亿元）	1553.18	15	550.05	47	1091.98	47
信托利润率（%）	5.38	46	3.47	56	1.89	68
年度综合清算收益率（%）	4.23	64	5.18	47	4.68	64
营业总收入（亿元）	8.43	47	11.65	33	13.01	32
信托业务收入（亿元）	3.35	60	4.68	56	6.60	47
自营业务收入（亿元）	5.08	24	6.97	12	6.41	14
信托报酬率（%）	0.21	45	0.25	40	0.41	33
净利润（亿元）	5.78	37	5.84	36	5.33	43
人均净利润（万元）	364.00	20	382.00	20	370.00	26
资本利润率（%）	10.64	27	12.05	22	12.43	35
净资本（亿元）	35.25	50	27.21	58	29.77	54
风险资本（亿元）	20.27	45	13.78	57	12.50	58
风险覆盖率（%）	173.90	41	197.46	28	238.16	12

续 表

经营指标（母公司）	2019 年		2018 年		2017 年	
名称	值	排名	值	排名	值	排名
风险准备金（亿元）	3.44	47	3.15	46	2.86	45

数据来源：信托公司年报，用益金融信托研究院整理制作。

（三）资产状况

1. 自营资产

表4－284　　　　　　　天津信托2017—2019年自营资产构成　　　　　单位：亿元，%

资产投资分布	2019 年	占比	2018 年	占比	2017 年	占比
基础产业	10.86	13.45	5.01	6.68	4.21	6.68
房地产	6.68	8.28	2.10	2.81	3.51	5.57
证券市场	7.57	9.38	9.07	12.11	12.21	19.40
实业	2.32	2.88	3.39	4.53	11.24	17.87
金融机构	42.01	52.06	37.79	50.44	24.36	38.71
其他	11.25	13.94	17.56	23.44	7.40	11.76
资产总计	80.69	100.00	74.93	100.00	62.93	100.00

数据来源：信托公司年报。

2. 信托资产

表4－285　　　　　　　天津信托2017—2019年信托资产构成　　　　　单位：亿元，%

分类	信托资产构成	2019 年	占比	2018 年	占比	2017 年	占比
按资金投向	基础产业	81.94	3.78	97.82	6.55	114.65	5.27
	房地产	77.40	3.57	82.49	5.52	98.00	4.51
	证券市场	10.15	0.47	18.20	1.22	68.91	3.17
	实业	1782.16	82.24	1183.72	79.28	1749.86	80.50
	金融机构	62.15	2.87	66.42	4.45	101.45	4.67
	其他	153.26	7.07	44.53	2.98	40.90	1.88
按信托功能	融资类	988.66	45.62	387.54	25.95	247.43	11.38
	投资类	175.83	8.12	18.83	1.26	30.61	1.41
	事务管理类	1002.57	46.26	1086.81	72.79	1895.74	87.21
按资金来源	集合类	633.43	29.23	311.85	20.88	906.32	41.69
	单一类	458.22	21.14	782.58	52.41	1053.77	48.48
	财产权类	1075.41	49.63	398.75	26.71	213.68	9.83

续 表

分类	信托资产构成	2019 年	占比	2018 年	占比	2017 年	占比
按管理模式	主动管理型	1164.53	53.74	406.37	27.21	278.04	12.79
	被动管理型	1002.53	46.26	1086.81	72.79	1895.74	87.21

数据来源：信托公司年报。

表 4 - 286　　　　　　　天津信托 2017—2019 年新增信托资产情况　　　　单位：亿元，%

信托资产	2019 年	占比	2018 年	占比	2017 年	占比
新增合计	1553.18	100.00	555.05	100.00	1091.98	100.00
其中：集合类	533.03	34.32	244.01	43.96	568.23	52.04
单一类	92.28	5.94	52.93	9.54	370.96	33.97
财产权类	927.88	59.74	258.11	46.50	152.79	13.99
其中：主动管理型	1097.27	70.65	342.11	61.64	153.03	14.01
被动管理型	455.91	29.35	212.93	38.36	938.95	85.99

数据来源：信托公司年报，用益金融信托研究院整理制作。

表 4 - 287　　　　　　　天津信托 2017—2019 年信托项目清算收益情况　　　　单位：亿元，%

项目类型	2019 年		2018 年		2017 年	
	金额	综合收益率	金额	综合收益率	金额	综合收益率
年度合计	1032.23	4.23	1000.76	5.18	713.67	4.68
其中：集合类	369.32	6.25	627.38	5.83	172.24	6.06
单一类	428.74	1.65	310.61	4.51	425.67	5.39
财产管理类	234.17	5.77	62.77	1.93	115.76	—
其中：主动管理类	322.58	6.62	164.52	6.23	251.31	5.79
被动管理类	709.65	3.15	836.25	4.96	462.37	4.07

数据来源：信托公司年报。

四十二、外贸信托

（一）基本情况

1. 企业基本信息

公司中文名称：中国对外经济贸易信托有限公司（外贸信托）

公司英文名称：CHINA FOREIGN ECONOMY AND TRADE TRUST CO.，LTD.（FOTIC）

公司曾用名：中国对外经济贸易信托投资有限公司

成立日期：1987 年 9 月 30 日

最新注册地址：北京市西城区复兴门内大街 28 号凯晨世贸中心中座 6 层

主要办公地：北京市

注册资本：80.00 亿元 法定代表人：杨林

官方网址：www.fotic.com.cn 电子邮箱：fotic@ sinochem.com

2. 股东背景

表 4 - 288 外贸信托股东列表

股东名称	持股比例（%）	股东背景
中化资本有限公司	97.26	中央企业
中化集团财务有限责任公司	2.74	中央企业

数据来源：信托公司年报，用益金融信托研究院整理制作。

3. 人力资源

表 4 - 289 外贸信托人员结构分布表

统计项目	2019 年		2018 年		2017 年	
	人数	比例（%）	人数	比例（%）	人数	比例（%）
30 岁以下	163	29.42	224	44.36	196	47.23
30 ~ 40 岁	340	61.37	240	47.52	181	43.61
40 岁以上	51	9.21	41	8.12	38	9.16
博士	8	1.44	7	1.39	7	1.69

统计项目	2019 年		2018 年		2017 年	
	人数	比例（%）	人数	比例（%）	人数	比例（%）
硕士	334	60.29	308	60.99	258	62.17
本科	199	35.92	178	35.25	141	33.98
专科及以下	13	2.35	12	2.38	9	2.17
董监高	10	1.81	11	2.18	9	2.17
自营业务人员	9	1.62	8	1.58	6	1.45
信托业务人员	378	68.23	347	69.71	283	68.19
其他人员	157	28.34	139	27.52	117	28.19
总人数	554	100.00	505	100.00	415	100.00

数据来源：信托公司年报，用益金融信托研究院整理制作。

（二）主要经营指标及排名

表 4 - 290   外贸信托 2017—2019 年度主要经营指标

经营指标（母公司）	2019 年		2018 年		2017 年	
名称	值	排名	值	排名	值	排名
注册资本（亿元）	80.00	8	27.41	40	22.00	45
固有总资产（亿元）	184.13	10	150.03	16	125.32	19
固有净资产（亿元）	177.17	9	125.89	13	89.53	22
固有资产不良率（%）	0.14	45	0.03	43	0.04	39
信托总资产（亿元）	4457.65	15	4490.60	16	5006.09	17
年度新增信托资产（亿元）	2000.46	12	1290.21	24	1718.78	34
信托利润率（%）	9.65	1	-1.70	65	8.43	3
年度综合清算收益率（%）	6.64	15	4.37	55	4.98	62
营业总收入（亿元）	27.89	14	29.98	7	25.84	12
信托业务收入（亿元）	16.03	17	23.77	6	19.49	11
自营业务收入（亿元）	11.85	6	6.21	17	6.36	15
信托报酬率（%）	0.40	26	0.51	16	0.48	25
净利润（亿元）	17.91	11	19.46	6	16.21	11
人均净利润（万元）	425.00	17	556.00	11	511.00	14
资本利润率（%）	11.82	21	18.07	5	19.48	10
净资本（亿元）	153.52	7	104.82	13	74.97	21
风险资本（亿元）	62.79	14	55.04	16	49.55	17

续 表

经营指标（母公司）	2019 年		2018 年		2017 年	
名称	值	排名	值	排名	值	排名
风险覆盖率（%）	244.51	11	190.45	33	151.29	48
风险准备金（亿元）	9.67	15	8.32	15	6.97	17

数据来源：信托公司年报，用益金融信托研究院整理制作。

（三）资产状况

1. 自营资产

表 4 - 291　　　　**外贸信托 2017—2019 年自营资产构成**　　　　单位：亿元，%

资产投资分布	2019 年	占比	2018 年	占比	2017 年	占比
基础产业	6.89	3.74	1.47	0.98	1.04	0.83
房地产	21.58	11.72	9.09	6.06	10.34	8.25
证券市场	41.23	22.39	17.31	11.54	26.97	21.52
实业	0.00	0.00	6.79	4.52	7.63	6.09
金融机构	9.55	5.19	11.58	7.72	12.96	10.34
其他	104.87	56.95	103.79	69.18	66.37	52.96
资产总计	184.13	100.00	150.03	100.00	125.32	100.00

数据来源：信托公司年报。

2. 信托资产

表 4 - 292　　　　**外贸信托 2017—2019 年信托资产构成**　　　　单位：亿元，%

分类	信托资产构成	2019 年	占比	2018 年	占比	2017 年	占比
按资金投向	基础产业	51.87	1.16	34.22	0.76	54.36	1.09
	房地产	309.95	6.95	274.15	6.11	108.78	2.17
	证券市场	2307.62	51.77	2015.39	44.88	2240.00	44.75
	实业	82.20	1.84	91.23	2.03	166.78	3.33
	金融机构	798.60	17.92	1214.21	27.04	1362.67	27.22
	其他	907.41	20.36	861.39	19.18	1073.49	21.44
按信托功能	融资类	988.45	22.17	756.11	16.84	717.50	14.33
	投资类	2582.11	57.93	2804.69	62.46	3142.62	62.78
	事务管理类	887.09	19.90	929.80	20.71	1145.97	22.89

续 表

分类	信托资产构成	2019 年	占比	2018 年	占比	2017 年	占比
按资金来源	集合类	3138.50	70.41	3254.84	72.48	3597.18	71.86
	单一类	668.73	15.00	768.08	17.10	848.11	16.94
	财产权类	650.43	14.59	467.68	10.41	560.79	11.20
按管理模式	主动管理型	3060.21	68.65	1785.43	39.76	1859.70	37.15
	被动管理型	1397.44	31.35	2705.17	60.24	3146.38	62.85

数据来源：信托公司年报。

表 4 - 293　　　　　　　　　外贸信托 2017—2019 年新增信托资产情况　　　　　单位：亿元,%

信托资产	2019 年	占比	2018 年	占比	2017 年	占比
新增合计	2000.46	100.00	1290.21	100.00	1718.78	100.00
其中：集合类	1354.65	67.72	843.62	65.39	1019.92	59.34
单一类	111.54	5.58	133.31	10.33	208.94	12.16
财产权类	534.27	26.71	313.27	24.28	489.92	28.50
其中：主动管理型	1239.09	61.94	210.00	16.28	355.07	20.66
被动管理型	761.38	38.06	1080.21	83.72	1363.71	79.34

数据来源：信托公司年报，用益金融信托研究院整理制作。

表 4 - 294　　　　　　　　　外贸信托 2017—2019 年信托项目清算收益情况　　　　　单位：亿元,%

项目类型	2019 年		2018 年		2017 年	
	金额	综合收益率	金额	综合收益率	金额	综合收益率
年度合计	1120.82	6.64	1188.94	4.37	1588.39	4.98
其中：集合类	690.44	6.03	561.01	4.35	558.91	5.04
单一类	355.83	7.53	407.98	3.79	614.04	4.32
财产管理类	74.55	8.09	219.95	5.52	415.44	5.87
其中：主动管理类	411.78	5.87	123.38	4.29	142.56	6.71
被动管理类	709.04	6.81	1065.56	4.35	1445.83	4.84

数据来源：信托公司年报。

四十三、万向信托

（一）基本情况

1. 企业基本信息

公司中文名称：万向信托股份公司（万向信托）

公司英文名称：WANXIANG TRUST CO.，LTD.

成立日期：1986 年

最新注册地址：浙江省杭州市下城区体育场路 429 号天和大厦 4—6 层及 9—17 层

主要办公地：杭州市

注册资本：13.39 亿元　　　　　　　　法定代表人：肖风

官方网址：www.wxtrust.com　　　　　电子邮箱：wxtrust@wxtrust.com

2. 股东背景

表 4 – 295　　　　　　　　　　　万向信托股东列表

股东名称	持股比例（%）	股东背景
中国万向控股有限公司	76.50	非国资
浙江烟草投资管理有限责任公司	14.49	国资
北京中邮资产管理有限公司	3.97	非国资
巨化集团有限公司	2.86	国资
浙江省金融控股有限公司	2.18	国资

数据来源：信托公司年报，用益金融信托研究院整理制作。

3. 人力资源

表 4 – 296　　　　　　　　　　　万向信托人员结构分布表

统计项目	2019 年		2018 年		2017 年	
	人数	比例（%）	人数	比例（%）	人数	比例（%）
30 岁以下	114	28.01	114	31.67	101	41.39
30～40 岁	242	59.46	200	55.56	111	45.49

统计项目	2019 年		2018 年		2017 年	
	人数	比例（%）	人数	比例（%）	人数	比例（%）
40 岁以上	51	12.53	46	12.78	32	13.11
博士	4	0.98	5	1.39	4	1.64
硕士	192	47.17	182	50.56	147	60.25
本科	196	48.16	162	45.00	88	36.07
专科及以下	15	3.69	11	3.06	5	2.05
董监高	5	1.23	6	1.67	5	2.05
自营业务人员	—	—	—	—	—	—
信托业务人员	248	60.93	220	61.11	148	60.66
其他人员	154	37.84	134	37.22	91	37.30
总人数	407	100.00	360	100.00	244	100.00

数据来源：信托公司年报，用益金融信托研究院整理制作。

（二）主要经营指标及排名

表 4 – 297　　　　　　　　万向信托 2017—2019 年度主要经营指标

经营指标（母公司）	2019 年		2018 年		2017 年	
名称	值	排名	值	排名	值	排名
注册资本（亿元）	13.39	60	13.39	59	13.39	58
固有总资产（亿元）	43.70	60	38.86	60	40.62	61
固有净资产（亿元）	36.37	60	29.39	60	24.33	61
固有资产不良率（%）	9.11	20	0.00	46	0.00	43
信托总资产（亿元）	1337.99	52	1611.69	50	1901.27	48
年度新增信托资产（亿元）	794.35	36	766.70	39	1156.51	46
信托利润率（%）	7.60	8	6.95	4	6.39	19
年度综合清算收益率（%）	6.73	14	7.15	7	6.99	22
营业总收入（亿元）	14.15	33	10.18	40	10.48	43
信托业务收入（亿元）	12.80	22	8.14	38	8.46	36
自营业务收入（亿元）	1.35	56	2.04	43	2.03	49
信托报酬率（%）	0.00	—	0.00	—	0.00	—
净利润（亿元）	6.98	31	5.05	38	5.53	41
人均净利润（万元）	182.00	41	167.00	47	247.00	44
资本利润率（%）	21.24	2	18.82	4	25.26	2
净资本（亿元）	32.34	55	26.77	59	22.44	59

经营指标（母公司）	2019 年		2018 年		2017 年	
名称	值	排名	值	排名	值	排名
风险资本（亿元）	21.15	44	18.79	48	14.58	54
风险覆盖率（%）	152.89	49	142.41	54	153.85	46
风险准备金（亿元）	1.58	64	1.23	65	0.97	64

数据来源：信托公司年报，用益金融信托研究院整理制作。

（三）资产状况

1. 自营资产

表 4 - 298　　　　　万向信托 2017—2019 年自营资产构成　　　　　单位：亿元，%

资产投资分布	2019 年	占比	2018 年	占比	2017 年	占比
基础产业	1.51	3.45	7.78	20.02	4.74	11.66
房地产	13.73	31.42	6.12	15.74	7.53	18.54
证券市场	0.38	0.87	0.00	0.00	0.00	0.00
实业	12.29	28.11	4.79	12.34	1.50	3.70
金融机构	13.01	29.77	19.37	49.83	25.43	62.61
其他	2.78	6.37	0.80	2.07	1.42	3.50
资产总计	43.70	100.00	38.86	100.00	40.62	100.00

数据来源：信托公司年报。

2. 信托资产

表 4 - 299　　　　　万向信托 2017—2019 年信托资产构成　　　　　单位：亿元，%

分类	信托资产构成	2019 年	占比	2018 年	占比	2017 年	占比
按资金投向	基础产业	189.31	14.15	275.57	17.10	465.38	24.48
	房地产	679.49	50.78	569.28	35.32	427.64	22.49
	证券市场	11.72	0.88	26.70	1.66	23.71	1.25
	实业	242.73	18.14	395.58	24.54	506.31	26.63
	金融机构	163.17	12.20	265.54	16.48	401.82	21.13
	其他	51.57	3.85	79.03	4.90	76.41	4.02
按信托功能	融资类	495.39	37.02	486.54	30.19	352.69	18.55
	投资类	12.07	0.90	8.05	0.50	34.63	1.82
	事务管理类	830.53	62.07	1117.11	69.31	1513.95	79.63

续　表

分类	信托资产构成	2019 年	占比	2018 年	占比	2017 年	占比
按资金来源	集合类	677.99	50.67	761.52	47.25	842.16	44.29
	单一类	604.91	45.21	730.27	45.31	875.59	46.05
	财产权类	55.09	4.12	119.90	7.44	183.52	9.65
按管理模式	主动管理型	507.46	37.93	494.59	30.69	381.82	20.08
	被动管理型	830.53	62.07	1117.11	69.31	1519.45	79.92

数据来源：信托公司年报。

表 4 - 300　　　　　　万向信托 2017—2019 年新增信托资产情况　　　　单位：亿元,%

信托资产	2019 年	占比	2018 年	占比	2017 年	占比
新增合计	794.35	100.00	766.70	100.00	1156.51	100.00
其中：集合类	487.66	61.39	483.61	63.08	599.68	51.85
单一类	252.86	31.83	227.33	29.65	533.37	46.12
财产权类	53.82	6.78	55.76	7.27	23.45	2.03
其中：主动管理型	431.88	54.37	361.37	47.13	207.66	17.96
被动管理型	362.47	45.63	405.33	52.87	948.85	82.04

数据来源：信托公司年报，用益金融信托研究院整理制作。

表 4 - 301　　　　　　万向信托 2017—2019 年信托项目清算收益情况　　　　单位：亿元,%

项目类型	2019 年		2018 年		2017 年	
	金额	综合收益率	金额	综合收益率	金额	综合收益率
年度合计	854.05	6.73	1001.16	7.15	515.19	6.99
其中：集合类	467.04	7.20	580.03	7.12	157.54	9.04
单一类	276.87	7.32	320.79	7.67	252.24	7.48
财产管理类	110.15	3.26	100.34	5.66	105.41	2.73
其中：主动管理类	314.82	7.70	222.31	7.20	62.46	8.47
被动管理类	539.23	6.16	778.85	7.08	452.73	6.87

数据来源：信托公司年报。

四十四、五矿信托

（一）基本情况

1. 企业基本信息

公司中文名称：五矿国际信托有限公司（五矿信托）

公司英文名称：MINMETALS INTERNATIONAL TRUST CO. , LTD.

公司曾用名：庆泰信托投资有限责任公司

成立日期：2010 年 10 月 8 日

最新注册地址：青海省西宁市青海生物科技产业园纬二路 18 号

主要办公地：西宁市/北京市

注册资本：60.00 亿元　　　　　　　法定代表人：王卓

官方网址：www. mintrust. com　　　电子邮箱：Mintrust – fortune@ mintrust. com

2. 股东背景

表 4 – 302　　　　　　　　　　五矿信托股东列表

股东名称	持股比例（%）	股东背景
五矿资本控股有限公司	78.00	中央企业
青海省国有资产投资管理有限公司	21.20	国资
西宁城市投资管理有限公司	0.79	国资

数据来源：信托公司年报，用益金融信托研究院整理制作。

3. 人力资源

表 4 – 303　　　　　　　　　　五矿信托人员结构分布表

统计项目	2019 年		2018 年		2017 年	
	人数	比例（%）	人数	比例（%）	人数	比例（%）
30 岁以下	180	32.14	170	37.78	132	40.62
30 ~ 40 岁	320	57.14	234	52.00	163	50.15
40 岁以上	60	10.71	46	10.22	30	9.23

续 表

统计项目	2019 年		2018 年		2017 年	
	人数	比例（%）	人数	比例（%）	人数	比例（%）
博士	4	0.71	5	1.11	2	0.62
硕士	360	64.29	271	60.22	175	53.85
本科	189	33.75	163	36.22	142	43.69
专科及以下	7	1.25	11	2.44	6	1.85
董监高	9	1.61	6	1.33	6	1.85
自营业务人员	—	—	—	—	—	—
信托业务人员	372	66.43	284	63.11	183	56.31
其他人员	179	31.96	160	35.56	136	41.85
总人数	560	100.00	450	100.00	325	100.00

数据来源：信托公司年报，用益金融信托研究院整理制作。

（二）主要经营指标及排名

表 4 - 304　　　　　　　五矿信托 2017—2019 年度主要经营指标

经营指标（母公司）	2019 年		2018 年		2017 年	
名称	值	排名	值	排名	值	排名
注册资本（亿元）	60.00	13	60.00	11	60.00	8
固有总资产（亿元）	182.26	12	165.09	12	118.00	21
固有净资产（亿元）	138.54	13	123.62	14	113.79	14
固有资产不良率（%）	4.00	28	4.89	17	10.67	4
信托总资产（亿元）	8849.76	4	5993.97	11	5174.69	16
年度新增信托资产（亿元）	5228.14	1	2432.73	8	4534.59	6
信托利润率（%）	5.17	52	4.70	30	5.67	39
年度综合清算收益率（%）	5.91	39	6.33	20	6.78	29
营业总收入（亿元）	41.57	6	29.33	9	21.38	17
信托业务收入（亿元）	35.27	6	23.93	5	18.05	13
自营业务收入（亿元）	6.30	18	5.41	23	3.33	35
信托报酬率（%）	0.54	19	0.48	20	0.42	32
净利润（亿元）	21.05	7	17.20	11	11.68	18
人均净利润（万元）	519.00	10	586.00	6	490.00	16
资本利润率（%）	16.01	8	14.49	13	13.67	28
净资本（亿元）	121.54	12	105.13	12	99.21	12

续 表

经营指标（母公司）	2019 年		2018 年		2017 年	
名称	值	排名	值	排名	值	排名
风险资本（亿元）	118.35	1	77.00	4	47.35	18
风险覆盖率（%）	102.70	67	136.53	56	209.52	21
风险准备金（亿元）	9.24	16	7.98	16	6.50	18

数据来源：信托公司年报，用益金融信托研究院整理制作。

（三）资产状况

1. 自营资产

表 4 – 305　　　　　　五矿信托 2017—2019 年自营资产构成　　　　单位：亿元，%

资产投资分布	2019 年	占比	2018 年	占比	2017 年	占比
基础产业	0.00	0.00	0.00	0.00	0.00	0.00
房地产	0.00	0.00	0.00	0.00	0.00	0.00
证券市场	11.94	6.55	4.28	2.59	3.01	2.55
实业	0.00	0.00	0.00	0.00	0.00	0.00
金融机构	161.19	88.44	151.90	92.01	111.09	94.15
其他	9.13	5.01	8.92	5.40	3.90	3.31
资产总计	182.26	100.00	165.09	100.00	118.00	100.00

数据来源：信托公司年报。

2. 信托资产

表 4 – 306　　　　　　五矿信托 2017—2019 年信托资产构成　　　　单位：亿元，%

分类	信托资产构成	2019 年	占比	2018 年	占比	2017 年	占比
按资金投向	基础产业	979.27	11.07	763.07	12.73	847.33	16.37
	房地产	1044.91	11.81	740.58	12.36	550.91	10.65
	证券市场	112.86	1.28	92.75	1.55	158.25	3.06
	实业	1265.02	14.29	1135.92	18.95	936.77	18.10
	金融机构	1571.59	17.76	959.19	16.00	895.16	17.30
	其他	3876.12	43.80	2302.46	38.41	1786.26	34.52
按信托功能	融资类	5009.13	56.60	1870.27	31.20	876.07	16.93
	投资类	1491.10	16.85	995.47	16.61	513.33	9.92
	事务管理类	2349.54	26.55	3128.23	52.19	3785.30	73.15

分类	信托资产构成	2019 年	占比	2018 年	占比	2017 年	占比
按资金来源	集合类	6877.55	77.71	3790.08	63.23	2665.21	51.50
	单一类	1182.97	13.37	1369.18	22.84	1638.35	31.66
	财产权类	789.25	8.92	834.71	13.93	871.14	16.83
按管理模式	主动管理型	6500.22	73.45	2865.74	47.81	1389.42	26.85
	被动管理型	2349.54	26.55	3128.23	52.19	3785.27	73.15

数据来源：信托公司年报。

表 4-307　　　　　五矿信托 2017—2019 年新增信托资产情况　　　　单位：亿元,%

信托资产	2019 年	占比	2018 年	占比	2017 年	占比
新增合计	5228.14	100.00	2432.73	100.00	4534.59	100.00
其中：集合类	4283.12	81.92	1828.59	75.17	2967.33	65.44
单一类	286.62	5.48	218.72	8.99	722.78	15.94
财产权类	658.41	12.59	385.42	15.84	844.48	18.62
其中：主动管理型	5120.48	97.94	1897.77	78.01	1119.27	24.68
被动管理型	107.67	2.06	534.96	21.99	3415.31	75.32

数据来源：信托公司年报，用益金融信托研究院整理制作。

表 4-308　　　　　五矿信托 2017—2019 年信托项目清算收益情况　　　　单位：亿元,%

项目类型	2019 年		2018 年		2017 年	
	金额	综合收益率	金额	综合收益率	金额	综合收益率
年度合计	2440.67	5.91	1461.13	6.33	1351.06	6.78
其中：集合类	1555.46	6.07	597.69	6.27	613.81	8.13
单一类	285.90	6.11	501.29	6.90	370.84	6.64
财产管理类	599.31	5.39	362.15	5.63	366.41	4.66
其中：主动管理类	1424.65	5.77	685.21	6.21	541.52	6.50
被动管理类	1016.02	6.63	780.61	6.75	809.54	8.22

数据来源：信托公司年报。

四十五、西部信托

（一）基本情况

1. 企业基本信息

公司中文名称：西部信托有限公司（西部信托）

公司英文名称：WESTERN TRUST Co．，LTD．（WT）

公司曾用名：陕西信托投资有限公司

成立日期：1981 年

最新注册地址：陕西省西安市东新街232 号

主要办公地址：西安市

注册资本：15.00 亿元 　　　　　　　法定代表人：徐谦

官方网址：www．wti－xa．com 　　　　电子邮箱：wti－xa@ wti－xa．com

2. 股东背景

表4－309　　　　　　　　　　西部信托主要股东列表

股东名称	持股比例（%）	股东背景
陕西省电力建设投资开发公司	57.78	国资
陕西省产业投资有限公司	8.66	国资
陕西延长石油（集团）有限责任公司	5.15	国资
彩虹集团有限公司	5.01	非国资
北京鸿基世业房地产开发有限公司	4.24	非国资

数据来源：信托公司年报，用益金融信托研究院整理制作。

3. 人力资源

表4－310　　　　　　　　　　西部信托人员结构分布表

统计项目	2019 年		2018 年		2017 年	
	人数	比例（%）	人数	比例（%）	人数	比例（%）
30 岁以下	99	26.98	61	20.61	67	26.27
30～40 岁	197	53.68	160	54.05	115	45.10

续 表

统计项目	2019 年		2018 年		2017 年	
	人数	比例（%）	人数	比例（%）	人数	比例（%）
40 岁以上	71	19.35	75	25.34	73	28.63
博士	3	0.82	3	1.01	3	1.18
硕士	161	43.87	133	44.93	110	43.14
本科	170	46.32	130	43.92	108	42.35
专科及以下	33	8.99	30	10.14	34	13.33
董监高	6	1.63	7	2.36	8	3.14
自营业务人员	4	1.09	3	1.01	4	1.57
信托业务人员	157	42.78	135	45.61	121	47.45
其他人员	200	54.50	151	51.01	122	47.84
总人数	367	100.00	296	100.00	255	100.00

数据来源：信托公司年报，用益金融信托研究院整理制作。

（二）主要经营指标及排名

表 4 – 311　　　　　　　西部信托 2017—2019 年度主要经营指标

经营指标（母公司）	2019 年		2018 年		2017 年	
名称	值	排名	值	排名	值	排名
注册资本（亿元）	15.00	56	15.00	56	15.00	55
固有总资产（亿元）	63.79	48	55.55	51	73.37	36
固有净资产（亿元）	53.01	48	45.54	50	56.58	38
固有资产不良率（%）	3.33	30	4.03	22	2.52	23
信托总资产（亿元）	3186.67	21	3208.03	24	2484.07	40
年度新增信托资产（亿元）	1504.53	16	2133.55	13	1916.76	28
信托利润率（%）	6.67	18	5.00	28	6.61	16
年度综合清算收益率（%）	5.94	38	5.90	30	6.78	27
营业总收入（亿元）	6.97	53	7.19	50	6.61	58
信托业务收入（亿元）	6.51	43	5.54	49	4.11	58
自营业务收入（亿元）	0.46	60	1.65	48	2.50	43
信托报酬率（%）	0.21	45	0.20	47	0.22	51
净利润（亿元）	3.42	49	3.28	51	3.45	55
人均净利润（万元）	103.00	51	119.00	51	157.00	55
资本利润率（%）	6.95	46	6.43	52	5.45	61
净资本（亿元）	46.09	43	43.00	46	52.23	36

续　表

经营指标（母公司）	2019 年		2018 年		2017 年	
名称	值	排名	值	排名	值	排名
风险资本（亿元）	33.23	33	34.54	30	26.24	41
风险覆盖率（%）	138.70	58	124.49	63	199.05	26
风险准备金（亿元）	3.70	46	3.53	43	3.36	38

数据来源：信托公司年报，用益金融信托研究院整理制作。

（三）资产状况

1. 自营资产

表 4 - 312　　　　　西部信托 2017—2019 年自营资产构成　　　单位：亿元，%

资产投资分布	2019 年	占比	2018 年	占比	2017 年	占比
基础产业	0.00	0.00	0.00	0.00	0.00	0.00
房地产	0.00	0.00	0.00	0.00	0.00	0.00
证券市场	33.59	52.66	26.29	47.32	42.74	58.25
实业	0.00	0.00	0.00	0.00	0.00	0.00
金融机构	26.97	42.28	26.36	47.45	28.75	39.19
其他	3.23	5.07	2.91	5.23	1.88	2.56
资产总计	63.79	100.00	55.55	100.00	73.37	100.00

数据来源：信托公司年报。

2. 信托资产

表 4 - 313　　　　　西部信托 2017—2019 年信托资产构成　　　单位：亿元，%

分类	信托资产构成	2019 年	占比	2018 年	占比	2017 年	占比
按资金投向	基础产业	304.29	9.55	302.41	9.43	341.07	13.73
	房地产	359.45	11.28	497.36	15.50	314.05	12.64
	证券市场	78.44	2.46	75.82	2.36	73.80	2.97
	实业	2237.66	70.22	1967.44	61.33	1264.60	50.91
	金融机构	200.12	6.28	269.92	8.41	489.20	19.69
	其他	6.71	0.21	95.09	2.96	1.34	0.05
按信托功能	融资类	830.33	26.06	641.94	20.01	238.53	9.60
	投资类	520.07	16.32	555.02	17.30	203.54	8.19
	事务管理类	1836.26	57.62	2011.07	62.69	2041.99	82.20

续 表

分类	信托资产构成	2019 年	占比	2018 年	占比	2017 年	占比
按资金来源	集合类	952.55	29.89	887.64	27.67	507.64	20.44
	单一类	1378.59	43.26	1836.15	57.24	1454.17	58.54
	财产权类	855.53	26.85	484.25	15.09	522.26	21.02
按管理模式	主动管理型	1197.79	37.59	1036.76	32.32	392.20	15.79
	被动管理型	1988.88	62.41	2171.27	67.68	2091.87	84.21

数据来源：信托公司年报。

表 4 – 314　　　　　西部信托 2017—2019 年新增信托资产情况　　　　　单位：亿元,%

信托资产	2019 年	占比	2018 年	占比	2017 年	占比
新增合计	1504.53	100.00	2133.55	100.00	1916.76	100.00
其中：集合类	472.19	31.38	679.41	31.84	457.60	23.87
单一类	405.17	26.93	1025.67	48.07	969.73	50.59
财产权类	627.16	41.69	428.47	20.08	489.43	25.53
其中：主动管理型	669.09	44.47	916.76	42.97	330.65	17.25
被动管理型	835.43	55.53	1216.79	57.03	1586.11	82.75

数据来源：信托公司年报，用益金融信托研究院整理制作。

表 4 – 315　　　　　西部信托 2017—2019 年信托项目清算收益情况　　　　　单位：亿元,%

项目类型	2019 年		2018 年		2017 年	
	金额	综合收益率	金额	综合收益率	金额	综合收益率
年度合计	1291.08	5.94	1058.54	5.90	724.98	6.78
其中：集合类	271.34	6.93	199.99	5.84	183.93	7.31
单一类	759.00	5.89	521.63	6.69	520.95	6.77
财产管理类	260.74	5.04	336.92	4.72	20.10	2.33
其中：主动管理类	338.71	6.55	163.44	7.18	127.19	6.75
被动管理类	952.37	5.72	894.90	5.67	597.79	6.79

数据来源：信托公司年报。

四十六、西藏信托

（一）基本情况

1. 企业基本信息

公司中文名称：西藏信托有限公司（西藏信托）

公司英文名称：TIBET TRUST CORPORATION LIMITED

公司曾用名：西藏自治区信托投资公司

成立日期：1991 年 10 月

最新注册地址：西藏自治区拉萨市经济技术开发区博达路 1 号阳光新城别墅区 A7 栋

主要办公地址：北京市

注册资本：30.00 亿元　　　　　　　　法定代表人：周贵庆

官方网址：www. ttco. cn　　　　　　电子邮箱：ttco – service@ ttco. cn

2. 股东背景

表 4 –316　　　　　　　　　　西藏信托股东列表

股东名称	持股比例（%）	股东背景
西藏自治区财政厅	89.43	政府
西藏自治区投资有限公司	10.57	国资

数据来源：信托公司年报，用益金融信托研究院整理制作。

3. 人力资源

表 4 –317　　　　　　　　　　西藏信托人员结构分布表

统计项目	2019 年		2018 年		2017 年	
	人数	比例（%）	人数	比例（%）	人数	比例（%）
30 岁以下	31	29.52	37	35.58	47	46.53
30～40 岁	63	60.00	55	52.88	43	42.57
40 岁以上	11	10.48	12	11.54	11	10.89

续 表

统计项目	2019 年		2018 年		2017 年	
	人数	比例（%）	人数	比例（%）	人数	比例（%）
博士	1	0.95	1	0.96	1	0.99
硕士	51	48.57	50	48.08	45	44.55
本科	46	43.81	44	42.31	45	44.55
专科及以下	7	6.67	9	8.65	10	9.90
董监高	7	6.67	7	6.73	7	6.93
自营业务人员	7	6.67	7	6.73	7	6.93
信托业务人员	44	41.90	40	38.46	39	38.61
其他人员	47	44.76	50	48.08	48	47.52
总人数	105	100.00	104	100.00	101	100.00

数据来源：信托公司年报，用益金融信托研究院整理制作。

（二）主要经营指标及排名

表 4-318　　　　　　　　西藏信托 2017—2019 年度主要经营指标

经营指标（母公司）	2019 年		2018 年		2017 年	
名称	值	排名	值	排名	值	排名
注册资本（亿元）	30.00	40	10.00	65	10.00	63
固有总资产（亿元）	50.13	55	26.57	65	24.62	64
固有净资产（亿元）	46.44	52	22.45	63	22.17	63
固有资产不良率（%）	4.90	25	7.89	11	8.87	9
信托总资产（亿元）	1973.70	40	3218.97	23	4244.58	21
年度新增信托资产（亿元）	256.72	56	563.29	46	1048.99	48
信托利润率（%）	6.24	28	4.47	33	6.02	24
年度综合清算收益率（%）	6.22	25	6.01	27	7.31	16
营业总收入（亿元）	7.96	49	4.83	59	6.67	57
信托业务收入（亿元）	5.12	52	4.89	53	6.26	49
自营业务收入（亿元）	2.84	43	-0.06	65	0.41	64
信托报酬率（%）	0.20	48	0.13	51	0.13	58
净利润（亿元）	4.92	44	2.74	54	4.69	48
人均净利润（万元）	487.00	12	263.00	32	510.00	15
资本利润率（%）	16.31	7	12.26	21	22.71	6
净资本（亿元）	40.63	47	19.86	62	19.86	62

续 表

经营指标（母公司）	2019 年		2018 年		2017 年	
名称	值	排名	值	排名	值	排名
风险资本（亿元）	13.21	57	11.69	60	11.69	60
风险覆盖率（%）	307.53	8	169.94	44	169.94	37
风险准备金（亿元）	3.05	51	2.81	52	2.67	49

数据来源：信托公司年报，用益金融信托研究院整理制作。

（三）资产状况

1. 自营资产

表 4－319　　　　　　　西藏信托 2017—2019 年自营资产构成　　　　单位：亿元,%

资产投资分布	2019 年	占比	2018 年	占比	2017 年	占比
基础产业	0.00	0.00	0.00	0.00	0.00	0.00
房地产	0.00	0.00	0.00	0.00	0.00	0.00
证券市场	8.14	16.23	6.75	25.41	7.43	30.19
实业	2.52	5.02	7.39	27.83	4.15	16.84
金融机构	35.48	70.78	10.32	38.84	11.04	44.83
其他	3.99	7.97	2.10	7.92	2.00	8.14
资产总计	50.13	100.00	26.57	100.00	24.62	100.00

数据来源：信托公司年报。

2. 信托资产

表 4－320　　　　　　　西藏信托 2017—2019 年信托资产构成　　　　单位：亿元,%

分类	信托资产构成	2019 年	占比	2018 年	占比	2017 年	占比
按资金投向	基础产业	81.00	4.10	124.53	3.87	213.18	5.02
	房地产	107.75	5.46	157.27	4.89	238.14	5.61
	证券市场	99.44	5.04	120.79	3.75	107.50	2.53
	实业	760.07	38.51	1208.15	37.53	1333.84	31.42
	金融机构	635.79	32.21	1168.01	36.29	1585.71	37.36
	其他	289.64	14.68	440.22	13.68	766.22	18.05
按信托功能	融资类	726.81	36.82	269.48	8.37	323.24	7.62
	投资类	355.17	18.00	586.78	18.23	796.24	18.76
	事务管理类	891.72	45.18	2362.71	73.40	3125.10	73.63

续 表

分类	信托资产构成	2019 年	占比	2018 年	占比	2017 年	占比
按资金来源	集合类	324.77	16.45	544.96	16.93	719.82	16.96
	单一类	887.43	44.96	1267.79	39.39	1423.30	33.53
	财产权类	761.50	38.58	1406.21	43.69	2101.46	49.51
按管理模式	主动管理型	319.57	16.19	544.96	16.93	719.82	16.96
	被动管理型	1654.13	83.81	2674.01	83.07	3524.76	83.04

数据来源：信托公司年报。

表 4 - 321　　　　　　西藏信托 2017—2019 年新增信托资产情况　　　　单位：亿元，%

信托资产	2019 年	占比	2018 年	占比	2017 年	占比
新增合计	256.72	100.00	563.29	100.00	1048.99	100.00
其中：集合类	63.17	24.61	117.03	20.78	352.55	33.61
单一类	151.70	59.09	334.01	59.30	474.31	45.22
财产权类	41.85	16.30	112.26	19.93	222.13	21.18
其中：主动管理型	124.27	48.41	117.35	20.83		
被动管理型	132.45	51.59	445.94	79.17		

数据来源：信托公司年报，用益金融信托研究院整理制作。

表 4 - 322　　　　　　西藏信托 2017—2019 年信托项目清算收益情况　　　　单位：亿元，%

项目类型	2019 年		2018 年		2017 年	
	金额	综合收益率	金额	综合收益率	金额	综合收益率
年度合计	1217.12	6.22	1132.52	6.01	1561.30	7.31
其中：集合类	301.97	5.02	206.98	5.64	219.04	12.72
单一类	449.87	7.15	457.20	6.71	684.51	6.89
财产管理类	465.28	6.11	468.34	5.49	657.75	5.94
其中：主动管理类	165.65	9.19	206.98	3.31	252.74	12.37
被动管理类	1051.47	5.67	925.54	5.95	1308.56	6.41

数据来源：信托公司年报。

四十七、新华信托

（一）基本情况

1. 企业基本信息

公司中文名称：新华信托股份有限公司（新华信托）

公司英文名称：NEW CHINA TRUST CO.，LTD.（NCT）

公司曾用名：重庆新华信托投资股份有限公司

成立日期：1986 年 5 月

最新注册地址：重庆市江北区创富路 3 号 1 幢 1 层、5—13 层

主要办公地址：重庆市

注册资本：42.00 亿元　　　　　　　法定代表人：李桂林

官方网址：www. nct – china. com　　电子邮箱：service@ nct – china. com

2. 股东背景

表 4 – 323　　　　　　　　　新华信托主要股东列表

股东名称	持股比例（%）	股东背景
上海珊瑚礁信息系统有限公司	40.00	非国资
上海纪辉资产管理有限公司	21.43	非国资
新产业投资股份有限公司	17.33	非国资
北京宏达信资产经营有限公司	10.00	非国资
人和投资控股股份有限公司	5.67	非国资

数据来源：信托公司年报，用益金融信托研究院整理制作。

3. 人力资源

表 4 – 324　　　　　　　　　新华信托人员结构分布表

统计项目	2019 年		2018 年		2017 年	
	人数	比例（%）	人数	比例（%）	人数	比例（%）
30 岁以下	10	6.76	16	10.35	29	17.37
30~40 岁	92	62.16	91	58.70	83	49.70

续 表

统计项目	2019 年		2018 年		2017 年	
	人数	比例（%）	人数	比例（%）	人数	比例（%）
40 岁以上	46	31.08	48	30.97	55	32.93
博士	1	0.68	1	0.65	2	1.20
硕士	62	41.89	62	40.00	64	38.32
本科	79	53.38	85	54.84	92	55.09
专科及以下	6	4.05	7	4.51	9	5.39
董监高	7	4.70	7	4.52	7	4.19
自营业务人员	8	5.40	8	5.16	10	5.99
信托业务人员	61	41.20	54	34.84	61	36.53
其他人员	72	48.70	86	55.48	89	53.29
总人数	148	100.00	155	100.00	167	100.00

数据来源：信托公司年报，用益金融信托研究院整理制作。

（二）主要经营指标及排名

表 4 - 325　　　　　　　　新华信托 2017—2019 年度主要经营指标

经营指标（母公司）	2019 年		2018 年		2017 年	
名称	值	排名	值	排名	值	排名
注册资本（亿元）	42.00	24	42.00	21	42.00	17
固有总资产（亿元）	73.58	41	77.84	39	65.90	40
固有净资产（亿元）	59.61	43	59.45	42	60.30	37
固有资产不良率（%）	12.00	15	15.11	3	9.38	8
信托总资产（亿元）	1453.44	49	1790.17	47	1762.27	52
年度新增信托资产（亿元）	425.56	49	754.24	40	1017.84	50
信托利润率（%）	4.52	62	4.28	42	11.58	1
年度综合清算收益率（%）	5.42	49	5.28	45	7.40	15
营业总收入（亿元）	1.71	66	5.19	57	8.25	50
信托业务收入（亿元）	2.21	64	2.57	63	2.51	63
自营业务收入（亿元）	-0.49	65	2.63	35	5.74	19
信托报酬率（%）	0.22	42	0.31	33	0.43	30
净利润（亿元）	0.16	63	0.58	63	1.09	66
人均净利润（万元）	10.00	63	36.00	62	62.00	64
资本利润率（%）	0.26	63	0.98	63	1.85	68
净资本（亿元）	33.64	53	36.38	49	40.93	44

续 表

经营指标（母公司）	2019 年		2018 年		2017 年	
名称	值	排名	值	排名	值	排名
风险资本（亿元）	15.33	55	18.18	49	15.93	50
风险覆盖率（%）	219.47	21	200.06	27	256.96	10
风险准备金（亿元）	12.25	8	12.25	6	12.01	4

数据来源：信托公司年报，用益金融信托研究院整理制作。

（三）资产状况

1. 自营资产

表 4 - 326　　　　　　　　新华信托 2017—2019 年自营资产构成　　　　单位：亿元，%

资产投资分布	2019 年	占比	2018 年	占比	2017 年	占比
基础产业	1.69	2.30	1.69	2.17	0.69	1.05
房地产	32.34	43.96	38.75	49.78	25.05	38.02
证券市场	0.00	0.00	0.45	0.58	6.90	10.48
实业	0.00	0.00	0.20	0.25	9.94	15.09
金融机构	4.27	5.80	5.31	6.82	5.91	8.97
其他	35.27	47.94	31.43	40.38	17.39	26.39
资产总计	73.58	100.00	77.84	100.00	65.90	100.00

数据来源：信托公司年报。

2. 信托资产

表 4 - 327　　　　　　　　新华信托 2017—2019 年信托资产构成　　　　单位：亿元，%

分类	信托资产构成	2019 年	占比	2018 年	占比	2017 年	占比
按资金投向	基础产业	294.82	20.28	371.59	20.76	336.00	19.07
	房地产	301.05	20.71	314.59	17.57	314.28	17.83
	证券市场	50.22	3.46	51.39	2.88	10.22	3.80
	实业	545.45	37.53	664.65	37.13	600.89	34.10
	金融机构	221.15	15.22	336.36	18.79	433.91	24.62
	其他	40.74	2.80	51.38	2.87	10.21	0.58
按信托功能	融资类	13.43	0.92	22.15	1.24	25.26	1.43
	投资类	220.91	15.20	230.75	12.89	233.39	13.24
	事务管理类	1219.09	83.88	1537.26	85.87	1503.62	85.32

续 表

分类	信托资产构成	2019 年	占比	2018 年	占比	2017 年	占比
按资金来源	集合类	236.97	16.30	259.75	14.51	278.39	15.80
	单一类	1103.36	75.91	1346.25	75.20	1283.92	72.86
	财产权类	113.10	7.78	184.17	10.29	199.96	11.35
按管理模式	主动管理型	235.29	16.19	253.95	14.19	276.62	15.70
	被动管理型	1218.15	83.81	1536.22	85.81	1485.65	84.30

数据来源：信托公司年报。

表 4 – 328　　　　　新华信托 2017—2019 年新增信托资产情况　　　　单位：亿元,%

信托资产	2019 年	占比	2018 年	占比	2017 年	占比
新增合计	425.56	100.00	754.24	100.00	1017.84	100.00
其中：集合类	0.01	0.00	5.32	0.71	41.10	4.04
单一类	416.11	97.78	697.62	92.49	782.53	76.88
财产权类	9.44	2.22	51.29	6.80	194.21	19.08
其中：主动管理型	1.71	0.40	2.32	0.31	29.71	2.92
被动管理型	423.85	99.60	751.92	99.69	988.13	97.08

数据来源：信托公司年报，用益金融信托研究院整理制作。

表 4 – 329　　　　　新华信托 2017—2019 年信托项目清算收益情况　　　　单位：亿元,%

项目类型	2019 年		2018 年		2017 年	
	金额	综合收益率	金额	综合收益率	金额	综合收益率
年度合计	525.38	5.42	390.14	5.28	391.12	7.40
其中：集合类	5.84	5.00	11.67	5.49	10.86	7.79
单一类	499.54	5.64	348.23	5.67	367.26	7.52
财产管理类	20.00	—	30.24	0.70	13.00	3.58
其中：主动管理类	2.53	-2.03	11.33	3.15	32.44	7.29
被动管理类	522.85	5.47	378.81	5.36	358.68	7.42

数据来源：信托公司年报。

四十八、新时代信托

（一）基本情况

1. 企业基本信息

公司中文名称：新时代信托股份有限公司（新时代信托）

公司英文名称：NEW TIMES TRUST CO.，LTD.（NTTC）

公司曾用名：包头市信托投资公司

成立日期：1987 年

最新注册地址：内蒙古自治区包头市钢铁大街甲 5 号信托金融大楼

主要办公地：北京市/包头市

注册资本：60.00 亿元 法定代表人：赵利民

官方网址：www.xsdxt.com 电子邮箱：xsdxt@xsdxt.com

2. 股东背景

表 4 - 330　　　　　　　　　　新时代信托股东列表

股东名称	持股比例（%）	股东背景
新时代远景（北京）投资有限公司	58.54	非国资
上海人广实业发展有限公司	24.39	非国资
潍坊科微投资有限公司	14.63	非国资
包头市鑫鼎盛贸易有限责任公司	2.44	非国资

数据来源：信托公司年报，用益金融信托研究院整理制作。

3. 人力资源

表 4 - 331　　　　　　　　　　新时代信托人员结构分布表

统计项目	2019 年		2018 年		2017 年	
	人数	比例（%）	人数	比例（%）	人数	比例（%）
30 岁以下	35	14.06	49	20.85	60	25.64
30～40 岁	137	55.02	117	49.79	101	43.16

统计项目	2019 年		2018 年		2017 年	
	人数	比例（%）	人数	比例（%）	人数	比例（%）
40 岁以上	77	30.92	69	29.36	73	31.20
博士	0	0.00	0	0.00	3	1.28
硕士	41	16.47	38	16.17	52	22.22
本科	155	62.25	145	61.70	137	58.55
专科及以下	53	21.29	52	22.13	42	17.95
董监高	11	4.42	11	4.68	14	5.98
自营业务人员	4	1.61	5	2.13	4	1.71
信托业务人员	132	53.01	118	50.21	112	47.86
其他人员	102	40.96	101	42.98	104	44.44
总人数	249	100.00	235	100.00	234	100.00

数据来源：信托公司年报，用益金融信托研究院整理制作。

（二）主要经营指标及排名

表 4 - 332　　　　　　　新时代信托 2017—2019 年度主要经营指标

经营指标（母公司）名称	2019 年		2018 年		2017 年	
	值	排名	值	排名	值	排名
注册资本（亿元）	60.00	13	60.00	12	60.00	8
固有总资产（亿元）	93.58	35	115.05	26	103.48	28
固有净资产（亿元）	86.16	30	84.53	27	80.80	25
固有资产不良率（%）	22.46	7	1.68	31	0.20	35
信托总资产（亿元）	3224.43	20	3531.23	21	3288.59	28
年度新增信托资产（亿元）	469.36	46	1740.78	16	2134.09	25
信托利润率（%）	2.34	67	4.37	37	4.43	56
年度综合清算收益率（%）	6.34	20	6.23	24	6.16	41
营业总收入（亿元）	4.20	61	7.14	51	11.18	39
信托业务收入（亿元）	3.15	61	4.15	59	10.16	29
自营业务收入（亿元）	1.05	58	3.00	30	1.03	58
信托报酬率（%）	0.10	51	0.13	51	0.32	40
净利润（亿元）	1.50	56	3.72	47	5.48	42
人均净利润（万元）	60.00	58	159.00	49	234.00	47
资本利润率（%）	1.75	60	4.51	57	7.16	59
净资本（亿元）	73.61	26	71.53	23	54.46	32

续 表

经营指标（母公司）	2019 年		2018 年		2017 年	
名称	值	排名	值	排名	值	排名
风险资本（亿元）	38.64	27	39.40	24	38.55	20
风险覆盖率（%）	190.50	31	181.53	38	141.27	54
风险准备金（亿元）	5.96	28	5.74	25	4.95	29

数据来源：信托公司年报，用益金融信托研究院整理制作。

（三）资产状况

1. 自营资产

表 4-333　　　　　　新时代信托 2017—2019 年自营资产构成　　　　单位：亿元，%

资产投资分布	2019 年	占比	2018 年	占比	2017 年	占比
基础产业	0.00	0.00	0.00	0.00	0.00	0.00
房地产	0.00	0.00	0.00	0.00	0.00	0.00
证券市场	5.17	5.52	4.96	4.31	5.18	5.00
实业	4.68	5.00	7.14	6.21	21.59	20.87
金融机构	80.88	86.43	80.19	69.70	60.69	58.65
其他	2.85	3.04	22.76	19.78	16.01	15.48
资产总计	93.58	100.00	115.05	100.00	103.48	100.00

数据来源：信托公司年报。

2. 信托资产

表 4-334　　　　　　新时代信托 2017—2019 年信托资产构成　　　　单位：亿元，%

分类	信托资产构成	2019 年	占比	2018 年	占比	2017 年	占比
按资金投向	基础产业	0.00	0.00	0.00	0.00	0.00	0.00
	房地产	3.90	0.12	14.74	0.42	78.66	2.39
	证券市场	0.00	0.00	132.34	3.75	161.92	4.92
	实业	3055.32	94.76	3325.93	94.19	2861.58	87.02
	金融机构	16.78	0.52	0.03	0.00	0.03	0.00
	其他	148.43	4.60	58.20	1.65	186.40	5.67
按信托功能	融资类	159.55	4.95	82.11	2.33	869.63	26.44
	投资类	135.80	4.21	176.24	4.99	1190.18	36.19
	事务管理类	2929.08	90.84	3272.88	92.68	1228.78	37.37

续　表

分类	信托资产构成	2019 年	占比	2018 年	占比	2017 年	占比
按资金来源	集合类	2278.93	70.68	2237.56	63.36	1658.79	50.44
	单一类	308.80	9.58	404.86	11.47	401.01	12.19
	财产权类	636.70	19.75	888.81	25.17	1228.79	37.37
按管理模式	主动管理型	295.35	9.16	258.35	7.32	1624.20	49.39
	被动管理型	2929.08	90.84	3272.88	92.68	1664.39	50.61

数据来源：信托公司年报。

表 4 – 335　　　　　　　　新时代信托 2017—2019 年新增信托资产情况　　　　　　单位：亿元,%

信托资产	2019 年	占比	2018 年	占比	2017 年	占比
新增合计	469.36	100.00	1740.78	100.00	2134.09	100.00
其中：集合类	278.03	59.24	907.90	52.15	1174.64	55.04
单一类	161.88	34.49	764.42	43.91	549.30	25.74
财产权类	29.45	6.27	68.46	3.93	410.15	19.22
其中：主动管理型	139.67	29.76	193.59	11.12	1208.55	56.63
被动管理型	329.69	70.24	1547.19	88.88	925.54	43.37

数据来源：信托公司年报，用益金融信托研究院整理制作。

表 4 – 336　　　　　　　　新时代信托 2017—2019 年信托项目清算收益情况　　　　　　单位：亿元,%

项目类型	2019 年		2018 年		2017 年	
	金额	综合收益率	金额	综合收益率	金额	综合收益率
年度合计	781.31	6.34	1460.83	6.23	2352.48	6.16
其中：集合类	244.69	7.58	307.15	5.65	1016.93	5.73
单一类	257.12	6.02	761.68	6.83	516.66	6.66
财产管理类	279.50	5.56	392.00	5.53	818.89	6.39
其中：主动管理类	102.69	7.25	171.41	6.33	1010.43	6.05
被动管理类	678.63	5.86	1289.42	6.91	1342.05	5.73

数据来源：信托公司年报。

四十九、兴业信托

（一）基本情况

1. 企业基本信息

公司中文名称：兴业国际信托有限公司（兴业信托）

公司英文名称：CHINA INDUSTRIAL INTERNATIONAL TRUST LIMITED（CIIT）

公司曾用名：福建联华国际信托投资有限公司

成立日期：2003 年 1 月 30 日

最新注册地址：福建省福州市鼓楼区五四路 137 号信和广场 25—26 层

主要办公地：福州市

注册资本：100.00 亿元　　　　　　　　法定代表人：沈卫群

官方网址：www.ciit.com.cn　　　　　　电子邮箱：contact@ciit.com.cn

2. 股东背景

表 4 -337　　　　　　　　　　　　兴业信托主要股东列表

股东名称	持股比例（%）	股东背景
兴业银行股份有限公司	73.00	金融机构
福建省能源集团有限责任公司	8.42	国资
厦门国贸集团股份有限公司	8.42	国资
福建华投投资有限公司	4.81	非国资
福建省华兴集团有限责任公司	4.52	非国资

数据来源：信托公司年报，用益金融信托研究院整理制作。

3. 人力资源

表 4 -338　　　　　　　　　　　　兴业信托人员结构分布表

统计项目	2019 年		2018 年		2017 年	
	人数	比例（%）	人数	比例（%）	人数	比例（%）
30 岁以下	105	17.89	115	19.97	140	24.73
30~40 岁	379	64.57	359	62.33	340	60.07

统计项目	2019 年		2018 年		2017 年	
	人数	比例（%）	人数	比例（%）	人数	比例（%）
40 岁以上	103	17.55	102	17.71	86	15.19
博士	10	1.70	11	1.91	11	1.94
硕士	310	52.81	302	52.43	312	55.12
本科	263	44.80	258	44.79	241	42.58
专科及以下	4	0.68	5	0.87	2	0.35
董监高	8	1.36	8	1.39	8	1.41
自营业务人员	7	1.19	8	1.39	18	3.18
信托业务人员	261	44.46	254	44.10	245	43.29
其他人员	311	52.98	306	53.13	295	52.12
总人数	587	100.00	576	100.00	566	100.00

数据来源：信托公司年报，用益金融信托研究院整理制作。

（二）主要经营指标及排名

表 4 - 339　　　　　　　　兴业信托 2017—2019 年度主要经营指标

经营指标（母公司）	2019 年		2018 年		2017 年	
名称	值	排名	值	排名	值	排名
注册资本（亿元）	100.00	7	50.00	16	50.00	12
固有总资产（亿元）	182.20	13	183.58	10	189.62	8
固有净资产（亿元）	166.88	11	157.70	9	147.85	8
固有资产不良率（%）	6.59	23	5.58	15	0.46	33
信托总资产（亿元）	5632.91	12	7289.48	6	9321.65	6
年度新增信托资产（亿元）	1442.48	18	1793.82	15	4364.35	8
信托利润率（%）	5.87	37	3.76	52	5.89	28
年度综合清算收益率（%）	4.78	60	4.85	50	5.04	60
营业总收入（亿元）	29.83	12	23.81	14	23.90	15
信托业务收入（亿元）	24.87	8	21.45	9	16.60	17
自营业务收入（亿元）	4.96	25	2.36	37	7.31	11
信托报酬率（%）	0.39	27	0.26	38	0.18	54
净利润（亿元）	12.17	15	10.56	19	14.70	14
人均净利润（万元）	209.00	39	185.00	45	271.00	39
资本利润率（%）	7.50	43	6.91	49	10.44	49
净资本（亿元）	139.48	9	130.46	7	120.52	7

经营指标（母公司）	2019 年		2018 年		2017 年	
名称	值	排名	值	排名	值	排名
风险资本（亿元）	71.79	13	76.83	5	87.66	2
风险覆盖率（%）	194.29	29	169.80	45	137.49	57
风险准备金（亿元）	6.41	22	6.45	21	6.09	22

数据来源：信托公司年报，用益金融信托研究院整理制作。

（三）资产状况

1. 自营资产

表 4 - 340　　　　　　兴业信托 2017—2019 年自营资产构成　　　　单位：亿元，%

资产投资分布	2019 年	占比	2018 年	占比	2017 年	占比
基础产业	6.82	3.74	3.28	1.79	0.00	0.00
房地产	10.66	5.85	8.67	4.72	15.86	8.36
证券市场	29.91	16.41	63.37	34.52	43.02	22.69
实业	0.47	0.26	5.81	3.17	4.89	2.58
金融机构	11.35	6.23	12.05	6.56	10.65	5.61
其他	122.98	67.50	90.39	49.24	115.21	60.76
资产总计	182.20	100.00	183.58	100.00	189.62	100.00

数据来源：信托公司年报。

2. 信托资产

表 4 - 341　　　　　　兴业信托 2017—2019 年信托资产构成　　　　单位：亿元，%

分类	信托资产构成	2019 年	占比	2018 年	占比	2017 年	占比
按资金投向	基础产业	350.32	6.22	533.59	7.32	630.43	6.76
	房地产	1374.09	24.39	659.38	9.05	438.29	4.70
	证券市场	750.68	13.33	687.98	9.44	999.53	10.72
	实业	1920.14	34.09	2530.83	34.72	3320.92	35.63
	金融机构	1207.67	21.44	2857.67	39.20	3915.70	42.01
	其他	30.02	0.53	20.04	0.27	16.78	0.18
按信托功能	融资类	2280.21	40.48	2935.70	40.27	3946.19	42.33
	投资类	1536.54	27.28	1348.26	18.50	1307.02	14.02
	事务管理类	1816.17	32.24	3005.52	41.23	4068.44	43.65

分类	信托资产构成	2019 年	占比	2018 年	占比	2017 年	占比
按资金来源	集合类	1703.59	30.24	1826.21	25.05	2151.04	23.08
	单一类	2711.18	48.13	4156.38	57.02	5793.42	62.15
	财产权类	1218.14	21.63	1306.89	17.93	1377.19	14.77
按管理模式	主动管理型	1315.74	23.36	1103.51	15.14	966.97	10.37
	被动管理型	4317.17	76.64	6185.97	84.86	8354.68	89.63

数据来源：信托公司年报。

表 4 - 342　　　　　　　　兴业信托 2017—2019 年新增信托资产情况　　　　　　单位：亿元,%

信托资产	2019 年	占比	2018 年	占比	2017 年	占比
新增合计	1442.48	100.00	1793.82	100.00	4364.35	100.00
其中：集合类	822.25	57.00	589.63	32.87	841.92	19.29
单一类	140.91	9.77	610.30	34.02	2360.78	54.09
财产权类	479.32	33.23	593.89	33.11	1161.64	26.62
其中：主动管理型	868.28	60.19	743.25	41.43	709.66	16.26
被动管理型	574.21	39.81	1050.57	58.57	3654.68	83.74

数据来源：信托公司年报，用益金融信托研究院整理制作。

表 4 - 343　　　　　　　　兴业信托 2017—2019 年信托项目清算收益情况　　　　　单位：亿元,%

项目类型	2019 年		2018 年		2017 年	
	金额	综合收益率	金额	综合收益率	金额	综合收益率
年度合计	3818.37	4.78	3944.00	4.85	4514.32	5.04
其中：集合类	1586.02	4.44	945.63	4.53	638.79	5.10
单一类	1835.92	5.06	2238.74	4.98	2739.93	5.58
财产管理类	396.43	4.88	759.64	4.84	1135.61	3.69
其中：主动管理类	733.88	6.06	899.59	5.39	425.37	5.89
被动管理类	3084.49	4.48	3044.41	4.68	4088.95	4.94

数据来源：信托公司年报。

五十、英大信托

（一）基本情况

1. 企业基本信息

公司中文名称：英大国际信托有限责任公司（英大信托）

公司英文名称：YINGDA INTERNATIONAL TRUST CO. , LTD.

公司曾用名：济南市国际信托投资公司

成立日期：1987 年 3 月

最新注册地址：北京市东城区建国门内大街乙 18 号院 1 号楼英大国际大厦 4 层

主要办公地：北京市

注册资本：40.29 亿元　　　　　　法定代表人：王剑波

官方网址：www. yditc. sgcc. com. cn　　　电子邮箱：yditc@ yditc. sgcc. com. cn

2. 股东背景

表 4 –344　　　　　　　　　英大信托主要股东列表

股东名称	持股比例（%）	股东背景
国网英大国际控股集团有限公司	63.41	中央企业
中国南方电网有限责任公司	25.00	中央企业
中国电力财务有限公司	3.91	国资

数据来源：信托公司年报，用益金融信托研究院整理制作。

3. 人力资源

表 4 –345　　　　　　　　　英大信托人员结构分布表

统计项目	2019 年		2018 年		2017 年	
	人数	比例（%）	人数	比例（%）	人数	比例（%）
30 岁以下	38	21.11	45	27.78	40	25.16
30~40 岁	72	40.00	52	32.10	54	33.96
40 岁以上	70	38.89	65	40.12	65	40.88

统计项目	2019 年		2018 年		2017 年	
	人数	比例（%）	人数	比例（%）	人数	比例（%）
博士	6	3.33	7	4.32	6	3.77
硕士	126	70.00	107	66.05	100	62.89
本科	36	20.00	35	21.60	39	24.53
专科及以下	12	6.67	13	8.02	14	8.81
董监高	7	3.89	8	4.94	7	4.40
自营业务人员	8	4.44	8	4.94	8	5.03
信托业务人员	84	46.67	70	43.21	74	46.54
其他人员	81	45.00	76	46.91	70	44.03
总人数	180	100.00	162	100.00	159	100.00

数据来源：信托公司年报，用益金融信托研究院整理制作。

（二）主要经营指标及排名

表 4 - 346　　　　　　　英大信托 2017—2019 年度主要经营指标

经营指标（母公司）	2019 年		2018 年		2017 年	
名称	值	排名	值	排名	值	排名
注册资本（亿元）	40.29	25	40.29	22	30.22	31
固有总资产（亿元）	99.09	33	90.17	35	62.02	43
固有净资产（亿元）	94.12	23	84.43	28	61.06	36
固有资产不良率（%）	2.14	32	0.15	39	0.25	34
信托总资产（亿元）	3981.24	18	3189.54	25	2816.42	36
年度新增信托资产（亿元）	293.85	55	2183.04	12	874.43	54
信托利润率（%）	3.56	65	3.85	49	5.34	41
年度综合清算收益率（%）	6.51	16	5.26	46	5.22	57
营业总收入（亿元）	15.28	30	11.32	35	10.67	41
信托业务收入（亿元）	11.23	27	8.97	31	8.21	38
自营业务收入（亿元）	4.05	34	2.35	38	2.46	47
信托报酬率（%）	0.34	32	0.34	29	0.32	40
净利润（亿元）	9.88	20	5.93	35	6.09	37
人均净利润（万元）	578.00	8	373.00	22	385.00	25
资本利润率（%）	11.13	26	8.15	46	10.43	50
净资本（亿元）	77.73	24	69.10	25	54.26	33

续　表

经营指标（母公司）	2019 年		2018 年		2017 年	
名称	值	排名	值	排名	值	排名
风险资本（亿元）	16.61	54	15.81	54	24.12	44
风险覆盖率（%）	468.00	5	437.00	3	225.00	18
风险准备金（亿元）	4.58	36	3.95	38	3.21	42

数据来源：信托公司年报，用益金融信托研究院整理制作。

（三）资产状况

1. 自营资产

表 4 – 347　　　　英大信托 2017—2019 年自营资产构成　　　单位：亿元，%

资产投资分布	2019 年	占比	2018 年	占比	2017 年	占比
基础产业	3.28	3.31	0.39	0.44	0.00	0.00
房地产	0.00	0.00	0.00	0.00	0.00	0.00
证券市场	19.90	20.09	1.08	1.20	2.01	3.23
实业	0.00	0.00	0.00	0.00	0.00	0.00
金融机构	74.71	75.39	87.59	97.14	59.29	95.60
其他	1.20	1.21	1.10	1.22	0.73	1.17
资产总计	99.09	100.00	90.17	100.00	62.02	100.00

数据来源：信托公司年报。

2. 信托资产

表 4 – 348　　　　英大信托 2017—2019 年信托资产构成　　　单位：亿元，%

分类	信托资产构成	2019 年	占比	2018 年	占比	2017 年	占比
按资金投向	基础产业	2884.79	72.46	2179.44	68.33	1622.98	57.63
	房地产	40.37	1.01	74.44	2.33	416.25	14.78
	证券市场	0.00	0.00	2.97	0.09	8.97	0.32
	实业	441.75	11.10	213.13	6.68	220.70	7.84
	金融机构	135.20	3.40	275.66	8.64	175.34	6.23
	其他	479.14	12.03	443.90	13.92	372.16	13.21
按信托功能	融资类	107.46	2.70	150.77	4.73	644.40	22.88
	投资类	232.41	5.84	170.23	5.34	223.47	7.93
	事务管理类	3641.37	91.46	2868.53	89.93	1948.55	69.19

续　表

分类	信托资产构成	2019 年	占比	2018 年	占比	2017 年	占比
按资金来源	集合类	147.29	3.70	213.37	6.69	290.95	10.33
	单一类	674.53	16.94	444.28	13.93	581.87	20.66
	财产权类	3159.43	79.36	2531.89	79.38	1943.60	69.01
按管理模式	主动管理型	135.51	3.40	153.04	4.80	296.19	10.52
	被动管理型	3845.73	96.60	3036.50	95.20	2520.23	89.48

数据来源：信托公司年报。

表 4－349　　　　　　　英大信托 2017—2019 年新增信托资产情况　　　　单位：亿元,%

信托资产	2019 年	占比	2018 年	占比	2017 年	占比
新增合计	293.85	100.00	2183.04	100.00	874.43	100.00
其中：集合类	2.06	0.70	12.60	0.58	119.62	13.68
单一类	26.44	9.00	150.88	6.91	113.68	13.00
财产权类	265.35	90.30	2019.57	92.51	641.13	73.32
其中：主动管理型	19.34	6.58	13.73	0.63	210.23	24.04
被动管理型	274.50	93.42	2169.31	99.37	664.20	75.96

数据来源：信托公司年报，用益金融信托研究院整理制作。

表 4－350　　　　　　　英大信托 2017—2019 年信托项目清算收益情况　　　　单位：亿元,%

项目类型	2019 年		2018 年		2017 年	
	金额	综合收益率	金额	综合收益率	金额	综合收益率
年度合计	237.03	6.51	860.84	5.26	778.54	5.22
其中：集合类	57.17	9.00	83.21	8.98	55.72	9.52
单一类	60.67	5.74	262.30	5.43	92.18	5.27
财产管理类	119.19	5.71	515.33	4.57	630.63	4.83
其中：主动管理类	27.76	9.40	16.00	7.42	57.90	9.97
被动管理类	209.26	5.55	827.84	5.37	661.93	4.92

数据来源：信托公司年报。

五十一、粤财信托

（一）基本情况

1. 企业基本信息

公司中文名称：广东粤财信托有限公司（粤财信托）

公司英文名称：GUANGDONG FINANCE TRUST CO.，LTD.

成立日期：1984 年

最新注册地址：广东省广州市越秀区东风中路 481 号粤财大厦 1 楼

主要办公地址：广州市

注册资本：38.00 亿元　　　　　　　法定代表人：陈彦卿

官方网址：www. utrusts. com　　　　电子邮箱：wealth@ utrust. cn

2. 股东背景

表 4 - 351　　　　　　　　　粤财信托股东列表

股东名称	持股比例（%）	股东背景
广东粤财投资控股有限公司	98.14	国资
广东省科技创业投资有限公司	1.86	国资

数据来源：信托公司年报，用益金融信托研究院整理制作。

3. 人力资源

表 4 - 352　　　　　　　　　粤财信托人员结构分布表

统计项目	2019 年		2018 年		2017 年	
	人数	比例（%）	人数	比例（%）	人数	比例（%）
30 岁以下	57	29.53	60	36.81	51	38.64
30 ~ 40 岁	98	50.78	70	42.94	51	38.64
40 岁以上	38	19.69	33	20.25	30	22.73
博士	9	4.66	6	3.68	4	3.03
硕士	116	60.10	94	57.67	81	61.36

续 表

统计项目	2019 年		2018 年		2017 年	
	人数	比例（%）	人数	比例（%）	人数	比例（%）
本科	64	33.16	60	36.81	45	34.09
专科及以下	4	2.07	3	1.84	2	1.52
董监高	6	3.11	6	3.68	8	6.06
自营业务人员	8	4.15	7	4.29	8	6.06
信托业务人员	139	72.02	116	71.17	85	64.39
其他人员	40	20.73	34	20.86	31	23.48
总人数	193	100.00	163	100.00	132	100.00

数据来源：信托公司年报，用益金融信托研究院整理制作。

（二）主要经营指标及排名

表 4 - 353　　　　　　　粤财信托 2017—2019 年度主要经营指标

经营指标（母公司）	2019 年		2018 年		2017 年	
名称	值	排名	值	排名	值	排名
注册资本（亿元）	38.00	30	38.00	26	38.00	20
固有总资产（亿元）	75.57	40	65.08	48	62.58	42
固有净资产（亿元）	72.18	36	62.73	41	56.42	39
固有资产不良率（%）	0.00	48	0.00	46	0.00	43
信托总资产（亿元）	2787.94	24	2707.26	29	2539.83	39
年度新增信托资产（亿元）	1120.21	26	1621.50	19	1413.88	42
信托利润率（%）	8.97	2	0.56	64	2.89	66
年度综合清算收益率（%）	6.16	28	3.66	61	5.65	52
营业总收入（亿元）	12.13	35	9.50	42	10.71	40
信托业务收入（亿元）	5.84	47	4.96	52	3.07	62
自营业务收入（亿元）	6.29	19	4.55	27	7.63	9
信托报酬率（%）	0.00	—	0.00	—	0.00	—
净利润（亿元）	8.38	27	6.81	31	9.68	24
人均净利润（万元）	471.00	15	458.00	17	800.00	4
资本利润率（%）	12.42	18	11.43	28	18.74	11
净资本（亿元）	61.29	32	54.97	36	47.60	38
风险资本（亿元）	32.95	34	40.60	23	30.03	34
风险覆盖率（%）	186.01	35	135.39	58	158.51	45

续　表

经营指标（母公司）	2019 年		2018 年		2017 年	
名称	值	排名	值	排名	值	排名
风险准备金（亿元）	4.39	38	3.82	39	3.44	37

数据来源：信托公司年报，用益金融信托研究院整理制作。

（三）资产状况

1. 自营资产

表 4 – 354　　　　　　　粤财信托 2017—2019 年自营资产构成　　　　单位：亿元,%

资产投资分布	2019 年	占比	2018 年	占比	2017 年	占比
基础产业	0.00	0.00	0.00	0.00	0.00	0.00
房地产	0.00	0.00	0.00	0.00	0.00	0.00
证券市场	0.93	1.23	0.48	0.74	0.50	0.79
实业	0.00	0.00	0.00	0.00	0.00	0.00
金融机构	74.00	97.92	64.02	98.36	61.48	98.24
其他	0.64	0.85	0.59	0.90	0.60	0.97
资产总计	75.57	100.00	65.08	100.00	62.58	100.00

数据来源：信托公司年报。

2. 信托资产

表 4 – 355　　　　　　　粤财信托 2017—2019 年信托资产构成　　　　单位：亿元,%

分类	信托资产构成	2019 年	占比	2018 年	占比	2017 年	占比
按资金投向	基础产业	22.40	0.80	27.01	1.00	52.65	2.07
	房地产	186.71	6.70	181.47	6.70	125.71	4.95
	证券市场	786.33	28.20	695.55	25.69	861.56	33.92
	实业	1129.35	40.51	1131.03	41.78	798.16	31.43
	金融机构	388.15	13.92	379.28	14.01	140.78	5.54
	其他	275.00	9.86	292.91	10.82	560.98	22.09
按信托功能	融资类	827.93	29.70	1067.60	39.43	777.47	30.61
	投资类	1227.87	44.04	1221.72	45.13	1333.75	52.51
	事务管理类	732.13	26.26	417.94	15.44	428.61	16.88
按资金来源	集合类	610.20	21.89	705.30	26.05	547.19	21.54
	单一类	1382.71	49.60	1497.18	55.30	1599.37	62.97
	财产权类	795.03	28.52	504.78	18.65	393.28	15.48

续　表

分类	信托资产构成	2019 年	占比	2018 年	占比	2017 年	占比
按管理模式	主动管理型	1713.16	61.45	1247.47	46.08	1030.76	40.58
	被动管理型	1074.78	38.55	1459.78	53.92	1509.08	59.42

数据来源：信托公司年报。

表 4 - 356　　　　　粤财信托 2017—2019 年新增信托资产情况　　　单位：亿元,%

信托资产	2019 年	占比	2018 年	占比	2017 年	占比
新增合计	1120.21	100.00	1621.50	100.00	1413.88	100.00
其中：集合类	150.88	13.47	441.69	27.24	514.80	36.41
单一类	116.64	10.41	572.84	35.33	890.52	62.98
财产权类	852.69	76.12	606.97	37.43	8.56	0.61
其中：主动管理型	649.45	57.98	570.13	35.16	558.40	39.49
被动管理型	470.75	42.02	1051.36	64.84	855.49	60.51

数据来源：信托公司年报，用益金融信托研究院整理制作。

表 4 - 357　　　　　粤财信托 2017—2019 年信托项目清算收益情况　　　单位：亿元,%

项目类型	2019 年		2018 年		2017 年	
	金额	综合收益率	金额	综合收益率	金额	综合收益率
年度合计	605.48	6.16	1032.29	3.66	639.25	5.65
其中：集合类	169.78	6.44	213.29	0.96	165.53	7.43
单一类	278.88	6.23	405.84	5.25	463.25	5.01
财产管理类	156.82	5.71	413.16	3.49	10.47	5.56
其中：主动管理类	204.95	6.16	215.00	1.57	157.66	6.98
被动管理类	400.53	6.31	817.29	4.31	481.59	4.94

数据来源：信托公司年报。

五十二、云南信托

（一）基本情况

1. 企业基本信息

公司中文名称：云南国际信托有限公司（云南信托）

公司英文名称：YUNNAN INTERNATIONAL TRUST CO.，LTD.（YNTRUST）

公司曾用名：云南省国际信托投资公司

成立日期：2003 年

最新注册地址：云南省昆明市南屏街云南国托大厦

主要办公地址：昆明市

注册资本：12.00 亿元　　　　　　法定代表人：甘煜

官方网址：www.yntrust.com　　　　电子邮箱：ynxt@yntrust.com

2. 股东背景

表 4 - 358　　　　　　　　　云南信托主要股东列表

股东名称	持股比例（%）	股东背景
云南省财政厅	25.00	政府
涌金实业（集团）有限公司	24.50	非国资
上海纳米创业投资有限公司	23.00	非国资
北京知金科技投资有限公司	17.50	非国资
深圳中民电商控股有限公司	7.50	非国资

数据来源：信托公司年报，用益金融信托研究院整理制作。

3. 人力资源

表 4 - 359　　　　　　　　　云南信托人员结构分布表

统计项目	2019 年		2018 年		2017 年	
	人数	比例（%）	人数	比例（%）	人数	比例（%）
30 岁以下	126	39.38	152	47.50	149	56.02

统计项目	2019 年		2018 年		2017 年	
	人数	比例（%）	人数	比例（%）	人数	比例（%）
30~40 岁	153	47.81	133	41.56	89	33.46
40 岁以上	41	12.81	35	10.94	28	10.53
博士	1	0.31	1	0.31	0	0.00
硕士	181	56.56	178	55.63	146	54.89
本科	120	37.50	125	39.06	102	38.35
专科及以下	18	5.63	16	5.00	18	6.77
董监高	9	2.80	7	2.19	6	2.25
自营业务人员	6	1.88	5	1.56	5	1.88
信托业务人员	194	60.63	194	60.63	149	56.02
其他人员	111	34.69	114	35.63	106	39.85
总人数	320	100	320	100	266	100.00

数据来源：信托公司年报，用益金融信托研究院整理制作。

（二）主要经营指标及排名

表 4 - 360 云南信托 2017—2019 年度主要经营指标

经营指标（母公司）	2019 年		2018 年		2017 年	
名称	值	排名	值	排名	值	排名
注册资本（亿元）	12.00	61	12.00	61	12.00	59
固有总资产（亿元）	35.88	61	30.77	62	27.97	62
固有净资产（亿元）	30.23	61	26.19	61	23.24	62
固有资产不良率（%）	0.00	48	0.00	46	0.00	43
信托总资产（亿元）	2008.49	37	2361.26	36	3696.40	24
年度新增信托资产（亿元）	1006.51	31	810.54	36	2769.99	15
信托利润率（%）	7.26	11	-3.87	66	3.11	65
年度综合清算收益率（%）	5.42	50	0.15	66	5.84	46
营业总收入（亿元）	8.84	45	6.79	52	5.52	61
信托业务收入（亿元）	6.29	45	5.65	48	4.71	54
自营业务收入（亿元）	2.55	45	1.14	54	0.81	59
信托报酬率（%）	0.33	33	0.22	45	0.21	52
净利润（亿元）	4.03	48	2.96	53	2.47	60
人均净利润（万元）	126.00	48	101.00	54	103.00	61
资本利润率（%）	14.29	12	11.97	25	11.24	44

经营指标（母公司）	2019 年		2018 年		2017 年	
名称	值	排名	值	排名	值	排名
净资本（亿元）	26.06	58	22.39	60	20.58	61
风险资本（亿元）	12.05	59	11.05	61	12.20	59
风险覆盖率（%）	216.27	23	202.62	25	168.69	38
风险准备金（亿元）	2.10	58	1.78	59	1.56	59

数据来源：信托公司年报，用益金融信托研究院整理制作。

（三）资产状况

1. 自营资产

表 4 – 361　　　　云南信托 2017—2019 年自营资产构成　　　　单位：亿元,%

资产投资分布	2019 年	占比	2018 年	占比	2017 年	占比
基础产业	0.00	0.00	0.00	0.00	0.00	0.00
房地产	0.00	0.00	0.00	0.00	0.00	0.00
证券市场	4.00	11.15	1.40	4.55	1.42	5.07
实业	0.00	0.00	0.00	0.00	0.00	0.00
金融机构	0.00	0.00	0.00	0.00	0.00	0.00
其他	31.88	88.85	29.37	95.45	26.55	94.93
资产总计	35.88	100.00	30.77	100.00	27.97	100.00

数据来源：信托公司年报。

2. 信托资产

表 4 – 362　　　　云南信托 2017—2019 年信托资产构成　　　　单位：亿元,%

分类	信托资产构成	2019 年	占比	2018 年	占比	2017 年	占比
按资金投向	基础产业	195.28	9.72	244.63	10.36	325.95	8.82
	房地产	132.84	6.61	57.45	2.43	66.41	1.80
	证券市场	206.73	10.29	229.18	9.71	894.88	24.21
	实业	643.36	32.03	589.37	24.96	538.66	14.57
	金融机构	8.66	0.43	6.81	0.29	95.47	2.58
	其他	821.63	40.91	1233.81	52.25	1775.04	48.02
按信托功能	融资类	379.86	18.91	239.58	10.15	122.26	3.31
	投资类	404.22	20.13	511.87	21.67	1400.64	37.89
	事务管理类	1224.42	60.96	1609.81	68.18	2173.50	58.80

续 表

分类	信托资产构成	2019 年	占比	2018 年	占比	2017 年	占比
按资金来源	集合类	419.83	20.90	564.12	23.89	1168.97	31.62
	单一类	1220.28	60.76	1226.79	51.96	1708.85	46.23
	财产权类	368.38	18.34	570.34	24.15	818.58	22.15
按管理模式	主动管理型	784.07	39.04	751.45	31.82	1522.90	41.20
	被动管理型	1224.42	60.96	1609.81	68.18	2173.50	58.80

数据来源：信托公司年报。

表 4-363　　　　　　云南信托 2017—2019 年新增信托资产情况　　　　　单位：亿元,%

信托资产	2019 年	占比	2018 年	占比	2017 年	占比
新增合计	1006.51	100.00	810.54	100.00	2769.99	100.00
其中：集合类	193.70	19.24	170.43	21.03	908.45	32.80
单一类	683.47	67.90	558.10	68.86	1326.54	47.89
财产权类	129.34	12.85	82.01	10.12	535.00	19.31
其中：主动管理型	426.37	42.36	326.70	40.31	1209.81	43.68
被动管理型	580.14	57.64	483.83	59.69	1560.18	56.32

数据来源：信托公司年报，用益金融信托研究院整理制作。

表 4-364　　　　　　云南信托 2017—2019 年信托项目清算收益情况　　　　　单位：亿元,%

项目类型	2019 年		2018 年		2017 年	
	金额	综合收益率	金额	综合收益率	金额	综合收益率
年度合计	1475.10	5.42	1735.94	0.15	1687.83	5.84
其中：集合类	550.81	4.98	714.55	-3.51	496.42	4.73
单一类	683.57	5.29	888.65	2.03	1036.21	6.56
财产管理类	240.73	6.77	132.74	7.33	155.21	4.61
其中：主动管理类	641.18	3.95	1004.88	-4.57	799.31	5.38
被动管理类	833.92	5.90	731.06	7.17	888.53	6.30

数据来源：信托公司年报。

五十三、长安信托

（一）基本情况

1. 企业基本信息

公司中文名称：长安国际信托股份有限公司（长安信托）

公司英文名称：CHANG'AN INTERNATIONAL TRUST CO.，LTD.（CITC）

公司曾用名：西安市信托投资公司

成立日期：1986 年 8 月

最新注册地址：西安市高新区科技路 33 号高新国际商务中心 23—24 层

主要办公地址：西安市

注册资本：33.30 亿元　　　　　　法定代表人：高成程

官方网址：www.caitc.cn　　　　　电子邮箱：chentuo@caitc.cn

2. 股东背景

表 4 - 365　　　　　　　　　　长安信托主要股东列表

股东名称	持股比例（%）	股东背景
西安投资控股有限公司	40.44	国资
上海淳大资产管理有限公司	21.80	非国资
上海证大投资管理有限公司	15.60	非国资
上海随道投资发展有限公司	14.69	非国资
陕西鼓风机（集团）有限公司	6.11	非国资

数据来源：信托公司年报，用益金融信托研究院整理制作。

3. 人力资源

表 4 - 366　　　　　　　　　　长安信托人员结构分布表

统计项目	2019 年		2018 年		2017 年	
	人数	比例（%）	人数	比例（%）	人数	比例（%）
30 岁以下	153	17.55	152	21.14	163	24.73

统计项目	2019 年		2018 年		2017 年	
	人数	比例（％）	人数	比例（％）	人数	比例（％）
30～40 岁	525	60.21	406	56.47	347	52.66
40 岁以上	194	22.25	161	22.39	149	22.61
博士	12	1.38	16	2.23	10	1.52
硕士	439	50.34	371	51.60	344	52.20
本科	388	44.50	303	42.14	273	41.43
专科及以下	33	3.78	29	4.03	32	4.86
董监高	11	1.26	13	1.81	15	2.28
自营业务人员	5	0.57	4	0.56	4	0.61
信托业务人员	370	42.43	341	47.43	295	44.76
其他人员	486	55.73	361	50.21	345	52.35
总人数	872	100.00	719	100.00	659	100.00

数据来源：信托公司年报，用益金融信托研究院整理制作。

（二）主要经营指标及排名

表 4-367　　　　　　　长安信托 2017—2019 年度主要经营指标

经营指标（母公司）	2019 年		2018 年		2017 年	
名称	值	排名	值	排名	值	排名
注册资本（亿元）	33.30	36	33.30	34	33.30	27
固有总资产（亿元）	103.10	30	89.56	36	84.93	35
固有净资产（亿元）	74.67	34	65.07	38	65.88	34
固有资产不良率（％）	11.00	17	3.50	25	0.86	32
信托总资产（亿元）	4656.80	14	5205.39	15	6014.05	12
年度新增信托资产（亿元）	1192.57	25	1488.75	21	3730.77	10
信托利润率（％）	6.46	21	3.96	46	5.74	38
年度综合清算收益率（％）	5.50	48	4.83	51	9.05	2
营业总收入（亿元）	26.92	15	21.10	18	23.36	16
信托业务收入（亿元）	19.84	13	18.15	17	17.80	14
自营业务收入（亿元）	7.09	16	2.95	32	5.56	22
信托报酬率（％）	0.42	24	0.34	29	0.40	35
净利润（亿元）	5.15	41	3.56	50	9.48	25
人均净利润（万元）	65.00	57	53.00	59	149.00	56
资本利润率（％）	7.00	45	5.32	54	15.61	24

经营指标（母公司）	2019 年		2018 年		2017 年	
名称	值	排名	值	排名	值	排名
净资本（亿元）	50.80	39	46.28	43	50.28	37
风险资本（亿元）	37.17	29	32.13	35	33.36	29
风险覆盖率（%）	136.66	60	144.05	52	150.70	49
风险准备金（亿元）	4.99	34	4.70	34	4.86	30

数据来源：信托公司年报，用益金融信托研究院整理制作。

（三）资产状况

1. 自营资产

表 4 - 368　　　　　　　长安信托 2017—2019 年自营资产构成　　　　单位：亿元，%

资产投资分布	2019 年	占比	2018 年	占比	2017 年	占比
基础产业	0.00	0.00	1.96	2.19	0.00	0.00
房地产	8.17	7.92	8.79	9.81	0.13	0.15
证券市场	40.41	39.20	14.58	16.28	32.08	37.77
实业	14.82	14.38	11.75	13.12	2.60	3.06
金融机构	20.39	19.77	44.80	50.03	41.90	49.33
其他	19.31	18.73	7.68	8.57	8.23	9.69
资产总计	103.10	100.00	89.56	100.00	84.93	100.00

数据来源：信托公司年报。

2. 信托资产

表 4 - 369　　　　　　　长安信托 2017—2019 年信托资产构成　　　　单位：亿元，%

分类	信托资产构成	2019 年	占比	2018 年	占比	2017 年	占比
按资金投向	基础产业	662.23	14.22	704.54	13.53	869.12	14.45
	房地产	911.50	19.57	706.06	13.56	616.73	10.25
	证券市场	326.98	7.02	398.33	7.65	656.42	10.91
	实业	1904.04	40.89	2237.89	42.99	2370.74	39.42
	金融机构	142.09	3.05	347.59	6.68	436.78	7.26
	其他	709.95	15.25	810.98	15.58	1064.26	17.70
按信托功能	融资类	1240.94	26.65	898.21	17.26	1050.90	17.47
	投资类	693.51	14.89	775.03	14.89	1347.20	22.40
	事务管理类	2722.35	58.46	3532.15	67.85	3615.95	60.13

续 表

分类	信托资产构成	2019 年	占比	2018 年	占比	2017 年	占比
按资金来源	集合类	2551.80	54.80	2686.83	51.62	3248.93	54.02
	单一类	1781.36	38.25	2066.51	39.70	2220.22	36.92
	财产权类	323.64	6.95	452.05	8.68	544.90	9.06
按管理模式	主动管理型	1819.90	39.08	1539.70	29.58	1998.84	33.24
	被动管理型	2836.90	60.92	3665.70	70.42	4015.21	66.76

数据来源：信托公司年报。

表 4 – 370　　　　　　　　长安信托 2017—2019 年新增信托资产情况　　　　　单位：亿元，%

信托资产	2019 年	占比	2018 年	占比	2017 年	占比
新增合计	1192.57	100.00	1488.75	100.00	3730.77	100.00
其中：集合类	609.73	51.13	564.79	37.94	1891.28	50.69
单一类	471.01	39.50	751.38	50.47	1427.06	38.25
产权类	111.84	9.38	172.58	11.59	412.43	11.05
其中：主动管理型	848.73	71.17	479.23	32.19	858.07	23.00
被动管理型	343.84	28.83	1009.52	67.81	2872.70	77.00

数据来源：信托公司年报，用益金融信托研究院整理制作。

表 4 – 371　　　　　　　　长安信托 2017—2019 年信托项目清算收益情况　　　　　单位：亿元，%

项目类型	2019 年		2018 年		2017 年	
	金额	综合收益率	金额	综合收益率	金额	综合收益率
年度合计	1908.87	5.50	2511.99	4.83	1559.79	9.05
其中：集合类	632.92	1.20	1218.76	4.34	746.03	11.55
单一类	1100.58	8.03	992.78	4.52	709.47	6.93
财产管理类	175.37	5.09	300.46	7.82	104.29	5.66
其中：主动管理类	761.72	5.19	911.92	4.00	785.82	8.45
被动管理类	1147.15	5.69	1600.08	5.30	773.97	9.66

数据来源：信托公司年报。

五十四、长城信托

（一）基本情况

1. 企业基本信息

公司中文名称：长城新盛信托有限责任公司（长城信托）

公司英文名称：GREATWALL XINSHENG TRUST CO.，LTD.（GWXS TRUST）

公司曾用名：伊犁哈萨克自治州信托投资公司

成立日期：1988 年 12 月 9 日

最新注册地址：新疆维吾尔自治区乌鲁木齐经济技术开发区卫星路 475 号紫金矿业研发大厦 A 座 11 层

主要办公地：乌鲁木齐市

注册资本：3.00 亿元　　　　　　　法定代表人：喻林

官方网址：www.gwxstrust.com　　　电子邮箱：gwxs@gwxstrust.com

2. 股东背景

表 4 - 372　　　　　　　　　　　　长城信托股东列表

股东名称	持股比例（%）	股东背景
中国长城资产管理股份有限公司	35.00	金融机构
新疆生产建设兵团国有资产经营有限责任公司	35.00	国资
德阳市国有资产经营有限公司	27.00	国资
伊犁哈萨克自治州财信融通融资担保有限公司	3.00	非国资

数据来源：信托公司年报，用益金融信托研究院整理制作。

3. 人力资源

表 4 - 373　　　　　　　　　　　　长城信托人员结构分布表

统计项目	2019 年		2018 年		2017 年	
	人数	比例（%）	人数	比例（%）	人数	比例（%）
30 岁以下	16	18.18	21	20.79	28	26.42

统计项目	2019 年		2018 年		2017 年	
	人数	比例（%）	人数	比例（%）	人数	比例（%）
30~40 岁	48	54.55	60	59.41	57	53.77
40 岁以上	24	27.27	20	19.80	21	19.81
博士	2	2.27	2	1.98	3	2.83
硕士	55	62.50	63	62.38	62	58.49
本科	29	32.95	32	31.68	37	34.91
专科及以下	2	2.27	4	3.96	4	3.77
董监高	7	7.95	8	7.92	8	7.55
自营业务人员	5	5.68	5	4.95	7	6.60
信托业务人员	67	76.14	77	76.24	79	74.53
其他人员	9	10.23	11	10.89	12	11.32
总人数	88	100.00	101	100.00	106	100.00

数据来源：信托公司年报，用益金融信托研究院整理制作。

（二）主要经营指标及排名

表 4 - 374　　　　　　长城信托 2017—2019 年度主要经营指标

经营指标（母公司）	2019 年		2018 年		2017 年	
名称	值	排名	值	排名	值	排名
注册资本（亿元）	3.00	68	3.00	68	3.00	68
固有总资产（亿元）	15.37	67	13.73	67	11.79	68
固有净资产（亿元）	11.46	67	9.15	68	6.70	68
固有资产不良率（%）	0.00	48	0.00	46	0.00	43
信托总资产（亿元）	178.55	67	276.77	67	347.12	67
年度新增信托资产（亿元）	0.01	68	0.50	68	197.61	64
信托利润率（%）	7.43	10	7.06	2	4.32	58
年度综合清算收益率（%）	2.41	65	1.83	64	5.01	61
营业总收入（亿元）	3.90	62	4.51	61	3.54	65
信托业务收入（亿元）	3.56	57	4.27	58	3.45	60
自营业务收入（亿元）	0.35	61	0.24	64	0.09	68
信托报酬率（%）	1.49	4	1.66	3	1.43	5
净利润（亿元）	2.31	53	2.45	55	1.80	62
人均净利润（万元）	244.00	34	239.00	37	191.00	51
资本利润率（%）	22.37	1	30.92	1	30.96	1

续 表

经营指标（母公司）	2019 年		2018 年		2017 年	
名称	值	排名	值	排名	值	排名
净资本（亿元）	10.07	67	8.30	67	5.08	68
风险资本（亿元）	1.58	67	2.98	67	3.34	66
风险覆盖率（%）	638.64	1	278.13	7	152.15	47
风险准备金（亿元）	0.45	68	0.33	68	0.21	68

数据来源：信托公司年报，用益金融信托研究院整理制作。

（三）资产状况

1. 自营资产

表 4－375　　　　　　长城信托 2017—2019 年自营资产构成　　　　单位：亿元,%

资产投资分布	2019 年	占比	2018 年	占比	2017 年	占比
基础产业	0.00	0.00	0.00	0.00	0.00	0.00
房地产	0.00	0.00	0.00	0.00	0.00	0.00
证券市场	0.00	0.00	0.00	0.00	0.00	0.00
实业	0.00	0.00	0.00	0.00	0.00	0.00
金融机构	14.85	96.63	10.85	79.03	11.40	96.79
其他	0.52	3.37	2.88	20.97	0.38	3.21
资产总计	15.37	100.00	13.73	100.00	11.78	100.00

数据来源：信托公司年报。

2. 信托资产

表 4－376　　　　　　长城信托 2017—2019 年信托资产构成　　　　单位：亿元,%

分类	信托资产构成	2019 年	占比	2018 年	占比	2017 年	占比
按资金投向	基础产业	8.52	4.77	8.98	3.25	11.06	3.19
	房地产	86.27	48.32	114.38	41.33	126.61	36.47
	证券市场	2.40	1.34	4.68	1.69	8.06	2.32
	实业	66.89	37.46	134.90	48.74	146.66	42.25
	金融机构	0.00	0.00	0.00	0.00	5.87	1.69
	其他	14.47	8.10	13.83	5.00	48.86	14.07
按信托功能	融资类	93.68	52.47	165.58	59.83	179.62	51.75
	投资类	15.97	8.94	40.58	14.66	55.08	15.87
	事务管理类	68.90	38.59	70.61	25.51	112.43	32.39

续　表

分类	信托资产构成	2019 年	占比	2018 年	占比	2017 年	占比
按资金来源	集合类	7.79	4.36	16.43	5.94	15.93	4.59
	单一类	154.09	86.30	243.76	88.07	279.39	80.49
	财产权类	16.68	9.34	16.58	5.99	51.81	14.93
按管理模式	主动管理型	106.18	59.47	201.34	72.75	228.94	65.95
	被动管理型	72.37	40.53	75.43	27.25	118.18	34.05

数据来源：信托公司年报。

表 4 - 377　　　　　长城信托 2017—2019 年新增信托资产情况　　　单位：亿元,%

信托资产	2019 年	占比	2018 年	占比	2017 年	占比
新增合计	0.01	100.00	0.50	100.00	197.61	100.00
其中：集合类	0.00	0.00	0.50	100.00	15.93	8.06
单一类	0.01	100.00	0.00	0.00	181.62	91.91
财产权类	0.00	0.00	0.00	0.00	0.07	0.04
其中：主动管理型	0.00	0.00	0.50	100.00	142.08	71.90
被动管理型	0.01	100.00	0.00	0.00	55.53	28.10

数据来源：信托公司年报，用益金融信托研究院整理制作。

表 4 - 378　　　　　长城信托 2017—2019 年信托项目清算收益情况　　　单位：亿元,%

项目类型	2019 年		2018 年		2017 年	
	金额	综合收益率	金额	综合收益率	金额	综合收益率
年度合计	56.91	2.41	39.92	1.83	69.41	5.01
其中：集合类	0.00	0.00	0.00	0.00	3.72	3.84
单一类	56.91	2.41	4.69	3.68	61.47	4.67
财产管理类	0.00	0.00	35.23	1.58	4.22	11.05
其中：主动管理类	56.61	2.42	3.90	4.01	19.54	6.72
被动管理类	0.30	0.53	36.02	1.59	49.87	4.35

数据来源：信托公司年报。

五十五、浙金信托

（一）基本情况

1. 企业基本信息

公司中文名称：浙商金汇信托股份有限公司（浙金信托）

公司英文名称：ZHESHANGJINHUI TRUST CO., LTD. （ZHEJIN TRUST）

公司曾用名：金信信托投资股份有限公司

成立日期：2011 年 6 月

最新注册地址：浙江省杭州市庆春路 199 号 6—8 层、1—2 层西面商铺

主要办公地：杭州市

注册资本：17.00 亿元　　　　　　　法定代表人：余艳梅

官方网址：www.zhejintrust.com　　　电子邮箱：zjtrust@ zjtrust.com

2. 股东背景

表 4－379　　　　　　　　　　　浙金信托股东列表

股东名称	持股比例（%）	股东背景
浙江东方金融控股集团股份有限公司	78.00	国资
中国国际金融股份有限公司	17.50	中央企业
传化集团有限公司	4.50	非国资

数据来源：信托公司年报，用益金融信托研究院整理制作。

3. 人力资源

表 4－380　　　　　　　　　　　浙金信托人员结构分布表

统计项目	2019 年		2018 年		2017 年	
	人数	比例（%）	人数	比例（%）	人数	比例（%）
30 岁以下	45	16.19	63	20.26	—	—
30~40 岁	206	74.10	218	70.10	—	—
40 岁以上	27	9.71	30	9.65	—	—

续 表

统计项目	2019 年		2018 年		2017 年	
	人数	比例（%）	人数	比例（%）	人数	比例（%）
博士	2	0.72	2	0.64	3	0.82
硕士	118	42.45	138	44.37	145	39.84
本科	156	56.12	167	53.70	205	56.32
专科及以下	2	0.72	4	1.29	11	3.02
董监高	8	2.88	9	2.89	—	—
自营业务人员	1	0.36	1	0.32		
信托业务人员	77	27.70	98	31.51	—	—
其他人员	192	69.06	203	65.27	—	—
总人数	278	100.00	311	100.00	364	100.00

数据来源：信托公司年报，用益金融信托研究院整理制作。

（二）主要经营指标及排名

表 4 - 381　　　　　　　　浙金信托 2017—2019 年度主要经营指标

经营指标（母公司）	2019 年		2018 年		2017 年	
名称	值	排名	值	排名	值	排名
注册资本（亿元）	17.00	53	17.00	52	17.00	50
固有总资产（亿元）	25.01	64	29.85	63	26.67	63
固有净资产（亿元）	21.76	64	20.70	64	19.15	65
固有资产不良率（%）	25.68	6	3.84	23	9.59	7
信托总资产（亿元）	889.99	58	1080.52	58	1585.11	54
年度新增信托资产（亿元）	346.65	53	362.87	55	2220.28	23
信托利润率（%）	6.26	27	6.51	11	6.78	11
年度综合清算收益率（%）	6.88	11	8.82	1	6.78	28
营业总收入（亿元）	5.55	56	7.41	48	5.19	62
信托业务收入（亿元）	7.30	38	6.49	44	4.62	55
自营业务收入（亿元）	- 1.75	67	0.92	57	0.57	63
信托报酬率（%）	0.74	9	0.46	23	0.36	38
净利润（亿元）	1.05	60	1.54	59	1.52	64
人均净利润（万元）	38.00	60	50.00	60	42.00	67
资本利润率（%）	4.91	55	7.75	47	11.19	45
净资本（亿元）	16.26	64	15.37	65	6.64	67

经营指标（母公司）	2019 年		2018 年		2017 年	
名称	值	排名	值	排名	值	排名
风险资本（亿元）	11.19	61	13.97	56	2.89	67
风险覆盖率（%）	145.34	52	110.07	68	229.62	14
风险准备金（亿元）	0.77	66	0.72	66	0.59	67

数据来源：信托公司年报，用益金融信托研究院整理制作。

（三）资产状况

1. 自营资产

表 4-382　　　　　　浙金信托 2017—2019 年自营资产构成　　　　单位：亿元,%

资产投资分布	2019 年	占比	2018 年	占比	2017 年	占比
基础产业	0.00	0.00	0.00	0.00	0.00	0.00
房地产	0.00	0.00	0.00	0.00	0.00	0.00
证券市场	2.84	11.34	6.49	21.74	2.51	9.40
实业	0.00	0.00	0.00	0.00	0.00	0.00
金融机构	17.66	70.59	19.12	64.05	20.83	78.09
其他	4.52	18.07	4.24	14.21	3.34	12.51
资产总计	25.01	100.00	29.85	100.00	26.67	100.00

数据来源：信托公司年报。

2. 信托资产

表 4-383　　　　　　浙金信托 2017—2019 年信托资产构成　　　　单位：亿元,%

分类	信托资产构成	2019 年	占比	2018 年	占比	2017 年	占比
按资金投向	基础产业	135.02	15.17	79.69	7.38	88.67	5.59
	房地产	249.38	28.02	347.62	32.17	325.60	20.54
	证券市场	10.20	1.15	11.92	1.10	17.50	1.10
	实业	198.82	22.34	264.45	24.47	336.19	21.21
	金融机构	274.38	30.83	364.76	33.76	785.73	49.57
	其他	22.19	2.49	12.08	1.12	31.41	1.98
按信托功能	融资类	275.48	30.95	274.53	25.41	199.44	12.58
	投资类	42.99	4.83	86.76	8.03	129.33	8.16
	事务管理类	571.52	64.22	719.23	66.56	1256.34	79.26

续 表

分类	信托资产构成	2019 年	占比	2018 年	占比	2017 年	占比
按资金来源	集合类	370.76	41.66	445.46	41.23	433.95	27.38
	单一类	294.62	33.10	386.21	35.74	662.72	41.81
	财产权类	224.61	25.24	248.85	23.03	488.44	30.81
按管理模式	主动管理型	318.47	35.78	361.29	33.44	328.77	20.74
	被动管理型	571.52	64.22	719.23	66.56	1256.34	79.26

数据来源：信托公司年报。

表 4 - 384　　　　浙金信托 2017—2019 年新增信托资产情况　　　单位：亿元,%

信托资产	2019 年	占比	2018 年	占比	2017 年	占比
新增合计	346.65	100.00	362.87	100.00	2220.28	100.00
其中：集合类	228.46	65.91	254.15	70.04	712.34	32.08
单一类	94.96	27.39	103.54	28.53	961.66	43.31
财产权类	23.23	6.70	5.18	1.43	546.28	24.60
其中：主动管理型	223.22	64.39	242.51	66.83	297.47	13.40
被动管理型	123.44	35.61	120.36	33.17	1922.82	86.60

数据来源：信托公司年报，用益金融信托研究院整理制作。

表 4 - 385　　　　浙金信托 2017—2019 年信托项目清算收益情况　　　单位：亿元,%

项目类型	2019 年		2018 年		2017 年	
	金额	综合收益率	金额	综合收益率	金额	综合收益率
年度合计	660.50	6.88	1225.59	8.82	327.45	6.78
其中：集合类	380.10	7.69	275.30	6.89	91.50	7.06
单一类	215.53	5.62	747.06	10.30	225.90	6.63
产管理类	64.87	6.29	203.23	5.97	10.06	7.63
其中：主动管理类	347.39	7.83	245.95	6.82	50.58	6.76
被动管理类	313.10	5.82	979.64	9.31	276.87	6.80

数据来源：信托公司年报。

五十六、中诚信托

（一）基本情况

1. 企业基本信息

公司中文名称：中诚信托有限责任公司（中诚信托）

公司英文名称：CHINA CREDIT TRUST CO., LTD. （CCT）

公司曾用名：中煤信托投资有限责任公司

成立日期：1995 年 11 月

最新注册地址：北京市东城区安外大街 2 号

主要办公地址：北京市

注册资本：24.57 亿元　　　　　　　　法定代表人：牛成立

官方网址：www.cctic.com.cn　　　　　电子邮箱：contactus@ cctic.com.cn

2. 股东背景

表 4 - 386　　　　　　　　　　中诚信托主要股东列表

股东名称	持股比例（%）	股东背景
中国人民保险集团股份有限公司	32.92	金融机构
国华能源投资有限公司	20.35	中央企业
兖矿集团有限公司	10.18	国资
河南农投金控股份有限公司	5.09	非国资
深圳市天正投资有限公司	3.61	非国资

数据来源：信托公司年报，用益金融信托研究院整理制作。

3. 人力资源

表 4 - 387　　　　　　　　　　中诚信托人员结构分布表

统计项目	2019 年		2018 年		2017 年	
	人数	比例（%）	人数	比例（%）	人数	比例（%）
30 岁以下	45	13.16	60	18.24	74	22.70

统计项目	2019 年		2018 年		2017 年	
	人数	比例（%）	人数	比例（%）	人数	比例（%）
30~40 岁	199	58.19	179	54.41	170	52.15
40 岁以上	98	28.65	90	27.36	82	25.15
博士	16	4.68	15	4.56	16	4.91
硕士	231	67.54	218	66.26	215	65.95
本科	84	24.56	84	25.53	83	25.46
专科及以下	11	3.22	12	3.65	12	3.68
董监高	16	4.68	15	4.56	14	4.29
自营业务人员	14	4.09	17	5.17	20	6.13
信托业务人员	168	49.12	168	51.06	164	50.31
其他人员	144	42.11	129	39.21	128	39.26
总人数	342	100.00	329	100.00	326	100.00

数据来源：信托公司年报，用益金融信托研究院整理制作。

（二）主要经营指标及排名

表 4－388　　　　　　　　中诚信托 2017—2019 年度主要经营指标

经营指标（母公司）	2019 年		2018 年		2017 年	
名称	值	排名	值	排名	值	排名
注册资本（亿元）	24.57	46	24.57	44	24.57	41
固有总资产（亿元）	225.52	7	224.63	6	221.27	5
固有净资产（亿元）	176.41	10	168.24	8	165.78	5
固有资产不良率（%）	7.48	21	7.69	12	2.77	21
信托总资产（亿元）	2493.55	28	3131.85	26	3260.19	29
年度新增信托资产（亿元）	703.57	38	803.89	37	1688.69	36
信托利润率（%）	4.53	61	5.67	16	4.54	54
年度综合清算收益率（%）	5.58	46	4.10	57	5.64	53
营业总收入（亿元）	23.55	19	20.87	19	19.10	21
信托业务收入（亿元）	13.64	19	14.04	20	9.27	32
自营业务收入（亿元）	9.91	7	6.83	14	9.83	8
信托报酬率（%）	0.00	—	0.00	—	0.38	37
净利润（亿元）	9.67	21	11.32	15	12.86	16
人均净利润（万元）	286.00	28	343.00	23	429.00	23
资本利润率（%）	5.61	51	6.78	51	8.07	56

经营指标（母公司）	2019 年		2018 年		2017 年	
名称	值	排名	值	排名	值	排名
净资本（亿元）	114.89	13	115.17	9	124.99	5
风险资本（亿元）	57.04	16	57.23	14	54.64	15
风险覆盖率（%）	201.41	27	201.24	26	228.75	17
风险准备金（亿元）	6.22	25	6.22	22	6.22	20

数据来源：信托公司年报，用益金融信托研究院整理制作。

（三）资产状况

1. 自营资产

表 4-389　　　　　中诚信托 2017—2019 年自营资产构成　　　　单位：亿元，%

资产投资分布	2019 年	占比	2018 年	占比	2017 年	占比
基础产业	0.27	0.12	6.57	2.93	1.37	0.62
房地产	36.48	16.17	43.81	19.50	64.32	29.07
证券市场	5.08	2.25	3.22	1.43	7.58	3.43
实业	3.63	1.61	3.47	1.54	4.69	2.12
金融机构	93.82	41.60	118.16	52.60	128.66	58.15
其他	86.24	38.24	49.41	22.00	14.65	6.62
资产总计	225.52	100.00	224.63	100.00	221.27	100.00

数据来源：信托公司年报。

2. 信托资产

表 4-390　　　　　中诚信托 2017—2019 年信托资产构成　　　　单位：亿元，%

分类	信托资产构成	2019 年	占比	2018 年	占比	2017 年	占比
按资金投向	基础产业	82.69	3.32	88.45	2.82	119.08	3.65
	房地产	728.05	29.20	957.24	30.56	430.35	13.20
	证券市场	196.59	7.88	232.64	7.43	294.27	9.03
	实业	1095.52	43.93	1197.58	38.24	1576.08	48.34
	金融机构	223.03	8.94	473.68	15.12	502.43	15.41
	其他	167.66	6.72	182.25	5.82	337.98	10.37

续 表

分类	信托资产构成	2019 年	占比	2018 年	占比	2017 年	占比
按信托功能	融资类	1032.04	41.39	1097.94	35.06	1326.89	40.70
	投资类	1291.98	51.81	1774.56	56.66	1523.81	46.74
	事务管理类	169.53	6.80	259.35	8.28	409.49	12.56
按资金来源	集合类	1155.31	46.33	1320.86	42.17	858.20	26.32
	单一类	1167.53	46.82	1554.09	49.62	2020.89	61.99
	财产权类	170.71	6.85	256.91	8.20	381.10	11.69
按管理模式	主动管理型	1075.16	43.12	996.02	31.80	900.68	27.63
	被动管理型	1418.39	56.88	2135.83	68.20	2359.51	72.37

数据来源：信托公司年报。

表 4 - 391　　　　　　　　　中诚信托 2017—2019 年新增信托资产情况　　　　　　单位：亿元,%

信托资产	2019 年	占比	2018 年	占比	2017 年	占比
新增合计	703.57	100.00	803.89	100.00	1688.69	100.00
其中：集合类	500.34	71.11	567.60	70.61	427.07	25.29
单一类	167.68	23.83	215.68	26.83	969.41	57.41
财产权类	35.55	5.05	20.61	2.56	292.21	17.30
其中：主动管理型	578.04	82.16	564.52	70.22	587.95	34.82
被动管理型	125.52	17.84	239.37	29.78	1100.74	65.18

数据来源：信托公司年报，用益金融信托研究院整理制作。

表 4 - 392　　　　　　　　　中诚信托 2017—2019 年信托项目清算收益情况　　　　　单位：亿元,%

项目类型	2019 年		2018 年		2017 年	
	金额	综合收益率	金额	综合收益率	金额	综合收益率
年度合计	1180.42	5.58	1459.00	4.10	757.74	5.64
其中：集合类	809.48	5.91	375.96	3.06	266.17	6.21
单一类	301.74	4.93	842.50	4.75	282.92	6.17
财产管理类	69.21	4.63	240.54	3.44	208.65	4.21
其中：主动管理类	744.57	6.41	566.41	3.55	400.36	6.08
被动管理类	435.85	5.47	892.59	4.45	357.37	5.16

数据来源：信托公司年报。

五十七、中海信托

（一）基本情况

1. 企业基本信息

公司中文名称：中海信托股份有限公司（中海信托）

公司英文名称：ZHONGHAI TRUST CO., LTD. （ZHTRUST）

公司曾用名：中信上海信托投资公司

成立日期：1988 年 7 月

最新注册地址：上海市黄浦区蒙自路 763 号 36 楼

主要办公地：上海市

注册资本：25.00 亿元　　　　　　　　法定代表人：张德荣

官方网址：www.zhtrust.com　　　　　　电子邮箱：zhtrust@cnooc.com.cn

2. 股东背景

表 4 – 393　　　　　　　　　　　中海信托股东列表

股东名称	持股比例（％）	股东背景
中国海洋石油集团有限公司	95.00	中央企业
中国中信有限公司	5.00	中央企业

数据来源：信托公司年报，用益金融信托研究院整理制作。

3. 人力资源

表 4 – 394　　　　　　　　　　　中海信托人员结构分布表

统计项目	2019 年		2018 年		2017 年	
	人数	比例（％）	人数	比例（％）	人数	比例（％）
30 岁以下	58	27.23	57	29.23	61	32.45
30 ~ 40 岁	116	54.46	101	51.79	93	49.47
40 岁以上	39	18.31	37	18.97	34	18.09
博士	4	1.88	4	2.05	4	2.13

统计项目	2019 年		2018 年		2017 年	
	人数	比例（%）	人数	比例（%）	人数	比例（%）
硕士	134	62.91	116	59.49	107	56.91
本科	74	34.74	73	37.44	74	39.36
专科及以下	1	0.47	2	1.03	3	1.60
董监高	10	4.69	10	5.13	10	5.32
自营业务人员	4	1.88	3	1.54	2	1.06
信托业务人员	112	52.58	91	46.67	89	47.34
其他人员	87	40.85	91	46.67	87	46.28
总人数	213	100.00	195	100.00	188	100.00

数据来源：信托公司年报，用益金融信托研究院整理制作。

（二）主要经营指标及排名

表 4 - 395　　　　　中海信托 2017—2019 年度主要经营指标

经营指标（母公司）	2019 年		2018 年		2017 年	
名称	值	排名	值	排名	值	排名
注册资本（亿元）	25.00	43	25.00	43	25.00	39
固有总资产（亿元）	71.03	44	71.76	43	107.19	25
固有净资产（亿元）	63.40	40	62.76	40	47.46	45
固有资产不良率（%）	0.00	48	0.00	46	0.00	43
信托总资产（亿元）	3063.43	22	3701.28	20	4186.63	22
年度新增信托资产（亿元）	386.61	51	1482.48	22	1758.45	32
信托利润率（%）	5.26	49	3.53	55	4.30	59
年度综合清算收益率（%）	6.15	29	5.54	36	6.53	33
营业总收入（亿元）	11.24	37	12.05	31	11.56	35
信托业务收入（亿元）	6.71	41	6.21	46	6.31	48
自营业务收入（亿元）	4.52	31	5.84	21	5.25	26
信托报酬率（%）	0.00	—	0.00	—	0.17	55
净利润（亿元）	7.39	30	15.94	12	7.86	33
人均净利润（万元）	362.00	21	830.00	3	444.00	21
资本利润率（%）	11.72	22	28.92	2	17.11	16
净资本（亿元）	55.39	38	54.44	38	40.97	43
风险资本（亿元）	23.19	43	24.80	40	31.28	33
风险覆盖率（%）	238.85	16	219.52	17	130.98	60

经营指标（母公司）	2019 年		2018 年		2017 年	
名称	值	排名	值	排名	值	排名
风险准备金（亿元）	6.31	24	5.90	23	5.34	25

数据来源：信托公司年报，用益金融信托研究院整理制作。

（三）资产状况

1. 自营资产

表 4-396　　　　　中海信托 2017—2019 年自营资产构成　　　　　单位：亿元,%

资产投资分布	2019 年	占比	2018 年	占比	2017 年	占比
基础产业	7.00	9.85	0.00	0.00	0.00	0.00
房地产	0.00	0.00	0.00	0.00	0.00	0.00
证券市场	7.98	11.23	8.38	11.68	30.67	28.61
实业	0.00	0.00	4.00	5.57	0.00	0.00
金融机构	39.50	55.61	39.61	55.19	55.42	51.70
其他	16.56	23.31	19.77	27.55	21.10	19.69
资产总计	71.03	100.00	71.76	100.00	107.19	100.00

数据来源：信托公司年报。

2. 信托资产

表 4-397　　　　　中海信托 2017—2019 年信托资产构成　　　　　单位：亿元,%

分类	信托资产构成	2019 年	占比	2018 年	占比	2017 年	占比
按资金投向	基础产业	471.65	15.40	356.10	9.62	415.72	9.93
	房地产	45.29	1.48	19.02	0.51	51.91	1.24
	证券市场	1068.39	34.88	1358.24	36.70	2333.64	55.74
	实业	355.52	11.61	455.14	12.30	289.96	6.93
	金融机构	1099.46	35.89	1481.00	40.01	1055.83	25.22
	其他	23.12	0.75	31.78	0.86	39.57	0.95
按信托功能	融资类	627.90	20.50	553.16	14.94	722.53	17.26
	投资类	592.06	19.33	507.77	13.72	828.17	19.78
	事务管理类	1843.46	60.18	2640.36	71.34	2635.93	62.96
按资金来源	集合类	1349.62	44.06	1591.63	43.00	2485.87	59.38
	单一类	604.68	19.74	718.45	19.41	1128.01	26.94
	财产权类	1109.12	36.21	1391.20	37.59	572.75	13.68

分类	信托资产构成	2019 年	占比	2018 年	占比	2017 年	占比
按管理模式	主动管理型	1219. 96	39. 82	1060. 93	28. 66	1550. 70	37. 04
	被动管理型	1843. 46	60. 18	2640. 36	71. 34	2635. 93	62. 96

数据来源：信托公司年报。

表 4 – 398　　　　中海信托 2017—2019 年新增信托资产情况　　　　单位：亿元,%

信托资产	2019 年	占比	2018 年	占比	2017 年	占比
新增合计	386. 61	100. 00	1482. 48	100. 00	1758. 45	100. 00
其中：集合类	217. 49	56. 26	173. 04	11. 67	903. 65	51. 39
单一类	80. 10	20. 72	115. 61	7. 80	482. 40	27. 43
财产权类	89. 02	23. 03	1193. 83	80. 53	372. 40	21. 18
其中：主动管理型	252. 23	65. 24	146. 24	9. 86	544. 68	30. 98
被动管理型	134. 38	34. 76	1336. 24	90. 14	1213. 77	69. 02

数据来源：信托公司年报，用益金融信托研究院整理制作。

表 4 – 399　　　　中海信托 2017—2019 年信托项目清算收益情况　　　　单位：亿元,%

项目类型	2019 年		2018 年		2017 年	
	金额	综合收益率	金额	综合收益率	金额	综合收益率
年度合计	1153. 51	6. 15	1546. 02	5. 54	1025. 25	6. 53
其中：集合类	442. 72	4. 78	638. 33	5. 39	454. 36	8. 99
单一类	246. 80	5. 98	533. 93	6. 00	257. 36	4. 26
财产管理类	463. 98	7. 55	373. 76	5. 14	313. 53	4. 81
其中：主动管理类	186. 24	—	325. 08	—	374. 21	—
被动管理类	967. 27	—	1220. 94	—	651. 04	—

数据来源：信托公司年报。

五十八、中航信托

（一）基本情况

1. 企业基本信息

公司中文名称：中航信托股份有限公司（中航信托）

公司英文名称：AVIC TRUST CO.，LTD.

成立日期：2009 年 12 月

最新注册地址：江西省南昌市红谷滩新区会展路 1009 号航信大厦

主要办公地：南昌市

注册资本：46.57 亿元　　　　　　　　　　法定代表人：姚江涛

官方网址：www.avictc.com　　　　　　　　电子邮箱：zhxt@avictc.com

2. 股东背景

表 4 - 400　　　　　　　　　　　中航信托股东列表

股东名称	持股比例（%）	股东背景
中航投资控股有限公司	82.73	中央企业
华侨银行有限公司	17.27	外资

数据来源：信托公司年报，用益金融信托研究院整理制作。

3. 人力资源

表 4 - 401　　　　　　　　　　　中航信托人员结构分布表

统计项目	2019 年		2018 年		2017 年	
	人数	比例（%）	人数	比例（%）	人数	比例（%）
30 岁以下	138	32.62	135	33.33	137	37.74
30~40 岁	216	51.06	196	48.40	163	44.90
40 岁以上	69	16.31	74	18.27	63	17.36
博士	8	1.89	8	1.98	8	2.20
硕士	273	64.54	245	60.49	204	56.20

统计项目	2019 年		2018 年		2017 年	
	人数	比例（%）	人数	比例（%）	人数	比例（%）
本科	127	30.02	135	33.33	133	36.64
专科及以下	15	3.55	17	4.20	18	4.96
董监高	13	3.07	11	2.72	12	3.31
自营业务人员	4	0.95	5	1.23	5	1.38
信托业务人员	267	63.12	269	66.42	231	63.64
其他人员	139	32.86	120	29.63	115	31.68
总人数	423	100.00	405	100.00	363	100.00

数据来源：信托公司年报，用益金融信托研究院整理制作。

（二）主要经营指标及排名

表 4－402　　　　　　　　中航信托 2017—2019 年度主要经营指标

经营指标（母公司）名称	2019 年		2018 年		2017 年	
	值	排名	值	排名	值	排名
注册资本（亿元）	46.57	22	46.57	19	46.57	15
固有总资产（亿元）	165.07	16	153.69	14	118.25	20
固有净资产（亿元）	128.10	16	117.94	18	97.46	19
固有资产不良率（%）	1.01	39	0.49	35	0.00	43
信托总资产（亿元）	6657.92	10	6326.99	9	6577.67	10
年度新增信托资产（亿元）	3029.61	7	2300.65	11	3620.92	11
信托利润率（%）	5.93	34	5.23	22	6.01	25
年度综合清算收益率（%）	6.23	24	6.63	16	7.10	19
营业总收入（亿元）	35.72	7	34.00	5	29.41	8
信托业务收入（亿元）	35.89	5	29.32	3	26.44	6
自营业务收入（亿元）	−0.18	64	4.68	26	2.97	39
信托报酬率（%）	0.72	10	0.59	12	0.59	19
净利润（亿元）	19.39	9	18.48	8	16.29	10
人均净利润（万元）	606.00	7	604.00	5	624.00	7
资本利润率（%）	15.76	9	17.16	7	20.29	9
净资本（亿元）	108.35	16	101.48	14	84.91	17
风险资本（亿元）	90.97	4	74.41	7	60.39	12
风险覆盖率（%）	119.11	66	136.38	57	140.60	55

续 表

经营指标（母公司）	2019 年		2018 年		2017 年	
名称	值	排名	值	排名	值	排名
风险准备金（亿元）	8.41	17	6.65	20	5.06	28

数据来源：信托公司年报，用益金融信托研究院整理制作。

（三）资产状况

1. 自营资产

表 4 - 403　　　　　　　中航信托 2017—2019 年自营资产构成　　　　　单位：亿元，%

资产投资分布	2019 年	占比	2018 年	占比	2017 年	占比
基础产业	6.54	3.92	5.59	3.63	9.19	7.77
房地产	7.37	4.42	4.73	3.08	1.30	1.10
证券市场	7.11	4.27	5.29	3.44	5.98	5.06
实业	34.67	20.80	11.24	7.30	15.67	13.25
金融机构	83.04	49.81	81.65	53.08	64.80	54.80
其他	27.97	16.78	45.31	29.46	21.31	18.03
资产总计	166.70	100.00	153.81	100.00	118.25	100.00

数据来源：信托公司年报。

2. 信托资产

表 4 - 404　　　　　　　中航信托 2017—2019 年信托资产构成　　　　　单位：亿元，%

分类	信托资产构成	2019 年	占比	2018 年	占比	2017 年	占比
按资金投向	基础产业	794.32	11.93	871.96	13.78	963.84	14.65
	房地产	1148.53	17.25	773.55	12.23	583.27	8.87
	证券市场	552.57	8.30	460.62	7.28	596.27	9.07
	实业	1844.77	27.71	1516.59	23.97	1467.02	22.30
	金融机构	796.56	11.96	784.51	12.40	707.95	10.76
	其他	1521.17	22.85	1919.76	30.34	2259.32	34.35
按信托功能	融资类	1985.92	29.83	1303.23	20.60	806.41	12.26
	投资类	2702.88	40.60	2352.64	37.18	2407.90	36.61
	事务管理类	1969.12	29.57	2671.12	42.22	3363.36	51.13
按资金来源	集合类	4437.13	66.64	3752.29	59.31	3474.38	52.82
	单一类	2059.11	30.93	2437.17	38.52	2918.16	44.36
	财产权类	161.67	2.43	137.53	2.17	185.13	2.81

续　表

分类	信托资产构成	2019 年	占比	2018 年	占比	2017 年	占比
按管理模式	主动管理型	4688.80	70.42	3655.87	57.78	2930.39	44.55
	被动管理型	1969.12	29.58	2671.12	42.22	3647.28	55.45

数据来源：信托公司年报。

表 4 – 405　　　　　　中航信托 2017—2019 年新增信托资产情况　　　　单位：亿元，%

信托资产	2019 年	占比	2018 年	占比	2017 年	占比
新增合计	3029.61	100.00	2300.65	100.00	3620.92	100.00
其中：集合类	2126.83	70.20	1643.73	71.45	1888.38	52.15
单一类	750.91	24.79	571.51	24.84	1598.16	44.14
财产权类	151.87	5.01	85.42	3.71	134.39	3.71
其中：主动管理型	2524.21	83.32	1852.74	80.53	1281.34	35.39
被动管理型	505.40	16.68	447.92	19.47	2339.59	64.61

数据来源：信托公司年报，用益金融信托研究院整理制作。

表 4 – 406　　　　　　中航信托 2017—2019 年信托项目清算收益情况　　　　单位：亿元，%

项目类型	2019 年		2018 年		2017 年	
	金额	综合收益率	金额	综合收益率	金额	综合收益率
年度合计	2360.40	6.23	2194.07	6.63	1161.85	7.10
其中：集合类	1105.61	6.93	669.02	7.33	405.32	8.00
单一类	1110.52	5.53	1387.00	6.26	577.06	6.95
财产管理类	144.28	6.22	138.06	6.95	179.46	5.52
其中：主动管理类	953.97	7.30	1069.08	6.30	471.25	7.27
被动管理类	1406.43	6.60	1124.99	6.30	690.60	6.41

数据来源：信托公司年报。

五十九、中建投信托

（一）基本情况

1. 企业基本信息

公司中文名称：中建投信托股份有限公司（中建投信托）

公司英文名称：JIC TRUST CO., LTD.（JIC TRUST）

公司曾用名：浙江省国际信托投资有限责任公司

成立日期：1979 年 8 月

最新注册地址：浙江省杭州市教工路 18 号世贸丽晶城欧美中心 1 号楼 A 座 18—19 层 C 区、D 区

主要办公地：杭州市

注册资本：50.00 亿元　　　　　　　法定代表人：王文津

官方网址：www.jictrust.cn　　　　　电子邮箱：gs_ zh@ jictrust.cn

2. 股东背景

表 4 - 407　　　　　　　　　　中建投信托股东列表

股东名称	持股比例（％）	股东背景
中国建银投资有限责任公司	90.05	金融机构
建投控股有限责任公司	9.95	国资

数据来源：信托公司年报，用益金融信托研究院整理制作。

3. 人力资源

表 4 - 408　　　　　　　　　中建投信托人员结构分布表

统计项目	2019 年		2018 年		2017 年	
	人数	比例（％）	人数	比例（％）	人数	比例（％）
30 岁以下	96	21.24	134	31.24	160	39.31
30～40 岁	301	66.59	249	58.04	208	51.11
40 岁以上	55	12.17	46	10.72	39	9.58

续 表

统计项目	2019 年		2018 年		2017 年	
	人数	比例（%）	人数	比例（%）	人数	比例（%）
博士	9	1.99	9	2.10	10	2.46
硕士	235	51.99	235	54.78	236	57.99
本科	194	42.92	171	39.86	151	37.10
专科及以下	14	3.10	14	3.26	10	2.46
董监高	11	2.43	11	2.56	11	2.70
自营业务人员	13	2.88	12	2.80	11	2.70
信托业务人员	138	30.53	140	32.63	167	41.03
其他人员	290	64.16	266	62.00	218	53.56
总人数	452	100.00	429	100.00	407	100.00

数据来源：信托公司年报，用益金融信托研究院整理制作。

（二）主要经营指标及排名

表 4-409　　　　　中建投信托 2017—2019 年度主要经营指标

经营指标（母公司）名称	2019 年		2018 年		2017 年	
	值	排名	值	排名	值	排名
注册资本（亿元）	50.00	17	50.00	17	16.66	52
固有总资产（亿元）	103.74	29	86.06	37	88.44	33
固有净资产（亿元）	83.45	31	73.97	35	66.70	33
固有资产不良率（%）	15.06	12	4.14	21	3.25	19
信托总资产（亿元）	1800.96	44	1693.89	48	1702.46	53
年度新增信托资产（亿元）	1381.32	19	1095.32	28	1386.72	44
信托利润率（%）	6.55	19	6.61	8	5.92	27
年度综合清算收益率（%）	7.02	9	6.72	15	7.29	17
营业总收入（亿元）	23.95	18	18.93	22	18.20	24
信托业务收入（亿元）	19.13	15	13.03	21	12.92	20
自营业务收入（亿元）	4.83	27	5.90	18	5.28	24
信托报酬率（%）	0.00	—	0.00	—	1.45	4
净利润（亿元）	8.88	25	9.16	26	10.00	21
人均净利润（万元）	214.00	38	221.00	42	250.00	42
资本利润率（%）	11.28	25	13.05	17	16.14	19
净资本（亿元）	56.73	36	60.40	32	53.19	35

经营指标（母公司）	2019 年		2018 年		2017 年	
名称	值	排名	值	排名	值	排名
风险资本（亿元）	39.74	26	32.13	34	29.65	37
风险覆盖率（%）	142.77	56	187.96	34	179.40	29
风险准备金（亿元）	5.34	33	4.17	36	3.71	35

数据来源：信托公司年报，用益金融信托研究院整理制作。

（三）资产状况

1. 自营资产

表 4 - 410　　　　　　中建投信托 2017—2019 年自营资产构成　　　　单位：亿元，%

资产投资分布	2019 年	占比	2018 年	占比	2017 年	占比
基础产业	1.75	1.69	0.00	0.00	0.00	0.00
房地产	16.58	15.98	12.32	14.32	3.62	4.09
证券市场	0.03	0.03	0.65	0.76	1.77	2.01
实业	0.00	0.00	0.00	0.00	0.00	0.00
金融机构	65.13	62.78	47.14	54.77	79.92	90.36
其他	20.25	19.52	25.95	30.15	3.14	3.54
资产总计	103.74	100.00	86.06	100.00	88.44	100.00

数据来源：信托公司年报。

2. 信托资产

表 4 - 411　　　　　　中建投信托 2017—2019 年信托资产构成　　　　单位：亿元，%

分类	信托资产构成	2019 年	占比	2018 年	占比	2017 年	占比
按资金投向	基础产业	227.12	12.61	167.77	9.90	219.86	12.91
	房地产	841.21	46.71	906.08	53.49	755.72	44.39
	证券市场	72.97	4.05	31.63	1.87	40.07	2.35
	实业	114.83	6.38	138.60	8.18	208.71	12.26
	金融机构	194.17	10.78	154.14	9.10	211.29	12.41
	其他	350.67	19.47	295.67	17.46	266.81	15.67
按信托功能	融资类	829.71	46.07	797.15	47.06	729.83	42.87
	投资类	140.69	7.81	150.99	8.91	194.91	11.45
	事务管理类	830.57	46.12	745.75	44.03	777.72	45.68

分类	信托资产构成	2019 年	占比	2018 年	占比	2017 年	占比
按资金来源	集合类	1036.19	57.54	1008.30	59.53	1012.17	59.45
	单一类	432.81	24.03	432.14	25.51	498.27	29.27
	财产权类	331.97	18.43	253.45	14.96	192.02	11.28
按管理模式	主动管理型	1207.61	67.05	1132.14	66.84	1046.33	61.46
	被动管理型	593.36	32.95	561.75	33.16	656.13	38.54

数据来源：信托公司年报。

表 4－412　　　　　中建投信托 2017—2019 年新增信托资产情况　　　　　单位：亿元,%

信托资产	2019 年	占比	2018 年	占比	2017 年	占比
新增合计	1381.32	100.00	1095.32	100.00	1386.72	100.00
其中：集合类	984.62	71.28	728.59	66.52	851.09	61.37
单一类	204.25	14.79	184.52	16.85	343.43	24.77
财产权类	192.46	13.93	182.21	16.64	192.20	13.86
其中：主动管理型	1112.15	80.51	875.90	79.97	880.01	63.46
被动管理型	269.17	19.49	219.43	20.03	506.71	36.54

数据来源：信托公司年报，用益金融信托研究院整理制作。

表 4－413　　　　　中建投信托 2017—2019 年信托项目清算收益情况　　　　　单位：亿元,%

项目类型	2019 年		2018 年		2017 年	
	金额	综合收益率	金额	综合收益率	金额	综合收益率
年度合计	1066.21	7.02	751.50	6.72	853.49	7.29
其中：集合类	748.79	7.36	482.89	7.17	547.73	7.88
单一类	196.98	7.50	195.90	7.20	257.17	7.40
财产管理类	120.45	4.10	72.71	2.47	48.59	0.00
其中：主动管理类	813.63	7.38	538.80	6.59	617.29	7.49
被动管理类	252.59	5.85	212.70	7.06	236.20	6.74

数据来源：信托公司年报。

六十、雪松国际信托

（一）基本情况

1. 企业基本信息

公司中文名称：雪松国际信托股份有限公司（雪松国际信托）

公司英文名称：CEDAR INTERNATIONAL TRUST CO.，LTD.

公司曾用名：江西省国际信托投资公司/中江国际信托股份有限公司

成立日期：1981 年 6 月

最新注册地址：江西省南昌市北京西路 88 号江信国际金融大厦 26 楼

主要办公地：南昌市

注册资本：30.05 亿元　　　　　　　法定代表人：林伟龙

官方网址：www.cedartrust.com　　　电子邮箱：xsxtbgs@cedarhd.com

2. 股东背景

表 4－414　　　　　　　　　　雪松国际信托主要股东列表

股东名称	持股比例（%）	股东背景
雪松控股集团有限公司	71.30	非国资
江西省金融控股集团有限公司	20.76	国资
江西省江信国际大厦有限公司	5.30	非国资

数据来源：信托公司年报，用益金融信托研究院整理制作。

3. 人力资源

表 4－415　　　　　　　　　　雪松国际信托人员结构分布表

统计项目	2019 年		2018 年		2017 年	
	人数	比例（%）	人数	比例（%）	人数	比例（%）
30 岁以下	136	17.55	70	24.39	75	28.30
30~40 岁	459	59.23	110	38.33	102	38.49
40 岁以上	180	23.23	107	37.28	88	33.21

统计项目	2019 年		2018 年		2017 年	
	人数	比例（%）	人数	比例（%）	人数	比例（%）
博士	4	0.52	1	0.35	1	0.38
硕士	148	19.10	63	21.95	62	23.40
本科	471	60.77	178	62.02	162	61.13
专科及以下	152	19.61	45	15.68	40	15.09
董监高	18	2.32	8	2.79	8	3.02
自营业务人员	10	1.29	10	3.48	9	3.40
信托业务人员	192	24.77	178	62.02	151	56.98
其他人员	555	71.61	91	31.71	97	36.60
总人数	775	100.00	287	100.00	265	100.00

数据来源：信托公司年报，用益金融信托研究院整理制作。

（二）主要经营指标及排名

表 4 - 416　　　　　雪松国际信托 2017—2019 年度主要经营指标

经营指标（母公司）	2019 年		2018 年		2017 年	
名称	值	排名	值	排名	值	排名
注册资本（亿元）	30.05	39	30.05	37	30.05	32
固有总资产（亿元）	34.48	62	94.24	34	109.96	23
固有净资产（亿元）	28.22	62	74.47	34	87.05	23
固有资产不良率（%）	25.85	5	0.01	45	0.01	42
信托总资产（亿元）	944.27	57	1368.62	55	1575.68	55
年度新增信托资产（亿元）	168.84	61	338.49	59	804.49	55
信托利润率（%）	4.27	63	6.97	3	7.85	5
年度综合清算收益率（%）	7.52	7	6.22	25	6.79	26
营业总收入（亿元）	2.34	65	3.50	63	9.45	47
信托业务收入（亿元）	3.77	54	5.21	51	6.99	44
自营业务收入（亿元）	-1.44	66	-1.70	66	2.46	46
信托报酬率（%）	0.00	—	0.52	15	0.64	18
净利润（亿元）	-11.37	67	0.78	62	1.73	63
人均净利润（万元）	-214.00	67	27.00	63	65.00	63
资本利润率（%）	-35.00	67	0.96	64	1.98	67
净资本（亿元）	24.54	61	47.41	40	53.60	34

经营指标（母公司）	2019 年		2018 年		2017 年	
名称	值	排名	值	排名	值	排名
风险资本（亿元）	10.16	62	17.25	53	19.83	47
风险覆盖率（%）	241.54	15	274.84	9	270.29	7
风险准备金（亿元）	1.95	60	3.13	47	2.84	46

数据来源：信托公司年报，用益金融信托研究院整理制作。

（三）资产状况

1. 自营资产

表 4 - 417　　　　雪松国际信托 2017—2019 年自营资产构成　　　单位：亿元，%

资产投资分布	2019 年	占比	2018 年	占比	2017 年	占比
基础产业	0.12	0.33	0.00	0.00	0.00	0.00
房地产	0.59	1.63	0.00	0.00	0.00	0.00
证券市场	3.03	8.38	72.90	77.35	93.45	84.80
实业	12.53	34.72	0.00	0.00	0.00	0.00
金融机构	19.31	53.49	0.00	0.00	0.00	0.00
其他	0.52	1.44	21.35	22.65	16.72	15.20
资产总计	36.09	100.00	94.24	100.00	109.96	100.00

数据来源：信托公司年报。

2. 信托资产

表 4 - 418　　　　雪松国际信托 2017—2019 年信托资产构成　　　单位：亿元，%

分类	信托资产构成	2019 年	占比	2018 年	占比	2017 年	占比
按资金投向	基础产业	152.81	16.18	197.54	14.43	236.97	15.04
	房地产	70.16	7.43	139.52	10.19	174.23	11.06
	证券市场	19.85	2.10	18.87	1.38	36.25	2.30
	实业	541.95	57.39	724.30	52.91	859.50	54.55
	金融机构	4.02	0.43	85.24	6.23	138.22	8.77
	其他	155.50	16.47	203.35	14.86	130.51	8.28
按信托功能	融资类	623.26	66.00	868.22	63.44	1114.64	70.74
	投资类	321.02	34.00	446.55	32.63	449.73	28.54
	事务管理类	0.00	0.00	53.84	3.93	11.31	0.72

续　表

分类	信托资产构成	2019 年	占比	2018 年	占比	2017 年	占比
按资金来源	集合类	327.56	34.69	391.61	28.61	506.60	32.15
	单一类	534.29	56.58	807.82	59.02	1010.13	64.11
	财产权类	82.42	8.73	169.19	12.36	58.95	3.74
按管理模式	主动管理型	329.18	34.86	346.85	25.34	449.20	28.51
	被动管理型	615.10	65.14	1021.77	74.66	1126.48	71.49

数据来源：信托公司年报。

表 4 - 419　　　　雪松国际信托 2017—2019 年新增信托资产情况　　　单位：亿元,%

信托资产	2019 年	占比	2018 年	占比	2017 年	占比
新增合计	168.84	100.00	338.49	100.00	804.49	100.00
其中：集合类	97.55	57.78	85.32	25.21	345.51	42.95
单一类	32.69	19.36	128.75	38.04	401.16	49.87
财产权类	38.60	22.86	124.43	36.76	57.82	7.18
其中：主动管理型	112.60	66.69	85.32	25.21	631.95	78.55
被动管理型	56.24	33.31	253.17	74.79	172.54	21.45

数据来源：信托公司年报，用益金融信托研究院整理制作。

表 4 - 420　　　　雪松国际信托 2017—2019 年信托项目清算收益情况　　　单位：亿元,%

项目类型	2019 年		2018 年		2017 年	
	金额	综合收益率	金额	综合收益率	金额	综合收益率
年度合计	999.04	7.52	470.85	6.22	784.22	6.79
其中：集合类	230.59	11.44	156.41	6.67	284.23	7.19
单一类	641.66	7.58	295.32	6.35	482.66	6.56
财产管理类	126.79	0.09	19.12	0.61	17.33	6.64
其中：主动管理类	228.59	11.49	135.12	6.93	269.04	7.24
被动管理类	770.45	6.34	335.73	5.94	515.18	6.55

数据来源：信托公司年报。

六十一、中粮信托

（一）基本情况

1. 企业基本信息

公司中文名称：中粮信托有限责任公司（中粮信托）

公司英文名称：COFCO TRUST CO．，LTD．（COFCO TRUST）

成立日期：2009 年 7 月

最新注册地址：北京市朝阳区朝阳门南大街 8 号中粮福临门大厦 11 层

主要办公地址：北京市

注册资本：23.00 亿元　　　　　　　法定代表人：孙彦敏

官方网址：www．cofco－trust．com　　电子邮箱：majz@ cofco．com

2. 股东背景

表 4 －421　　　　　　　　　　中粮信托股东列表

股东名称	持股比例（%）	股东背景
中粮资本投资有限公司	76.01	中央企业
蒙特利尔银行	19.99	外资
中粮财务有限责任公司	4.00	中央企业

数据来源：信托公司年报，用益金融信托研究院整理制作。

3. 人力资源

表 4 －422　　　　　　　　　　中粮信托人员结构分布表

统计项目	2019 年		2018 年		2017 年	
	人数	比例（%）	人数	比例（%）	人数	比例（%）
30 岁以下	67	22.41	62	26.84	60	27.91
30 ~ 40 岁	160	53.51	108	46.75	105	48.84
40 岁以上	72	24.08	61	26.41	50	23.26
博士	13	4.35	10	4.33	8	3.72

统计项目	2019 年		2018 年		2017 年	
	人数	比例（%）	人数	比例（%）	人数	比例（%）
硕士	179	59.87	144	62.34	120	55.81
本科	99	33.11	70	30.30	79	36.74
专科及以下	8	2.68	7	3.03	8	3.72
董监高	8	2.68	9	3.90	10	4.65
自营业务人员	7	2.34	9	3.90	6	2.79
信托业务人员	157	52.51	147	63.64	134	62.33
其他人员	127	42.47	66	28.57	65	30.23
总人数	299	100.00	231	100.00	215	100.00

数据来源：信托公司年报，用益金融信托研究院整理制作。

（二）主要经营指标及排名

表 4 – 423 中粮信托 2017—2019 年度主要经营指标

经营指标（母公司） 名称	2019 年		2018 年		2017 年	
	值	排名	值	排名	值	排名
注册资本（亿元）	23.00	49	23.00	47	23.00	44
固有总资产（亿元）	49.34	57	46.81	57	52.12	50
固有净资产（亿元）	43.81	54	42.55	54	45.98	46
固有资产不良率（%）	35.48	4	22.04	2	0.00	43
信托总资产（亿元）	1572.75	48	1637.57	49	1952.55	47
年度新增信托资产（亿元）	661.55	39	406.80	53	1417.75	41
信托利润率（%）	5.16	53	5.14	25	6.78	12
年度综合清算收益率（%）	5.95	37	5.84	31	6.04	45
营业总收入（亿元）	5.14	59	5.48	55	9.14	49
信托业务收入（亿元）	3.47	58	4.47	57	5.07	53
自营业务收入（亿元）	1.67	54	1.01	56	4.07	30
信托报酬率（%）	0.00	—	0.00	—	0.00	—
净利润（亿元）	1.26	58	0.48	65	4.96	45
人均净利润（万元）	46.00	59	21.00	64	252.00	41
资本利润率（%）	2.92	58	1.08	62	11.66	41
净资本（亿元）	33.69	52	38.08	47	42.75	41
风险资本（亿元）	24.64	42	24.29	42	23.96	45
风险覆盖率（%）	136.74	59	156.74	50	178.46	31

经营指标（母公司）	2019 年		2018 年		2017 年	
名称	值	排名	值	排名	值	排名
风险准备金（亿元）	5.43	32	5.37	29	5.37	24

数据来源：信托公司年报，用益金融信托研究院整理制作。

（三）资产状况

1. 自营资产

表 4 - 424　　　　　中粮信托 2017—2019 年自营资产构成　　　　单位：亿元，%

资产投资分布	2019 年	占比	2018 年	占比	2017 年	占比
基础产业	0.00	0.00	0.00	0.00	0.00	0.00
房地产	0.00	0.00	0.00	0.00	0.00	0.00
证券市场	0.00	0.00	11.12	23.75	17.47	33.52
实业	0.00	0.00	0.00	0.00	0.00	0.00
金融机构	29.35	59.48	21.11	45.09	23.33	44.76
其他	19.99	40.52	14.59	31.16	11.32	21.72
资产总计	49.34	100.00	46.81	100.00	52.12	100.00

数据来源：信托公司年报。

2. 信托资产

表 4 - 425　　　　　中粮信托 2017—2019 年信托资产构成　　　　单位：亿元，%

分类	信托资产构成	2019 年	占比	2018 年	占比	2017 年	占比
按资金投向	基础产业	215.65	13.71	248.07	15.15	316.58	16.21
	房地产	74.26	4.72	67.18	4.10	47.59	2.44
	证券市场	10.01	0.64	18.24	1.11	25.96	1.33
	实业	676.12	42.99	659.85	40.29	715.01	36.62
	金融机构	373.47	23.75	416.91	25.46	543.23	27.82
	其他	223.24	14.19	227.33	13.88	304.18	15.58
按信托功能	融资类	422.74	26.88	393.20	24.01	390.12	19.98
	投资类	725.53	46.13	835.02	50.99	955.35	48.93
	事务管理类	424.48	26.99	409.35	25.00	607.08	31.09
按资金来源	集合类	690.89	43.93	626.15	38.24	874.05	44.76
	单一类	556.71	35.40	711.52	43.45	730.90	37.43
	财产权类	325.15	20.67	299.90	18.31	347.60	17.80

分类	信托资产构成	2019 年	占比	2018 年	占比	2017 年	占比
按管理模式	主动管理型	582.21	37.02	591.14	36.10	857.01	43.89
	被动管理型	990.54	62.98	1046.43	63.90	1095.54	56.11

数据来源：信托公司年报。

表 4－426　　　　　　　中粮信托 2017—2019 年新增信托资产情况　　　　单位：亿元，%

信托资产	2019 年	占比	2018 年	占比	2017 年	占比
新增合计	661.55	100.00	406.80	100.00	1417.75	100.00
其中：集合类	303.01	45.80	121.06	29.76	686.43	48.42
单一类	30.84	4.66	61.65	15.15	491.06	34.64
财产权类	327.70	49.53	224.10	55.09	240.25	16.95
其中：主动管理型	302.16	45.67	139.47	34.28	719.87	50.78
被动管理型	359.39	54.33	267.33	65.72	697.88	49.22

数据来源：信托公司年报，用益金融信托研究院整理制作。

表 4－427　　　　　　　中粮信托 2017—2019 年信托项目清算收益情况　　　　单位：亿元，%

项目类型	2019 年		2018 年		2017 年	
	金额	综合收益率	金额	综合收益率	金额	综合收益率
年度合计	372.65	5.95	483.97	5.84	521.69	6.04
其中：集合类	127.08	7.36	226.94	5.21	371.86	6.15
单一类	121.31	4.67	176.53	6.89	114.16	5.87
财产管理类	124.27	5.77	80.50	5.34	35.67	5.39
其中：主动管理类	132.02	7.22	222.90	5.06	277.61	5.85
被动管理类	240.63	5.29	261.07	6.52	244.08	5.67

数据来源：信托公司年报。

六十二、中融信托

（一）基本情况

1. 企业基本信息

公司中文名称：中融国际信托有限公司（中融信托）

公司英文名称：ZHONGRONG INTERNATIONAL TRUST CO., LTD. （ZRT）

公司曾用名：哈尔滨国际信托投资公司

成立日期：1987 年

最新注册地址：黑龙江省哈尔滨市松北区科技创新城创新二路 277 号

主要办公地：哈尔滨市/北京市

注册资本：120.00 亿元　　　　　　　　法定代表人：刘洋

官方网址：www.zritc.com　　　　　　电子邮箱：zritc@zritc.com

2. 股东背景

表 4 - 428　　　　　　　　　　　　中融信托股东列表

股东名称	持股比例（%）	股东背景
经纬纺织机械股份有限公司	37.47	中央企业
中植企业集团有限公司	32.99	非国资
哈尔滨投资集团有限责任公司	21.54	国资
沈阳安泰达商贸有限公司	8.01	非国资

数据来源：信托公司年报，用益金融信托研究院整理制作。

3. 人力资源

表 4 - 429　　　　　　　　　　　　中融信托人员结构分布表

统计项目	2019 年		2018 年		2017 年	
	人数	比例（%）	人数	比例（%）	人数	比例（%）
30 岁以下	121	17.31	191	23.76	568	28.77
30~40 岁	447	63.95	487	60.57	1162	58.87

统计项目	2019 年		2018 年		2017 年	
	人数	比例（%）	人数	比例（%）	人数	比例（%）
40 岁以上	131	18.74	126	15.67	244	12.36
博士	9	1.29	6	0.75	7	0.35
硕士	342	48.93	387	48.13	564	28.57
本科	313	44.78	367	45.65	1202	60.89
专科及以下	35	5.01	44	5.47	201	10.18
董监高	19	2.72	18	2.24	16	0.81
自营业务人员	4	0.57	4	0.50	10	0.51
信托业务人员	665	95.14	743	92.41	761	38.55
其他人员	11	1.57	39	4.85	1187	60.13
总人数	699	100.00	804	100.00	1974	100.00

数据来源：信托公司年报，用益金融信托研究院整理制作。

（二）主要经营指标及排名

表 4 - 430　　　　　　　中融信托 2017—2019 年度主要经营指标

经营指标（母公司）	2019 年		2018 年		2017 年	
名称	值	排名	值	排名	值	排名
注册资本（亿元）	120.00	3	120.00	3	120.00	3
固有总资产（亿元）	215.95	8	239.34	4	209.90	7
固有净资产（亿元）	183.15	8	172.08	7	158.72	7
固有资产不良率（%）	0.00	48	0.00	46	0.00	43
信托总资产（亿元）	7654.52	5	6546.65	8	6699.07	9
年度新增信托资产（亿元）	2264.43	11	1302.71	23	1756.54	33
信托利润率（%）	7.10	15	4.45	34	6.40	18
年度综合清算收益率（%）	7.64	5	7.05	8	7.69	10
营业总收入（亿元）	45.19	4	46.54	3	48.67	4
信托业务收入（亿元）	40.98	2	21.74	7	28.80	4
自营业务收入（亿元）	4.21	33	24.80	1	19.87	1
信托报酬率（%）	0.00	—	0.00	—	0.98	9
净利润（亿元）	15.74	12	17.51	10	21.70	6
人均净利润（万元）	228.00	37	113.00	53	145.00	57
资本利润率（%）	8.79	38	11.48	27	18.29	12

经营指标（母公司）	2019 年		2018 年		2017 年	
名称	值	排名	值	排名	值	排名
净资本（亿元）	161.44	6	157.05	5	139.30	4
风险资本（亿元）	97.40	3	64.44	10	78.68	5
风险覆盖率（%）	165.74	47	243.72	14	177.06	33
风险准备金（亿元）	12.66	7	12.24	7	10.93	5

数据来源：信托公司年报，用益金融信托研究院整理制作。

（三）资产状况

1. 自营资产

表 4 – 431　　　　　中融信托 2017—2019 年自营资产构成　　　　　单位：亿元，%

资产投资分布	2019 年	占比	2018 年	占比	2017 年	占比
基础产业	2.99	1.08	0.00	0.00	0.00	0.00
房地产	11.69	4.23	5.90	1.92	10.60	3.68
证券市场	99.97	36.20	93.76	30.51	52.03	18.07
实业	9.03	3.27	6.78	2.21	17.71	6.15
金融机构	29.08	10.53	25.48	8.29	30.03	10.43
其他	123.41	44.69	175.35	57.07	177.51	61.66
资产总计	276.16	100.00	307.27	100.00	287.88	100.00

数据来源：信托公司年报。

2. 信托资产

表 4 – 432　　　　　中融信托 2017—2019 年信托资产构成　　　　　单位：亿元，%

分类	信托资产构成	2019 年	占比	2018 年	占比	2017 年	占比
按资金投向	基础产业	645.34	8.43	317.48	4.85	343.61	5.13
	房地产	1351.00	17.65	719.20	10.99	443.07	6.61
	证券市场	284.14	3.71	320.23	4.89	449.30	6.71
	实业	2982.77	38.97	2741.64	41.88	2714.21	40.52
	金融机构	2274.01	29.71	2379.50	36.35	2704.41	40.37
	其他	117.26	1.53	68.59	1.05	44.47	0.66
按信托功能	融资类	2501.58	32.68	1552.67	23.72	2317.04	34.59
	投资类	3422.24	44.71	2724.37	41.61	3520.49	52.55
	事务管理类	1730.70	22.61	2269.61	34.67	861.54	12.86

续　表

分类	信托资产构成	2019 年	占比	2018 年	占比	2017 年	占比
按资金来源	集合类	6126.53	80.04	4526.73	69.15	4395.09	65.61
	单一类	941.63	12.30	1247.77	19.06	1442.59	21.53
	财产权类	586.35	7.66	772.15	11.79	861.39	12.86
按管理模式	主动管理型	5829.02	76.15	4291.03	65.55	4322.80	64.53
	被动管理型	1825.50	23.85	2255.62	34.45	2376.27	35.47

数据来源：信托公司年报。

表 4 - 433　　　　　　　中融信托 2017—2019 年新增信托资产情况　　　　单位：亿元,%

信托资产	2019 年	占比	2018 年	占比	2017 年	占比
新增合计	2264.43	100.00	1302.71	100.00	1756.54	100.00
其中：集合类	1757.12	77.60	465.51	35.73	799.71	45.53
单一类	198.06	8.75	359.00	27.56	384.22	21.87
财产权类	309.24	13.66	478.21	36.71	572.61	32.60
其中：主动管理型	1562.47	69.00	416.25	31.95	547.16	31.15
被动管理型	701.95	31.00	886.46	68.05	1209.38	68.85

数据来源：信托公司年报，用益金融信托研究院整理制作。

表 4 - 434　　　　　　　中融信托 2017—2019 年信托项目清算收益情况　　　　单位：亿元,%

项目类型	2019 年		2018 年		2017 年	
	金额	综合收益率	金额	综合收益率	金额	综合收益率
年度合计	1387.40	7.64	1237.08	7.05	1119.27	7.69
其中：集合类	519.12	9.10	448.31	9.75	564.32	7.42
单一类	513.88	6.88	417.41	3.78	436.86	7.65
财产管理类	354.40	6.61	371.36	7.46	118.10	9.14
其中：主动管理类	580.89	7.67	515.32	9.17	623.82	8.15
被动管理类	806.51	7.28	721.76	6.06	495.45	10.50

数据来源：信托公司年报。

六十三、中泰信托

（一）基本情况

1. 企业基本信息

公司中文名称：中泰信托有限责任公司（中泰信托）

公司英文名称：ZHONGTAI TRUST CO.，LTD.

公司曾用名：中国农业银行厦门信托投资公司

成立日期：1988 年

最新注册地址：上海市中华路 1600 号黄浦中心大厦 17—18 层

主要办公地：上海市

注册资本：5.17 亿元　　　　　　　　法定代表人：吴庆斌

官方网址：www.zhongtaitrust.com　　　电子邮箱：zhongtai@zhongtaitrust.com

2. 股东背景

表 4 – 435　　　　　　　　　　　中泰信托主要股东列表

股东名称	持股比例（%）	股东背景
中国华闻投资控股有限公司	31.57	国资
上海新黄浦实业集团股份有限公司	29.97	非国资
广联（南宁）投资股份有限公司	20.00	非国资
首都机场集团公司	9.99	国资
安徽发展投资股份有限公司	5.26	非国资

数据来源：信托公司年报，用益金融信托研究院整理制作。

3. 人力资源

表 4 – 436　　　　　　　　　　　中泰信托人员结构分布表

统计项目	2019 年		2018 年		2017 年	
	人数	比例（%）	人数	比例（%）	人数	比例（%）
30 岁以下	19	17.76	31	23.85	49	28.16

续　表

统计项目	2019 年		2018 年		2017 年	
	人数	比例（%）	人数	比例（%）	人数	比例（%）
30～40 岁	57	53.27	63	48.46	79	45.40
40 岁以上	31	28.97	36	27.69	46	26.44
博士	0	0.00	1	0.77	2	1.15
硕士	62	57.94	66	50.77	77	44.25
本科	30	28.04	40	30.77	68	39.08
专科及以下	15	14.02	23	17.69	27	15.52
董监高	4	3.74	5	3.85	7	4.02
自营业务人员	2	1.87	3	2.31	3	1.72
信托业务人员	47	43.93	51	39.23	69	39.66
其他人员	54	50.47	71	54.62	95	54.60
总人数	107	100.00	130	100.00	174	100.00

数据来源：信托公司年报，用益金融信托研究院整理制作。

（二）主要经营指标及排名

表 4－437　　　　　中泰信托 2017—2019 年度主要经营指标

经营指标（母公司）	2019 年		2018 年		2017 年	
名称	值	排名	值	排名	值	排名
注册资本（亿元）	5.17	67	5.17	67	5.17	67
固有总资产（亿元）	47.47	58	45.59	58	44.11	56
固有净资产（亿元）	45.53	53	43.51	51	42.28	51
固有资产不良率（%）	14.49	14	9.96	6	10.28	6
信托总资产（亿元）	324.05	66	287.56	66	372.34	66
年度新增信托资产（亿元）	119.28	64	45.78	66	176.95	67
信托利润率（%）	6.31	25	6.67	7	9.97	2
年度综合清算收益率（%）	26.13	1	7.20	6	8.37	4
营业总收入（亿元）	2.70	63	2.88	66	4.36	63
信托业务收入（亿元）	0.60	67	1.11	67	2.49	65
自营业务收入（亿元）	2.10	52	1.77	46	1.87	52
信托报酬率（%）	0.72	10	0.49	17	0.65	17
净利润（亿元）	1.29	57	1.44	60	2.40	61
人均净利润（万元）	120.00	50	95.00	57	123.00	60
资本利润率（%）	2.91	59	3.36	61	5.84	60

续 表

经营指标（母公司）	2019 年		2018 年		2017 年	
名称	值	排名	值	排名	值	排名
净资本（亿元）	36.96	48	33.31	51	33.31	50
风险资本（亿元）	7.53	66	6.50	66	6.77	65
风险覆盖率（%）	490.84	4	512.71	2	492.02	1
风险准备金（亿元）	1.73	63	1.68	61	1.72	58

数据来源：信托公司年报，用益金融信托研究院整理制作。

（三）资产状况

1. 自营资产

表 4 - 438　　　　　中泰信托 2017—2019 年自营资产构成　　　　单位：亿元,%

资产投资分布	2019 年	占比	2018 年	占比	2017 年	占比
基础产业	0.00	0.00	0.00	0.00	0.00	0.00
房地产	0.00	0.00	0.00	0.00	0.00	0.00
证券市场	3.86	8.13	3.07	6.74	4.28	9.70
实业	0.00	0.00	0.00	0.00	0.00	0.00
金融机构	20.49	43.17	20.09	44.08	19.72	44.71
其他	23.12	48.70	22.42	49.19	20.11	45.58
资产总计	47.47	100.00	45.58	100.00	44.11	100.00

数据来源：信托公司年报。

2. 信托资产

表 4 - 439　　　　　中泰信托 2017—2019 年信托资产构成　　　　单位：亿元,%

分类	信托资产构成	2019 年	占比	2018 年	占比	2017 年	占比
按资金投向	基础产业	39.26	12.11	48.14	16.74	52.74	14.17
	房地产	58.33	18.00	24.17	8.40	22.52	6.05
	证券市场	14.33	4.42	9.67	3.36	11.73	3.15
	实业	169.81	52.40	152.91	53.18	214.79	57.69
	金融机构	18.04	5.57	26.74	9.30	43.30	11.63
	其他	24.29	7.50	25.93	9.02	27.26	7.32
按信托功能	融资类	43.82	13.52	58.76	20.44	82.72	22.22
	投资类	26.70	8.24	55.17	19.19	56.39	15.14
	事务管理类	253.53	78.24	173.62	60.37	233.24	62.64

续 表

分类	信托资产构成	2019 年	占比	2018 年	占比	2017 年	占比
按资金来源	集合类	71. 40	22. 03	96. 44	33. 54	248. 98	66. 87
	单一类	238. 64	73. 64	186. 85	64. 98	119. 11	31. 99
	财产权类	14. 01	4. 32	4. 26	1. 48	4. 26	1. 14
按管理模式	主动管理型	56. 60	17. 47	67. 59	23. 50	94. 53	25. 39
	被动管理型	267. 45	82. 53	219. 97	76. 50	277. 81	74. 61

数据来源：信托公司年报。

表 4 – 440　　　　　中泰信托 2017—2019 年新增信托资产情况　　　　单位：亿元, %

信托资产	2019 年	占比	2018 年	占比	2017 年	占比
新增合计	119. 28	100. 00	45. 78	100. 00	176. 95	100. 00
其中：集合类	0. 00	0. 00	4. 50	9. 83	44. 11	24. 93
单一类	109. 54	91. 83	41. 28	90. 17	132. 84	75. 07
财产权类	9. 75	8. 17	0. 00	0. 00	0. 00	0. 00
其中：主动管理型	17. 24	14. 45	6. 78	14. 81	45. 93	25. 95
被动管理型	102. 05	85. 55	39. 00	85. 19	131. 03	74. 05

数据来源：信托公司年报，用益金融信托研究院整理制作。

表 4 – 441　　　　　中泰信托 2017—2019 年信托项目清算收益情况　　　　单位：亿元, %

项目类型	2019 年		2018 年		2017 年	
	金额	综合收益率	金额	综合收益率	金额	综合收益率
年度合计	69. 13	26. 13	117. 71	7. 20	293. 71	8. 37
其中：集合类	19. 47	7. 21	32. 40	7. 66	171. 06	9. 69
单一类	49. 65	33. 55	85. 31	7. 02	118. 25	6. 76
财产管理类	0. 00	0. 00	0. 00	0. 00	4. 40	0. 00
其中：主动管理类	19. 47	7. 19	27. 52	6. 49	157. 52	9. 37
被动管理类	49. 65	7. 87	90. 18	6. 77	131. 79	7. 80

数据来源：信托公司年报。

六十四、中铁信托

（一）基本情况

1. 企业基本信息

公司中文名称：中铁信托有限责任公司（中铁信托）

公司英文名称：CHINA RAILWAY TRUST CO.，LTD.（CRTC）

公司曾用名：衡平信托投资有限责任公司

成立日期：2002 年

最新注册地址：四川省成都市武侯区航空路 1 号国航世纪中心 B 座 20—22 层

主要办公地址：成都市

注册资本：50.00 亿元　　　　　　　　法定代表人：马永红

官方网址：www. crtrust. com　　　　　电子邮箱：crtc@ crtrust. com

2. 股东背景

表 4 – 442　　　　　　　　　　　中铁信托主要股东列表

股东名称	持股比例（%）	股东背景
中国中铁股份有限公司	78.91	中央企业
中铁二局建设集团有限公司	7.23	中央企业
成都工投资产经营有限公司	3.43	国资

数据来源：信托公司年报，用益金融信托研究院整理制作。

3. 人力资源

表 4 – 443　　　　　　　　　　　中铁信托人员结构分布表

统计项目	2019 年		2018 年		2017 年	
	人数	比例（%）	人数	比例（%）	人数	比例（%）
30 岁以下	63	22.91	63	26.25	56	24.35
30 ~ 40 岁	133	48.36	100	41.67	94	40.87
40 岁以上	79	28.73	77	32.08	80	34.78

续　表

统计项目	2019 年		2018 年		2017 年	
	人数	比例（%）	人数	比例（%）	人数	比例（%）
博士	9	3.27	9	3.75	7	3.04
硕士	116	42.18	94	39.17	95	41.30
本科	134	48.73	121	50.42	115	50.00
专科及以下	16	5.82	16	6.67	13	5.65
董监高	13	4.73	12	5.00	9	3.91
自营业务人员	7	2.55	6	2.50	11	4.78
信托业务人员	157	57.09	135	56.25	128	55.65
其他人员	98	35.64	87	36.25	82	35.65
总人数	275	100.00	240	100.00	230	100.00

数据来源：信托公司年报，用益金融信托研究院整理制作。

（二）主要经营指标及排名

表 4-444　　　　中铁信托 2017—2019 年度主要经营指标

经营指标（母公司）名称	2019 年		2018 年		2017 年	
	值	排名	值	排名	值	排名
注册资本（亿元）	50.00	17	50.00	18	50.00	12
固有总资产（亿元）	142.21	19	132.00	20	128.91	17
固有净资产（亿元）	90.57	27	86.05	26	76.51	28
固有资产不良率（%）	0.00	48	0.00	46	0.00	43
信托总资产（亿元）	4254.14	17	4266.08	17	4343.48	20
年度新增信托资产（亿元）	2538.90	9	2421.09	9	4165.53	9
信托利润率（%）	5.17	51	5.00	27	6.68	13
年度综合清算收益率（%）	4.59	62	5.68	33	6.14	42
营业总收入（亿元）	18.26	25	28.36	10	24.35	14
信托业务收入（亿元）	11.72	23	19.76	12	19.09	12
自营业务收入（亿元）	6.54	17	8.60	7	5.25	25
信托报酬率（%）	0.26	39	0.49	17	0.53	21
净利润（亿元）	8.37	28	13.08	14	14.52	15
人均净利润（万元）	325.00	24	557.00	10	657.00	6
资本利润率（%）	9.48	34	16.11	8	20.48	7
净资本（亿元）	73.31	27	69.84	24	61.78	24

续 表

经营指标（母公司）	2019 年		2018 年		2017 年	
名称	值	排名	值	排名	值	排名
风险资本（亿元）	30.32	39	24.79	41	27.00	40
风险覆盖率（%）	241.81	14	281.69	6	228.80	16
风险准备金（亿元）	14.69	3	13.87	3	12.53	3

数据来源：信托公司年报，用益金融信托研究院整理制作。

（三）资产状况

1. 自营资产

表 4 - 445　　　　　　　中铁信托 2017—2019 年自营资产构成　　　　单位：亿元，%

资产投资分布	2019 年	占比	2018 年	占比	2017 年	占比
基础产业	0.00	0.00	0.00	0.00	0.00	0.00
房地产	0.00	0.00	0.00	0.00	0.00	0.00
证券市场	12.48	8.77	6.60	5.00	1.52	1.18
实业	0.00	0.00	0.00	0.00	0.00	0.00
金融机构	50.95	35.83	45.09	34.15	41.95	32.54
其他	78.78	55.40	80.32	60.85	85.44	66.28
资产总计	142.21	100.00	132.00	100.00	128.91	100.00

数据来源：信托公司年报。

2. 信托资产

表 4 - 446　　　　　　　中铁信托 2017—2019 年信托资产构成　　　　单位：亿元，%

分类	信托资产构成	2019 年	占比	2018 年	占比	2017 年	占比
按资金投向	基础产业	123.25	2.90	108.18	2.54	80.26	1.85
	房地产	638.93	15.02	599.99	14.06	596.99	13.74
	证券市场	1.29	0.03	9.55	0.22	16.16	0.37
	实业	1010.90	23.76	927.38	21.74	1001.11	23.05
	金融机构	656.93	15.44	789.42	18.50	1071.44	24.67
	其他	1822.85	42.85	1831.56	42.93	1577.53	36.32
按信托功能	融资类	572.43	13.46	305.13	7.15	412.43	9.50
	投资类	1055.20	24.80	318.71	7.47	175.85	4.05
	事务管理类	2626.51	61.74	3642.25	85.38	3755.19	86.45

分类	信托资产构成	2019 年	占比	2018 年	占比	2017 年	占比
按资金来源	集合类	1288.48	30.29	1476.46	34.61	2158.61	49.70
	单一类	1780.35	41.85	1865.53	43.73	1545.95	35.59
	财产权类	1185.31	27.86	924.10	21.66	638.91	14.71
按管理模式	主动管理型	1627.63	38.26	623.84	14.62	588.28	13.54
	被动管理型	2626.51	61.74	3642.25	85.38	3755.20	86.46

数据来源：信托公司年报。

表 4 – 447　　　　　　　　　中铁信托 2017—2019 年新增信托资产情况　　　　　　单位：亿元，%

信托资产	2019 年	占比	2018 年	占比	2017 年	占比
新增合计	2538.90	100.00	2421.09	100.00	4165.53	100.00
其中：集合类	789.72	31.10	514.91	21.27	2185.94	52.48
单一类	763.09	30.06	1208.26	49.91	1376.74	33.05
财产权类	986.09	38.84	697.93	28.83	602.85	14.47
其中：主动管理型	1278.86	50.37	384.37	15.88	696.07	16.71
被动管理型	1260.04	49.63	2036.73	84.12	3469.46	83.29

数据来源：信托公司年报，用益金融信托研究院整理制作。

表 4 – 448　　　　　　　　中铁信托 2017—2019 年信托项目清算收益情况　　　　　　单位：亿元，%

项目类型	2019 年		2018 年		2017 年	
	金额	综合收益率	金额	综合收益率	金额	综合收益率
年度合计	3018.43	4.59	1782.34	5.68	1337.32	6.14
其中：集合类	1281.19	5.09	870.13	5.70	342.23	7.68
单一类	965.31	5.05	760.09	5.71	804.17	6.30
财产管理类	771.93	3.18	152.13	5.41	190.92	2.74
其中：主动管理类	336.22	6.39	286.59	6.94	297.46	7.43
被动管理类	2682.21	4.36	1495.75	5.44	1039.86	6.46

数据来源：信托公司年报。

六十五、中信信托

（一）基本情况

1. 企业基本信息

公司中文名称：中信信托有限责任公司（中信信托）

公司英文名称：CITIC TRUST CO., LTD.

公司曾用名：中信兴业信托投资公司

成立日期：1988 年 3 月 1 日

最新注册地址：北京市朝阳区新源南路 6 号京城大厦

主要办公地：北京市

注册资本：112.76 亿元　　　　　　法定代表人：陈一松

官方网址：www. citictrust. com. cn　　　电子邮箱：citict@ citictrust. com. cn

2. 股东背景

表 4 – 449　　　　　　　　　中信信托股东列表

股东名称	持股比例（%）	股东背景
中国中信有限公司	82. 26	金融机构
中信兴业投资集团有限公司	17. 74	金融机构

数据来源：信托公司年报，用益金融信托研究院整理制作。

3. 人力资源

表 4 – 450　　　　　　　　中信信托人员结构分布表

统计项目	2019 年		2018 年		2017 年	
	人数	比例（%）	人数	比例（%）	人数	比例（%）
30 岁以下	183	24. 40	188	27. 53	185	28. 64
30 ~ 40 岁	422	56. 27	375	54. 90	344	53. 25
40 岁以上	145	19. 33	120	17. 57	117	18. 11
博士	25	3. 33	24	3. 51	23	3. 56

续 表

统计项目	2019 年		2018 年		2017 年	
	人数	比例（%）	人数	比例（%）	人数	比例（%）
硕士	510	68.00	453	66.33	424	65.63
本科	197	26.27	188	27.53	179	27.71
专科及以下	18	2.40	18	2.64	20	3.10
董监高	18	2.40	16	2.34	18	2.79
自营业务人员	20	2.67	20	2.93	18	2.79
信托业务人员	645	86.00	583	85.36	546	84.52
其他人员	67	8.93	64	9.37	64	9.91
总人数	750	100.00	683	100.00	646	100.00

数据来源：信托公司年报，用益金融信托研究院整理制作。

（二）主要经营指标及排名

表 4-451　　　　　　　　中信信托 2017—2019 年度主要经营指标

经营指标（母公司）	2019 年		2018 年		2017 年	
名称	值	排名	值	排名	值	排名
注册资本（亿元）	112.76	4	100.00	6	100.00	5
固有总资产（亿元）	320.54	1	275.32	2	265.48	3
固有净资产（亿元）	296.83	1	242.73	1	215.40	2
固有资产不良率（%）	3.90	29	6.29	14	5.43	15
信托总资产（亿元）	15741.56	1	16521.97	1	19867.30	1
年度新增信托资产（亿元）	5205.23	2	3812.98	2	10751.61	2
信托利润率（%）	6.06	31	3.28	57	4.09	61
年度综合清算收益率（%）	5.76	41	6.28	22	6.47	36
营业总收入（亿元）	63.78	1	61.45	1	57.50	2
信托业务收入（亿元）	47.88	1	54.50	1	44.48	2
自营业务收入（亿元）	15.89	4	6.95	13	13.02	6
信托报酬率（%）	0.00	—	0.00	—	0.00	—
净利润（亿元）	34.01	1	36.60	1	24.25	4
人均净利润（万元）	479.00	13	540.00	12	444.00	22
资本利润率（%）	12.61	16	15.69	10	11.65	42
净资本（亿元）	198.00	2	168.00	3	161.00	3
风险资本（亿元）	114.00	2	88.00	2	96.00	1
风险覆盖率（%）	173.68	42	190.91	32	167.71	41

续 表

经营指标（母公司）	2019 年		2018 年		2017 年	
名称	值	排名	值	排名	值	排名
风险准备金（亿元）	20.20	1	17.76	1	15.79	1

数据来源：信托公司年报，用益金融信托研究院整理制作。

（三）资产状况

1. 自营资产

表 4 – 452　　　　　　　中信信托 2017—2019 年自营资产构成　　　　单位：亿元，%

资产投资分布	2019 年	占比	2018 年	占比	2017 年	占比
基础产业	51.29	16.00	19.34	7.02	0.00	0.00
房地产	24.38	7.60	61.25	22.25	26.12	9.84
证券市场	2.22	0.69	9.96	3.62	2.37	0.89
实业	5.17	1.61	0.00	0.00	0.21	0.08
金融机构	43.53	13.58	30.29	11.00	116.22	43.78
其他	193.94	60.51	154.48	56.11	120.55	45.41
资产总计	320.54	100.00	275.32	100.00	265.48	100.00

数据来源：信托公司年报。

2. 信托资产

表 4 – 453　　　　　　　中信信托 2017—2019 年信托资产构成　　　　单位：亿元，%

分类	信托资产构成	2019 年	占比	2018 年	占比	2017 年	占比
按资金投向	基础产业	3021.40	19.19	3118.12	18.87	3885.64	19.56
	房地产	2717.82	17.27	3530.01	21.37	2961.53	14.91
	证券市场	782.64	4.97	604.08	3.66	852.13	4.29
	实业	3562.29	22.63	2138.49	12.94	2401.29	12.09
	金融机构	3762.40	23.90	3434.01	20.78	4165.06	20.96
	其他	1895.01	12.04	3697.27	22.38	5601.64	28.20
按信托功能	融资类	3676.27	23.35	1904.13	11.52	1902.04	9.57
	投资类	3582.35	22.76	3633.62	21.99	2946.44	14.83
	事务管理类	8482.94	53.89	10984.22	66.48	15018.82	75.60
按资金来源	集合类	7977.77	50.68	6478.38	39.21	6221.37	31.31
	单一类	5742.80	36.48	6869.21	41.58	8060.20	40.57
	财产权类	2020.99	12.84	3174.38	19.21	5585.73	28.12

续 表

分类	信托资产构成	2019 年	占比	2018 年	占比	2017 年	占比
按管理模式	主动管理型	7258.62	46.11	5537.75	33.52	4848.48	24.40
	被动管理型	8482.94	53.89	10984.22	66.48	15018.82	75.60

数据来源：信托公司年报。

表 4－454　　　　　　　　中信信托 2017—2019 年新增信托资产情况　　　　　单位：亿元,%

信托资产	2019 年	占比	2018 年	占比	2017 年	占比
新增合计	5205.23	100.00	3812.98	100.00	10751.61	100.00
其中：集合类	3813.69	73.27	2217.30	58.15	3063.08	28.49
单一类	863.80	16.59	968.77	25.41	3861.61	35.92
财产权类	527.75	10.14	626.91	16.44	3826.92	35.59
其中：主动管理型	3612.97	69.41	2181.35	57.21	1395.11	12.98
被动管理型	1592.27	30.59	1631.63	42.79	9356.49	87.02

数据来源：信托公司年报，用益金融信托研究院整理制作。

表 4－455　　　　　　　　中信信托 2017—2019 年信托项目清算收益情况　　　　　单位：亿元,%

项目类型	2019 年		2018 年		2017 年	
	金额	综合收益率	金额	综合收益率	金额	综合收益率
年度合计	6882.70	5.76	6045.75	6.28	4673.58	6.47
其中：集合类	2826.47	5.88	1719.38	7.99	575.55	8.96
单一类	1854.60	5.57	2388.99	5.87	2382.79	6.08
财产管理类	2201.63	5.76	1937.38	5.28	1715.24	6.18
其中：主动管理类	2392.01	6.72	1474.88	8.47	820.94	9.61
被动管理类	4490.69	5.25	4570.87	5.58	3852.64	5.80

数据来源：信托公司年报。

六十六、中原信托

（一）基本情况

1. 企业基本信息

公司中文名称：中原信托有限公司（中原信托）

公司英文名称：ZHONGYUAN TRUST CO. , LTD. （ZHONGYUAN TRUST）

成立日期：1985 年 8 月

最新注册地址：河南省郑州市商务外环路 24 号中国人保大厦

主要办公地：郑州市

注册资本：40.00 亿元　　　　　　　　法定代表人：崔泽军

官方网址：www. zyxt. com. cn　　　　　电子邮箱：info@ zyxt. com. cn

2. 股东背景

表 4 –456　　　　　　　　　　中原信托股东列表

股东名称	持股比例（%）	股东背景
河南投资集团有限公司	58.97	国资
河南中原高速公路股份有限公司	31.91	国资
河南省豫粮粮食集团有限公司	9.12	国资

数据来源：信托公司年报，用益金融信托研究院整理制作。

3. 人力资源

表 4 –457　　　　　　　　　　中原信托人员结构分布表

统计项目	2019 年		2018 年		2017 年	
	人数	比例（%）	人数	比例（%）	人数	比例（%）
30 岁以下	40	15.75	68	26.46	85	33.07
30 ~ 40 岁	155	61.02	128	49.81	113	43.97
40 岁以上	59	23.23	61	23.74	59	22.96
博士	5	1.97	5	1.95	5	1.95

统计项目	2019 年		2018 年		2017 年	
	人数	比例（%）	人数	比例（%）	人数	比例（%）
硕士	183	72.05	182	70.82	181	70.43
本科	56	22.05	57	22.18	54	21.01
专科及以下	10	3.94	13	5.06	17	6.61
董监高	13	5.12	13	5.06	14	5.45
自营业务人员	12	4.72	13	5.06	13	5.06
信托业务人员	148	58.27	152	59.14	159	61.87
其他人员	81	31.89	79	30.74	71	27.63
总人数	254	100.00	257	100.00	257	100.00

数据来源：信托公司年报，用益金融信托研究院整理制作。

（二）主要经营指标及排名

表 4 – 458　　　　　　　　中原信托 2017—2019 年度主要经营指标

经营指标（母公司）	2019 年		2018 年		2017 年	
名称	值	排名	值	排名	值	排名
注册资本（亿元）	40.00	26	36.50	30	36.50	22
固有总资产（亿元）	104.04	28	95.66	32	100.54	29
固有净资产（亿元）	88.33	28	84.12	29	80.47	26
固有资产不良率（%）	0.00	48	0.00	46	0.00	43
信托总资产（亿元）	1788.90	45	1795.72	46	1955.20	46
年度新增信托资产（亿元）	703.74	37	684.84	42	1712.91	35
信托利润率（%）	5.85	38	6.60	9	5.77	37
年度综合清算收益率（%）	6.38	19	7.48	4	4.41	65
营业总收入（亿元）	9.68	44	11.85	32	17.60	25
信托业务收入（亿元）	6.92	40	8.26	37	12.32	24
自营业务收入（亿元）	2.76	44	3.60	28	5.29	23
信托报酬率（%）	0.38	28	0.42	26	0.70	16
净利润（亿元）	4.12	47	4.15	44	7.63	34
人均净利润（万元）	165.00	44	161.00	48	319.00	33
资本利润率（%）	4.81	56	5.02	55	9.91	53
净资本（亿元）	69.19	28	65.55	30	59.47	27
风险资本（亿元）	29.50	41	26.92	39	28.94	38
风险覆盖率（%）	234.54	17	243.50	15	205.49	22

经营指标（母公司）	2019 年		2018 年		2017 年	
名称	值	排名	值	排名	值	排名
风险准备金（亿元）	3.03	52	2.82	51	2.61	50

数据来源：信托公司年报，用益金融信托研究院整理制作。

（三）资产状况

1. 自营资产

表 4 – 459　　　　　　中原信托 2017—2019 年自营资产构成　　　　　　单位：亿元，%

资产投资分布	2019 年	占比	2018 年	占比	2017 年	占比
基础产业	0.00	0.00	0.00	0.00	0.00	0.00
房地产	0.00	0.00	3.81	3.98	8.01	7.97
证券市场	0.00	0.00	0.00	0.00	0.00	0.00
实业	0.24	0.23	0.24	0.25	7.17	7.13
金融机构	84.65	81.37	70.30	73.49	62.28	61.94
其他	19.14	18.40	21.30	22.27	23.08	22.96
资产总计	104.04	100.00	95.66	100.00	100.54	100.00

数据来源：信托公司年报。

2. 信托资产

表 4 – 460　　　　　　中原信托 2017—2019 年信托资产构成　　　　　　单位：亿元，%

分类	信托资产构成	2019 年	占比	2018 年	占比	2017 年	占比
按资金投向	基础产业	372.94	20.85	308.96	17.21	257.48	13.17
	房地产	442.51	24.74	524.60	29.21	670.68	34.30
	证券市场	2.65	0.15	5.41	0.30	2.07	0.11
	实业	608.26	34.00	626.57	34.89	614.68	31.44
	金融机构	118.56	6.63	138.99	7.74	282.51	14.45
	其他	243.98	13.64	191.19	10.65	127.79	6.54
按信托功能	融资类	494.33	27.63	373.47	20.80	398.04	20.36
	投资类	251.40	14.05	302.27	16.83	423.25	21.65
	事务管理类	1043.17	58.32	1119.98	62.37	1133.92	57.99
按资金来源	集合类	792.68	44.31	916.68	51.05	1086.11	55.55
	单一类	799.90	44.71	746.59	41.58	803.14	41.08
	财产权类	196.32	10.97	132.45	7.38	65.96	3.37

续 表

分类	信托资产构成	2019 年	占比	2018 年	占比	2017 年	占比
按管理模式	主动管理型	760.89	42.53	558.15	31.08	552.19	28.24
	被动管理型	1028.01	57.47	1237.57	68.92	1403.02	71.76

数据来源：信托公司年报。

表 4 - 461　　　　　　　中原信托 2017—2019 年新增信托资产情况　　　　单位：亿元,%

信托资产	2019 年	占比	2018 年	占比	2017 年	占比
新增合计	703.74	100.00	684.84	100.00	1712.91	100.00
其中：集合类	209.74	29.80	270.51	39.50	671.95	39.23
单一类	349.35	49.64	313.13	45.72	573.07	33.46
财产权类	144.65	20.55	101.20	14.78	467.89	27.32
其中：主动管理型	328.44	46.67	201.53	29.43	371.87	21.71
被动管理型	375.31	53.33	483.31	70.57	1341.04	78.29

数据来源：信托公司年报，用益金融信托研究院整理制作。

表 4 - 462　　　　　　中原信托 2017—2019 年信托项目清算收益情况　　　　单位：亿元,%

项目类型	2019 年		2018 年		2017 年	
	金额	综合收益率	金额	综合收益率	金额	综合收益率
年度合计	447.71	6.38	487.71	7.48	854.01	4.41
其中：集合类	220.75	6.22	264.20	6.56	242.84	7.31
单一类	196.10	6.30	209.88	9.06	189.42	7.72
财产管理类	30.86	7.99	13.63	1.08	421.75	1.26
其中：主动管理类	138.29	6.91	105.71	6.68	194.39	6.87
被动管理类	309.42	6.43	382.00	7.84	659.62	3.95

数据来源：信托公司年报。

六十七、重庆信托

（一）基本情况

1. 企业基本信息

公司中文名称：重庆国际信托股份有限公司（重庆信托）

公司英文名称：CHONGQING INTERNATIONAL TRUST INC.（CQITI）

公司曾用名：重庆国际信托投资公司

成立日期：1984 年 10 月

最新注册地址：重庆市渝北区龙溪街道金山路 9 号附 7 号

主要办公地：重庆市

注册资本：150.00 亿元　　　　　　法定代表人：翁振杰

官方网址：www.cqiti.com　　　　　电子邮箱：cqiti@cqiti.com

2. 股东背景

表 4 - 463　　　　　　　　　　重庆信托股东列表

股东名称	持股比例（%）	股东背景
同方国信投资控股有限公司	66.99	非国资
国寿投资控股有限公司	26.04	非国资
上海淮矿资产管理有限公司	4.10	非国资
重庆国投股权投资管理有限公司	2.05	非国资
新疆宝利盛股权投资有限公司	0.82	非国资

数据来源：信托公司年报，用益金融信托研究院整理制作。

3. 人力资源

表 4 - 464　　　　　　　　　　重庆信托人员结构分布表

统计项目	2019 年		2018 年		2017 年	
	人数	比例（%）	人数	比例（%）	人数	比例（%）
30 岁以下	16	10.00	26	17.22	44	29.14

续　表

统计项目	2019 年		2018 年		2017 年	
	人数	比例（%）	人数	比例（%）	人数	比例（%）
30～40 岁	101	63.13	85	56.29	70	46.36
40 岁以上	43	26.88	40	26.49	37	24.50
博士	7	4.38	7	4.64	4	2.65
硕士	96	60.00	94	62.25	97	64.24
本科	51	31.88	43	28.48	42	27.81
专科及以下	6	3.75	7	4.64	8	5.30
董监高	24	13.04	25	14.20	25	14.37
自营业务人员	15	8.15	18	10.23	12	6.90
信托业务人员	80	43.48	77	43.75	91	52.30
其他人员	65	35.33	56	31.82	46	26.44
总人数	160	—	151	—	151	—

注：按岗位分类包括外部董事、监事，其他分类仅含公司全职人员。

数据来源：信托公司年报，用益金融信托研究院整理制作。

（二）主要经营指标及排名

表 4－465　　　　　重庆信托 2017—2019 年度主要经营指标

经营指标（母公司）	2019 年		2018 年		2017 年	
名称	值	排名	值	排名	值	排名
注册资本（亿元）	150.00	1	150.00	1	150.00	1
固有总资产（亿元）	316.48	2	297.85	1	281.34	1
固有净资产（亿元）	248.57	2	224.72	2	206.81	3
固有资产不良率（%）	0.00	48	0.00	46	0.00	43
信托总资产（亿元）	2124.96	34	1904.69	44	1882.33	49
年度新增信托资产（亿元）	1196.69	24	615.88	45	884.48	53
信托利润率（%）	5.79	40	2.93	58	2.80	67
年度综合清算收益率（%）	5.99	35	4.98	48	6.07	43
营业总收入（亿元）	33.43	8	32.10	6	39.17	5
信托业务收入（亿元）	20.39	12	19.91	11	21.41	7
自营业务收入（亿元）	13.04	5	12.18	2	17.75	2
信托报酬率（%）	1.01	6	1.03	7	1.20	7
净利润（亿元）	27.38	4	25.84	3	33.51	3
人均净利润（万元）	1760.48	1	1711.21	1	2295.53	1

经营指标（母公司）	2019 年		2018 年		2017 年	
名称	值	排名	值	排名	值	排名
资本利润率（%）	11.57	24	12.04	23	17.13	15
净资本（亿元）	214.23	1	190.75	1	169.24	2
风险资本（亿元）	80.49	11	73.63	8	64.33	8
风险覆盖率（%）	266.18	10	259.08	11	263.05	8
风险准备金（亿元）	11.19	10	9.48	12	8.10	13

数据来源：信托公司年报，用益金融信托研究院整理制作。

（三）资产状况

1. 自营资产

表 4 - 466　　　　　重庆信托 2017—2019 年自营资产构成情况　　　　单位：亿元，%

资产投资分布	2019 年	占比	2018 年	占比	2017 年	占比
基础产业	0.00	0.00	0.00	0.00	0.00	0.00
房地产	5.58	1.76	4.04	1.36	15.07	5.35
证券市场	20.72	6.55	19.16	6.43	22.20	7.89
实业	3.00	0.95	0.00	0.00	10.01	3.56
金融机构	269.46	85.15	253.52	85.12	223.41	79.41
其他	17.70	5.59	21.14	7.10	10.66	3.79
资产总计	316.48	100.00	297.85	100.00	281.34	100.00

数据来源：信托公司年报。

2. 信托资产

表 4 - 467　　　　　　重庆信托 2017—2019 年信托资产构成　　　　　单位：亿元，%

分类	信托资产构成	2019 年	占比	2018 年	占比	2017 年	占比
按资金投向	基础产业	107.44	5.06	78.48	4.12	52.54	2.79
	房地产	237.33	11.17	210.38	11.05	163.93	8.71
	证券市场	102.91	4.84	95.49	5.01	192.35	10.22
	实业	911.64	42.90	1139.86	59.84	997.73	53.01
	金融机构	518.27	24.39	194.40	10.21	328.35	17.44
	其他	247.38	11.64	186.08	9.77	147.43	7.83

续　表

分类	信托资产构成	2019 年	占比	2018 年	占比	2017 年	占比
按信托功能	融资类	1575.34	74.13	958.45	50.32	892.77	47.43
	投资类	327.93	15.43	769.30	40.39	862.02	45.80
	事务管理类	221.69	10.43	176.94	9.29	127.53	6.78
按资金来源	集合类	1638.28	77.10	1405.42	73.79	1435.55	76.26
	单一类	267.92	12.61	324.99	17.06	321.63	17.09
	财产权类	218.76	10.29	174.29	9.15	125.15	6.65
按管理模式	主动管理型	1446.55	68.07	899.96	47.25	931.65	49.49
	被动管理型	678.41	31.93	1004.73	52.75	950.68	50.51

数据来源：信托公司年报。

表 4 - 468　　　　　重庆信托 2017—2019 年新增信托资产　　　　单位：亿元,%

信托资产	2019 年	占比	2018 年	占比	2017 年	占比
新增合计	1196.69	100.00	615.88	100.00	884.48	100.00
其中：集合类	966.35	80.75	355.69	57.75	650.41	73.54
单一类	119.45	9.98	164.85	26.77	192.72	21.79
财产权类	110.89	9.27	95.34	15.48	41.35	4.68
其中：主动管理型	1009.60	84.37	237.85	38.62	218.05	24.65
被动管理型	187.09	15.63	378.02	61.38	666.43	75.35

数据来源：信托公司年报，用益金融信托研究院整理制作。

表 4 - 469　　　　重庆信托 2017—2019 年信托项目清算收益情况　　　　单位：亿元,%

项目类型	2019 年		2018 年		2017 年	
	金额	综合收益率	金额	综合收益率	金额	综合收益率
年度合计	731.45	5.99	717.49	4.98	1024.16	6.07
其中：集合类	486.72	6.15	439.45	6.16	516.44	6.44
单一类	214.11	5.90	235.89	2.39	507.17	5.70
财产管理类	30.63	4.02	42.15	7.15	0.55	5.96
其中：主动管理类	481.74	6.26	353.60	5.92	457.80	6.64
被动管理类	249.72	5.47	363.89	4.07	566.35	5.61

数据来源：信托公司年报。

六十八、紫金信托

（一）基本情况

1. 企业基本信息

公司中文名称：紫金信托有限责任公司（紫金信托）

公司英文名称：ZIJIN TRUST CO．，LTD．（ZJT）

公司曾用名：南京市信托投资公司

成立日期：1992 年

最新注册地址：江苏省南京市鼓楼区中山北路 2 号紫峰大厦 30 层

主要办公地：南京市

注册资本：24.53 亿元　　　　　　　法定代表人：陈峥

官方网址：www.zjtrust.com.cn　　　　电子邮箱：bgs@zjtrust.com.cn

2. 股东背景

表 4-470　　　　　　　　　　紫金信托主要股东列表

股东名称	持股比例（%）	股东背景
南京紫金投资集团有限责任公司	60.01	国资
三井住友信托银行股份有限公司	19.99	外资

数据来源：信托公司年报，用益金融信托研究院整理制作。

3. 人力资源

表 4-471　　　　　　　　　　紫金信托人员结构分布表

统计项目	2019 年		2018 年		2017 年	
	人数	比例（%）	人数	比例（%）	人数	比例（%）
30 岁以下	34	17.80	39	22.29	36	22.78
30~40 岁	113	59.16	101	57.71	89	56.33
40 岁以上	44	23.04	35	20.00	33	20.89
博士	3	1.57	4	2.29	2	1.27

统计项目	2019 年		2018 年		2017 年	
	人数	比例（%）	人数	比例（%）	人数	比例（%）
硕士	91	47.64	78	44.57	80	50.63
本科	94	49.21	89	50.86	73	46.20
专科及以下	3	1.57	4	2.29	3	1.90
董监高	8	4.19	7	4.00	6	3.80
自营业务人员	4	2.09	6	3.43	6	3.80
信托业务人员	112	58.64	99	56.57	91	57.59
其他人员	67	35.08	63	36.00	55	34.81
总人数	191	100.00	175	100.00	158	100.00

数据来源：信托公司年报，用益金融信托研究院整理制作。

（二）主要经营指标及排名

表 4 - 472　　　　　　　　紫金信托 2017—2019 年度主要经营指标

经营指标（母公司）	2019 年		2018 年		2017 年	
名称	值	排名	值	排名	值	排名
注册资本（亿元）	24.53	47	24.53	45	24.53	42
固有总资产（亿元）	46.52	59	42.15	59	42.52	59
固有净资产（亿元）	40.64	57	38.25	58	36.32	58
固有资产不良率（%）	0.00	48	0.00	46	0.00	43
信托总资产（亿元）	1430.65	50	1572.87	51	2104.62	44
年度新增信托资产（亿元）	549.33	42	360.39	56	1427.81	40
信托利润率（%）	6.12	29	5.67	17	5.96	26
年度综合清算收益率（%）	5.67	42	6.29	21	3.27	68
营业总收入（亿元）	11.03	38	8.04	45	8.01	52
信托业务收入（亿元）	7.69	37	7.16	41	6.08	50
自营业务收入（亿元）	3.35	39	0.88	58	1.93	51
信托报酬率（%）	0.71	12	0.47	22	0.85	11
净利润（亿元）	5.32	39	4.48	41	4.30	50
人均净利润（万元）	258.00	33	234.00	38	240.00	46
资本利润率（%）	13.49	14	12.01	24	12.21	39
净资本（亿元）	35.78	49	32.00	52	32.77	51
风险资本（亿元）	19.86	48	17.42	52	16.02	49
风险覆盖率（%）	180.20	38	183.69	36	204.60	23

经营指标（母公司）	2019 年		2018 年		2017 年	
名称	值	排名	值	排名	值	排名
风险准备金（亿元）	2.07	59	1.74	60	1.51	61

数据来源：信托公司年报，用益金融信托研究院整理制作。

（三）资产状况

1. 自营资产

表 4 - 473　　　　　　　　　紫金信托 2017—2019 年自营资产构成　　　　　　单位：亿元，%

资产投资分布	2019 年	占比	2018 年	占比	2017 年	占比
基础产业	0.00	0.00	0.00	0.00	0.00	0.00
房地产	0.00	0.00	0.00	0.00	0.00	0.00
证券市场	4.71	10.13	3.56	8.44	5.26	12.37
实业	0.00	0.00	0.00	0.00	0.00	0.00
金融机构	41.10	88.36	37.86	89.84	36.49	85.80
其他	0.70	1.51	0.73	1.72	0.78	1.82
资产总计	46.52	100.00	42.15	100.00	42.52	100.00

数据来源：信托公司年报。

2. 信托资产

表 4 - 474　　　　　　　　　紫金信托 2017—2019 年信托资产构成　　　　　　单位：亿元，%

分类	信托资产构成	2019 年	占比	2018 年	占比	2017 年	占比
按资金投向	基础产业	268.59	18.77	196.10	12.47	225.15	10.70
	房地产	86.96	6.08	101.61	6.46	70.98	3.37
	证券市场	78.46	5.48	54.76	3.48	59.42	2.82
	实业	583.82	40.81	688.93	43.80	914.42	43.45
	金融机构	399.46	27.92	530.88	33.75	834.32	39.64
	其他	13.36	0.93	0.59	0.04	0.34	0.02
按信托功能	融资类	424.43	29.67	308.36	19.60	219.04	10.41
	投资类	254.00	17.75	246.00	15.65	362.74	17.24
	事务管理类	752.22	52.58	1081.51	64.75	1522.85	72.35
按资金来源	集合类	890.10	62.22	851.46	54.13	961.37	45.68
	单一类	298.23	20.85	356.39	22.66	578.09	27.47
	财产权类	242.32	16.94	365.03	23.21	565.16	26.85

分类	信托资产构成	2019 年	占比	2018 年	占比	2017 年	占比
按管理模式	主动管理型	656.15	45.86	507.85	32.29	464.40	22.07
	被动管理型	774.50	54.14	1065.02	67.71	1640.23	77.93

数据来源：信托公司年报。

表 4-475　　　　　　　　紫金信托 2017—2019 年新增信托资产情况　　　　　单位：亿元,%

信托资产	2019 年	占比	2018 年	占比	2017 年	占比
新增合计	549.33	100.00	360.39	100.00	1427.81	100.00
其中：集合类	355.61	64.73	205.84	57.12	581.25	40.71
单一类	110.96	20.20	40.11	11.13	288.25	20.19
财产权类	82.77	15.07	114.44	31.75	558.32	39.10
其中：主动管理型	453.93	82.63	244.96	67.97	267.53	18.74
被动管理型	95.41	17.37	115.43	32.03	1160.29	81.26

数据来源：信托公司年报，用益金融信托研究院整理制作。

表 4-476　　　　　　　　紫金信托 2017—2019 年信托项目清算收益情况　　　　　单位：亿元,%

项目类型	2019 年		2018 年		2017 年	
	金额	综合收益率	金额	综合收益率	金额	综合收益率
年度合计	763.04	5.67	595.52	6.29	408.51	3.27
其中：集合类	203.33	6.64	182.70	6.25	87.72	7.37
单一类	331.14	5.11	278.89	6.15	102.86	6.36
财产管理类	228.56	5.61	133.93	6.65	217.93	0.17
其中：主动管理类	218.21	6.60	114.37	6.96	152.73	7.72
被动管理类	517.29	5.35	410.16	5.93	240.19	5.55

数据来源：信托公司年报。

第五部分
用益-信托公司2019—2020年度综合实力排名

一、用益－信托公司综合实力评价体系介绍

（一）前言

自 2002 年 7 月首个信托产品问世以来，中国的信托理财从无到有、从小到大，其存量规模已经超过 20 万亿元，成为仅次于银行的第二大资产管理行业。信托不仅在国民经济发展中起着越来越重要的作用，也成为我国高净值人士资产配置中不可或缺的重要组成部分。在这个过程中，信托机构自身的实力也逐步壮大，行业的平均注册资本由原来的不到 10 亿元上升到现在的 30 多亿元，每年新发行的信托产品规模也从原来的一两千亿元上升到接近 10 万亿元。对于投资者来说，面对规模如此庞大，且具有私募性、差异性和独立性的信托产品，发行机构的实力无疑是投资选择过程中一个非常重要的参考指标。但要客观评价一家信托机构的真正实力仅凭注册资本、净资产、净利润等指标是远远不够的，投资者需要更多的数据和指标，从不同的维度进行综合考察和评价。

用益金融信托研究院（简称用益）前身为用益信托工作室，成立于 2003 年 8 月，是一家几乎与中国信托业同步成长的信托研究机构。用益利用观察和跟踪中国信托业十多年发展积累的行业数据和研发经验，结合相关理论研究和探索，于 2009 年首次推出了用益－信托公司综合实力评价体系，并利用该体系的研究成果每年发布一次用益－信托公司综合实力排名。排名自首次发布以来，得到了社会的普遍关注和重视，甚至成为一些信托机构发展和考核的重要参考依据。经过不断的修改和完善，排名的准确性和可信度不断提高，已经成为业内外观察和评判信托机构和信托行业发展的重要参考。

（二）评价意义

结合我国信托行业转型发展的趋势，构建客观公正、科学有效的信托公司综合实力评价体系，对于信托公司提高市场竞争能力和改善经营管理能力、投资者和监管部门了解行业主体状况、推动信托业提升资产管理和财富管理能力都具有十分重要的意义。

一方面，信托理财虽然已经得到国内中产阶层人士的接受和认可，并在高净值人士家庭资产配置中占有一定的分量，但国外并没有类似的评价机构，故对信托机构的评价也没有对应的标准可以参照。另外，绝大部分信托公司都是非上市公司，产品也是私募性质，对信托机构及其产品信息的获取相对比较困难，导致非业内人士对信托市场和信托机构的认识和了解不够全面和准确，特别需要有一个权威、专业和独立的第三方机构提供相对客观公正的评

价，来弥补市场信息的不对称。

另一方面，信托公司作为"受人之托、代人理财"的专业资产管理机构，其管理的信托资产与自有资产是相互独立的，因此，理论上信托公司自身实力与其所管理的信托资产并没有直接关系。但现实中，信托公司作为金融机构，其实力依然是投资者在产品购买决策中非常重要的参考依据，这也符合一般的投资决策程序。问题是，如何客观、科学地评判一家信托公司的真实实力？作为受托人的信托公司，其综合实力应该包含哪些方面？到底应该以资本实力论英雄还是以盈利能力、资产管理能力、创新能力或风险管理能力来评判？即使已经确定实力体现的方面并设定了具体的指标，如何获取这些指标数据？如何保证这些指标数据的客观性、真实性和可信度？

所有这些问题，将直接关系到一个评价体系是否客观和公正，并最终影响到评价的可信度。事实上，任何一种评价都无法完全准确地衡量出信托公司的实力，我们只是力图通过不断地调整、补充和完善，使评价结果越来越接近真实，为此，我们采取了以下措施。

（1）确保评价体系的所有指标数据来源真实可靠。我们选择的指标数据全部来源于公开的权威信息，主要包括中国银保监会、中国信托业协会以及信托公司披露的年报数据和信息。尽管有部分数据存在瑕疵，甚至可能有虚假的成分，但我们所抽取的数据和样本都是得到市场各方认可的，也是目前市场最权威的信息。

（2）借鉴监管层对信托公司进行评级的指标体系中的部分指标。我们参考监管层对信托公司评级的11个指标，除原有的5个相同指标外，还引进了营业费用收入比和人均信托净收益两个指标，将信托公司监管评级体系中的大部分指标纳入我们的评价体系中，以补充完善我们的评价体系。

（3）所有评价指标皆为量化指标。尽管对信托公司某些方面的评价不能完全依赖量化指标，但为了保证评价的客观公正，我们尽量用可量化的指标来替换一些定性指标，以保证评价不带主观意志和人为因素。

（4）以结果导向作为机构评价的主要原则。信托公司的经营过程和管理水平固然重要，但机构综合实力最终还是要用结果来检验，因此，公司经营结果指标在我们的评价体系中始终占有更高的权重。

（5）将信托公司综合实力评价定义为一个特定时点的状态考察。若要准确反映这种时点状态，应尽量采用更多的静态指标，少用动态指标。评价的结果也只代表信托公司在某一特定时点的状态和水平，并不反映信托公司未来的趋势或潜力。

（6）对个别缺失数据的处理。虽然本体系所涉数据均来自权威部门的公开信息，但仍有个别公司的数据因种种原因缺失，为保证整体评价的统一、公正，我们仍试图通过直接或间接的途径获取相关数据，对于无法获取的部分，我们则采用追述原理或数据公式还原，尽管这样得到的数据与真实值存在一定的偏差，但这种偏差可以控制在一定的范围内，确保对整体评价结果不会造成太大的影响。

（三）评价原则

为了公正客观地对国内信托公司的综合实力进行科学有效评估，用益利用自身优势和经验尝试构建信托公司综合实力评价体系。在体系构建过程中，我们坚持以下原则。

（1）简明性原则。从理论上讲，指标越多越细越全面，反映客观现实也越准确，这样可以避免指标过少而造成因某个指标权重过大对整体评价产生重大影响。但是，随着指标量的增加，数据收集和加工处理的工作量成倍增长，而且，指标分得过细，难免发生指标与指标的重叠，相关性严重，甚至相互对立的现象，这反而给综合评价带来不便。

（2）全面性原则。指标的选取尽量覆盖反映信托公司综合实力的各方面，尤其要兼顾信托公司核心要素的表面现象和关键因素。同时，考虑到我国信托公司之间的差异性，避免采用不能反映具有共性标准的指标来衡量信托公司的综合实力。

（3）科学性原则。在具体指标的选取上遵循相关理论原理，且指标选取的目的明确、定义准确。同时，规范所有定量指标的计算及其含义，规范指标数据来源，确保所运用的计算方法和模型科学规范，保证评价结果的真实和客观。

（4）有效性原则。为提升评价指标体系的科学性和合理性，在指标选取上，本体系坚持有效性的基本原则，剔选出每类因素中的关键性指标，借助对关键性指标的评价来反映总体情况。在指标构建的逻辑上，借助国内外经典的指标评价体系理论，力争指标体系各因素之间逻辑关联紧密，在逻辑关系和作用机理上保证指标选取的有效性。

（5）可操作性原则。指标体系的设计应该在保证有效性和合理性的基础上，强调指标体系评估的可操作性。在某种意义上，指标体系的可操作性决定了其使用价值和适用范围，好的评价体系一定是具有可操作性的评价体系。

（四）评价体系架构

用益-信托公司综合实力评价体系是一个基于递阶层次结构的指标体系，其体系架构的建立采用目标法。目标法又叫分层法，其原理为：首先确定研究对象的评价目标，即目标层，然后在目标层下建立一个或数个较为具体的分目标，称为准则（或类目指标），准则层则由更为具体的指标（又叫项目指标）组成。这种结构的优越性在于：①层次分明，能够明确体系所要达到的总目标，及为达到总目标而设立的各个分层次目标；②能够体现评价指标体系的整体性、系统性、相关性；③易于进行量化评价。

根据用益-信托公司综合实力评价体系各评价指标所属类型，可以将指标层次划分为三个：目标层（设为A）、准则层（设为B）和指标层（设为C）。目标层是结构模型的最高层，或称为理想结果层，用于描述评价目的。本体系将反映信托公司综合实力作为目标层（A）。准则层（B）是由反映目标层的指标构成，并由每个子系统的项目组成。本体系由资本实力（B1）、盈利能力（B2）、业务能力（B3）、理财能力（B4）和抗风险能力（B5）五类指标组成。指标层（C）是结构模型的最低层，用来反映各准则层的具体内容。本体系的具体指标共有42个，如表5-1所示。

另外，依据分层法的基本原理，本体系基于行业数据、监管导向、专家意见和系统分析人员的经验，经过反复研究后确定各个因素的权重，构建判断矩阵 $P(A_k)$，进而对判断矩阵进行检验。

$$\boldsymbol{P}(A_k) = (b_{ij}) = \begin{pmatrix} b_{11} & b_{12} & \cdots & b_{1n} \\ b_{21} & b_{22} & \cdots & b_{2n} \\ \vdots & \vdots & & \vdots \\ b_{n1} & b_{n2} & \cdots & b_{nn} \end{pmatrix}$$

经检验，上述判断矩阵中 b_{ij} 满足以下三条关系式，因此该判断矩阵 $\boldsymbol{P}(A_k)$ 具有完全的一致性。

$$b_{ii} = 1$$
$$b_{ji} = 1/b_{ij}$$
$$b_{ij} = b_{ik}/b_{jk}$$
$$(i, j, k = 1, 2, \cdots, n)$$

在上述分析的基础上，本体系将 b_{ij} 的各个权重进行逐层加总，最终得到 B1（资本实力）、B2（盈利能力）、B3（业务能力）、B4（理财能力）、B5（抗风险能力）五个指标的权重。依据四舍五入原则，五个指标权重分别为 16%、19.5%、21%、21.5% 和 22%。

表 5-1　　　　　　　　　　用益-信托公司综合实力评价体系指标

目标层（A）	准则层（B）	指标层（C）	计算公式	指标属性
信托公司综合实力评价	资本实力	总资产		绝对指标
		净资产		绝对指标
		注册资本（总股本）		绝对指标
	盈利能力	营业总收入		绝对指标
		营业费用收入比	营业费用/营业收入	相对指标
		净利润		绝对指标
		净利润增长率	上期净利润/本期净利润 −1	相对指标
		人均净利润	净利润/平均员工总人数	绝对指标
		每股收益	净利润/注册资本	相对指标
		信托报酬率	信托业务收入/年平均信托资产	相对指标
		固有业务投入产出率	固有业务收入/年平均固有净资产	相对指标
		资本利润率		相对指标
	业务能力	信托资产余额		绝对指标
		信托资产余额年度增量	期末信托资产余额 − 期初信托资产余额	绝对指标
		人均信托资产余额	期末信托资产余额/期末员工总人数	绝对指标
		年度新增信托业务规模		绝对指标
		人均年度新增信托业务规模	年度新增信托业务规模/信托业务人数	相对指标
		信托业务增长率	本期新增信托业务规模/上期新增信托业务规模 −1	相对指标
		固有总资产年度增量		绝对指标
		固有总资产增长率	期末固有总资产/期初固有总资产 −1	相对指标

续　表

目标层 （A）	准则层 （B）	指标层（C）	计算公式	指标属性
信托公司综合实力评价	业务能力	信托业务收入		绝对指标
		信托业务收入增长率	本期信托业务收入/上期信托业务收入－1	相对指标
		信托业务收入占比	本期信托业务收入/本期营业总收入	相对指标
		自营业务收入		绝对指标
		自营业务收入增长率	本期自营业务收入/上期自营业务收入－1	相对指标
	理财能力	信托年度清算综合收益率		相对指标
		集合信托年度清算收益率		相对指标
		信托净利润		绝对指标
		信托资产利润率	信托净利润/信托资产平均余额	相对指标
		人均信托净收益	信托可分配利润/平均员工总人数	相对指标
		主动管理型信托资产余额		绝对指标
		主动管理型信托资产占比	期末主动管理型信托资产余额/期末信托资产余额	相对指标
		集合信托资产余额		绝对指标
		集合信托资产占比	期末集合信托资产余额/期末信托资产余额	相对指标
	抗风险能力	净资本		绝对指标
		净资本/净资产		相对指标
		风险覆盖率	净资本/风险资本	相对指标
		信托杠杆率	期末净资产/期末融资类信托资产余额	相对指标
		固有资产不良率		相对指标
		信托赔偿准备金提取率	信托赔偿准备金余额/注册资本	相对指标
		信托风险准备金余额	信托赔偿准备金余额＋一般风险准备金余额	绝对指标
		信托风险赔偿率	信托风险准备金余额/信托资产余额	相对指标

尽管已经确定了本体系的选取指标及其权重，但随着信托业的发展和市场的变化，对个别指标进行修改以及对指标的权重进行调整是每年必不可少的工作。为了保证整个评价体系的稳定性和连续性，我们将每年对指标的修正范围控制在5%以内。

（五）评价数据处理

本评价体系的评价流程：先从中国银保监会、中国信托业协会、信托公司的年度报告中提取数据，生成信托行业数据库，然后计算产生五个分类得分，最后对分类得分加权求和，生成最终的综合得分（见图5-1）。

考虑到我国信托行业的特点和发展现状，对于信托公司综合实力的评价范围，我们选取了全部68家信托公司作为分析样本，数据来源皆为母公司。

在坚持评价原则的基础上，本体系构建的信托公司综合实力评价体系共包含42个三级指标，涉及信托公司经营及财务指标超过50个，其中绝大多数指标都可以从信托公司年报、中国银保监会、中国信托业协会以及其他公开渠道获得。所有的指标数据均以考核年度的权威公开数据为准。

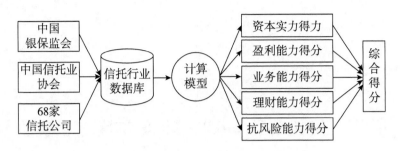

图5-1　评价流程

在计分方法上，由于各类原始数据的单位和量纲存在显著差异，需要对数据样本进行统一的量化处理。针对各类原始数据，本体系以分析样本中对应指标的算术平均为基准，将所有指标除以平均值进行无量纲化处理。在进行无量纲化处理的基础上，按照分析样本各指标的得分和指标权重进行加权求和，进而得到最终评价结果。

在结果处理上，本体系采取百分制，将相应的加权结果乘以系数100，得到三级指标的评分结果，并以最终得分和分级指标得分对信托公司的综合实力进行评价。

（六）评价结果

本评价体系的评价结果包含一个综合得分和排名，以及五个分类项目得分和排名。五个分类项目得分分别是资本实力得分、盈利能力得分、业务能力得分、理财能力得分和抗风险能力得分。根据这些得分，得出综合排名和五个分类项目排名。

由于整个评价体系的数据来源主要是信托公司的年度报告，因此，评价结果一般在全部68家信托公司年报披露后的两周内在用益的网站和微信公众号上公布。特殊情况下，如个别信托公司年报数据迟迟不对外公布，本评价也会最迟在每年的6月底之前公布，但公布的数据和排名不包含未公开披露年报的信托公司。

二、用益－信托公司 2019—2020 年度综合实力排名

2019—2020 年度 68 家信托公司的单项和综合实力排名如表 5-2 所示，排名说明如下。

（1）本次排名的基础数据全部来源于各信托公司公开披露的 2019 年及 2018 年度报告。

（2）排名只反映信托公司在 2019 年的经营管理情况，不代表各公司未来的发展趋势。

（3）本报告中的数据均来源于用益金融信托研究院认为可靠的公开可获得资料，但对这些资料或数据的准确性、完整性和正确性不做任何保证。

（4）以上分析结果仅供研究和学习参考，不构成投资依据。据此操作，风险自负！

表 5-2 　　　　　2019—2020 年度 68 家信托公司的单项和综合实力排名

信托公司	资本实力		盈利能力		业务能力		理财能力		抗风险能力		综合实力			
	得分	排名	得分	排名	得分	排名	得分	排名	得分	排名	得分	排名	上年排名	变化
中信信托	49.02	1	44.16	4	62.15	1	44.87	1	35.86	2	236.07	1	1	0
重庆信托	45.42	2	65.10	1	34.13	11	23.78	20	40.04	1	208.48	2	2	0
华能信托	33.83	5	49.56	3	54.87	2	28.05	9	33.99	6	200.29	3	3	0
平安信托	41.98	3	41.61	5	33.42	12	26.42	12	35.57	3	179.00	4	6	2
江苏信托	32.37	7	49.96	2	38.11	7	24.13	19	34.37	5	178.95	5	5	0
华润信托	38.34	4	41.33	6	48.29	4	18.28	51	29.34	11	175.59	6	10	4
建信信托	30.19	8	34.88	10	46.18	5	32.98	5	29.28	12	173.51	7	7	0
五矿信托	24.39	13	35.98	8	49.51	3	37.20	3	24.13	22	171.21	8	9	1
中融信托	33.31	6	25.17	23	34.14	10	41.50	2	30.87	8	164.99	9	4	-5
外贸信托	29.61	9	31.13	12	30.27	15	28.52	8	32.03	7	151.57	10	13	3
光大兴陇信托	19.66	20	34.71	11	43.33	6	31.97	6	20.65	36	150.33	11	15	4
中航信托	22.01	15	35.41	9	34.55	9	34.58	4	23.14	26	149.69	12	8	-4
上海信托	25.46	12	27.18	17	32.74	13	24.45	17	28.64	14	138.47	13	14	1
交银国际信托	20.46	18	24.12	25	31.65	14	31.26	7	25.58	18	133.08	14	11	-3
渤海信托	21.61	16	26.88	18	37.34	8	25.46	14	21.03	33	132.31	15	16	1
兴业信托	29.38	10	21.66	34	26.65	18	21.25	35	27.37	15	126.31	16	18	2

续 表

信托公司	资本实力		盈利能力		业务能力		理财能力		抗风险能力		综合实力			
	得分	排名	得分	排名	得分	排名	得分	排名	得分	排名	得分	排名	上年排名	变化
中铁信托	17.28	23	24.33	24	28.91	16	22.28	29	24.78	20	117.58	17	12	−5
百瑞信托	15.53	30	28.36	15	24.17	21	27.24	11	21.55	31	116.84	18	21	3
中诚信托	28.35	11	22.98	29	21.07	26	18.79	49	25.62	17	116.81	19	19	0
中国民生信托	20.30	19	22.27	32	27.08	17	23.27	21	21.83	30	114.76	20	20	0
昆仑信托	24.10	14	22.06	33	19.87	30	24.78	15	23.90	24	114.71	21	22	1
英大信托	15.67	28	25.41	21	20.61	29	19.21	46	30.66	9	111.57	22	23	1
山东国信	18.06	22	22.33	31	23.04	23	22.62	26	22.88	27	108.94	23	25	2
北京信托	15.92	27	23.01	28	15.39	42	27.38	10	23.51	25	105.22	24	29	5
中建投信托	15.14	32	24.05	26	23.55	22	24.18	18	16.89	51	103.81	25	26	1
国联信托	8.99	48	38.08	7	14.88	46	18.65	50	22.22	29	102.82	26	49	23
粤财信托	12.34	36	25.26	22	21.16	25	21.39	32	18.88	42	99.03	27	37	10
华宝信托	15.99	26	18.58	43	17.97	35	21.26	34	23.95	23	97.75	28	27	−1
爱建信托	13.88	34	29.68	13	20.75	28	13.72	60	19.44	41	97.48	29	32	3
国投泰康信托	10.64	42	27.20	16	17.66	37	22.92	23	18.64	44	97.06	30	38	8
长安信托	13.37	35	18.38	44	24.39	20	21.14	36	15.61	55	92.89	31	39	8
中海信托	10.61	43	23.68	27	14.70	47	20.90	38	21.45	32	91.34	32	17	−15
四川信托	13.89	33	16.24	45	17.89	36	22.64	25	20.45	37	91.12	33	33	0
天津信托	9.90	46	21.51	35	24.44	19	20.04	44	15.03	61	90.93	34	40	6
杭州工商信托	7.15	58	26.71	20	11.21	54	26.17	13	18.18	46	89.41	35	34	−1
陆家嘴信托	10.25	44	19.06	40	21.81	24	22.98	22	15.12	60	89.22	36	43	7
西藏信托	8.26	50	22.72	30	18.48	33	20.26	41	18.84	43	88.56	37	50	13
万向信托	6.14	60	26.76	19	15.03	45	22.76	24	14.29	63	84.98	38	42	4
中原信托	15.20	31	13.12	51	14.07	48	21.07	37	20.79	35	84.26	39	36	−3
东莞信托	9.00	47	19.82	38	12.27	50	22.49	28	20.42	38	84.01	40	31	−9
国通信托	11.01	41	14.96	48	16.03	38	20.25	43	20.90	34	83.14	41	35	−6
华信信托	20.90	17	6.20	60	7.05	63	13.56	61	35.30	4	83.02	42	28	−14
苏州信托	7.84	51	19.91	37	15.08	43	20.26	42	18.48	45	81.57	43	47	4
紫金信托	7.24	57	21.00	36	15.44	41	21.91	31	15.37	58	80.96	44	46	2
财信信托	12.01	37	13.62	50	12.22	51	16.52	56	25.58	19	79.94	45	24	−21
华鑫信托	11.16	39	19.59	39	19.60	31	13.14	62	15.51	56	78.99	46	65	19
国元信托	11.57	38	15.02	47	15.94	39	16.51	57	19.80	39	78.85	47	44	−3
西部信托	8.74	49	11.14	55	18.65	32	22.56	27	16.00	52	77.09	48	45	−3

续 表

信托公司	资本实力		盈利能力		业务能力		理财能力		抗风险能力		综合实力			
	得分	排名	得分	排名	得分	排名	得分	排名	得分	排名	得分	排名	上年排名	变化
厦门国际信托	10.09	45	18.67	41	18.36	34	12.71	63	15.76	54	75.60	49	56	7
新时代信托	15.55	29	6.05	61	12.00	52	19.35	45	22.28	28	75.24	50	30	−20
陕国投	18.53	21	14.84	49	20.84	27	1.16	67	19.56	40	74.93	51	62	11
中泰信托	6.88	59	9.12	56	8.64	62	17.93	53	29.22	13	71.78	52	51	−1
长城信托	1.93	68	28.44	14	5.55	66	11.35	64	24.24	21	71.52	53	52	−1
华澳信托	7.61	53	15.74	46	15.07	44	17.07	55	11.96	66	67.45	54	55	1
北方信托	7.51	55	11.27	54	10.30	57	18.93	48	17.51	50	65.52	55	53	−2
云南信托	5.13	62	18.60	42	15.64	40	9.32	66	15.48	57	64.17	56	68	12
中粮信托	7.61	52	8.11	58	12.27	49	19.17	47	15.36	59	62.53	57	60	3
新华信托	11.10	40	1.58	64	10.58	56	11.11	65	27.01	16	61.37	58	41	−17
吉林信托	7.51	54	11.82	52	9.01	59	17.82	54	14.92	62	61.09	59	48	−11
华融信托	17.06	25	−2.19	65	9.88	58	18.28	52	18.05	47	61.07	60	54	−6
华宸信托	2.00	67	−3.15	66	8.75	61	20.43	40	30.04	10	58.07	61	67	6
金谷信托	7.33	56	6.82	59	11.20	55	16.15	58	15.83	53	57.33	62	57	−5
山西信托	3.60	65	6.03	62	6.62	65	21.36	33	12.75	65	50.36	63	66	3
浙金信托	4.06	64	5.37	63	9.01	60	20.50	39	10.56	67	49.50	64	61	−3
大业信托	3.48	66	8.92	57	6.65	64	14.59	59	13.09	64	46.73	65	64	−1
国民信托	4.61	63	11.29	53	11.27	53	−1.99	68	17.84	48	43.02	66	63	−3
雪松国际信托	5.73	61	−27.56	67	5.39	67	22.02	30	17.83	49	23.41	67	59	−8
安信信托	17.17	24	−35.13	68	−5.30	68	24.66	16	7.59	68	8.99	68	58	−10

2019 年对信托行业来说是一个艰难的转型年。在强监管政策影响下，去通道和降杠杆导致信托资产规模大幅收缩，而房地产信托业务的受限，又使信托公司赖以生存的支柱型业务无法发挥作用，部分信托公司的业绩因此大受影响。即使受到了宏观经济、金融市场和监管政策的多重影响，行业整体业绩并没有出现大幅下滑，而是保持一种相对平稳的运行状态，体现了信托行业发展的韧性。但个体的变化不尽相同，通过对 2019—2020 年度信托公司综合实力的排名，我们可以清晰地了解每家公司的发展情况。

截至 2020 年 8 月 1 日，有 68 家信托公司披露了其 2019 年年报，从披露的年报数据来看，2019 年共有 30 家信托公司业绩出现了不同程度的下滑，相较于 2018 年，下滑的公司减少 13 家；但亏损的信托公司则由 2018 年的 2 家增加到 2019 年的 5 家，亏损面和亏损程度都有进一步的扩大。这反映出行业分化正在加剧，但我们认为这符合行业发展的规律。随着资管新规的正式实施以及行业转型的深入，预计这种趋势还将持续。因此，我们希望通过观察信托公司综合实力排名的变化，找出一些有发展潜力的公司，同时，发现一些存在问题的公司。

本次排名规则在以往的基础上对部分指标进行了补充和完善。其中，最大的变化是增加了对一些变动幅度较大的关键指标的平抑指标，如净利润指标和清算收益类指标，由于这些关键指标的权重及波动都较大，其变化可以导致排名发生大幅度的改变。为此，我们把连续三年的净利润指标和连续两年的清算收益类指标纳入排名算法中，并用更能反映信托公司理财能力的主动管理类信托清算收益率指标替换较为笼统的信托清算综合收益率指标，既可以使排名结果更客观地反映一家公司的真实能力，又避免了排名大起大落。经过调整，本次排名所用到的原始指标和中间指标数量上升到了 65 个，增加了 3 个。同时，本次排名对部分指标的权重进行了微调，但资本实力、盈利能力、业务能力、理财能力、抗风险能力五个指标的权重没有改变，分别是 16%、19.5%、21%、21.5% 和 22%。

从本次排名的结果来看，尽管行业分化加剧，但优秀信托公司的排名变化相对稳定，主要表现在排在行业前 25 位的信托公司的排名变化幅度不超过 5 位，且前 9 位的头部公司中有 5 家的排名没有变化，稳定性更高。从这些公司的排名变化中我们可以发现，优秀信托公司，尤其是头部公司的抗压能力和适应能力要更胜一筹，这也是我们一再强调的，选择优秀信托公司的产品风险更低。

处于行业第一方阵的 9 家信托公司（头部公司）分别是：中信信托、重庆信托、华能信托、平安信托、江苏信托、华润信托、建信信托、五矿信托和中融信托。除五矿信托作为最近几年崛起的信托公司外，其余 8 家信托公司在最近五年的用益－信托公司综合实力排名中始终处于前 10 名的位置，这显示出它们具有强大的实力，并非靠短期的表现，确实是当前信托行业名副其实的头部公司。其中，中信信托和重庆信托是典型代表。但即使在头部公司中，也出现了分化的局面，中信信托以 3 个分项第一、1 个分项第二和 1 个分项第四的超强实力超越其他头部公司，朝着行业"巨无霸"方向迈进，强者恒强的态势开始在信托业中显现。

处在行业第二方阵的有 17 家公司，较 2018 年减少 4 家，这也是行业整体业绩下滑的真实体现。尽管在第二方阵中绝大部分信托公司排名都相对比较稳定，但有一家新晋机构——国联信托引起了我们的关注。因为这家公司在行业中一直比较低调，却在 2019 年实现净利润 356.66% 的行业最高增长率，人均净利润更突破千万元，达到 1115.33 万元，列行业第 3 位。突出的经营业绩也使得这家公司在本次排名中越升了 23 位，成功进入第二方阵，实现了"逆袭"。观察国联信托的业绩增长模式，与第一方阵的重庆信托和江苏信托有相似之处，它们都是依托固有资金投资优质金融机构（主要是城商行和农商行）的股权获得丰厚的回报，正是固有业务的正确投资，使它们能够在不增加业务人员的情况下实现利润增长，并成为行业人均净利润超千万的公司。

处在行业第三方阵的信托公司有 36 家。这一方阵中大多数是成长型信托公司，处在发展的相持阶段，难免会出现一定的起伏，因此，这一方阵的最大特点是公司业绩波动较大，存在一定的不确定性。这一方阵的信托公司的平均排名变化幅度达到 7.2 位，远高于第一方阵的 1.33 位和第二方阵的 3.47 位。其中，排名变化幅度大于等于 10 位的有 11 家。由于处在这一方阵的信托公司大多数整体实力不强，抗风险能力和抗压能力都有限，出现大幅波动也在情理之中。对于成长型信托公司的发展路径，以往行业中成功的案例多通过股权变更、壮大资本实力、迅速扩充队伍做大信托主业等方式实现，但同时也带来了管理和文化的滞后问题，尤其是风险文化的沉淀不够，导致业绩出现起伏。而通过自营业务实现发展的路径在行业中一直没有得到应有的重视。我们认为，在当前信托公司主营业务处于艰难转型的时期，对于实力不够、创新能力不强的中小信托公司来说，通过提升自营业务的收入带动业绩增长是一种可行的模式。

而处在行业第四方阵的信托公司有 6 家，主要是一些问题公司和经营出现困难的公司，需要经过一段时间，并从公司的治理结构以及体制机制等方面做出变革才有可能摆脱当前的困境。一家曾经将业绩冲到行业前五的信托公司，在短短两年的时间内就快速陨落，成为行业的亏损大户，教训深刻，应该引起全行业的思考。金融机构始终还是要把风险及合规经营放在首位，不过于追求短期利益，才能保证公司的健康发展。

展望 2020—2021 年度，在资管新规环境下，监管仍将保持高压态势，再加上新冠肺炎疫情给经济带来的影响，信托业将面临更加艰难的转型。传统融资类信托业务的持续缩减将导致信托公司主营业务收入出现较大萎缩，而新型信托业务难以在短时间内填补空白，这将直接导致更多公司的业绩下滑。信托公司迫切需要在新的环境和条件下寻找新的业务增长点。我们认为，在主营信托业务难有根本性突破前，努力挖掘固有业务的潜力也不失为当前情况下一个较为可行的办法，且行业中已有不少成功的案例值得参考和借鉴。总的来看，尽管未来信托业会面临更加复杂和不确定的局面，但危险中总是伴随着机会，相信会有一批信托公司依托制度优势和经营灵活的特点找到转型和发展的办法，继续在财富管理行业砥砺前行，而这些变化也会在用益的排名中得到体现。我们拭目以待！